Paul · Brücken der Erinnerung

Geschichte und Psychologie

herausgegeben von
Prof. Dr. Peter Schulz-Hageleit

BAND 9

Hinrich Paul

Brücken der Erinnerung

**Von den Schwierigkeiten,
mit der nationalsozialistischen Vergangenheit
umzugehen**

2. Auflage

Centaurus Verlag &
Media UG 2002

Zum Autor: Dr. Hinrich Paul, Diplom-Soziologe, Lehrer, absolvierte ein Studium der Theologie, Philosophie und Soziologie in Bielefeld, Tübingen und Frankfurt/M, 1998 Promotion an der Universität Witten-Herdecke. Er ist als Lehrer an der Olof-Palme-Gesamtschule in Hiddenhausen tätig.

Umschlagabbildung:
Anselm Kiefer: Daath (1998). © Anselm Kiefer.

Die Deutsche Bibliothek – CIP-Einheitsaufnahme

Paul, Hinrich:
Brücken der Erinnerung : von den Schwierigkeiten, mit der nationalsozialistischen Vergangenheit umzugehen / Hinrich Paul.
2. Aufl. – Herbolzheim : Centaurus-Verl., 2002
(Geschichte und Psychologie ; Bd. 9)
Zugl.: Witten, Herdecke, Privatuniv., Diss., 1998
ISBN 978-3-8255-0139-6   ISBN 978-3-86226-313-4 (eBook)
DOI 10.1007/978-3-86226-313-4

ISSN 0936-5338

Alle Rechte, insbesondere das Recht der Vervielfältigung und Verbreitung sowie der Übersetzung, vorbehalten. Kein Teil des Werkes darf in irgendeiner Form (durch Fotokopie, Mikrofilm oder ein anderes Verfahren) ohne schriftliche Genehmigung des Verlages reproduziert oder unter Verwendung elektronischer Systeme verarbeitet, vervielfältigt oder verbreitet werden.

© *CENTAURUS Verlags-GmbH & Co. KG, Herbolzheim 2002*

Satz: Vorlage des Autors

Vorwort

Diese Arbeit war so etwas wie eine schwere Geburt. Ich habe vielen zu danken, die mir dabei geholfen haben; sie alle an dieser Stelle zu erwähnen, würde - wenn es überhaupt möglich wäre - mehrere Seiten füllen. Ich danke zunächst meinen Gesprächspartnerinnen und Gesprächspartnern aus der Generation der Zeitzeugen des Nationalsozialismus für ihre Bereitschaft zu erzählen und auf meine Fragen einzugehen. Einige von ihnen - vor allem aus dem Bielefelder Gesprächskreis, und besonders „Johann Reese", haben viel mehr getan, als Material zum Bau eines wissenschaftlichen Gebäudes zu liefern; sie haben nämlich, indem sie sich im Gespräch mit mir und anderen Nachgeborenen erinnerten, etwas von ihrem Innersten mitgeteilt und auf diese Weise mir auf den Wegen in das Dunkel meiner Forschungsarbeit und meiner eigenen Erinnerung Lichter aufgesteckt. Ohne ihre Überlieferung und ihre Bereitschaft, sich an meiner Arbeit zu beteiligen, wäre der Plan, die Konstruktion, die leitende Fragestellung dieses Buches nicht möglich gewesen. Drei von ihnen haben sich nach der Fertigstellung meines Textes dazu entschlossen, aus dem vor Jahren vereinbarten Inkognito herauszutreten. Ich kann daher ihre Pseudonyme auflösen: „Johann Reese" ist Hans J. Crépin, „Ida Gartemann" ist Waltraud Rosengart, „Elise Hilger" ist Anneliese Vormbrock.

Auch ohne ungezählte Gespräche mit Vetreterinnen und Vertretern verschiedener Wissenschaften wäre diese Buch nicht entstanden. Ich danke besonders Jörn Rüsen für seine langjährige Beratung und sein zunehmendes Interesse an meiner Arbeit.

Zuletzt - last but not least - danke ich Gerda, meiner Frau, für ihre oft treffsichere Intuition in der gemeinsamen Erinnerungsarbeit, für ihre Geduld und für ihre Bereitschaft, trotz mancher Schwierigkeiten und Belastungen den gemeinsamen Weg weiterzugehen.

Inhalt

Vorwort   V

TEIL I: FRAGEN NACH DER ERINNERUNG

1. Kapitel: Streit um die Geschichtserinnerung. Können die Deutschen die Geschichte des Nationalsozialismus als ihre eigene annehmen?   1
   A. Die Schwierigkeit, sich selbst als Subjekt der eigenen Taten anzuerkennen   4
   B. Die Schwierigkeit, Verluste der eigenen Geschichte anzuerkennen   9
   C. Die Schwierigkeit, sich auf die Beziehung zu den Opfern einzulassen   14
   D. Die Schwierigkeit, die eigene Herkunft anzuerkennen   21
   E. Die Schwierigkeit von Frauen und Männern, ihre unterschiedlichen Anteile am Nationalsozialismus wahrzunehmen   27
   F. Die Schwierigkeit, sich für die Annahme der eigenen Geschichte zu entscheiden   31

2. Kapitel: Erinnerung und Geschichte   **38**
   A. Geschichtserinnerung in der Debatte zwischen M.Broszat und S.Friedländer   39
   B. Erinnerung als Grundbegriff der Geschichtskultur   51
       1. Gedächtnis, Erinnerung und Geschichte   52
       2. Wiederholungszwang und Erinnerung als Veränderung   55
   C. W.Benjamins Denkbild des Erwachens   60
       1. Konstitution von Geschichte durch Erinnerung   64
       2. Synthesis - Bewußtwerdung des Ich   64
       3. Erwachen als der exemplarische Fall des Erinnerns   66
       4. Unwillkürliche Erinnerung   67
       5. Vorrang der Diskontinuität vor der Kontinuität   67
       6. Förderung von Noch-Nicht-Bewußtem, Traumdeutung   68
       7. Ausweg aus einer mythischen Bewußtseinslage   70
       8. Erwachen der Verantwortung   71
       9. Politische Theologie als Voraussetzung geschichtlicher Erfahrung   72
   D. Erinnerung an den Nationalsozialismus als Erwachen   75
       1. Sich von der Vergangenheit als der eigenen betreffen lassen   75
       2. Festhalten unwillkürlicher Erinnerung   77
       3. „Aufhebung" von Träumen aus der Zeit des Nationalsozialismus   78
   E. Zum Verhältnis von individuellem und kollektivem Gedächtnis   80

TEIL II: ERINNERUNGSARBEIT IM GESPRÄCH ZWISCHEN DEN GENERATIONEN. EINE EMPIRISCHE UNTERSUCHUNG

3. Kapitel: Ziele, Fragestellung, Hypothesen und methodischer Ansatz 84
  A. Beitrag zu einer Geschichte von unten 84
  B. Ziele und Grundannahmen 86
  C. Konzentration der Untersuchung auf Einzelne in einer Kleingruppe 88
  D. Fragestellung 89
  E. Hypothesen 91
    1. Individuell-psychische Bedingungen 92
    2. Soziale Bedingungen 92
    3. Politisch-theologische und kulturelle Bedingungen 93
    4. Methodische Bedingungen 94
  F. Grenzen der Darstellung 95
  G. Zur Geschichte meiner Untersuchung 96
  H. Zur Hermeneutik 99
  I. Zur Maieutik 102
  J. Zur Empirie, Theorie und Praxis der Oral History 102

4. Kapitel: Ein Gesprächskreis als Ort der Erinnerungsarbeit 107
  A. Überblick über die Geschichte des Bielefelder Gesprächskreises 107
  B. Der Gesprächskreis als Bezugsrahmen der Erinnerung 109
  C. Unterschiedliche Erwartungen an den Gesprächskreis am 4.2.1988 110
    Zur Interpretation 111
    1. Erinnerung im Dienst politischer Orientierung 111
    2. Erinnerung im Dienst lebensgeschichtlicher Orientierung und Erinnerung im Dienst der Verständigung zwischen den Generationen 112
    3. "Erkennen der Erinnerung" als Veränderung und erkannte Erinnerung als Grund von Kritikfähigkeit 113
    4. Erinnerung als Schuldbekenntnis 114
    5. Erinnerung als Selbstrechtfertigung 116
  D. Sinnhorizonte, Erwartungshorizonte und Bezugsrahmen der Erinnerung 116

5. Kapitel: Johann Reese (1918 geboren) 118
  A. Erinnerung an eine Veränderung seines Lebens 118
  B. Erinnerung als Kritik an bestehenden Deutungsmustern 119
  C. Erinnerung an einen lebensgeschichtlichen Wendepunkt 120
  D. Der Gesprächskreis als Bezugsrahmen der Erinnerung am 9.2.1989 121
  E. Geschichte vom Zerbrechen des Führerbildes 122
  F. Lebensgeschichtliche Veränderung in der Erinnerung und Streit um die Veränderung des Bezugsrahmens 124
  G. Erfahrung, die ein Weltbild aufsprengt 126

1. Vorgeschichte: Zu J.Reeses Weltbild 127
2. Abwehrmechanismen 128
3. Der Augenblick der Erkenntnis 131
4. Kraft zur Entscheidung und zum Handeln 133
H. Weitere Veränderung durch Erinnerung 136
I. Zwischenergebnis 137

6. Kapitel: Ida Gartemann (1927 geboren) 144
A. Bezugsrahmen von I.Gartemanns Erinnerung 146
B. Die Ereignisse, an die I.Gartemann sich "nach 40 Jahren" erinnert 147
C. Bedingungen des Vergessens 149
1. Rastlose Arbeit 149
2. Fremdenfeindliche Haltung 150
3. Prägung durch Familie und BDM 151
D. Bedingungen, die das Auftauchen der unwillkürlichen Erinnerung förderten 152
1. Fördernde Bedingungen im Gesprächskreis 153
2. Scham über Versäumnisse 153
3. I.Gartemanns Beziehungen zu ihrem Mann und zu ihren Kindern als Bedingung der Erinnerung 154
E. I.Gartemanns Veränderung nach dem Auftauchen der unwillkürlichen Erinnerung 157
F. Zwischenergebnis 161

7. Kapitel: Hubert Zoller (1924 geboren) 171
A. H.Zollers Selbstdarstellung am 19.11.1987 172
B. Der Gesprächskreis als Bezugsrahmen von H.Zollers Erinnerungen 176
C. Reaktionen der TeilnehmerInnen 181
D. Nachdenken über den Streit mit H.Zoller im Gesprächskreis 185
E. "Idealismus" und Verblendung 186
1. "Spaß" 186
2. "Gemeinschaft" 186
3. Opferbereitschaft 187
4. "Idealismus" und Verblendung bei H.Zoller 189
5. Abwehr des Anderen in sich selbst 189
F. Anstöße 191
G. Zwischenergebnis 191

8. Kapitel: Elise Hilger (1925 geboren) 197
A. Erwachen des politischen Bewußtseins 200
1. Verwandlung von Angst in Wut 201
2. Klärung der Spannung zwischen Elternhaus und nationalsozialistischer Umwelt 202
3. Neue Welterkenntnis und Selbsterkenntnis 204
4. Vorläufige Thesen zu E.Hilgers politisch-moralischem Anspruch 204

B. Erinnerung an den entscheidenden Wendepunkt in ihrem Leben	205
1. Bezugsrahmen der Erinnerung an die Selbsterkenntnis vor dem Spiegel	207
2. Spuren der Veränderung	209
3. Fanatische Entschlossenheit und Todesangst	210
C. Pauschaler Haß und die Möglichkeit seiner Überwindung	211
1. Trauer und Veränderung	212
2. Zusammenfassende Thesen zu E.Hilgers politisch-moralischem Anspruch	212
D. Veränderung und Beharrung	213
1. Hoffnung und Gewißheit	214
2. Gewißheit und "Idealismus"	216
E. "Mildernde Umstände"	216
F. Zwischenergebnis	217
9. Kapitel: Fördernde und hemmende Bedingungen der Erinnerungsarbeit	**224**
A. Individuell-psychische Bedingungen	225
B. Soziale Bedingungen	228
1. Beziehungen zwischen den Generationen	228
2. Beziehungen zwischen den Geschlechtern	232
3. Beziehungen zwischen Tätern und Opfern des Nationalsozialismus	233
C. Politisch-theologische und kulturelle Bedingungen	233
1. Gegenseitige Anerkennung der Menschenwürde	234
2. Anerkennung der Menschenwürde von Tätern	237
3. Tätige Reue	239
4. Dualistische Deutungsmuster	240
5. Instrumentalisierung von Erinnerungen	242
6. Kritische Intervention der Geschichte	245
D. Methodische Bedingungen	248

SCHLUSS

10. Kapitel: Perspektiven der Erinnerungsarbeit	**254**
A. Ziele der Erinnerungsarbeit	254
1. Paradoxie von Erinnerungsgebot und Freiheit anamnetischer Verantwortung	255
2. Paradoxie der Tradition der Unterdrückten als Diskontinuum des Gewesenen	261
3. Aufdeckung des Bösen im Nationalsozialismus	269
B. Methoden der Erinnerungsarbeit	274
1. Sich von der Vergangenheit als der eigenen betreffen lassen	274
2. Festhalten der Erinnerung, Förderung des Noch-Nicht-Bewußten	279
3. „Aufhebung" von Träumen und Alpträumen	282
C. Ausblick: Historische Reue, negative Sinnbildung und Wahrheit als Anteil	287
Reue als Quelle historischer Sinnbildung	287
Negative Sinnbildung und Wahrheit als Anteil	290
Literatur	**292**

Teil I: Fragen nach der Erinnerung

1. Kapitel
Streit um die Geschichtserinnerung: Können die Deutschen die Geschichte des Nationalsozialismus als ihre eigene annehmen?

Über ein halbes Jahrhundert nach dem Ende des „Dritten Reiches", fast ein Jahrzehnt nach dem Ende der Zweistaatlichkeit in Deutschland ist die nationalsozialistische Vergangenheit alles andere als vergangen. In den heftigen Auseinandersetzungen um Gedenkstätten, Museen und Gedenktage, um Ausstellungen und Veröffentlichungen, die diese Vergangenheit betreffen, steht letztlich die Identität der Deutschen auf dem Spiel.

In meiner Untersuchung geht es nicht um die objektive historische Rekonstruktion der Zeit des Nationalsozialismus, sondern um die Erinnerung von Menschen, die diese Zeit erlebt haben. Wie sehr die Erinnerung von Gruppen deren Geschichtsbild bestimmt, wird an den Gruppen der Täter und Opfer des Nationalsozialismus bzw. ihrer Nachkommen immer deutlicher. Von dieser Gruppenzugehörigkeit sind auch die Wissenschaftler nicht ausgenommen.[1] Die Heftigkeit des Streites um das Geschichtsbild des Nationalsozialismus ist als Hinweis darauf zu verstehen, daß das Gewicht der Geschichtserinnerung weitgehend unterschätzt wurde und wird.

Christian Meier war einer der ersten, der auf das Problem der Geschichtserinnerung aufmerksam machte. In seinem Essay „Vierzig Jahre nach Auschwitz", den er während des Historikerstreites 1987 veröffentlichte, schreibt er:

> „Das Tabu, das für uns auf Auschwitz liegt, wird sich erst lockern, wenn wir, genauer: wenn maßgebend viele von uns sich bereit finden, jeden inneren Widerstand gegen die Anerkennung des ganzen Ausmaßes der namenlosen Untaten und gegen die Tatsache, daß es deutsche Untaten waren, aufzugeben. Diese Leistung scheint uns abverlangt zu sein. Wir müssen aus unserer Geschichtserinnerung ein Geschichtsbewußtsein machen, das Bewußtsein keineswegs nur aber, auch, gerade auch deutscher Geschichte."[2]

C.Meier nennt das Problem der Geschichtserinnerung eine "neue, weithin unbekannte Problematik", zu der es noch kaum Forschung gebe.[3] Normalerweise verlie-

---

[1] Vgl. die Debatte zwischen S.Friedländer und M.Broszat, S. 40ff
[2] C.Meier 1990, S. 10
[3] a.a.O. S. 7 und 26

re das Gewesene in der Geschichtserinnerung seine „bannende Kraft, seine unmittelbare Gegenwärtigkeit in den Sinnen oder im Unterbewußtsein der Allgemeinheit.
„Eben diesen Weg hinter die Schwelle zum 'bloß noch Historischen' scheinen die zwölf Jahre von 1933 bis 1945 nicht antreten zu wollen. Statt schattenhaft scheint diese Vergangenheit sogar immer größer und globaler zu werden, und sie ragt in unverminderter Lebendigkeit in unser Leben hinein. Sie scheint uns heimsuchen zu wollen bis ins dritte und vierte Glied."[4]

Die gegenwärtigen Auseinandersetzungen um die Geschichtserinnerung der Deutschen bestätigen diese Sicht. C.Meier tritt dafür ein, daß die Deutschen lernen, die Geschichte des Nationalsozialismus als eigene Geschichte anzunehmen. Er provoziert seine LeserInnen mit einem hypothetischen historischen „Wir" und reflektiert deren Reaktionen im Vorwort zur Neuausgabe drei Jahre nach Erscheinen seines Buches: „Nichts ist, soviel ich weiß, den Lesern dieses Buches so sehr unter die Haut gegangen wie der hypothetische Versuch, die Deutschen von 1933 bis 1945 in ein historisches „Wir" einzuschließen. Er war - und ist - in der Tat provozierend. Aber er ist lehrreich für uns wie weniges sonst."[5] Die Grenze dieses historischen „Wir" zeige sich allerdings in der Unmöglichkeit, den Satz zu sagen, "Wir haben in Auschwitz Juden vergast".[6] C.Meier weist darauf hin, daß die Identifikation mit den früheren Generationen und mit dem deutschen Volk und Staat insgesamt für die heutigen Deutschen schwierig ist:„'Wir' liebten und lieben es, uns im Hinblick auf die namenlosen deutschen Untaten der NS-Zeit nur als Individuen zu geben."[7]

Dieser Satz läßt sich auf die konsensträchtige Rede R.v.Weizsäckers vom 8.5.1985 beziehen, in der es heißt: "Schuld oder Unschuld eines ganzen Volkes gibt es nicht. Schuld ist, wie Unschuld, nicht kollektiv, sondern persönlich. ... Jeder, der die Zeit mit vollem Bewußtsein erlebt hat, frage sich heute im stillen selbst nach seiner Verstrickung."[8] C.Meier argumentiert demgegenüber, dabei werde übersehen, daß „fast alle zum Umfeld des Verbrechens beitrugen".[9] „Es kann allerdings sein, daß es uns zu schwer wird, diese Geschichte als die unsere anzusehen. Jeder muß das für sich entscheiden, und allesamt müssen wir uns darüber auseinandersetzen. Wenn wir es aber nicht können, so bezeugen wir damit, daß wir - grob gesagt - zwar eine eigene Vergangenheit, aber keine eigene Geschichte haben."[10] Damit ist gesagt, daß es die Geschichte einer Gruppe - nicht nur der Deutschen - nur gibt, wenn die Gruppe ihre Vergangenheit in der *Erinnerung* als ihre

---

4 a.a.O. S. 34
5 a.a.O. S. 10
6 a.a.O. S.12
7 a.a.O. S.11
8 R.v.Weizsäcker 1985, S.5
9 C. Meier 1990, S. 11
10 C. Meier 1990, S. 12

Geschichte annimmt. Fünf Aspekte dieser zentralen Aussage möchte ich anhand von C.Meiers Essay hervorheben. Die eigene Geschichte anzunehmen, heißt,
- sich selbst als Subjekt der eigenen Taten anzuerkennen;
- Verluste anzuerkennen;
- die Beziehung zu denen anzuerkennen, die in diese Geschichte verwickelt waren und sind - besonders die Beziehung zu denen, die unter dieser Geschichte zu leiden hatten;
- daß die Nachgeborenen bereit sind, zu ihrer Herkunft zu stehen;
- sich in einem existenziellen Akt zu entscheiden.

In bezug auf den letzten Aspekt, der alle anderen in sich zusammenfaßt, schreibt C.Meier:

> „Wir sollten unserer Vergangenheit ins Gesicht sehen. So gorgonenhaft ist sie nicht, daß wir davon zu Tode erstarren müßten. Aber einen Entschluß wird es brauchen. Doch darf er uns nicht schwerfallen.... Nicht Beengung wird die Folge der Klarheit der Erinnerung sein, sondern Befreiung und eben jenes Selbstbewußtsein, das aus dem offenen Umgang mit diesem bitteren Teil unserer Geschichte erwachsen kann." [11]

C.Meier stellt an die Deutschen die Forderung, daß sie ihre Geschichte annehmen sollen, und er ermutigt sie dazu.[12] Dabei benennt er Schwierigkeiten, die dieser Annahme entgegenstehen - so die Abwehrmechanismen; andere Schwierigkeiten sind an seinem Text aufzuweisen. Der Entschluß, „unserer Vergangenheit ins Gesicht" zu sehen, dürfe „uns nicht schwerfallen". Damit ist die Einsicht ausgesprochen, daß aus einem gezwungenen, unfreiwilligen Blick auf unsere Vergangenheit kein befreites Selbstbewußtsein erwachsen kann. Die Schwierigkeit liegt darin, daß eine *Forderung* nach Freiwilligkeit ebenso widersprüchlich und schwierig zu erfüllen ist wie die Forderung „sei spontan". Die von C.Meier benannte Aufgabe hat seit dem Ende der deutschen Zweistaatlichkeit an Aktualität noch gewonnen: Die Deutschen können nun nicht mehr die Schattenseite ihrer Geschichte auf den jeweils anderen Teil projizieren. Vielleicht ist - sogar angesichts der von D.J.Goldhagen neu erforschten Verbrechen - die Aussage richtig, daß unsere Vergangenheit nicht „so gorgonenhaft ist ..., daß wir davon zu Tode erstarren müßten". Aber der Furcht zu erstarren läßt sich nicht begegnen, wenn die Schwierigkeiten der Menschen nicht ernstgenommen werden, die eine solche Vergangenheit als ihre bzw. die ihrer Vorfahren, als die ihres Volkes annehmen sollen. Daher versuche ich im folgenden eine nähere Beschreibung solcher Schwierigkeiten.

---

11 a.a.O. S. 101f
12 Ähnlich sagte R.v.Weizsäcker in seiner Rede am 8.5.1985: „Wir alle, ob schuldig oder nicht, ob alt oder jung, müssen die Vergangenheit annehmen. Wir alle sind von ihren Folgen betroffen und für sie in Haftung genommen." (S.5)

A. Die Schwierigkeit, sich selbst als Subjekt der eigenen Taten anzuerkennen

D.J.Goldhagen sieht die Deutschen, die Täter und Mittäter des Holocaust waren, „als verantwortlich Handelnde, die durchaus in der Lage waren, sich zu entscheiden, und die insofern auch als Urheber ihrer eigenen Taten betrachtet werden müssen."[13] Goldhagen betont, daß die Subjektivität der Täter in den bisherigen Erklärungsversuchen für ihr Handeln zu kurz gekommen sei. Er unterscheidet fünf Deutungsmuster, bei denen die Subjektivität und Verantwortlichkeit der Täter aus verschiedenen Gründen eingeschränkt wird. Im Zusammenhang meiner Fragestellung sind diese Deutungsmuster als Hinweise auf die Schwierigkeit zu sehen, sich selbst als Subjekt der eigenen Taten anzuerkennen. Das erste Deutungsmuster stellt nach D.J.Goldhagen

> „den äußeren Druck in den Mittelpunkt: Die Täter wurden gezwungen. Da ihnen Strafe drohte, blieb ihnen nichts anderes übrig, als jeden Befehl zu befolgen. ...
> Das *zweite* Deutungsmuster sieht in den Tätern Menschen, die von blindem Gehorsam beherrscht waren. Für diesen Gehorsam ist eine Reihe von Gründen angeführt worden: Hitlers Charisma, das die Täter völlig in seinen Bann schlug, eine allgemein menschliche Tendenz zum Gehorsam, eine besondere deutsche Neigung zu Autoritätshörigkeit und schließlich die Zerstörung des individuellen moralischen Empfindens durch eine totalitäre Gesellschaft ...
> Der *dritte* Ansatz argumentiert sozialpsychologisch. Die Täter hätten unter dem enormen Druck der Kameraden und/oder der Erwartungen gestanden, die mit ihrer Rolle in den jeweiligen Institutionen verbunden waren ...
> Eine *vierte* Deutung sieht in den Vollstreckern geduckte Bürokraten oder seelenlose Technokraten, die nur ihre Haut retten wollen ... Sie alle hatten ihre Karriere im Auge, und aufgrund der psychischen Neigung derer, die nur Rädchen im Getriebe sind, die Verantwortung für die Gesamtpolitik anderen zuzuschieben, konnten sie ihre Karriereinteressen oder materiellen Ziele gefühllos verfolgen.
> Das *fünfte* Interpretationsmuster betont die Fragmentierung der Aufgaben, die dazu geführt habe, daß die Täter die wirkliche Natur ihres Handelns nicht erkennen konnten; ihnen sei nicht bewußt gewesen, daß ihre kleinen Beiträge tatsächlich Teil eines umfassenden Vernichtungsprogramms waren."[14]

Ohne die genannten Deutungsmuster im einzelnen auf ihren wahren Kern hin zu untersuchen, erscheinen sie mir in der von D.J.Goldhagen zusammengefaßten Form als plausibel genug, um die Schwierigkeiten zu verdeutlichen, die die Anerkennung der Geschichte des Nationalsozialismus als der eigenen Geschichte behindern. Angesichts des Holocaust stellt sich die Frage nach der Subjektivität der Täter in äu-

---

13 D.J.Goldhagen 1996, S. 12
14 D.J.Goldhagen 1996, S.25f. Als wissenschaftliche VertreterInnen dieser Deutungsmuster nennt D.J.Goldhagen: 1. S.Gordon 2. S.Friedländer, S.Milgram, E.Fromm, H.Arendt 3. C.Browning 4. H.Mommsen, G.Aly und S.Heim 5. M.R.Marrus. - Es fällt auf, daß D.J.Goldhagen das 5. Interpretationsmuster relativ schnell abqualifiziert, ohne auf die Argumentation von D.Diner einzugehen. Vgl. dazu etwa D.Diner 1990

ßerster Schärfe; hier tritt die Schwierigkeit, sich selbst als Subjekt der eigenen Taten anzuerkennen, besonders deutlich hervor. Darum können die genannten Deutungsmuster dazu dienen, diese Schwierigkeit auch in anderen Bereichen der Erfahrung des Nationalsozialismus zu untersuchen. Wissenschaftliche Ansätze lassen sich danach unterscheiden, ob und inwiefern sie dazu beitragen, daß die Deutschen die nationalsozialistische Vergangenheit als ihre eigene Geschichte annehmen können. D.J.Goldhagen geht es um historische Erklärung; er stützt sich auf schriftliche Quellen, darunter viele Prozeßakten. Kennzeichnend für seinen Blick auf die Subjektivität der Täter ist eine mit Methoden der historischen Anthropologie untermauerte Distanz, ja Abgrenzung, die sein gesamtes Buch durchzieht. Den Deutschen, deren Taten er untersucht wie die absurd erscheinenden Verhaltensweisen einer völlig fremden Ethnie, stellt er das Wir der zivilisierten Menschheit gegenüber.[15] Jörn Rüsen hat dagegen argumentiert, daß diese klare und eindeutige Unterscheidung von Innen und Außen, von „wir" und den „anderen", von „vertraut" und „fremd" „das Eigene im Anderen zum Verschwinden" bringe.[16] Rüsen plädiert dafür, die Identitätsfrage im Zusammenhang des Prozesses identitätsbildender historischer Erinnerung aufzuwerfen, als deren Teil die fachhistorische Argumentation zu sehen ist:

> „Haben wir denn eine andere Logik als die einer Trennung zwischen Selbst und Anderssein nach dem Muster von Innen und Außen? Haben wir eine Logik der historischen Sinnbildung, in der wir uns selbst im Spiegel des Anderen wahrnehmen können? Auch im Spiegel von Tätern, als die uns die Generationen hinter uns ansehen? Mit solchen Fragen könnten wir einen Historikerstreit führen, der sich lohnt."

J.Rüsen argumentiert nicht gegen die Methode der historischen Anthropologie, sondern stellt sie in den Horizont einer universellen Hermeneutik. Einen ähnlichen Denkansatz hat Lutz Niethammer bereits 1985 in seinem Aufsatz zur Zwischenbilanz der Oral History „Fragen - Antworten - Fragen" vertreten. In der Oral History, wie sie von L.Niethammer betrieben wird, dienen Methoden der historischen Anthropologie der „inhaltlichen Präzisierung wahrgenommener Fremdheit".[17] Der „ethnologische Blick" auf das wahrgenommene Fremde wird aber bei den Oral-History-Forschern nicht wie bei D.J.Goldhagen zur umfassenden Sicht auf die menschlichen Gegenstände der Untersuchung. Vielmehr faßt Niethammer die anthropologische Herangehensweise als einen methodischen Schritt, der dem herme-

---

15 vgl. etwa die von D.J.Goldhagen verneinte Frage S. 29: „Soll man wie die meisten Historiker davon ausgehen, daß die deutsche Gesellschaft mehr oder weniger „normal" war, im großen und ganzen nach denselben Regeln des „gesunden Menschenverstandes" funktioniert wie unsere eigene?" oder S. 45: „Was rechtfertigt also die vorherrschende Meinung, daß uns die Deutschen während und vor der NS-Zeit ähnlich waren?" Auf S. 46f entfaltet D.J.Goldhagen sein Argument dafür, die zu untersuchenden Deutschen mit schriftlosen Völkern und deren magischem Denken methodisch auf eine Stufe zu stellen.
16 Frankfurter Rundschau, 25.6.96
17 L.Niethammer 1985, S. 411

neutischen Verstehen vorausgeht und zu dessen Vorbereitung dient.[18] Ob sich ein solches Verfahren aufrechterhalten läßt, wenn nicht Erinnerungen an den Nationalsozialismus allgemein, sondern Erinnerungen an den Holocaust untersucht werden sollen, ist Gegenstand einer Debatte, die Fragen der Deutung des Nationalsozialismus auf der Ebene der Historik thematisiert. Die Frage nach den Grenzen des Verstehens wird in dem 1992 von Saul Friedländer herausgegebenen Band „Probing The Limits of Representation" diskutiert. Bereits in seinem 1990 veröffentlichten Aufsatz „Die 'Endlösung'. Über das Unbehagen in der Geschichtsdeutung" vertritt S.Friedländer nach einer Diskussion von Himmlers Posener Rede vom 4.10.1943 die These:

> „Aber gerade an diesem Punkt - der durch das Ausmaß der Tötung hervorgerufene Rausch - ist uns ein Verständnis nach den Ereignissen und aufgrund dieser Ereignisse auf der Ebene von Bewußtsein nicht möglich....Je größer die Empfindlichkeit auf der moralischen Ebene, um so radikaler wird eine Einsicht verdrängt, die gleichermaßen für Individuum und Gesellschaft eine unerträgliche Bedrohung darstellt. Der Historiker kann dieses Phänomen von „außen" analysieren, aber in diesem Falle kann sein Unbehagen nur von einer fehlenden Kongruenz zwischen intellektueller Befragung und dem Ausbleiben eines intuitiven Verstehens herrühren".[19]

An dieser Stelle kann ich auf diese von S.Friedländer aufgezeigte Grenze des Verstehens nicht näher eingehen.[20] In meiner empirischen Untersuchung habe ich es nicht mit Erinnerungen von Massenmördern zu tun, so daß sich das Problem des Verstehens nicht in dieser Schärfe stellt. Ich möchte an dieser Stelle nur eine wissenschaftliche Untersuchung über Täter des Holocaust zitieren, deren Autor sich nicht darauf beschränkt, „das Phänomen von außen" zu analysieren. C.R.Browning schreibt in der Einleitung zu seinem Buch „Ganz normale Männer. Das Reserve-Polizeibataillon 101 und die 'Endlösung' in Polen":

> „Die Bataillonsangehörigen, die die Massaker verübten und die Deportationen durchführten, waren ebenso Menschen wie die viel kleinere Gruppe derjenigen, die sich diesen Aktionen durch offene oder versteckte Verweigerung entzogen. Um das Verhalten sowohl der einen als auch der anderen Gruppen von Menschen so gut wie möglich verstehen und erklären zu können, muß man erkennen, daß man sich in der betreffenden Situation selbst entweder als Mörder oder als Befehlsverweigerer beziehungsweise „Drückeberger" wiedergefunden hätte."[21]

---

18 a.a.O. S. 413ff
19 S. Friedländer 1990, S. 88f
20 vgl. unten die Anmerkungen zur Horizontverschmelzung S. 20, den Abschnitt zur Debatte zwischen S. Friedländer und M. Broszat S. 40 ff und die Reflexion auf die Grenzen der Darstellung im 3. Kapitel S. 108 f
21 C.R. Browning 1993, S. 16f. In der Originalausgabe schreibt C.R. Browning unmißverständlich in der 1. Person: „ We must recognize that in the same situation, I could have been either a killer or an evader - both were human - if I want to understand and explain the behavior of both as best I can". C.R Browning 1992, S. XX

C.R.Brownings Frage nach der Subjektivität von Tätern setzt einen grundlegenden Unterschied zwischen unmenschlichen Taten und den Tätern als Menschen voraus. Dadurch ist es ihm und seinen Lesern möglich, ohne moralische Empfindlichkeit einzubüßen, sogar in der Geschichte der Täter dieses Polizeibataillons grundsätzlich auch etwas von sich selbst wiederzuerkennen.

Die hermeneutische Erfahrung, daß das Eigene im Anderen wahrzunehmen ist, ohne Distanz und Kritik aufzugeben, liegt Niethammers Orientierung zugrunde, im Umgang mit den in der Oral History Befragten eine Balance von Kritik und Solidarität zu suchen. Daß die Erforschung der Erfahrung des Nationalsozialismus mit Oral History - Methoden in Deutschland erst in den achtziger Jahren begann, läßt sich bereits als Anzeichen für die Schwierigkeit der meisten Deutschen deuten, diese Geschichte als die eigene anzuerkennen. Diese Schwierigkeit zeigte sich auch in der Selbsterfahrung der ForscherInnen des Projektes "Lebensgeschichte und Sozialkultur im Ruhrgebiet" ("LUSIR"). Denn sie verhielten sich zu den Menschen, die sie befragten, nicht einfach akademisch-distanziert und kritisch; ihre Arbeit war vielmehr bestimmt durch einen schwierigen Balanceakt zwischen Kritik und lebensweltlicher Solidarität. In seiner Zwischenbilanz der Oral History zum Abschluß des LUSIR-Projektes schreibt Niethammer: "Wer Oral History aus einer Wissenschaftstradition heraus betreibt, die sich zugleich kritisch auf die Gesellschaft und solidarisch auf die Subjektivität der Mitmenschen zu beziehen versucht, muß mit Krisen seines Selbstverständnisses rechnen."[22] Diese Arbeit erfordere die Bereitschaft zu einer „Selbstwahrnehmung... zu deren Abwehr sich Akademismus (Distanz zu den Objekten gewinnen) oder Populismus (das wirkliche Leben dokumentieren) anbieten."[23] - Wie in der Arbeit der Oral History versucht wird, zwischen Kritik und Solidarität zu balancieren, möchte ich an einem Beispiel zeigen, bei dessen Diskussion ich auf die Schwierigkeit eingehe, sich selbst als Subjekt der eigenen Taten anzunehmen. Das Beispiel ist Niethammers zusammenfassender

---

22 L.Niethammer 1985, S.394
23 ebda. - Diese Positionen sind oft bestritten worden. In einem der letzten Artikel zu dieser Debatte kritisiert A.C.T.Geppert "vermeintlich aufklärerische, tatsächlich aber sozialromantische Implikationen vieler Oral History- Unternehmen": "So war es erklärtes Ziel des LUSIR-Projektes, "solidarische" Geschichtsschreibung zu betreiben und "dem Volk" Identifikationsmöglichkeiten an die Hand zu geben." (Geppert 1994, S.319) Geppert findet das deshalb problematisch, weil das Dilemma unlösbar sei, sich gleichzeitig wissenschaftlichen und "identifikationsstiftenden Ansprüchen" (sic) ausgesetzt zu sehen. "Sympathie, Solidarität und Authentizität auf der einen Seite lassen sich mit Nüchternheit, Objektivität und Kritikfähigkeit andererseits nicht ohne Schwierigkeiten vereinbaren". (a.a.O. S. 320) An das von Geppert vorgetragene Argument ist die Frage zu stellen, ob solche Schwierigkeiten hinreichende Gründe abgeben, den Balanceakt erst gar nicht zu versuchen. L.Niethammer schreibt, daß diese Schwierigkeiten vom Forscher Selbstwahrnehmung erfordern. Das ist etwas Neues in der deutschen Geschichtswissenschaft, sollte aber nicht schon deswegen abgewehrt werden, weil es nur schwer in den "klassischen Kanon historiographischer Methodik" einzubetten sei (ebda). In dem Einwand von Geppert zeigt sich einmal mehr das Mißtrauen, das in der heutigen Geschichtswissenschaft in Deutschland gegenüber Subjektivität in der Wissenschaft im allgemeinen und gegenüber Erinnerung im besonderen noch vorherrscht (vgl. A.v.Plato 1991)

Interpretation von Erinnerungen an Fremdarbeiter entnommen (Fremdarbeiterinnen dürften mitgemeint sein, obwohl Niethammer sie nicht ausdrücklich benennt):

> "In den Erlebnisschilderungen über die Lebens- und Arbeitsverhältnisse im Krieg standen die Szenen oft voller ausländischer Statisten, während bei der Problematisierung des Nationalsozialismus in der Regel vor allem der Krieg als solcher und die Verbrechen an den Juden, nicht aber die Fremdarbeiter erwähnt wurden. Wurden die Interviewten dann auf die Problematik der Fremdarbeiter angesprochen, kamen nur in einzelnen Fällen Geschichten zu Tage, in denen einzelne Fremdarbeiter einen Namen, Gesicht und Stimme erhielten; in der Masse der Fälle erfolgten jedoch zwei stereotype Reaktionen: einerseits wurde versichert, daß man den Ausländern immer mal "Butterbrote" mitgebracht habe, auf der anderen Seite wurde darauf hingewiesen, daß die befreiten Fremdarbeiter im Frühjahr 1945 geplündert und gebrandschatzt hätten. Die Reaktionen gewähren durch die Betonung eigener Mitmenschlichkeit angesichts eines unmenschlichen Zwangssystems, das aber ausweislich des Verhaltens befreiter Fremdarbeiter tendenziell gerechtfertigt wird, eine doppelte Entlastung von der Zumutung einer tieferen Verknüpfung der Eigenwahrnehmung mit der Sinn- und Wertfrage der Beurteilung des Nationalsozialismus."[24]

Der kritische Aspekt von Niethammers Interpretation bringt eine - den Interviewten kaum bewußte - Prägung der Erinnerungen durch die Strukturen der nationalsozialistischen Gesellschaft zutage. Methodisch ist die Kritik gegenüber den Erinnerungen an Fremdarbeiter, wie Niethammer ausführt, vor allem deswegen möglich, weil im Unterschied zu den Verbrechen an den Juden in der Nachkriegszeit und lange danach das Problem der Fremdarbeiter und Kriegsgefangenen gesellschaftlich nicht thematisiert wurde.

> "Deshalb sind diese einerseits aus der Kriegserinnerung nicht verdrängt, andererseits aber auch in die geschichtliche Erfahrung nicht integriert. Vielmehr werden diese Erinnerungen zunächst in unbearbeiteter Weise und oft noch im nationalsozialistischen Originalton berichtet, was nicht nur auf die Verbreitung der nationalsozialistischen Deutungsangebote in dieser Frage zurückweist, sondern auch nach vorn auf die Vorbereitung der Deutschen auf den Empfang der 'Gastarbeiter' - auch dies ein NS- Begriff."[25]

Niethammers exemplarische Kritik wäre mißverstanden, wenn man sie in den Zusammenhang eines von lebensweltlichen Bezügen, zumal von kollektiver Erinnerung, abgelösten Erkenntnisfortschritts innerhalb der Wissenschaft stellte; sie wäre auch mißverstanden, wenn man sie für die gesellschaftliche oder politische Denunziation der Interviewten benutzte. Niethammer unterscheidet zwischen Taten, die die Menschen allerdings nur eingeschränkt als ihre eigenen anerkennen einerseits und den Menschen selbst andererseits. Dadurch bleibt seine Kritik in einem Opfer und Täter umfassenden Sinn auf Solidarität bezogen: Zunächst gilt die

---

24 L.Niethammer 1985, S.432
25 ebda

Solidarität den Menschen, deren Unterdrückung sich darin fortsetzt, daß ihnen in der Erinnerung "Name, Gesicht und Stimme" fehlen. Die Solidarität gilt weiterhin den Fremden der Gegenwart, den "Gastarbeitern", deren Wahrnehmung und Behandlung als Unterdrückte geschichtlich vorgeprägt ist. Doch auch den Interviewten gilt Solidarität, nämlich in dem, was Niethammer die "heuristische Zumutung des aufrechten Gangs" genannt hat. Diese zeigt sich hier konkret in der "Zumutung einer tieferen Verknüpfung der Eigenwahrnehmung mit der Sinn- und Wertfrage der Beurteilung des Nationalsozialismus". Solidarisch kann diese Zumutung nur insofern sein, als der Forscher sie auch an sich selbst richtet, als er bereit ist, das Eigene im Anderen wahrzunehmen. Auf die Aufgabe und die Methodik der Selbstwahrnehmung und Selbstreflexion werde ich zurückkommen.[26]

Die heuristische Zumutung des aufrechten Gangs bedeutet nicht, so zu tun, als seien die Menschen die Subjekte ihrer Geschichte gewesen.[27] Wohl aber kann durch eine solche Fragerichtung das Ausmaß in den Blick kommen, in dem sie Subjekte ihrer Taten waren oder nicht waren; in den Blick können andererseits die unverwirklichten Möglichkeiten dafür kommen, daß und wie sie es hätten sein können; vor allem erlaubt eine solche Fragerichtung das Ausmaß zu untersuchen, in dem die Menschen sich als Subjekte ihrer Taten, ihrer Geschichte ansehen. Durch diese heuristische Zumutung kann es gelingen, Behinderungen des aufrechten Gangs aufzuzeigen und so zu den Voraussetzungen ihrer Überwindung beizutragen.

B. Die Schwierigkeit, Verluste der eigenen Geschichte anzuerkennen

Auf die Frage, ob Deutsche die Verluste ihrer Geschichte anerkennen können, die der Nationalsozialismus ihnen zufügte, ist keine einfache Antwort zu erwarten. Seit den achtziger Jahren werden zunehmend in autobiographischen und wissenschaftlichen Arbeiten Verluste der Deutschen so thematisiert, daß diese Verluste anerkannt werden - und nicht so, daß man auf Wiederherstellung des Verlorenen abzielt. Andererseits offenbaren diese autobiographischen und wissenschaftlichen Schritte der Trauerarbeit eine Fülle von noch ungelösten Schwierigkeiten. Um einige von diesen näher zu bestimmen, möchte ich an eine Einsicht der Psychoanalyse erinnern, nach der die „Unfähigkeit zu trauern" sich als Unfähigkeit beschreiben läßt, Verluste anzuerkennen. Grundlegend für den Zusammenhang von Verlust und Trauer ist Sigmund Freuds Definition in der Schrift „Trauer und Melancholie":

> „Trauer ist regelmäßig die Reaktion auf den Verlust einer geliebten Person oder einer an ihre Stelle gerückten Abstraktion wie Vaterland, Freiheit, ein Ideal usw. ...Worin besteht nun die Arbeit, welche die Trauer leistet? ... Die Realitätsprüfung hat gezeigt, daß das geliebte Objekt nicht mehr besteht, und erläßt nun die Aufforderung, alle Li-

---

26 vgl. S. 27, 47, 72, 98, 144, 239, 287
27 Ein solches Mißverständnis liegt anscheinend in manchen Kritiken der Oral History vor.

bido aus ihren Verknüpfungen mit diesem Objekt abzuziehen. Dagegen erhebt sich ein begreifliches Sträuben ... Das Normale ist, daß der Respekt vor der Realität den Sieg behält. Doch kann ihr Auftrag nicht sofort erfüllt werden. Er wird nun im einzelnen unter großem Aufwand von Zeit und Besetzungsenergie durchgeführt und unterdes die Existenz des verlorenen Objekts psychisch fortgesetzt. Jede einzelne der Erinnerungen und Erwartungen, in denen die Libido an das Objekt geknüpft war, wird eingestellt, überbesetzt und an ihr die Lösung der Libido vollzogen."

Nach der Vollendung der Trauerarbeit werde das Ich wieder frei und ungehemmt. Im Unterschied zur Trauer führt nach Freud eine melancholische Reaktion auf einen Verlust nicht zu einer solchen Lösung.

„In noch anderen Fällen glaubt man an der Annahme eines solchen Verlustes festhalten zu sollen, aber man kann nicht deutlich erkennen, was verloren wurde und darf um so eher annehmen, daß auch der Kranke nicht bewußt erfassen kann, was er verloren hat. Ja, dieser Fall könnte auch dann noch vorliegen, wenn der die Melancholie veranlassende Verlust dem Kranken bekannt ist, indem er zwar weiß, *wen*, aber nicht, *was* er an ihm verloren hat. So würde uns nahegelegt, die Melancholie irgendwie auf einen dem Bewußtsein entzogenen Objektverlust zu beziehen, zum Unterschied von der Trauer, bei welcher nichts an dem Verluste unbewußt ist."[28]

Die These von A. und M.Mitscherlich über die Unfähigkeit der meisten Deutsche zu trauern[29] bezieht sich auf diese Unterscheidung von Trauer und Melancholie; den Deutschen sei weitgehend unbewußt geblieben, was sie verloren hatten.

Verluste erlitten die meisten Deutschen in verschiedenen Hinsichten; ich beschränke mich hier auf Verluste geliebter Menschen, Verluste wichtiger Lebenszeit und damit biographischen Sinns, und Verluste politisch-kultureller oder religiöser Orientierung. An wenigen Beispielen möchte ich Schwierigkeiten aufzeigen, Verluste in diesen drei Hinsichten anzuerkennen.

1. Deutsche, die in der Zeit des Nationalsozialismus geliebte Menschen verloren haben, schweigen in den fünfziger und sechziger Jahren überwiegend dazu. In ihren seit den achtziger Jahren vermehrten Erzählungen umgehen oder verdecken sie jedoch meist das Schmerzhafteste. Bei ihnen ist oft eine Traurigkeit wahrzunehmen, die an Schwermut grenzt; Klagen und Verbitterung werden häufig in allgemeinen, sich wiederholenden Wendungen ausgedrückt; doch ist das Schweigen über die einschneidenden Verluste aus jener Zeit die Regel, das Mitteilen von Verlusterfahrungen die Ausnahme. Dies Bild hat sich allmählich, jedoch nicht grundsätzlich dadurch verändert, daß mit zunehmendem Abstand von Nationalsozialismus und Krieg in mancher Hinsicht die Schwierigkeit überwindbar wurde, über Verluste geliebter Menschen zu sprechen. Gabriele Rosenthal schreibt aufgrund

---

28 S.Freud 1916, GW Bd. 10 S. 428 - 446; hier S.428f, 431. - Ich zitiere die Schriften Freuds nach den von Anna Freud herausgegebenen Gesammelten Werken.
29 A. und M. Mitscherlich 1967

vieler Gespräche und biographischer Interviews, die sie in den achtziger Jahren mit Deutschen vor allem aus der Generation der Hitlerjugend führte:

> „Die Biographen berichten zwar, daß sie noch heute von Kriegserinnerungen und -träumen verfolgt werden, doch kommen in ihren Erzählungen Szenen des Schreckens und des Todes kaum vor. Die Erzählungen über Krieg und Nachkriegszeit sind vielmehr von einem Thematisierungstabu für bestimmte Erlebnisse geprägt, und häufig dienen Kriegsanekdoten den Erzählern zur Ablenkung von eigenen schmerzhaften Erinnerungen."[30]

G.Rosenthal, die mit Methoden der soziologischen Biographieforschung[31] arbeitet, vertritt die These,

> „daß selbst erlebtes Leid nicht bewältigt werden kann, wenn jenes Leid ausgeblendet wird, das während des „Dritten Reichs" von den Deutschen, von den Nationalsozialisten und ihren Gehilfen anderen Menschen zugefügt wurde. ... Umgekehrt ist gleichermaßen davon auszugehen, daß ein Mitfühlen mit den Opfern des Nationalsozialismus oder auch nur die Thematisierung der NS-Verbrechen blockiert wird, wenn es den Zeitzeugen nicht gelingt, über das von ihnen selbst erfahrene Leid zu trauern."[32]

Wenn diese These richtig ist, dann besteht die Schwierigkeit von ZeitzeugInnen, Menschen zu betrauern, die sie in der Zeit des Nationalsozialismus verloren haben, zu einem Teil in dem Zusammenhang dieser Trauer mit dem Annehmen der Beziehung zu den Opfern des Nationalsozialismus. Ein anderer Aspekt dieser Schwierigkeit ist darin zu sehen, daß eine Trauer um die eigenen Verluste von einem großen Teil der politisch-kulturellen Öffentlichkeit in Deutschland abgelehnt wurde, die größten Wert darauf legte, der Opfer zu gedenken und ihre Geschichte bekannt zu machen. Zu dieser Öffentlichkeit gehört auch der Teil der Nachkriegsgeneration, der gegen Ende der sechziger Jahre das verbreitete Schweigen über die nationalsozialistische Vergangenheit brach und dabei in eine sich steigernde Konfrontation mit den älteren Generationen geriet.

2. Der Verlust biographischen Sinns ist in Arbeiten der Oral History thematisiert worden. An dem ersten Titel der wichtigsten Oral History-Studie über Erfahrungen des Nationalsozialismus kommt die Schwierigkeit zum Ausdruck, den Erfahrungen des Nationalsozialismus einen Sinn zu geben. "Die Jahre weiß man nicht, wo

---

30 G.Rosenthal 1990, S.9
31 Aus meinen Erfahrungen mit biographischen Interviews in der Zeit von 1980-1986 mit Oral History-Methoden kann ich diese Ergebnisse bestätigen: Nur selten erzählten die Menschen, die vielfach auch älter waren als die HJ-Generation, von Situationen, in denen sie Angst und Trauer erlebten. Als Gründe für diese Zurückhaltung sehe ich - neben der konstruierten Situation des Interviews mit dem Generationsabstand und der sozialen Distanz zwischen Interviewer mit universitärem Hintergrund und Interviewten aus häufig industriellem Sozialmilieu - zum einen, daß die ErzählerInnen diese Gefühle damals schon verdrängen mußten, denn diese konnten sie in einen gefährlichen Gegensatz zur Diktatur bringen; zum anderen, daß in der Nachkriegszeit und jahrzehntelang in der Bundesrepublik das kulturelle Klima eben für diese Gefühle und ihre Artikulation nicht günstig war.
32 a.a.O. S.10

man die heute hinsetzen soll" - dies Zitat stammt aus einem lebensgeschichtlichen Interview mit dem Metallarbeiter Fritz Harenberg.³³

> „F.H. Und damals, ... auf deutsch gesagt, man hat den Geist nicht gehabt, um dies alles entgegenzutreten. Heute denkt man jedoch anders, denn das sind alles verloren gegangene Jahre, die ein'm heute fehlen. Die ganzen Jahre, die Kriegsjahre und Komißjahre und so weiter, Arbeitsdienst, ne, das fehlt ein'm heute. Die Jahre weiß man nicht, wo man die heute hinsetzen soll."³⁴

Niethammer hebt in seiner Interpretation hervor, daß F.Harenberg die derzeitige Jugend um ihr Engagement in der Friedensbewegung beneidet: „Wenn man damals diese Einsicht gehabt hätte, hätte man gegen die Nazis gekämpft. Bei der Begründung dieser Einsicht aber wird Fritz Harenberg nicht politisch, sondern persönlich. Mit den „verlorenen Jahren" meint er ... ein Defizit an biographischem Sinn."³⁵ Harenberg spürt den Verlust auf der Ebene der Sinnbildung selbst. Hier liegt ein Ansatz von Trauer; Niethammer macht den Punkt sichtbar, an dem dieser Ansatz steckenbleibt: F.Harenberg berichtet - im Gegensatz zu der rückblickenden Aussage, daß man heute anders denke, von seinen Kriegserlebnissen durchgehend in der Sprache, die damals in der „Wehrmacht" üblich war. Die Ebene der Deutungsmuster und der Erfahrungen klaffen auseinander. Von einem "Durcharbeiten" der Kriegserlebnisse, von einer Trauer, an dem nichts an dem Verlust unbewußt bleibt, kann jedenfalls keine Rede sein.

3. A. und M.Mitscherlich untersuchen vor allem den Verlust, den viele Deutsche dadurch erlitten, daß Hitler nicht mehr ihr Idealbild sein konnte. Dieser Verlust wurde weitgehend nicht anerkannt, nicht zum Bewußtsein zugelassen, nicht betrauert, was bei vielen Deutschen eine melancholische Reaktion und eine „Derealisierung" der nationalsozialistischen Vergangenheit zur Folge hatte.

Peter Schulz-Hageleit stimmt in seinen historisch-psychoanalytischen Betrachtungen der Einschätzung zu, daß die Anerkennung von Verlusten und damit die Trauer bei den meisten Deutschen ausblieb. Er schlägt aber dafür eine andere Erklärung vor als A. und M. Mitscherlich.

> „Den Deutschen ist aus psychoanalytischer Sicht (Mitscherlich) eine "*Unfähigkeit* zu trauern" vorgehalten worden. Ich bezweifle inzwischen, daß die berühmte und oft zitierte Diagnose voll und ganz trifft. Handelte es sich nicht eher um eine *Unmöglichkeit* zu trauern? Oder zumindest um eine nur von besonders starken Persönlichkeiten überwindbare *Schwierigkeit*?"³⁶

P.Schulz-Hageleit möchte eher von mentalitätsgeschichtlichen Barrieren und tradierten Verhinderungsgründen sprechen.

---

33 L.Niethammer (Hg) 1983
34 L.Niethammer 1983, S. 167f
35 a.a.O. S. 168
36 P.Schulz-Hageleit 1994, S. 183

„Echte innere Trauer als ein Heilungsprozeß entfaltet sich nur dort, wo die Liebe sich im Rückblick auf die Toten ihrer selbst gewiß wird und frei zum Ausdruck kommen kann ... Nichts dergleichen ist nach 1945 möglich gewesen. Die Deutschen konnten, ja sie *durften* sich selbst und *ihre* Toten nicht mehr lieben; der Pesthauch des unübersehbaren Verbrechens vergiftete alle positiven Gefühle dieser Art."[37]

Ähnlich wie G.Rosenthal[38] weist Schulz-Hageleit auf den Zusammenhang der Trauer um die eigenen Verluste mit der Trauer um die Opfer des Nationalsozialismus hin. Er möchte in die Trauer um die eigenen Verluste auch Verbrecher einbeziehen, die in den Nürnberger Prozessen verurteilt wurden, und die aus seiner Sicht „ja so etwas wie Elternfiguren gewesen sind".[39] Daß eine solche Trauer nicht zulässig war, führt er nun weniger auf Mentalitäten und Traditionen zurück als auf die politische Konstellation der Nachkriegsjahrzehnte:

„Es war ja nicht zulässig, zu betrauern, was wir verloren hatten (und das war gewiß nicht wenig), und so war es auch nicht möglich, sich wirklich davon zu verabschieden. Besonders heftig wurde das Trauerverbot in dem von den Sowjets besetzten Teil Deutschlands praktiziert. Alles Licht der öffentlichen Ehre beanspruchten die Sieger für sich, und die Besiegten hatten sich hier anzupassen. Haß wurde neu verkündet und der Anti-Faschismus zur einzig zulässigen Linie politischer Bildung erhoben. Trauer war so unmöglich."[40]

Dies Zitat läßt sich auf alle drei genannten Hinsichten von Trauer um die eigenen Verluste der Deutschen beziehen. Schulz-Hageleit gehört zu den wenigen Wissenschaftlern, die bisher versucht haben, die historische Reflexion des Nationalsozialismus mit einer autobiographischen Reflexion zu verbinden. Diesem Versuch liegt die Einsicht zugrunde, daß die Annahme der kollektiven Geschichte samt ihrer Verluste nur möglich ist, wenn die eigene Lebensgeschichte und Familiengeschichte mit ihren persönlichen Verlusten als deren Teil verstanden wird. Der Versuch von Schulz-Hageleit ruft in mehrerer Hinsicht Fragen hervor. Zum einen stellt er ein Wissenschaftsverständnis infrage, nach dem ein Wissenschaftler nicht als „Impresario der Sache, der er sich hingeben sollte, mit auf die Bühne" treten sollte.[41] Dies gilt umso mehr, als seine autobiographischen Texte weit über die methodische Selbstwahrnehmung der Oral History hinausgehen, gegen deren akademistische Abwehr Niethammer argumentiert.[42] Auf der anderen Seite erscheinen aus der

---

37 a.a.O. S. 183
38 G.Rosenthal 1990, S.8
39 a.a.O. S.184
40 a.a.O. S. 184
41 M.Weber: Vom inneren Beruf zur Wissenschaft. 1919. Zitiert nach der Kröner-Ausgabe Stuttgart 1968, S. 315. Nach M.Weber soll ein Wissenschaftler - bei aller notwendigen Leidenschaft für seine Arbeit - „rein der Sache dienen" und nicht in der Darstellung „sich durch 'Erleben' legitimieren" (ebda, S. 314f). Diese Art der Unterscheidung wird fragwürdig, wenn die Subjektivität des Wissenschaftlers als Teil der Sache selbst aufzufassen ist, die untersucht wird. Eben dies ist bei der Thematisierung von autobiographischer Erinnerung als Teil von Geschichtserinnerung der Fall.
42 s.o. S. 7

Sicht der lange blockierten Trauer um die Verluste der Täter und ihrer Nachkommen politisch-kulturelle Rahmenbedingungen in einem fragwürdigen Licht, die ihre Legitimität nicht schon durch die pervertierte Form des „Anti-Faschismus" in der DDR verlieren. Müßte politische Bildung ein Trauerverbot - im Sinn der Trauer der Täter und ihrer Nachkommen - beinhalten, die sich an Adornos Satz orientiert: „Die Forderung, daß Auschwitz nicht noch einmal sei, ist die allererste an Erziehung"[43] - ? Und darf politische Bildung auf eine derartige Norm verzichten - auch wenn sie nicht übersieht, daß Trauer ihre Zeit und ihren Raum beansprucht, bevor neues Handeln, Orientierung an neuen Normen möglich wird? Die Frage, ob und inwieweit die Trauer um die eigenen Verluste der Täter mit der von den Siegern des Zweiten Weltkrieges bestimmten Politik unvereinbar war, ist eine andere als die Frage nach der Unvereinbarkeit dieser Trauer mit einer Moral, die aufgrund ihres Universalismus - und nicht aus partikularen Machtinteressen - die nationalsozialistischen Verbrechen verurteilt. - Die angedeuteten Fragen sind nicht als Argumente gegen den Versuch von Schulz-Hageleit zu verstehen, sondern als Ausdruck der Schwierigkeit, die Trauer um die eigenen Verluste zuzulassen. Ein wahrhaftes Zulassen solcher Trauer hieße auf der einen Seite, sie nicht von herrschenden politisch-kulturellen Rahmenbedingungen unterdrücken oder vereinnahmen zu lassen. Auf der anderen Seite dürfte im Zuge dieser Trauer auch nicht die Orientierung an einer Moral aufgegeben werden, die die Kluft zwischen Tätern und Opfern weder übersieht noch deren Überbrückung unmöglich erscheinen läßt.

C. Die Schwierigkeit, sich auf die Beziehung zu den Opfern einzulassen

Neue Schuld kann entstehen, „wenn wir ... die Erinnerung an jenes Geschehen und an unsere Opfer nicht mehr wachhalten."[44] Das vor allem in den Jahrzehnten der begrenzten deutschen Souveränität spürbare politische und das gegenwärtig wieder stärker ins öffentliche Bewußtsein rückende moralische Gewicht dieser Beziehung kommt in einer Überlegung C.Meiers zum Ausdruck: Es sei fraglich, ob man den Deutschen erlauben werde, sich aus ihrer Geschichte soweit zurückzuziehen "daß gleichsam die Nachkommen der Täter in der Gegenwart als solche nicht mehr vertreten sind."[45] Die politische Ebene der Erinnerung an den Nationalsozialismus ist in meinen bisherigen Darlegungen vor allem als Rahmenbedingung individueller Erinnerungen in den Blick gekommen; die Schwierigkeiten, zum einen sich als Subjekt der eigenen Taten und zum anderen Verluste der eigenen Geschichte anzuerkennen, ließen sich ohne Mühe auch in der deutschen Erinnerungs-

---

43 Theodor W. Adorno 1969, Erziehung nach Auschwitz
44 C. Meier 1990, S. 18
45 a.a.O. S. 12f

politik[46] nachweisen. Die Schwierigkeit, sich auf die Beziehung zu den Opfern einzulassen, möchte ich nun zunächst an wenigen politischen Beispielen aufzeigen. Bundespräsident R.Herzog erklärte am 3.1.1996 den 27.Januar "zum Tag des Gedenkens an die Opfer des Nationalsozialismus". Allein dies späte Datum gibt einen Hinweis auf die Schwierigkeiten, die in Deutschland mit der Erinnerung an die Opfer verbunden sind; ein weiterer Hinweis läßt sich aus der Kurzfristigkeit und den weiteren Umständen der Einführung des Gedenktages ablesen. In der Proklamation des Gedenktages wendet R.Herzog sich gegen die Gefahr, daß nach dem Gedenkjahr 1995 dem Vergessen freier Lauf gelassen werden könnte:

> „Die Erinnerung darf nicht enden; sie muß auch künftige Generationen zur Wachsamkeit mahnen. Es ist deshalb wichtig, nun eine Form des Erinnerns zu finden, die in die Zukunft wirkt. Sie soll Trauer über Leid und Verlust ausdrücken, dem Gedenken an die Opfer gewidmet sein und jeder Gefahr der Wiederholung entgegenwirken."

Herzog reflektiert Probleme dieser Formel. Dem möglichen Mißverständnis, daß manche unter Opfer des Nationalsozialismus auch die Opfer von Flucht, Vertreibung und Verschleppung verstehen würden, tritt er mit dem Hinweis auf den Volkstrauertag entgegen. Der Jahrestag der Befreiung von Auschwitz als neuer Gedenktag „soll dem Gedenken an die Opfer der Ideologie vom 'nordischen Herrenmenschen' und von den 'Untermenschen' und ihrem fehlenden Existenzrecht dienen."

Der Streit um die inhaltliche Bestimmung des Wortes „Opfer" begleitete die Planung der "Zentralen Gedenkstätte der Bundesrepublik Deutschland" in der „Neuen Wache" in Berlin, die im Herbst 1993 eingeweiht wurde. Die fast auf die dreifache Höhe des Originals von Käthe Kollwitz vergrößerte Plastik "Mutter mit totem Sohn" trägt die Inschrift: "Den Opfern von Krieg und Gewaltherrschaft". Die Bundesregierung setzte diese Gestaltung der Gedenkstätte durch gegen die Kritik, daß damit dem "Riß durch die Erinnerung"[47] nicht Rechnung getragen werde; der Widerspruch zwischen der Erinnerung an die Mörder und die Ermordeten werde eingeebnet. Hier zeigt sich die Schwierigkeit, die Opfer als Opfer in ihrem Anderssein anzuerkennen; ohne eine solche Anerkennung stehen Beziehungen zu ihnen in der Gefahr, für die neu zu bestimmende Identität der Deutschen oder gar für eine politische Richtung vereinnahmt zu werden.

Ein weiterer Aspekt der Schwierigkeit, sich auf die Beziehung zu den Opfern einzulassen, ist darin zu sehen, daß die Erinnerung an sie oft allgemein und damit für das eigene Verhalten unwirksam bleibt. Die Schwierigkeit, in den Erinnerungen an die Opfer konkreter zu werden, zeigt sich beispielhaft an der Rede Ph.Jenningers Rede am 10. November 1988. Ein Grund seines Scheiterns ist darin zu sehen, daß

---

46 Diesen Begriff verwendet A.Assmann, z.B. in ihrem Artikel „Zwischen Pflicht und Alibi", taz 20.3.96
47 R.Koselleck

er in seiner Gedenkrede in der Hinsicht konkret wurde, daß er in der Erinnerung sich in die Lage der damaligen (nichtjüdischen) Deutschen hineinversetzte, daß aber andererseits H.Galinski als Vertreter der Juden in Deutschland nicht reden und die Leidenserfahrungen der Opfer konkretisieren durfte.[48]

R.v.Weizsäckers offene Frage, ob „*wir uns wirklich in die Lage von Angehörigen der Opfer des Warschauer Ghettos oder des Massakers von Lidice versetzen*" können,[49] verweist auf Stimmen, die von den Deutschen Schritte in eben diese Richtung erwarten. Zwei autobiographische Texte, die von jüdischen Menschen geschrieben wurden, die Auschwitz überlebten, sollen hier als Beispiel für solche Stimmen stehen.

Primo Levi stellt den Erinnerungen an seine Zeit in Auschwitz, die er in der Nachkriegszeit niederschrieb, eine Aufforderung zu gedenken voran.

„Ihr, die ihr gesichert lebt / In behaglicher Wohnung; / Ihr, die ihr abends beim Heimkehren / Warme Speise findet und vertraute Gesichter: / Denket, ob dies ein Mann sei, / Der schuftet im Schlamm, / Der Frieden nicht kennt, / Der kämpft um ein halbes Brot, / Der stirbt auf ein Ja oder Nein. / Denket, ob dies eine Frau sei, / Die kein Haar mehr hat und keinen Namen, / Die zum Erinnern keine Kraft mehr hat, / Leer die Augen und kalt ihr Schoß / Wie im Winter die Kröte. / Denket, daß solches gewesen. / Es sollen sein diese Worte in eurem Herzen. / Ihr sollt über sie sinnen, wenn ihr sitzet / In einem Hause, wenn ihr geht auf euren Wegen, / Wenn ihr euch niederlegt und wenn ihr aufsteht; / Ihr sollt sie einschärfen euern Kindern. / Oder eure Wohnstatt soll zerbrechen, / Krankheit soll euch niederringen, / Eure Kinder sollen das Antlitz von euch wenden."[50]

P.Levi nimmt Bezug auf das „Höre Israel"[51]. Dort im Deuteronomium wie in seinem Text ist das Gebot, sich zu erinnern mit unbedingtem Ernst ausgesprochen. P.Levi spricht diejenigen an, die gesichert leben, die also Schwierigkeiten haben, sich das Schuften im Schlamm, die Namenlosigkeit, die Entwürdigung, die Selektionen vorzustellen. - Können wir als Menschen leben, wenn wir nicht denken, "daß solches gewesen"? Wenn wir nicht immer wieder, täglich, bei allen Gelegenheiten daran denken und "diese Worte" unseren Kindern einschärfen? P.Levi verneint dies: Wenn menschliches Leben nur in Gegenseitigkeit, in Verbundenheit mit anderen Menschen, zumal mit den Nachkommen möglich ist, dann geht dies Leben verloren, wenn wir uns und unsere Nachkommen nicht an die Zeit der Unmenschlichkeit erinnern.

P.Levi beschreibt die ungeheure Schwierigkeit der Häftlinge, mitzuteilen, was ihnen geschah. Diese Schwierigkeit erscheint konzentriert in einem Traum, der sich in Auschwitz so sehr wiederholte und so kollektiven Charakter hatte wie der

---

48 vgl. E.Domansky 1992, besonders S. 64f
49 R.v.Weizsäcker am 8.5.1985
50 P.Levi 1992, Prolog
51 Deuteronomium 6,4ff. - Der Bezug auf die Bibel durchzieht P.Levis Buch. So nennt er die Geschichten, die die Häftlinge sich gegenseitig erzählten, „einfach und unfaßlich wie die Geschichten aus der Bibel. Doch sind sie nicht auch Geschichten aus einer neuen Bibel?" P.Levi 1992, S.77

Traum der Ausgehungerten. In diesem Traum erzählt er zuhause von dem erfahrenen Leid, empfindet Wonne, endlich erzählen zu können - und keiner hört zu. P.Levi fragt: „Warum ist das so? Warum übersetzt sich der Schmerz aller Tage so beharrlich in unsere Träume, in die immer wiederkehrende Szene des gegebenen und nicht angehörten Berichts?"[52]

In diesem Traum sind die Menschen, an die er sich mit seinen Bericht wendet, seine nächsten Angehörigen. Wenn schon diese nicht bereit oder fähig sind zuzuhören, um wieviel schwerer ist dann diese Bereitschaft oder Fähigkeit von Menschen zu erreichen, die ihn persönlich nicht kennen, und erst recht von Menschen, die dem Kollektiv der Täter angehören oder aus ihm stammen? Und doch richtet P.Levi seine Veröffentlichung auch an die Deutschen. Die Briefe seiner deutschen LeserInnen befriedigen ihn mit „ihren allgemeinen Reue- und Solidaritätsbekundungen" nur zum Teil. „Ich warte auf eine Begegnung, so inständig, daß ich nachts (in deutsch) davon träumte, eine Begegnung mit einem von jenen dort, die über uns verfügt, uns nicht in die Augen geblickt hatten, als hätten wir keine Augen."[53]

Noch ausdrücklicher als P.Levi richtet Ruth Klüger ihr Buch „weiter leben" an deutsche LeserInnen. Sie widmet es „den Göttinger Freunden ... ein deutsches Buch." Aus ihrem Text greife ich einen Ausschnitt heraus, in dem sie den Transport von Theresienstadt nach Auschwitz beschreibt.

> „Panik. Ausdünstung der Körper, die es nicht mehr aushielten in der Hitze und in einer Luft, die mit jeder Minute zum Atmen ungeeigneter wurde. Von daher glaube ich eine Ahnung zu haben, wie es in den Gaskammern gewesen sein muß. Das Gefühl, verlassen zu sein, und damit meine ich nicht, vergessen zu sein; vergessen waren wir nicht, denn der Wagen stand ja auf Schienen, hatte eine Richtung, würde ankommen; aber verworfen, abgetrennt, in eine Kiste gepfercht, wie unnützer Hausrat."[54]

Im Anschluß an die zweiseitige Darstellung des Transportes reflektiert R.Klüger die Schwierigkeit, traumatische Erlebnisse mitzuteilen.

> „Dieses Erlebnis ist nicht salonfähig. Neulich sprachen wir hier in Göttingen beim Nachtisch von Engpässen, die wir erlebt haben, etwa ein Aufzug, der steckenbleibt, Tunnel, die zu lang sind, wie der geplante unterm Ärmelkanal, wir sprachen über alles, was klaustrophobisch wirken kann, und auch, schon näher an meiner Erfahrung, von den Luftschutzkellern in der Kindheit einiger der Anwesenden. Ich hatte meine Fahrt im Viehwaggon anzubieten und habe natürlich unentwegt daran gedacht, aber wie soll ich das beisteuern? Diese Geschichte hätte das Gespräch derart gedämpft, den Rahmen dermaßen gesprengt, daß nur ich noch gesprochen, die anderen mehr oder minder betroffen, bedrückt, geschwiegen hätten, mundtot gemacht von meinem Erlebnis."[55]

---

52 P.Levi 1992 (italienisch 1958), S. S.71
53 P.Levi 1991 (italienisch 1975) S.231
54 R.Klüger 1994, S.109f
55 a.a.O. S. 110

Hier erscheint die Schwierigkeit der Opfer, ihre besonderen Erfahrungen mitzuteilen nicht einfach als eine mangelnde Bereitschaft der ZuhörerInnen, die moralisch zu werten wäre; vielmehr wird die Schwierigkeit in den sozialen Rahmen gesehen, die die Erinnerung bestimmen und einschränken.[56] Der soziale und gleichzeitig moralische Charakter beschränkter und beschränkender Bezugsrahmen der Erinnerung wird an R.Klügers Beispiel ihrer Gesprächspartnerin "Gisela" deutlich: Das Gezwungene des mehr oder weniger unbewußten Vorgehens, Erinnerungen nur in einem bestimmten Rahmen zuzulassen, zeige sich darin, daß bei "Gisela" aus Vergleichen Gleichungen werden, deren Lösungen nicht stimmen. Sie serviere „blitzsauber und kellnerinartig die Gnade ihrer späten Geburt"[57]. R.Klüger wendet sich nicht gegen Vergleiche, aber gegen falsche, vorschnelle Gleichsetzung der Erfahrungen von Menschen aus den Kollektiven der Täter und der Opfer. Sie stellt Erlebnisse dar, die die sozialen und moralischen Bezugsrahmen, die individuelle und kollektive Identität ihrer deutschen ZuhörerInnen infragestellen. Gerade solche Erlebnisse gehören zur besonderen, von der Identität der Täter und ihrer Nachkommen unterschiedenen, Identität der Opfer. R.Klüger stellt einerseits ihre Schwierigkeiten dar, solche Erlebnisse mitzuteilen, andererseits Schwierigkeiten ihrer Adressaten, sich so darauf einzulassen, daß sie solche Erlebnisse ohne falsche Gleichsetzung in Verbindung mit eigenen Erlebnissen bringen, und bereit werden, sich dadurch infrage stellen zu lassen. R.Klügers Darstellung solcher Schwierigkeiten ist jedoch nicht - ebensowenig wie die von P.Levi - von einem Ton der Anklage oder Rache getragen. Sie nimmt vielmehr Möglichkeiten in den Blick, solche Schwierigkeiten zu überwinden:

> „Wenn man andererseits gar nicht vergleicht, kommt man auf gar keine Gedanken, und es bleibt beim Leerlauf der kreisrunden Phrasen, wie in den meisten Gedenkreden. Und ich schweige und darf nur zuhören und nicht mitreden. Menschen derselben Generation waren wir, gutwillig und der Sprache mächtig, doch der alte Krieg hat die Brücken zwischen uns gesprengt, und wir hocken auf den Pfeilern, die in unsere neuen Häuser ragen. Doch wenn es gar keine Brücke gibt von meinen Erinnerungen zu euren, warum schreib ich das hier überhaupt?"[58]

Zu den Bedingungen der Möglichkeit von Verständigung gehört die Einsicht, daß gemeinsame Sprache, gemeinsame Erfahrungsräume zerstört wurden. Dafür steht das Bild der gesprengten Brücken, deren Pfeiler in die neuen Häuser (der Nachkriegszeit) ragen. Ohne diese Einsicht käme es immer wieder zu Versuchen, die besonderen und individuellen Erfahrungen der Opfer in die alten Bezugsrahmen einzuzwängen - wie im Fall von "Gisela".

---

56 zu der Theorie der Bezugsrahmen der Erinnerung vgl. die Ausführungen über M.Halbwachs im folgenden Kapitel, S.53, 56f
57 a.a.O. S.111
58 ebda

R.Klüger behauptet nicht einfach, daß es trotzdem noch Brücken gebe; sie fragt. Diese Frage verstehe ich weniger als Sachfrage, die sich objektiv, distanziert beantworten ließe; vielmehr geht sie ihre LeserInnen existenziell an. R.Klüger fragt nach der Bereitschaft ihrer LeserInnen, sich auf Versuche der Verständigung einzulassen - so unsicher und gefährlich diese Versuche erscheinen mögen. Sie bringt Beispiele für solche Brücken, die auf einem Perspektivenwechsel in der Erinnerung beruhen; ich nenne drei von ihnen: Sie nimmt ihre Erfahrung der Todesangst im Transport nach Auschwitz als Ausgangspunkt, um „eine Art Verständnis" für die den Gaskammern Ermordeten zu bekommen.

> „Menschen, die in engen Räumen Todesangst erlebt haben, besitzen von daher eine Brücke zum Verständnis für so einen Transport, wie ich ihn beschreibe. So wie ich von meinem Transport her eine Art Verständnis für den Tod in den Gaskammern habe. Oder doch meine, ein solches Verständnis zu haben. Ist denn das Nachdenken über menschliche Zustände jemals etwas anderes als ein Ableiten von dem, was man kennt, zu dem, was man erkennen, als verwandt erkennen kann. Ohne Vergleiche kommt man nicht aus."[59]

Zweites Beispiel: Ihren deutschen LeserInnen legt R.Klüger nahe, daß ihre Luftschutzkellererlebnisse bei manchen Amerikanern nicht bei Tisch erzählt werden könnten. „Glaubt mir, es gibt Amerikaner, auf die eure Luftschutzkellererlebnisse wie ein unfeiner Alptraum wirken würden, über den man bei Tisch nicht redet. Und vielleicht gibt es unter euren eigenen Kindern schon solche."[60]

Als drittes Beispiel nenne ich R.Klügers Angebot an die deutschen Flüchtlinge, aufgrund ihrer Erfahrung nicht nur die Unterschiede, sondern auch die Gemeinsamkeiten mit der Erfahrung der Menschen zu entdecken, die aus den von Deutschen eingerichteten Lagern flohen.[61]

Durch solche Brückenschläge in der Erinnerung wird es möglich, der Beziehung zu den Opfern nicht auszuweichen, sondern sich ihr zu stellen. - Jean Améry hielt es nicht nur für möglich, sondern hoffte, daß „Überwältiger" und „Überwältigte" einander begegnen:

> "Hält aber unser Ressentiment im Schweigen der Welt den Finger aufgerichtet, dann würde Deutschland vollumfänglich und auch in seinen künftigen Geschlechtern das Wissen bewahren, daß es nicht Deutsche waren, die die Herrschaft der Niedertracht beseitigten. Es würde dann, so hoffe ich manchmal, sein vergangenes Einverständnis mit dem Dritten Reich als die totale Verneinung nicht nur der mit Krieg und Tod bedrängten Welt, sondern auch des eigenen Herkommens begreifen lernen, würde die zwölf Jahre, die für uns andere wirklich tausend waren, nicht mehr verdrängen, vertuschen, sondern als seine verwirklichte Welt- und Selbstverneinung, als sein negatives Eigentum in Anspruch nehmen. Auf geschichtlichem Felde würde sich das ereignen,

---

59 ebda
60 ebda
61 a.a.O. S. 173

was ich vorhin hypothetisch für den engen individuellen Kreis beschrieb: Zwei Menschengruppen, Überwältiger und Überwältigte, würden einander begegnen am Treffpunkt des Wunsches nach Zeitumkehrung und damit nach Moralisierung der Geschichte. Die Forderung, erhoben vom deutschen, dem eigentlich siegreichen und von der Zeit schon wieder rehabilitierten Volke, hätte ein ungeheures Gewicht, schwer genug, daß sie damit auch schon erfüllt wäre. Die deutsche Revolution wäre nachgeholt, Hitler zurückgenommen. Und am Ende wäre wirklich für Deutschland das erreicht, wozu das Volk einst nicht die Kraft oder nicht den Willen hatte und was später im politischen Mächtespiel als nicht mehr bestandsnötig hat erscheinen müssen: die Auslöschung der Schande."[62]

Die Bereitschaft zum Brückenschlag braucht einen langen Atem. Wer sich auf die Beziehung zu den Opfern und ihren Nachkommen einläßt, kann damit konfrontiert werden, daß die Kluft zwischen beiden Gruppen größer ist als vermutet. Als Beispiel dafür ist der eingangs erwähnte Briefwechsel zwischen M.Broszat und S.Friedländer vom Ende des Jahres 1987 zu sehen.[63] Beide Historiker bemühten sich - ohne jene unfruchtbare Polemik, die viele während des Historikerstreites in der Tagespresse veröffentlichten Artikel und gegenwärtig wieder viele Beiträge zur Debatte um D.J.Goldhagens Buch kennzeichnet - um Klärung ihrer unterschiedlichen Auffassungen zur "Historisierung des Nationalsozialismus". Das Ergebnis ihres Briefwechsels läßt sich jedoch kaum als Annäherung der Standpunkte, sondern vielmehr als Vertiefung ihrer Unterschiede zusammenfassen.[64] Dies gilt insbesondere für das Problem, daß in der Geschichtserinnerung und im Gruppengedächtnis der Täter und Opfer und ihrer Nachkommen und auch in der Geschichtsschreibung unterschiedliche Schwerpunkte sowie wissenschaftliche und moralische Normen gesetzt werden. S.Friedländer schreibt am Schluß seines letzten Briefes, daß gerade bei diesem Problem die Schwerpunktsetzungen sich nicht etwa annähern, sondern auseinanderbewegen.

„Geradezu definitionsgemäß setzen wir in der allgemeinen Beschreibung jener Epoche nicht dieselben Schwerpunkte. Das, was als "Horizontverschmelzung" verstanden werden könnte, ist nicht in Sicht." [65]

„Horizontverschmelzung", ein in der Hermeneutik gebräuchliches Bild für gelingendes Verstehen, ja grundsätzlich für den Vollzug des Verstehens,[66] ist für Wis-

---

62 J.Améry 1977 (1966), Jenseits von Schuld und Sühne, S. 124f
63 VfZ 36, 1988, S. 339-372
64 vgl. R.Braun 1994, S. 189f
65 M.Broszat / S.Friedländer 1988, S. 371
66 H.G.Gadamer 1964 , S.288f: „Versetzt man sich ... in die Lage eines anderen Menschen, dann wird man ihn verstehen, d.h. sich der Andersheit, ja der unauflöslichen Individualität des Anderen gerade dadurch bewußt werden, daß man *sich* in seine Lage versetzt. Solches Sichversetzen ist weder Einfühlung einer Individualität in eine andere, noch auch Unterwerfung des anderen unter die eigenen Maßstäbe, sondern bedeutet immer die Erhebung zu einer höheren Allgemeinheit, die nicht nur die eigene Partikularität, sondern auch dies des anderen überwindet. Der Begriff Horizont bietet sich hier an, weil er der überlegenen Weitsicht Ausdruck gibt, die der Verstehende haben muß. ...

senschaftler, die ständig historisches Verstehen methodisch anwenden und reflektieren, „nicht in Sicht". Das sind Worte, die davor warnen, die Kluft zwischen den Gruppen der Täter und der Opfer zu unterschätzen.

D. Die Schwierigkeit, die eigene Herkunft anzuerkennen

Daß „die Nachkommen der Täter in der Gegenwart als solche ... vertreten" sein sollen, wie C.Meier sagte,[67] ist vielleicht zunächst von denen als Forderung an die Deutschen gestellt worden, die unter ihnen zu leiden hatten. In der Gegenwart sind es nicht zuletzt Nachkommen der Opfer wie P.Sichrovsky und D.Bar-On, die Arbeiten über die Nachkommen der Täter veröffentlichen.[68] Viele nach dem Krieg geborene Deutsche haben zum ersten Mal im Ausland, in der Begegnung mit Fremden, gespürt, daß sie als Nachkommen der Täter mit der deutschen Geschichte behaftet werden. Sie müssen Stellung dazu nehmen, daß bei anderen der Nationalsozialismus als Teil ihrer Herkunft gilt. Viele Nachgeborene wehren eine solche Aufgabe gerade deswegen ab, weil sie als Forderung von außen an sie gestellt wird, etwa von den Siegern des Zweiten Weltkrieges. Als Forderung von außen mag andererseits die Unbedingtheit des Gebotes sich zu erinnern wahrgenommen werden, auch wenn nicht ein Sieger dies Gebot ausspricht, sondern einer, der aufgrund seiner Leidenserfahrung fragt: „Ist das ein Mensch?" Zu dem Ernst dieses Erinnerungsgebotes gehören Konsequenzen, die die gesichert lebenden Täter und ihre Nachkommen treffen sollen, wenn sie das Gebot mißachten. P.Levis Fluch „Eure Kinder sollen das Antlitz von euch wenden" beleuchtet den Zusammenhang der Generationen in Deutschland: Wenn die Älteren die schmerzhafte Frage „Ist das ein Mensch?" vergessen oder unterdrücken und die Erinnerung daran nicht ihren Kindern einschärfen, können die Nachgeborenen den dunklen Teil der deutschen Geschichte, der mit dieser Frage angesprochen ist, entweder nicht oder nur im Wider-

---

Verstehen [ist] immer der Vorgang der Verschmelzung solcher vermeintlich für sich seiender Horizonte." (Hervorhebung von H.G.Gadamer) - R.v.Weizsäckers Frage (s.o. S.16) ließe sich verallgemeinern und erweitern: Können Täter bzw. deren Nachkommen Opfer und ihre Nachkommen verstehen? Und können umgekehrt Opfer Täter verstehen? Friedländers Antwort macht die schwierigen Bedingungen sichtbar, unter denen ein solches Verstehen - wenn überhaupt - möglich wäre. Aus seiner Sicht wäre an H.G.Gadamers Verstehensbegriff die Frage zu stellen, ob die Unterschiede der Horizonte, die nicht nur durch Individualität, sondern durch Zugehörigkeit zu den Gruppen der Opfer und Täter bedingt sind, als nur *„vermeintlich für sich seiend"* bezeichnet werden können. An Friedländer wäre die Frage zu stellen, ob aus seiner Sicht ein übergreifender Sinnhorizont, ob Humanismus der Aufklärung, ob biblische Tradition die Kraft verloren hat, ein Verstehen zwischen Opfern und Tätern zu ermöglichen. Friedländer schließt an die Aussage, daß eine Horizontverschmelzung nicht in Sicht sei, das Problem des historischen „Grenzereignisses" an: „Meiner Auffassung nach ist Auschwitz ein solches 'Grenzereignis': etwas nicht unbedingt Singuläres, aber doch zuvor Ungeschehenes, etwas, um auf J.Habermas' Worte zurückzukommen ..., das an 'eine tiefe Schicht der Solidarität zwischen allem [rührt], was Menschenantlitz trägt'."
67 C.Meier 1990, S. 12f
68 P.Sichrovsky 1986; D.Bar-On 1993

spruch gegen die Generation ihrer Eltern als Teil ihrer Herkunft annehmen. Für beide Fälle kündigt P.Levi die Konsequenz an, daß der Zusammenhalt der Generationen zerbricht; denn menschliche Beziehungen zwischen Eltern und Kindern kann es nur geben, wenn beide Generationen die Erfahrung der Menschenvernichtung nicht vergessen, die auch ein Stück ihres eigenen Menschseins vernichtet hat. Ähnlich argumentiert J.Rüsen: Der Holocaust betrifft den inneren Kern der Identität der Nachgeborenen, weil er die radikalste Negation einer elementaren normativen Qualität des Menschseins - „Menschheitlichkeit" - darstelle.[69]

Damit ist ein entscheidender, moralischer und spiritueller Grund dafür genannt, daß die Nachgeborenen um ihrer selbst willen, um ihres Menschseins willen ihre Herkunft in einem umfassenden Sinn, auch in dem der Haftung, annehmen sollen. Dies Sollen, dieser moralische Appell an die Nachgeborenen ist Bestandteil der rituellen Gedenkfeiern in der Bundesrepublik Deutschland, die sich auf den Nationalsozialismus beziehen. So sprach R.Süssmuth bei der Einführung des Gedenktages für die Opfer des Nationalsozialismus am 19.1.96 von der Aufgabe, "künftigen Generationen das Gewissen ... zu schärfen".[70] Diese Aufgabe gründe "im Gedenken an die Würde der Opfer". Die Erinnerung daran, daß die Opfer total entwürdigt wurden, schlägt in die Gegenwart um als moralischer Imperativ, die Würde "jedes einzelnen Lebens" zu achten. Aleida Assmann unterscheidet individuelle Geschichtserinnerung und Geschichtswissenschaft einerseits vom „transgenerationellen Gruppengedächtnis" andererseits und hebt dessen Appellcharakter hervor: „es macht das Erinnern zu einer bewußten Aufgabe und überbrückt die prekäre Zäsur des Aussterbens persönlicher Erinnerungen dadurch, daß die Nachgeborenen durch Erziehung eingebunden und zur Teilhabe an gemeinsamen Erinnerungen verpflichtet werden. Daher müssen Gedächtnisinhalte verfestigt und verbindlich gemacht werden durch Kodifizierung, Ritualisierung, Materialisierung, Kanonisierung und Tabuisierung von Handlungen, Erzählungen, Objekten, Orten und Symbolen."[71]

Welche Schwierigkeiten bei dieser für das nationale Gedächtnis unumgänglichen Verpflichtung der Nachgeborenen auftreten, möchte ich an einem vielbeachteten Beispiel aufweisen. Jürgen Habermas hat in seinem Artikel „Vom öffentlichen Gebrauch der Historie" dafür argumentiert, daß die Nachgeborenen ihre Herkunft in einem umfassenden Sinn annehmen sollen; dabei beruft er sich auf den Begriff der politischen Haftung von Karl Jaspers. In seinen Vorlesungen über „die Schuldfrage" im Wintersemester 1945/46 unterschied K.Jaspers vier Arten von Schuld: die kriminelle und die politische Schuld, über die den Siegern ein Urteil zustehe, die moralische und die metaphysische Schuld, über die ein Urteil ihnen nicht zustehe. Die in unserem Zusammenhang besonders wichtige politische Schuld besteht

---

69 J.Rüsen 1997, S. 140
70 Presse- und Informationsamt der Bundesregierung, Bulletin Nr. 6, 23.1.1996
71 A.Assmann 1996; vgl. auch ihr Buch „Arbeit am nationalen Gedächtnis", 1993

nach Jaspers „in den Handlungen der Staatsmänner und in der Staatsbürgerschaft eines Staates, infolge derer ich die Folgen der Handlungen dieses Staates tragen muß, dessen Gewalt ich unterstellt bin und durch dessen Ordnung ich mein Dasein habe (politische Haftung). Es ist jedes Menschen Mitverantwortung, wie er regiert wird."[72] Die Unterscheidung zwischen der persönlichen Schuld der Täter und der kollektiven Haftung derer, die es unterlassen hatten, etwas zu tun, treffe, so Jaspers, nicht mehr das Problem der Nachgeborenen.[73] Doch vierzig Jahre nach diesen Thesen von Jaspers bejaht Habermas angesichts der gewandelten Situation aus zwei Gründen die Frage, ob sich etwas von der politischen Haftung auf die nächste und übernächste Generation übertrage. Zunächst nennt er die Verpflichtung,

„daß wir in Deutschland - selbst wenn es niemand sonst mehr auf sich nähme - unverstellt, und nicht nur mit dem Kopf, die Erinnerung an das Leiden der von deutschen Händen Hingemordeten wachhalten müssen. Diese Toten haben erst recht einen Anspruch auf die schwache anamnetische Kraft einer Solidarität, die Nachgeborene nur noch im Medium der immer wieder erneuerten, oft verzweifelten, jedenfalls umtreibenden Erinnerung üben können. Wenn wir uns über dies Benjaminsche Vermächtnis hinwegsetzten, würden jüdische Mitbürger, würden überhaupt die Söhne, die Töchter und die Enkel der Ermordeten in unserem Lande nicht mehr atmen können."[74]

Habermas wendet sich mit diesem Gedankengang gegen seine konservativen Gegner, die wie Michael Stürmer eine größere Kontinuität zwischen den Generationen vor allem deswegen einfordern, weil die Bundesrepublik Deutschland wegen ihrer gewachsenen weltpolitischen Rolle berechenbarer werden müsse.[75] Stürmers programmatischem Versuch, die deutsche Geschichte aus der Perspektive der Erfolgreichen zu deuten, widerspricht Habermas mit dem Bezug auf die „Thesen über den Begriff der Geschichte", die Walter Benjamin kurz vor seinem Tod nach dem Einmarsch der Deutschen in Frankreich 1940 niederschrieb. Habermas beruft sich zu recht auf W.Benjamin, insofern er der Geschichte der Sieger die der Unterdrückten entgegensetzt und eine Instrumentalisierung der Erinnerung für die herrschende Politik verweigert. Jedoch wird bei näherem Hinsehen ein Unterschied zwischen dem Zitierenden und dem Zitierten erkennbar, der auf eine grundlegende Schwierigkeit der Nachgeborenen verweist, ihre Herkunft anzuerkennen. In der 2. These behauptet W.Benjamin:

„Die Vergangenheit führt einen heimlichen Index mit, durch den sie auf die Erlösung verwiesen wird. ... Ist dem so, dann besteht eine geheime Verabredung zwischen den gewesenen Geschlechtern und unserem. Dann sind wir auf der Erde erwartet worden. Dann ist uns wie jedem Geschlecht, das vor uns war, eine *schwache* messianische Kraft mitgegeben, an welche die Vergangenheit Anspruch hat."[76]

---

72 K.Jaspers 1987 (1946), S.17
73 K.Jaspers 1987
74 J.Habermas 1987b, S. 247f
75 M.Stürmer 1987, S. 36-38
76 W.Benjamin, GS 1, S. 694

In der Geschichtsauffassung W.Benjamins, auf die ich weiter unter näher eingehen werde, ist der Gedanke der rettenden Erinnerung zentral. Habermas verwendet anstatt des theologischen Begriffs der messianischen Kraft den profaneren der anamnetischen Solidarität. In diesem begrifflichen Unterschied kommt zunächst zum Ausdruck, daß Habermas einen geringeren Anspruch an die Erinnerung der Nachgeborenen stellt als W.Benjamin. Dieser erläutert in seinen Notizen zu den „Thesen über den Begriff der Geschichte" am Beispiel des Gedichtes von B.Brecht "An die Nachgeborenen", was er unter „echter historischer Vorstellung" versteht: „wir beanspruchen von den Nachgeborenen nicht Dank für unsere Siege sondern das Eingedenken unserer Niederlagen. Das ist Trost: der Trost, den es ja einzig für die geben kann, welche keine Hoffnung auf Trost mehr haben..."[77] Würde Habermas der anamnetischen Solidarität die Kraft zutrauen, denen Trost zu geben, die „keine Hoffnung auf Trost mehr haben"? Nach einer Betrachtung über die „die verpflichtende Melancholie angesichts der nicht wiedergutzumachenden Opfer", die er in seinem Vortrag über „Geschichtsbewußtsein und posttraditionale Identität der Deutschen" anstellt,[78] ist diese Frage eher zu verneinen.

Ausführlicher entfaltet Habermas den zweiten Grund dafür, daß die nachgeborenen Generationen eine historische Haftung für den Nationalsozialismus zu übernehmen haben, indem er zu der im Historikerstreit umstrittenen Frage Stellung nimmt,

> „wie wir uns - um unserer selbst willen - zu den eigenen Traditionen stellen sollen. ... Nach Auschwitz können wir nationales Selbstbewußtsein allein aus den besseren Traditionen unserer nicht unbesehen, sondern kritisch angeeigneten Geschichte schöpfen. ... Diese Prämisse hat bisher das offizielle Selbstverständnis der Bundesrepublik getragen. Der Konsens wird heute von rechts aufgekündigt. Man fürchtet nämlich eine Konsequenz: Eine kritisch sichtende Traditionsaneignung fördert in der Tat nicht das naive Vertrauen in die Sittlichkeit bloß eingewöhnter Verhältnisse; sie verhilft nicht zur Identifikation mit ungeprüften Vorbildern."[79]

Der Begriff der „kritisch sichtenden Traditionsaneignung" vereint zwei einander widersprechende Momente: Auf der einen Seite setzt „nationales Selbstbewußtsein" die Kontinuität einer Tradition voraus; Habermas spricht von „besseren Traditionen". Auf der anderen Seite ist das nationale Selbstbewußtsein der Deutschen nach dem Nationalsozialismus nur in der Diskontinuität zu den Traditionen möglich, die zu Auschwitz geführt haben. Um es mit einem Paradox zu sagen: Identitätsstiftende Traditionen kann es in Deutschland nach dem Nationalsozialismus nur als Traditionsbruch geben. Am Beispiel des Artikels 1 des Grundgesetzes möchte ich dies Paradox konkretisieren. Der Satz „Die Würde des Menschen ist unantastbar" gehört zum Kern identitätsstiftender Traditionen. Er verliert aber seine

---

77 W.Benjamin GS I,S.1240
78 J.Habermas 1987c, S.174 - Vgl zu dieser Betrachtung unten S.35f
79 a.a.O. S. 248

orientierende Kraft, wenn er als fester, unveränderlicher Bestand der politischen Kultur in Deutschland aufgefaßt wird. Vielmehr ist er als Bruch mit jenen Traditionen zu verstehen, die in Deutschland (und anderswo) das Antasten der Menschenwürde legitimiert haben - bis hin zur absichtlichen und grausamen Entwürdigung von Menschen vor deren physischer Vernichtung. So aufgefaßt wohnt dem Artikel 1 des Grundgesetzes die Kraft inne, Menschen in der Gegenwart zum Bruch mit Traditionen und Ideologien zu bewegen, die auf ein Antasten der Würde des Menschen (und nicht nur des Deutschen) hinauslaufen.

Kontinuität und Diskontinuität sollen eine widersprüchliche Einheit im Verhältnis der Deutschen zu ihren Traditionen bilden. Wird eine Seite aufgegeben oder vernachlässigt, so kann die Annahme der eigenen Herkunft nicht gelingen. Die Gefahr, das Moment der Diskontinuität aufzugeben und damit die Schattenseiten der eigenen Herkunft zu verleugnen, sieht Habermas im rechten politischen Spektrum. Dagegen neigt die Linke dazu, das Moment der Kontinuität und damit der identitätsstiftenden Tradition überhaupt aufzugeben, soweit es sich auf die deutsche Geschichte bezieht. Damit würde in der Tendenz die eigene Herkunft als deutsche verleugnet.

Das Wort des Bundeskanzlers H.Kohl von der „Gnade der späten Geburt" darf als prägnanter Ausdruck der bis zur Weigerung gehenden Schwierigkeit gelten, die eigene Herkunft einschließlich der historischen Haftung anzuerkennen. Wie stark der Widerstand gegen diese Anerkennung ist, zeigt nicht nur das oben erwähnte Beispiel von R.Klügers Gesprächspartnerin „Gisela", sondern auch ein Blick auf die Haltung der nach dem Krieg geborenen Generationen, von denen ein größerer Teil eine Ablösung des Bundeskanzlers Kohl wünscht. Charles Maier schreibt in seinem Buch „Die Gegenwart der Vergangenheit - Geschichte und nationale Identität der Deutschen", daß gegen Ende der siebziger Jahre eine Periode des gleichgültigen Vergessens in Deutschland anzubrechen schien. Die Kritik von Intellektuellen an Israel sei offener geworden. Das Problematische an der neueren Entwicklung sieht C.Maier nicht im Auftreten von Rechtsradikalismus, sondern in der "neuen Unbefangenheit", „die es der neuen Generation ermögliche, die NS- Vergangenheit 'aufzuarbeiten', ihr aber zugleich auch das beruhigende Gefühl gebe, sie gehöre nicht zu ihrer eigenen Geschichte - kurz, eine linke Variante der 'Gnade der späten Geburt'".[80] Der Holocaust sei von der deutschen Linken nie als Phänomen sui generis aufgearbeitet worden. Die letzte Bemerkung ist insofern plausibel, als die deutsche Linke den Nationalsozialismus überwiegend im Rahmen von marxistischen Faschismustheorien und somit in Termini des Klassenkampfes interpretiert hat. Weder läßt sich die Vernichtung der Juden mit ökonomischen oder politischen Zwängen des Kapitalismus erklären, noch läßt sich die Geschichte der Vernichte-

---

80 C.Maier 1992, S.205. C.Maier zitiert die Untersuchung von A.Markovits 1986: Was ist deutsch an den Grünen?

ten und Verfolgten einfach in die Geschichte des Proletariats einordnen. In einer so begrenzten marxistischen Perspektive konnte und kann also die besondere Erfahrung der Opfer nicht in den Blick kommen. Aber solche Deutungsmuster können auch der Schwierigkeit zugrundeliegen, die eigene Herkunft umfassend anzuerkennen. Wer den Nationalsozialismus als Herrschaftsform des Monopolkapitals interpretiert und für die Überwindung jeglicher Herrschaft des Monopolkapitals eintritt, hat es schwer, den Nationalsozialismus als Teil der eigenen Geschichte, der eigenen Herkunft anzunehmen. Vielmehr ist für Linke der Nachkriegsgenerationen eine Neigung kennzeichnend, nur die Kräfte der deutschen Geschichte als Teil ihrer Herkunft anzuerkennen, die in Opposition zum Nationalsozialismus standen.

Ein Aspekt dieser Schwierigkeit, die eigene Herkunft anzunehmen, ist in der Vorwurfshaltung der Nachkriegsgeneration gegenüber der Generation ihrer Eltern zu sehen, die in den sechziger Jahren aufbrach. Die Generation der Eltern konnte sich vielfach von moralischen Vorwürfen abgrenzen, wenn sie von der Seite der Sieger des Zweiten Weltkrieges kamen; umso mehr trafen sie Fragen und Vorhaltungen ihrer eigenen Kinder. Jaspers bezeichnete als Instanz für moralische Schuld „das eigene Gewissen und die Kommunikation mit dem Freunde und dem Nächsten, dem liebenden, an meiner Seele interessierten Mitmenschen".[81] Grundlegende Voraussetzungen zum Gelingen eines Gespräches, das Menschen aus verschiedenen Generationen über moralische Schuld aus der Zeit des Nationalsozialismus führen können, waren in den sechziger Jahren wohl nur im Ausnahmefall gegeben, nämlich umfassendes gegenseitiges Vertrauen und Offenheit. Die typische Frage der Nachkriegsgeneration „wie konntet ihr das alles zulassen?" ist weniger von liebendem Vertrauen als von Befremden, Abgrenzung und Vorwurf getragen. Zur Vorgeschichte dieser Haltung gehört die oben besprochene Schwierigkeit beider Generationen zu trauern, die in der politisch-kulturellen Öffentlichkeit der Bundesrepublik Deutschland lange vorherrschende pauschale Distanzierung von Nationalsozialismus und das weit verbreitete Schweigen zwischen den Generationen, das auch die HJ-Generation einschloß. So erkannte oder anerkannte die Nachkriegsgeneration kaum, „daß sich die Mehrheit dieser HJ-Generation nach 1945 die einst von den Nazis denunzierten Werte mit Verve zu eigen machte" und daß „aus dieser Generation ... besonders viele engagierte Demokraten hervorgegangen" seien, wie M.Broszat schreibt.[82] Das Schweigen der Elterngeneration über die Schattenseiten ihrer Erfahrungen in Nationalsozialismus und Krieg wirkte sich aus in einer Minderung des Vertrauens und der Anerkennung zwischen den Generationen. Von hier aus läßt sich die Vorwurfshaltung der Nachkriegsgeneration, die ich rückblickend auch in meiner eigenen Lebensgeschichte wahrnehme, als Mangel an Fähigkeit zum Perspektivenwechsel interpretieren - entsprechend der Schwierigkeit, sich auf

---

81 a.a.O. S.17
82 M.Broszat, VfZ 1988, S.361

die Beziehung zu den Opfern einzulassen. Vielleicht waren wir gerade deswegen so heftig in unseren Vorwürfen gegen die Elterngeneration, weil wir entsprechende Schwächen und Neigungen bei uns selbst nicht wahrnahmen und noch weniger annahmen. Je verbissener wir gegen die Gegenwart der nationalsozialistischen Vergangenheit kämpften, desto weniger wurde uns bewußt, daß diese Vergangenheit auch in uns gegenwärtig war; im Haß gegen den Gegner nahmen wir immer mehr dessen Züge an.

Diese Einsicht ging mir in den achtziger Jahren während der Arbeit an den Lebensgeschichten Bielefelder ArbeiterInnen auf, indem ich mich auf die von L.Niethammer dargestellte Methode der Selbstwahrnehmung einließ. Durch diese Einsicht wuchs meine Bereitschaft, Menschen, die den Nationalsozialismus erlebt hatten, nicht nur zu befragen, sondern mit ihnen in ein Gespräch einzutreten. In den Gesprächen in einem Bielefelder Kreis, von denen ich im zweiten Teil dieser Arbeit einige darstelle, wurden mir schrittweise immer mehr Aspekte der nationalsozialistischen Vergangenheit als Teile meiner Herkunft bewußt.

E. Die Schwierigkeit von Frauen und Männern, ihre unterschiedlichen Anteile am Nationalsozialismus wahrzunehmen

C.Meier spricht in seinem Essay weder den Nationalsozialismus als Patriarchat an noch geschlechtsspezifisch verschiedene Weisen und Inhalte der Geschichtserinnerung. Auch wenn diese Auslassung als charakteristisch für die deutsche Geschichtswissenschaft erscheint, muß sie nicht bedeuten, daß er solche Unterschiede in der Erinnerung an den Nationalsozialismus nicht wahrnimmt oder für unwichtig hält. Es könnte auch sein, daß aus der Perspektive seiner allgemeinen - den Horizont der Geschichtswissenschaft in *einem* wichtigen Bereich erweiternden - Frage nach der deutschen Geschichtserinnerung "vierzig Jahre nach Auschwitz" die Geschlechterunterschiede verblassen. Selbst dort, wo primär nach der besonderen Geschichte der Geschlechter gefragt wird, kann ein feministisches Interesse an einer patriarchatskritischen Interpretation von Erinnerungen an den Nationalsozialismus gegenüber moralisch-politischen Fragen der Geschichtserinnerung an die zweite Stelle treten. Für eine solche Schwerpunktsetzung hat sich Lerke Gravenhorst in der theoretischen Interpretation ihrer Gespräche mit Töchtern und Söhnen von solchen Eltern entschieden, die „als junge Erwachsene den Nationalsozialismus bejaht und unterstützt haben." Sie fragt: "Nehmen wir Nationalsozialismus und Auschwitz ausreichend als unser negatives Eigentum in Anspruch?"[83] Diese Frage konkretisiert

---

83 L.Gravenhorst 1990. - Auf S. 18f beschreibt L.Gravenhorst ihr Ringen um eine „organisierende theoretische Perspektive", die einerseits ihr Entsetzen und ihre Scham über „NS-Deutschland und die gleichsinnigen Funktionen" ihrer Eltern aufnehmen konnte, andererseits „Patriarchatskritik als zentrale, Erkenntnis aufschließende Interpretation von NS-Auseinandersetzung". - In ihrem kürzlich

sie aus feministischer Sicht: „Wie kann das negative Eigentum in Deutschland feministisch zutreffend beschrieben werden? ... Die Aufgabe, den NS als negatives Eigentum in Anspruch zu nehmen, ist zunächst eine moralische und erst dann eine kognitive oder deskriptiv-analytische Aufgabe."[84] Dieser Vorrang der moralischen vor der geschlechtsspezifischen Fragestellung liegt auf einer anderen Ebene als die Diagnose, daß das Geschlechtereigene am Nationalsozialismus bisher zuwenig thematisiert worden ist, daß „das Wissen und Bewußtsein der deutschen Öffentlichkeit über die NS-Wirklichkeit immer noch wesentlich implizites 'Männer-Wissen' und implizites 'Männer-Bewußtsein'" ist.[85] Daraus folgt die Kritik, daß die dominante Öffentlichkeit keinen selbstkritischen Begriff ihrer historisch männlichen Gestalt habe. Dieser Diagnose und dieser Kritik stimme ich zu; ich verstehe sie als Hinweis auf einen Mangel auch dieser Arbeit, bzw. als weitgehend noch ungelöste Aufgabe.

L.Gravenhorst geht aufgrund bisheriger empirischer Untersuchungen davon aus, daß beide Geschlechter Schwierigkeiten haben, den Nationalsozialismus als negatives Eigentum in Anspruch zu nehmen. Den wichtigsten Unterschied sieht sie darin, daß Frauen „in Deutschland tendenziell ... 'nichtsubjekthafte Subjekte' ihrer Geschichte geworden sind, Männer dagegen 'subjekthafte Subjekte'. ... Der Inhalt des Geschichtsbewußtseins von Frauen wird auf ein Selbstverständnis als 'Nicht ich' (Christina von Braun 1988) bezogen oder auch als ein einzuklagendes 'Nicht ohne mich' (B.Rauschenbach 1991). Dem entspricht, daß die Gruppe der Frauen auch der Nach-NS-Zeit tendenziell als noch von einem 'kollektiven Unbewußten' (Sigrid Metz-Göckel 1989) geprägt vorgestellt wird." Die Gruppe der Männer unternehme hingegen die Bearbeitung ihrer Geschichte in der NS-Geschichte aus einer Situation heraus, „die sich im Vergleich zu der der Frauen als eine Subjektanerkennung und in dem Sinne als Vollintegration in die Gesellschaft darstellt; Männer sind die (Primär-)Akteure und (Primär-)Redakteure von Geschichte ..."[86] - In den Überlegungen zur Schwierigkeit, sich selbst als Subjekt der eigenen Taten anzuerkennen, habe ich das Geschlechtereigene nicht thematisiert; implizit handeln sie überwiegend von der Schwierigkeit der Männer. Mir kam es dabei mehr darauf an, die widersprüchliche Beziehung von Subjekthaftigkeit und Einsicht in die Bedingungen darzustellen, die die Menschen daran hinderten, ihre Entscheidungsfreiheit wahrzunehmen und ihre Handlungsspielräume zu nutzen. L.Gravenhorst dagegen legt den Schwerpunkt ihrer Untersuchung auf den Vergleich der Geschlechter; und dieser *Vergleich* ergibt eine größere Schwierigkeit von Frauen als von Män-

---

erschienenen Buch „Moral und Geschlecht" zitiert L.Gravenhorst ausführlich den Anspruch Amérys an die Deutschen, daß sie ihr „negatives Eigentum in Anspruch nehmen": L.Gravenhorst 1997, S. 24, Anm. 10. - Vgl. oben das Zitat auf S. 19f
84 L.Gravenhorst 1990, S. 28
85 L.Gravenhorst 1997, S. 49ff, hier: S. 51
86 a.a.O. S. 61-64

nern, sich selbst als Subjekt ihrer Taten anzuerkennen. Die von mir beschriebene Schwierigkeit wird bei Frauen durch die Schwierigkeit potenziert, sich als Subjekte von Geschichte überhaupt zu verstehen und sich eine entsprechende Tradition zu erarbeiten. L.Gravenhorst schreibt, daß die paradoxe Aufgabe „von Traditionskonstruktion und -destruktion nur unter Mühen eingelöst werden kann".[87] Die Schwierigkeit von Frauen, ihren Anteil am Nationalsozialismus wahrzunehmen und zu bestimmen, faßt L.Gravenhorst so zusammen: „So wenig das isolierte Paradigma von Frauenunterdrückung für die hier diskutierten moralischen Aufgaben ausreicht, so wenig reicht ein isoliertes Paradigma mit dem Kern von Frauenbeteiligung aus. Sonst ergibt sich ein ungerechtfertigtes Maß von Schuldzuschreibung an Frauen."[88] Damit wendet sie sich zum einen gegen eine Tendenz, Frauen „von ihrem Anteil an der NS-Schuld zu entlasten",[89] zum anderen gegen eine einseitige Anwendung von Christina Thürmer-Rohrs Theorie der Mittäterschaft von Frauen.[90] L.Gravenhorst stellt die These auf: "Mit der Sozialkategorie 'das eigene Geschlecht' ist ... ein großes Potential verbunden, Vergangenes zum Bereich eines Eigenen zu zählen ..."[91] Diese These ist, was die Theorie und Praxis der Erinnerung an den Nationalsozialismus betrifft, noch weitgehend unabgegolten.

Haben Frauen einen Vorsprung vor Männern darin, den Nationalsozialismus als ihr „negatives Eigentum in Anspruch" zu nehmen? Margarete Mitscherlich vertritt die These: „Frauen scheinen sich häufiger als Männer mit der Vergangenheit aus-

---

87 a.a.O. S. 68 - Diese frauenspezifische Schwierigkeit berührt sich, ist aber nicht identisch mit der oben skizzierten Schwierigkeit, daß identitätsstiftende Traditionen in Deutschland nach dem Nationalsozialismus nur als Traditionsbruch möglich sind (S.24; vgl. auch die von W.Benjamin notierte Paradoxie der Tradition als Diskontinuum des Gewesenen, S.85). L.Gravenhorst schreibt im Anschluß an ihre Ausführungen zu Traditionsbildung und Traditionsbruch bei den Frauen: „Für die Gruppe der Männer gibt es ein solches schwieriges Zusammentreffen nicht. Sie können eine Geschichtstradition selbstverständlich als die ihre voraussetzen. ... Angelika Puhlmann, Harald Pilzer und Gabriele Rosenthal (1986) beschreiben die Situation der Männer als Möglichkeit, eine positive Geschichtskontinuität relativ unabhängig vom moralischen Einbruch der NS-Zeit zu behaupten." (a.a.O. S.68). Dies Argument beruht auf einer Zusammenfassung empirischer Forschung; die normative Brüchigkeit der „positiven Geschichtskontinuität" von Männern wird von L.Gravenhorst in der Zusammenfassung und Verallgemeinerung ihrer empirischen Untersuchung selbst diskutiert. Die als legitim angesehene Gesellschaft nach 1945 war, wie sie schreibt, männerdominiert, wurde aber nicht als Bruch mit einer illegitimen Männergesellschaft nach 1945 verstanden. „Folglich mußte es eine allgemeine Fiktion einer positiven Geschichtstradition für Männer geben, die sich nicht einer Minorität von Männern verdankte, die der Widerstandsbewegung angehörten. Für eine solche allgemeine Fiktion 'mußten' dann passende positive Realitäten (der Majorität) der Männer in der NS-Zeit gesucht und gefunden werden." (a.a.O. S.356) - In dieser Argumentation sehe ich eine Unterstützung und Konkretisierung meiner Überlegungen zu Kontinuität und Bruch von Traditionen nach dem Nationalsozialismus.
88 L.Gravenhorst 1990, S. 34
89 a.a.O. S. 29. Eine solche Entlastung sei auch faktisch kaum möglich, da das moralische Problem nur verschoben werde „auf die Bewertung der Funktionen von Frauen und Männern für ein Patriarchat, das zu diesen Ungeheuerlichkeiten fähig war."
90 vgl. C.Thürmer-Rohr 1983 und 1989
91 a.a.O. S. 37

einanderzusetzen. Trennungen und Einsamkeit beherrschen ihr Leben mehr als das des Mannes.... Der Lernprozeß des Abschiednehmens ist eine Kunst, die sie beherrschen müssen, um nicht in weiten Bereichen ihres Lebens der Bitterkeit anheimzufallen."[92] M.Mitscherlich spricht hier vorwiegend von der unterschiedlichen Fähigkeit von Männern und Frauen zu trauern: „Auseinandersetzung mit der Vergangenheit" schließt für sie jedoch auch Umgang mit Schuld und Scham ein. - Wenn es einen Vorsprung von Frauen im Umgang mit der biographischen und historischen Erinnerung an den Nationalsozialismus gibt, dann könnte ein Grund dafür darin liegen, daß vermutlich der Anteil der Frauen an der Tätergeschichte im allgemeinen geringer ist als der der Männer. Die Sorge für die Kinder, für die Erhaltung des Lebens, lag ganz überwiegend in den Händen von Frauen, während die Männer das „Kriegshandwerk" ausübten. An den Massenmorden waren direkt fast nur Männer beteiligt.[93] In der offiziellen gesellschaftlichen Werteskala lag trotz des nationalsozialistischen Mutterkultes die Sorge für das Leben ganz unten. Die geschlechtsspezifische Arbeitsteilung erreichte im Zweiten Weltkrieg einen Höhepunkt zum einen in der Unterordnung der Arbeit von Frauen unter die von Männern; Arbeit sollte letzten Endes nur insofern als sinnvoll gelten, als sie der „Front" diente. Für diese Priorität des Krieges über die gesamte Arbeit darf die Propagandalosung als Beispiel gelten: „Räder müssen rollen für den Sieg." Eine Minderheit - vor allem von Frauen - kommentierte diese Losung hinter vorgehaltener Hand: „Kinderwagen für den nächsten Krieg."[94] Zum anderen verstärkte die geschlechtsspezifische Trennung der Erfahrungsbereiche die strukturellen Kommunikationsprobleme zwischen Frauen und Männern.

Die Frage, ob Frauen und Männer ihren je eigenen Anteil an der nationalsozialistischen Vergangenheit annehmen können, betrifft also die Identität der Geschlechter sowie die grundlegenden Beziehungen zwischen ihnen. Die Identität der Geschlechter und die Beziehungen zwischen ihnen kann sich nur aus den Belastun-

---

92   M.Mitscherlich 1987, S. 32. - M.Mitscherlich sieht die Diagnose von 1967 über die Unfähigkeit der Deutschen zu trauern 20 Jahre später als noch gültig an. „Manche 'Volksgenossen', die sich an der Nazi-Barbarei beteiligt oder sie billigend hingenommen haben, dürfen, ohne ernsthaften Widerspruch, behaupten, das Hitler-Regime habe auch sein Gutes gehabt, und wenn es nur die heldenhafte Abwehr der 'roten Flut' aus dem Osten gewesen sei. Aber gerade die auf diese Weise idealisierten Durchhalteparolen, die das Ende des Krieges hinauszögerten, machten es möglich, das Morden in den polnischen und deutschen Konzentrationslagern bis zuletzt fortzusetzen." M.Mitscherlich 1987, S.8. Damit klingt ein Leitmotiv der „Männerphantasien" von K.Theweleit an, die jedoch sonst kaum in der wissenschaftlichen Literatur zitiert werden. Theweleit 1977 und 1978; vgl. zur Rezeption dieses Werkes auch P.Schulz-Hageleit 1994, S.122
93   Ähnlich schreibt L.Gravenhorst: „Die NS-Verbrechen sind von Männern geplant und in der weitaus überwiegenden Mehrheit auch von Männern ausgeführt worden." L.Gravenhorst 1997, S. 45. - Die Ausgrenzung der „Gemeinschaftsfremden" im sozialen Nahbereich, an der auch und gerade Frauen ihren Anteil hatten, ist jedoch als eine wichtige Voraussetzung dafür zu sehen, daß das Vernichtungsprogramm verwirklicht werden konnte. Vgl. dazu D.Peukert 1982 und 1987; zum Anteil der Frauen B.Rommelspacher 1994, besonders S.127ff
94   Überliefert von Elise Hilger; vgl. Kapitel 8

gen der Vergangenheit lösen, wenn Frauen und Männer diesen je eigenen Anteil thematisieren, sich untereinander darüber verständigen und das Gemeinsame sowie das Unterschiedliche daran wechselseitig anerkennen.

F. Die Schwierigkeit, sich für die Annahme der eigenen Geschichte zu entscheiden

Bei der Darstellung der Schwierigkeiten der Deutschen mit ihrer Geschichtserinnerung bin ich von C.Meiers Plädoyer für einen Entschluß ausgegangen, die eigene Geschichte anzunehmen, der uns aber nicht schwerfallen dürfe (S.3). In jedem Schritt der Darstellung zeigt sich eine Paradoxie der Geschichtserinnerung, eine Notwendigkeit, diese als eine widersprüchliche Einheit oder eine Einheit von Gegensätzen aufzufassen: Ist es möglich, sich selbst als Subjekt der eigenen Taten anzuerkennen, ohne die Bedingungen zu erkennen, die einen daran hinderten, im Maß des Möglichen Subjekt seiner Taten zu sein? Und sind diese Bedingungen erkennbar ohne eine - wenn auch heuristische - Zumutung des aufrechten Gangs? Können die Deutschen sich von verfehlten Orientierungen wirklich lösen, ohne deren Verlust in schrittweiser Trauer anzuerkennen? Und können sie sich ihren verlorenen Orientierungen in liebender Trauer zuwenden, ohne diese moralisch zu verurteilen? Können die Deutschen Verluste der eigenen Geschichte anerkennen, ohne das Leid der Opfer des Nationalsozialismus wahrzunehmen und zu betrauern? Und können sie das Leid der Opfer in der Tiefe wahrnehmen ohne die Anerkennung der eigenen Verluste? Sind Brücken zwischen Tätern und Opfern und ihren Nachkommen möglich, wenn nicht die Abgründe anerkannt werden, die sie voneinander trennen? Und ist es möglich, diesen Abgründen ins Auge zu sehen ohne eine Aussicht auf die Möglichkeit von Brücken - so unscheinbar sie auch seien? Können die Nachgeborenen ihre Herkunft annehmen ohne einen Traditionsbruch, der sich auch auf die eigenen Familientraditionen erstreckt? Und können sie mit den die Verletzung der Menschenwürde legitimierenden Traditionen brechen, ohne die eigene Herkunft anzunehmen? Können Frauen sich ihre Subjektivität in der Geschichte erarbeiten, ohne ihren Anteil an der nationalsozialistischen Gesellschaft als Anteil an dem Bösen zu verurteilen? Und können sie ihr negatives Eigentum am Nationalsozialismus in Anspruch nehmen, ohne sich als Subjekte von Geschichte überhaupt zu verstehen? Können Männer ihr Subjekt-Sein in der Geschichte behaupten, wenn sie ihren besonderen männlichen Anteil an der Geschichte des Nationalsozialismus nicht annehmen? - In dem folgenden Abschnitt möchte ich auf die widersprüchliche Einheit von Entschluß und Freiwilligkeit, oder vom Willen zur Erinnerung und unwillkürlicher Erinnerung eingehen.

Die von Habermas beschriebene Aufkündigung des jahrzehntelang in der politischen Kultur der Bundesrepublik geltenden Konsenses in den achtziger Jahren läßt zum einen nach der Tragfähigkeit der Entscheidungen fragen, die ihn begründeten.

Zum anderen ist zu fragen, ob die Männer und Frauen, die zur Zeit der Gründung der Bundesrepublik Deutschland die politische Haftung für die nationalsozialistische Vergangenheit anerkannten und mit den Traditionen brachen, die das millionenfache Verletzen der Menschenwürde legitimiert hatten, diese Entscheidung freiwillig oder eher als Zugeständnis an die Forderungen der Sieger trafen. Beide Fragen betreffen das schwierige Verhältnis von Entscheidung und Freiwilligkeit, das ich oben bei C.Meiers Plädoyer für das Annehmen der eigenen Geschichte angedeutet habe.

Nicht erst C.Meier verlangte einen *Entschluß*, der Vergangenheit „ins Gesicht zu sehen". Jaspers ist als einer der ersten zu benennen, die nach dem Krieg den Deutschen einen derartigen Entschluß abverlangten. Seinen Ruf zur Entscheidung, zur Umkehr[95] nahm seine unmittelbare Zuhörerschaft im ersten Nachkriegswinter überwiegend nicht mit Zustimmung, sondern eher mit Verschlossenheit, oder gar mit Feindseligkeit auf.[96] In den ersten Jahren nach dem Krieg zeichnete sich in Deutschland ein Konsens für eine derartige Position noch nicht ab; so wurde auch das Stuttgarter Schuldbekenntnis der Evangelischen Kirche von 1946 und das Darmstädter Wort von 1947 von dem überwiegenden Teil der deutschen Öffentlichkeit zurückgewiesen. Ein Hauptmotiv dieser Ablehnung ist darin zu sehen, daß die Forderung, individuelle und kollektive Schuld (im Sinn der politischen Haftung) anzuerkennen, im Bewußtsein der Öffentlichkeit von den Siegern ausging, die Deutsche anklagten und verurteilten. Das Buch „Der Fragebogen" von E.v.Salomon, das 1951 bei Rowohlt erschien, wurde vielleicht deswegen zu einem Bestseller, weil es das moralische Recht der Sieger, über Deutsche zu urteilen, angreift. Demgegenüber wurde Jaspers' Schrift über die „Schuldfrage", die die Zuständigkeit der Sieger zu urteilen auf die kriminelle und die politische Schuld begrenzt, in den fünfziger Jahre zu einer Orientierungshilfe für einen anderen Teil der politisch-kulturellen Öffentlichkeit in Deutschland. Damit ist die Frage nicht beantwortet, ob eine solche Orientierung und damit eine Entscheidung für die Annahme der politischen Haftung freiwillig, aus eigener Einsicht, aus innerer Freiheit geschah oder eher als Zugeständnis an die Forderungen der Sieger bzw. als Anpassung an die herrschenden Verhältnisse.

Ohne eine Antwort auf diese Frage zu versuchen, möchte ich auf das Verhältnis von Forderung und Freiwilligkeit bei der Annahme der eigenen Geschichte eingehen. Keine Forderung kann Freiwilligkeit erzwingen, so berechtigt sie erscheinen mag. Auf der anderen Seite bleibt Freiwilligkeit eine leere Selbstbespiegelung, wenn sie die aus einer gemeinsamen Geschichte entstehenden Erwartungen anderer nicht anerkennt. Im Text von Jaspers ist eine These zu finden, von der aus eine Einsicht in das Verhältnis von Forderung und Freiwilligkeit zu gewinnen ist: Daß

---

95 K.Jaspers 1987, S.73f
96 Diese Aussage beruht auf einer mündlichen Mitteilung von I.Walter.

die Bevölkerung „sich haftbar weiß, ist das erste Zeichen des Erwachens ihrer politischen Freiheit. ... Die innere politische Unfreiheit gehorcht, andererseits fühlt sie sich nicht schuldig. Sich haftbar wissen, ist der Anfang der inneren Umwälzung, welche die politische Freiheit verwirklichen will."[97] Damit ist gesagt, daß aus dem unfreien Gehorsam gegenüber einer Forderung kein Entschluß kommen kann, die eigene Geschichte einschließlich von Schuld und Haftung anzunehmen. Auf die „innere politische Unfreiheit" läßt sich also das Wort von C.Meier beziehen, daß sie „zwar eine eigene Vergangenheit, aber keine eigene Geschichte"[98] hat. Sich haftbar zu wissen schließt die Erinnerung an das ein, wofür man haftet. Wer dazu nicht bereit ist, wird alle Erinnerungen abwehren, die ihn dazu bewegen könnten, Haftung zu übernehmen, also seine bisherige Haltung zu verändern. Aber läßt sich sagen, daß die Bereitschaft, die eigene Geschichte einschließlich der Haftung anzunehmen, auf einer Entscheidung beruht? An dieser Stelle redet Jaspers nicht von dem *Entschluß* zur Erinnerung, zur Annahme der Haftung und damit zur politischen Freiheit, sondern von deren *Erwachen*. Es mag sein, daß Jaspers das Bild des Erwachens nur nebenbei verwendet; in seinem Buch wird es nicht systematisch ausgeführt. Dennoch läßt es sich durch zwei Aspekte kennzeichnen: Zum einen ist Erinnerung als Erwachen nicht auf einen Entschluß zurückzuführen, sondern bildet ihrerseits die Grundlage von Entschlüssen. Zum anderen beginnt diese Erinnerung den Zustand vor dem Erwachen umzuwälzen. - Das Denkbild des Erwachens, das in W.Benjamins Theorie der Erinnerung eine zentrale Stellung einnimmt, beinhaltet einen Vorrang der unwillkürlichen vor der willentlichen Erinnerung. Diesen Gedanken, der über den Text von Jaspers hinausgeht, werde ich weiter unten ausführen.[99]

Bei den bisherigen Überlegungen bleibt die Frage offen, woher die Bereitschaft und die Kraft dazu kommen kann, die "Haftung für die Risikogemeinschaft der Deutschen" wirklich zu übernehmen. Auch Habermas wirft diese Frage nicht auf, sondern er argumentiert von der politischen Moral her, er appelliert an den Willen, an die bewußte Entscheidung für das westliche Verständnis von Freiheit, Verantwortlichkeit und Selbstbestimmung.[100] Diese Haltung führt an Grenzen, an Aporien, besonders wenn es um die Übertragung dieser Haftung auf die folgende Generation geht. So spricht Habermas von der Versöhnung als einer Last, ja geradezu von der

---

97 K. Jaspers 1987, S. 52
98 s.o. S.2
99 S.60ff. - Nicht nur von der Existenzphilosohie her, sondern auch von anderen Denkvoraussetzungen her kann der Zusammenhang zwischen politischer Freiheit und Geschichtserinnerung in den Blick kommen. So argumentiert B.Rauschenbach von der Dialektik des jungen Hegel und der Psychoanalyse her für einen Entschluß, die Geschichte einschließlich der Mitschuld anzuerkennen. Andererseits ist ihr Gedankengang offen für das unwillkürliche Moment oder die Freiwilligkeit bei der Annahme der eigenen Geschichte, wenn sie vom geduldigen Zuhören, Zuwarten und Einkehr schreibt. B.Rauschenbach 1992b, S. 50-52
100 J.Habermas 1987b, S. 254f

"Versöhnungslast". Es ist zu fragen, ob durch diese fordernde Haltung die Abwehr derer, denen die Zumutung gilt, nur noch mehr herausgefordert wird. In seinem Vortrag über „Geschichtsbewußtsein und posttraditionale Identität der Deutschen" scheint Habermas diese Schwierigkeit seines Gedankenganges wahrzunehmen. Über seine Forderung nach strikt reflexiver Aneignung von Tradition hinausgehend sagt er: „Jede Identität, die die Zugehörigkeit zu einem Kollektiv begründet und die Menge der Situationen umschreibt, in denen die Angehörigen in einem emphatischen Sinne "Wir" sagen können, scheint doch als etwas Unbefragtes aller Reflexion entzogen bleiben zu müssen."[101]

Hier nähert sich Habermas dem Thema der unwillkürlichen Erinnerung, wenn auch auf andere Weise als in dem oben angedeuteten Denkbild des Erwachens von W.Benjamin. Beim Erwachen vollzieht sich in der unwillkürlichen Erinnerung ein Bruch mit dem vorhergehenden Zustand - dem Schlaf oder Traum. Diese Diskontinuität in der unwillkürlichen Erinnerung spricht Habermas an dieser Stelle gerade nicht an, sondern die Kontinuität der unbefragt geltenden und damit die kollektive Identität begründenden Erinnerung. Den Vorrang über dieses unwillkürliche Moment gibt Habermas jedoch dem Willen zur Erinnerung. Denn gerade in diesem Vortrag, den er in Dänemark hielt, entfaltet er das Moment der Entscheidung durch einen Rückgriff auf Sören Kierkegaards "ethische Lebensauffassung". Die "absolute Wahl" des Selbst bei S.Kierkegaard, deren Vorbild er in der von Augustin dargestellten christlichen Konversion sieht, setzt er in Beziehung zu der kollektiven Aneignung von Geschichte und Tradition. Um diesen Gedankengang zu verdeutlichen, zitiere ich zunächst Stellen aus Kierkegaards Schrift „Entweder - Oder", auf die Habermas sich wörtlich oder indirekt bezieht. Kierkegaard schreibt von dem, der „richtig gestellt ist":

„Er wählt sich selbst ... in absolutem Sinn ...Er entdeckt nun, daß das Selbst, das er wählt, eine unendliche Mannigfaltigkeit in sich birgt, sofern es eine Geschichte hat, in welcher er sich zur Identität mit sich selbst bekennt.... Sein Selbst ist gleichsam außer ihm, und es muß erworben werden, und die Reue ist Liebe dazu, weil er es absolut wählt, aus des ewigen Gottes Hand. ... Er vermag nichts von alledem aufzugeben, nicht das Schmerzlichste, nicht das Schwerste, und doch ist der Ausdruck für diesen Kampf, für dieses Erwerben - Reue. Er bereut sich in sich selbst zurück, zurück in die Familie, zurück in das Geschlecht, bis er sich selbst findet in Gott."[102]

Damit gibt Kierkegaard vom christlichen Glauben her eine Antwort auf die Frage, woher die Bereitschaft und die Kraft kommen kann, sich selbst mit allen Schattenseiten der eigenen Lebensgeschichte, der Familiengeschichte, der eigenen Herkunft anzunehmen, indem man sie bereut. Doch nicht auf den Aspekt, daß Gottes Liebe diese Entscheidung des Menschen für sich selbst als seine Reue erst ermöglicht, bezieht sich Habermas in seiner „etwas profaneren" Argumentation. Er

---

92   J.Habermas 1987c, S. 171
102 S.Kierkegaard 1988 (1843), „Entweder - Oder", S. 773f, 782

vertritt die Auffassung, daß Kierkegaards „Begriff von persönlicher Identität ... unserer posttraditionalen, aber nicht schon aus sich heraus vernünftigen Welt offenbar angemessener" sei als Hegels Begriff des objektiven Geistes. Er fragt, mit Blick auf den sozialen und bürgerlichen Aspekt des Selbst, „wie denn die intersubjektiv geteilten Lebenszusammenhänge strukturiert sein müßten, damit sie nicht nur Platz lassen für die Ausbildung anspruchsvoller persönlicher Identitäten, sondern solchen Prozessen der Selbstfindung entgegenkommen."[103]

Dies bedeutet, daß nicht wie bei Kierkegaard die Beziehung des Einzelnen zu seinem Gott die Annahme des eigenen Selbst samt der eigenen Geschichte ermöglichen soll, sondern gesellschaftliche Verhältnisse. Zwischen Gruppenidentitäten und Ich-Identitäten, führt Habermas aus, bestehe ein komplementäres Verhältnis, keine Analogie.[104] Die Situation freiwilliger Gleichschaltung im vaterländischen Krieg sei das Gegenteil von Kierkegaards existentiellem Entweder-Oder. Der Verfassungspatriotismus müsse sich dagegen zwar "aus dem konsonanten Erbe kultureller Überlieferungen speisen",[105] bedürfe aber keines Mittelpunktes mehr wie der Nationalismus. Der von Kierkegaard dargestellten Entscheidung des Einzelnen entspreche der autonome und bewußte Charakter öffentlichen Streites um die intersubjektive Aneignung von Traditionen. Im Unterschied zur moralischen Rechtfertigung der Selbstwahl könnten wir uns für historische Prozesse nicht in gleicher Weise verantwortlich fühlen.

„Aus dem historischen Zusammenhang von Lebensformen, die sich von Generation zu Generation fortpflanzen, ergibt sich für die Nachgeborenen nur eine Art intersubjektiver Haftung. An dieser Stelle findet allerdings jenes Moment der Reue, die der Selbstvergewisserung auf dem Fuße folgt, ein Pendant - die verpflichtende Melancholie angesichts der nicht wiedergutzumachenden Opfer. Ob wir nun die historische Haftung so weit ausgedehnt sehen wie Benjamin oder nicht, für das Maß an Kontinuität und Diskontinuität der von uns weitergegebenen Lebensformen tragen wir heute eine größere Verantwortung denn je." [106]

An dieser Stelle wird sichtbar, wie gefährlich der Boden ist, den Habermas hier betritt. Zum einen ist zu fragen, ob sein Ansatz, das Verhältnis von Ich-Identitäten und Gruppenidentitäten nur komplementär und nicht auch analog zu sehen, durchzuhalten ist. Ist „intersubjektive Haftung" nicht analog zu individueller Haftung zu verstehen? Wenn dies so ist, dann beschränkt Habermas die Analogie auf die Haftung und blendet gerade das Moment der Kraft aus, das in der Reue liegt, nämlich der Kraft zur Veränderung. Dies zeigt sich daran, daß Habermas „die verpflichtende Melancholie angesichts der nicht wiedergutzumachenden Opfer" als Pendant der Reue bezeichnet. Die Reue, von der Kierkegaard schreibt, ist Ausdruck der Liebe

---

103 J.Habermas 1987c, S. 172f
104 a.a.O. S. 173. - Auf S. 82 komme ich auf diese Auffassung zurück.
105 ebda
106 a.a.O. S. 174

zu Gott, Antwort auf dessen Liebe. Die Melancholie angesichts nicht wiedergutzumachender Opfer als Pendant dieser Reue darzustellen, heißt, Begriffe zu verwirren. Reue in dem theologischen Sinn, auf den Kierkegaard sich bezieht, meint Umkehr, radikale Veränderung. Sonst wäre es in der Reue nicht möglich, die Schuld der Vorfahren aufzuheben[107] und zu den Menschen, an denen man schuldig geworden ist, eine neue Beziehung aufzunehmen. Zur Melancholie gehört dagegen das Gefühl der Ausweglosigkeit; diesem Gefühl entspricht der Teufelskreis der Schuld, der bewirkt, daß die schuldhafte Vergangenheit immer wieder abgetrennt wird, nicht als zur eigenen Geschichte gehörig erinnert werden kann; so entsteht die Gefahr, die verdrängten Anteile der eigenen Geschichte auf andere zu projizieren und diese als Feinde zu bekämpfen. In der Reue kann die eigene Lebensgeschichte, die eigene Herkunft mit all ihren Schattenseiten, ihren Verfehlungen und Verlusten bewußt werden. In der Melancholie bleibt trotz aller Scharfsinnigkeit das Entscheidende unbewußt.

Oben habe ich angedeutet, daß Habermas, indem er sich auf W.Benjamin bezieht, dessen theologischen Kern verfehlt.[108] Anders gesagt, sein Versuch, Denkansätze W.Benjamins und Kierkegaards von ihrem konstitutiven Bezug auf Transzendenz zu lösen und in rein immanentes Denken zu übersetzen, führt zu einer substanziellen Veränderung des zu Übersetzenden, bis hin zu dessen Verkehrung ins Gegenteil. Habermas spricht von einer historischen Haftung, die W.Benjamin weit ausgedehnt gesehen habe. Damit erweitert er zum einen den Begriff der politischen Haftung von Jaspers inhaltlich und zeitlich; zum anderen bringt er W.Benjamin mit diesem Begriff in Verbindung. Dabei geht eine Unterscheidung verloren bzw. kommt nicht in den Blick, auf die es in diesem Zusammenhang gerade ankäme. W.Benjamin schreibt: "Wir sind erwartet worden". Das ist aber nicht dasselbe, als wenn man sagen würde: Wir haften für die älteren Generationen. Der Unterschied liegt zum einen in dem Moment des Trostes, der in W.Benjamins Vorstellung von der Beziehung der Gegenwärtigen zu den Vergangenen liegt. Zum anderen wendet sich W.Benjamin gegen die Melancholie als Ausdruck von Ausweglosigkeit und Unabänderlichkeit. In einer vielzitierten Kontroverse zwischen W.Benjamin und M.Horkheimer ging es um die Frage nach der Abgeschlossenheit oder Unabgeschlossenheit der Geschichte.[109] W.Benjamins Position gegen Horkheimer war: „Was die Wissenschaft 'festgestellt' hat, kann das Eingedenken modifizieren."[110] Diese Position ist der Melancholie diametral entgegengesetzt. Melancholie kennzeichnet das Verfahren der Einfühlung in den Sieger, mit dem W.Benjamin bricht: "Sein Ursprung ist die Trägheit des Herzens, die acedia, welche daran verzagt, des echten historischen Bildes sich zu bemächtigen, das flüchtig

---

107   S.Kierkegaard a.a.O. S. 777. - Zur historischen Reue vgl. S. 287f
108   s.o. S.23f
109   Vgl. Horst Folkers 1991, S. 370f. - S.u. S. 63
110   GS V, S. 589

aufblitzt. Sie galt bei den Theologen des Mittelalters als der Urgrund der Traurigkeit."[111]

Habermas hat das Verdienst, einer neuen, politisch gewollten Unmittelbarkeit im Umgang mit der deutschen Geschichte entgegengetreten zu sein, die sich über die Schwierigkeiten der Geschichtserinnerung hinwegzusetzen versucht, anstatt sich auf sie einzulassen. Seine Gegenposition, die den Verfassungspatriotismus als Kern legitimer deutscher Identität auf den Universalismus der Aufklärung gründet, betont den Willen zur Erinnerung und deren kritische Reflexion gegenüber der unwillkürlichen Erinnerung, die moralische Forderung gegenüber der Freiwilligkeit. Vielleicht ist auf dem Boden des Immanenzdenkens der Aufklärung keine andere Gewichtung möglich, da die unwillkürliche Erinnerung der kritischen Reflexion einer Vernunft mit universellem Geltungsanspruch unterworfen bleibt. - Statt dessen eröffnet W.Benjamins Denkbild des Erwachens die Möglichkeit, dies Verhältnis umzukehren: unwillkürliche Erinnerung als Erwachen wird zur Voraussetzung für die Annahme der eigenen Geschichte und damit zu einem vernünftigen Umgang mit ihr. Darauf gründet sich die mit dem Entschluß des individuellen und politischen Willens zu ergreifende Chance, dem Verhängnis einer Vergangenheit zu entkommen, die uns immer wieder „heimsuchen" wird, wenn wir sie nicht annehmen können. W.Benjamins Theorie der Erinnerung, auf die ich im nächsten Kapitel eingehe, hebt den Widerspruch von willentlicher und unwillkürlicher Erinnerung nicht auf, sondern entfaltet ihn vielmehr im Horizont der widersprüchlichen Einheit von immanent denkender Welterkenntnis und Theologie. In diesem Horizont läßt sich die doppelte Frage stellen: Können wir Deutschen unsere Geschichte annehmen, auch in ihren dunkelsten Geschehnissen, wenn wir uns selbst und alle anderen, die in diese Geschichte verwickelt sind, auf das Immanente beschränken? Und können wir die befreiende Kraft des Eingedenkens, Vergebung und Trost erfahren, wenn wir nicht bereit sind, auch den dunkelsten Geschehnissen unserer Geschichte ins Auge zu sehen?

Wenn die theologische Dimension aus der Geschichtserinnerung ausgeblendet wird, entsteht die Gefahr, daß bei zentralen Aspekten wie der Schuld der Kern der Sache verfehlt und verdreht wird. Wenn etwa unreflektiert Begriffe wie "Schulddebatte" verwendet werden,[112] zeigt sich die Gefahr, die Schuld auf das Debattierbare zu beschränken, also auf den politischen, juristischen oder quasijuristischen Sinn von Schuld. Die Erfahrung von moralischer Schuld und die Erfahrung von Vergebung und Versöhnung kann damit nicht erreicht werden; wenn die Grenzen solcher Begrifflichkeit nicht bewußt sind, besteht die Gefahr, daß die Dimension dieser Erfahrung eingeebnet wird.

---

111 GS I:, S.696
112 so etwa Wolfgang Benz 1992, S. 121

2. Kapitel
Erinnerung und Geschichte

In diesem Kapitel entwerfe ich den begrifflichen Rahmen meiner Untersuchung - oder, um es mit einer Metapher zu sagen, die das Konstruktive stärker hervorhebt, ihr begriffliches Gerüst. Dazu gehören Besonderheiten von individueller Geschichtserinnerung, Gruppengedächtnis und Geschichtswissenschaft sowie deren Beziehungen untereinander und zum religiösen Bereich bzw. zur Theologie. Im vorigen Kapitel kam das nationale Gedächtnis in den Blick als grundlegend für die kollektive Identität der Deutschen nach innen, da es Deutsche verschiedener Herkunft und verschiedener Generationen miteinander verbindet, und nach außen, da es die Art der Beziehungen zwischen Deutschen und anderen Völkern prägt. Nach einer weitverbreiteten Auffassung ist das nationale Gedächtnis grundlegend für die kollektive Identität als Substanz, deren Kontinuität durch kulturelle Prozesse innerhalb der Nation gewährleistet wird. Demgegenüber unterstütze ich die Sichtweise, daß das nationale Gedächtnis sich in den Beziehungen zwischen den verschiedenen gesellschaftlichen Gruppen, Generationen, zwischen den Deutschen und ihren nahen und fernen Nachbarn, zwischen Tätern und Opfern und deren Nachkommen erst herausbildet, in diesen Beziehungen je und je eine neue Gestalt gewinnt. Die Einsicht, daß im deutschen Namen Verbrechen begangen wurden, die die Tiefenschicht „der Solidarität zwischen allem, was Menschenantlitz trägt"[113] verletzten, führt dazu, die Tätervergangenheit zu bereuen und darum die Grundlegung der kollektive Identität nicht länger in einer Beziehung zu sich selbst zu suchen, der die Beziehungen zu anderen untergeordnet wären, sondern die gleichberechtigte Beziehung zu den anderen als grundlegend anzuerkennen. Der Streit um die kollektive Geschichtserinnerung der Deutschen bezieht sich darum nicht nur auf Inhalte und Formen, sondern auch auf politische und moralische Normen und deren weltanschauliche oder spirituelle Gründe. Daher ist es kein Zufall, daß die höchsten Repräsentanten der Bundesrepublik Deutschland in den Riten der Gedenktage zu diesen Fragen Stellung nehmen; und ebensowenig zufällig ist es, daß an diesen Fragen das Ringen zwischen immanenter Welterkenntnis und Theologie erneut aufbricht.

Auch Historiker nehmen am öffentlichen Streit um die Geschichtserinnerung teil. Viele Historiker verstehen - wie im Historikerstreit - ihren Beitrag zu den aktuellen Debatten als außerhalb der Wissenschaft stehend. Der verbreiteten Ansicht, daß der Historikerstreit keine neuen wissenschaftlichen Ergebnisse erbracht habe, liegt eine Geschichtstheorie zugrunde, die das historisch objektivierbare Sachwissen von der auf Subjektivität bezogenen Erinnerung trennt. J.Rüsen weist am Historikerstreit zwei theoretische Defizite auf. Das eine sieht er darin, daß der Zusammenhang der für die Geschichtswissenschaft maßgebenden kognitiven Prinzi-

---

113 J.Habermas 1987c, S.163

pien mit ästhetischen und politischen zuwenig reflektiert werde. „Die Art, wie der Historikerstreit geführt wurde (d.h.: wie die Kontrahenten aneinander vorbeigeredet haben) zeigt eine gewisse Hilflosigkeit im argumentativen Umgang mit der inneren Verschränkung von Wissenschaft und Politik. Das andere theoretische Defizit betrifft die Sinnquellen der historischen Erinnerung."[114] Die Geschichtswissenschaft könne den Sinn nicht stiften, von dem sie in ihren Darstellungen Gebrauch mache. In der Debatte zwischen S.Friedländer und M.Broszat zeige sich exemplarisch das Problem, daß die Möglichkeiten fachwissenschaftlicher Interpretation hinter dem Deutungsbedarf historischer Erfahrungen - besonders der des Holocaust - zurückbleiben. Diese Debatte ist außerdem exemplarisch für Erinnerungsarbeit als Gespräch, für Erinnerungsblockaden als Grenzen eines Gespräches.

In diesem Kapitel möchte ich zunächst nach dem Verhältnis von Geschichte und Erinnerung in der Debatte zwischen S.Friedländer und M.Broszat[115] fragen. Beim Entwurf des begrifflichen Gerüstes meiner Untersuchung werde ich dann auf folgende Fragen eingehen:

1. In welchem Sinn wird Geschichte durch Erinnerung konstituiert?
2. Wie ist die Beziehung zwischen individueller Erinnerung und Gruppengedächtnis zu bestimmen? Ist das Gruppengedächtnis als Rahmen aufzufassen, den individuelle Erinnerung nicht überschreiten kann, oder kann individuelle Erinnerung umgekehrt zur grundlegenden Veränderung des Gruppengedächtnisses führen?
3. Wie ist das Verhältnis von religiöser Erinnerung bzw. Theologie und den profanen Erinnerungsbereichen aufzufassen - gerade angesichts der Erfahrung von Sinnlosigkeit?

A. Geschichtserinnerung in der Debatte zwischen M.Broszat und S.Friedländer

Martin Broszat geht es in seinem Plädoyer für die Historisierung des Nationalsozialismus darum, eine Lähmung des Geschichtsbewußtseins in der Bundesrepublik Deutschland zu überwinden, die er auf die politisch-moralische „Pauschaldistanzierung" von der Zeit des Nationalsozialismus zurückführt. Er verdeutlicht seine Absicht gegenüber Saul Friedländer: Durch alltagsgeschichtliche und sozialgeschichtliche Betrachtung werde - wie Friedländer einwendet - das moralische

---

114 J.Rüsen 1992, S.43
115 Ausgelöst wurde diese Debatte durch den Aufsatz von Broszat „Plädoyer für eine Historisierung des Nationalsozialismus", der im Gedenkjahr 1985 erschien. Nach der öffentlichen Stellungnahme Friedländers „Überlegungen zu einer Historisierung des Nationalsozialismus" 1987 vereinbarten die beiden Wissenschaftler einen Briefwechsel, der Ende 1987 geführt und 1988 in der VfZ abgedruckt wurde. Die Debatte um die Historisierung wurde von zahlreichen Historiker aufgegriffen, vgl. z.B. den von D.Diner 1991 herausgegebenen Sammelband: „Ist der Nationalsozialismus Geschichte?"

Urteil über den Nationalsozialismus nicht verändert, aber es werde besser verständlich,

> „warum so große Teile einer zivilisierten Nation irrigerweise in so starkem Maße dem Nationalsozialismus und Hitler verfielen. Historisierung in diesem Sinne heißt vor allem auch, etwas von der Sperre beseitigen, die diese Geschichte als eine ganz und gar fremde und befremdliche erscheinen läßt. ... sie will ... die Voraussetzung dafür schaffen, daß auch dieses zutiefst verderbte Kapitel der deutschen Geschichte überhaupt wieder als ein Stück der eigenen Geschichte integrierbar wird." [116]

Mit anderen Worten: das Konzept der Historisierung mit seinem Ansatz, Alltagswelten verstehend zu erschließen und erzählend darzustellen, soll dazu beitragen, daß die Deutschen die Geschichte des Nationalsozialismus als ihre eigene anerkennen können.

Saul Friedländer schreibt, er verstehe dank des Briefwechsels die „Notwendigkeit die zeitgenössischen Deutschen zur Anerkennung ihrer Vergangenheit zu bringen, und zwar durch die Auflösung der pauschal distanzierenden Reaktion."[117] In seinem 1991 veröffentlichten Rückblick auf die Debatte mit Broszat hebt er das Problem der Geschichtserinnerung als zentralen Aspekt hervor:

> „Die Beseitigung der historischen Blockade der Nazi-Epoche und die Wiedereinführung der Kontinuitäten des Alltagslebens in das historische Bewußtsein sind letztenendes ein und derselbe Prozeß, nämlich die Schaffung einer kollektiven Identität bzw., in anderen Worten, einer kollektiven Erinnerung." [118]

Friedländer kritisiert nicht, daß die von Broszat vertretene Geschichtswissenschaft zur Schaffung einer kollektiven Erinnerung beiträgt, sondern wie sie es tut. In seinen „Überlegungen zur Historisierung des NS" von 1987 macht er auf drei Dilemmata der Historisierung aufmerksam:

1. Die politische Zäsur des Jahres 1933 mit dem formalen Ende der Demokratie und dem Beginn legaler antisemitischer Maßnahmen können in einer allgemeinen Darstellung der deutschen Geschichte nicht relativiert werden, ohne das Gesamtbild zu verändern. Metaphorisch gesprochen: Das Bild der Landschaft mit ihren Vulkanen könne seinen Charakter verändern, wenn man vor allem deren Hügel zeichne.

2. Wer pauschale Distanzierung ablehne, gehe davon aus, „Geschichte lasse sich von einem 'neutralen', 'objektiven' Standort aus schreiben, einem Standort, der es erlaubt, klare Kriterien für das Maß der Distanzierung oder Nicht-Distanzierung zu benennen."[119] Für die Opfer sei eine pauschale Distanzierung ein subjektives Werturteil, das sie nicht mit allen teilen könnten.

---

116 VfZ 1988, S. 350f. Im Zusammenhang dieser Ausführungen bezieht sich M.Broszat auf das im 1.Kapitel dieser Arbeit zitierte Buch von C.Meier.
117 VfZ 1988, S.370
118 Friedländer 1991, S. 166
119 Friedländer 1987, S. 42

3. Die Relativierung, die in der zeitlichen Entgrenzung der Phase von 1933-45 liegt, lasse offen, zu welchen Ergebnissen dies führen könne.

An diesen Dilemmata möchte ich eine empirische, eine praktische und eine geschichtstheoretische Hinsicht aufzeigen. - Die Metapher der Landschaft verwendet Friedländer, um das Problem der Perspektive darzustellen, aus der die Geschichtswissenschaft ihr Bild der Vergangenheit entwirft. In empirischer Hinsicht handelt es sich in der Debatte vor allem um das Dilemma, daß im Rückblick die Katastrophe der „Endlösung" als zentrales Ereignis des Nationalsozialismus sichtbar wird; ob aber die mit der „Endlösung" verbundenen Verbrechen aus der Alltagsperspektive der zur Zeit des Nationalsozialismus lebenden Deutschen als zentral sichtbar waren, inwieweit sie aus dieser Perspektive überhaupt sichtbar waren und sichtbar hätten sein können, ist umstritten, auch zwischen Friedländer und Broszat. Dieser hebt aufgrund seines Ansatzes, die Perspektive der damals Lebenden verstehend zu erschließen, die „normalen" Aspekte des Alltags hervor, im Bild gesprochen, die Hügel der Landschaft, die durchaus die Vulkane verdecken konnten.

> „Dieser Zentralität von Auschwitz aus der Retropsektive steht als historisches Faktum gegenüber, daß die Judenvernichtung in der Zeit, in der sie tatsächlich geschah, nur möglich war, weil sie gerade nicht im Rampenlicht stattfand, sondern weitgehend verborgen gehalten werden konnte; weil sie eine Minderheit betraf, die schon Jahre vorher durch soziale Ghettoisierung systematisch aus dem Blickfeld der nichtjüdischen Umwelt herausgerückt worden war. Die 'Endlösung' konnte so reibungslos nur ins Werk gesetzt werden, weil das Schicksal der Juden für die Mehrheit der Deutschen während des Krieges eine wenig beachtete Nebensache war..."[120]

Friedländer stellt demgegenüber zunächst infrage, ob die damalige Aufmerksamkeit der Deutschen für die Judenverfolgung wirklich so gering war. Er führt neben Broszats eigenen Untersuchungen die von Kershaw und Obenaus dafür an, daß „die Durchschnittsbevölkerung viel mehr darüber wußte, was mit den Juden geschah, als wir bisher annahmen".[121] Dies Argument hat durch Veröffentlichungen der letzten Jahre, nicht zuletzt durch die von D.J.Goldhagen, noch an Gewicht gewonnen. Viele wußten genug, um nicht mehr wissen zu wollen - dieser in einer öffentlichen Diskussion mit D.J.Goldhagen gesprochene Satz wirft ein Licht auf die Verknüpfung der an sich ganz sachlich zu verhandelnden empirischen Frage mit der praktischen, d.h. politischen und moralischen Frage, die tiefe Gefühle weckt, sobald sie offen oder verdeckt angesprochen wird.

---

120 M.Broszat, VfZ 1988, S. 352f . - In der Diskussion mit D.J.Goldhagen, die vom ZdF am 8.9.96 ausgestrahlt wurde, hat A.Baring sich auf dies Argument bezogen und es in der Form zugespitzt, daß das Überleben der Juden nicht die zentrale Aufmerksamkeit der meisten Landsleute gefunden habe, da sie mit dem eigenen Überleben beschäftigt waren. R.Giordano reagierte darauf mit Betroffenheit: Baring verkenne die Wirklichkeit; von allem Anfang an sei dies Regime als kriminell erkennbar gewesen.
121 VfZ 1988, S.357

Die praktische Hinsicht des Perspektiven-Dilemmas spricht Broszat bereits im Ansatz des Historisierungskonzeptes an: er bezeichnet das sich verändernde „Verhältnis von Moralität und historischem Verstehen" als den eigentlichen „Sinn und Angelpunkt der Frage, wie vergangen, wie geschichtlich der Nationalsozialismus inzwischen geworden ist".[122] Am Beispiel der Kontroverse um die Darstellung von C.Goerdeler macht er einsichtig, daß historisches Verstehen dadurch zu einer „Authentizität und Konkretheit ... des Moralischen in der Geschichte"[123] beitragen kann, daß es sich auf die differenzierte Wahrnehmung der Vergangenheit einläßt. Das von G.Ritter 1954 gezeichnete monumentale Bild des Widerstandskämpfers hob hervor, daß Goerdeler 1937 aus Protest gegen die Entfernung des Mendelssohn-Denkmals in Leipzig sein Oberbürgermeisteramt niederlegte. Aus der „Schwarz-Weiß-Optik" der „moralisch-politischen Erinnerung, die Vorbilder zeigen will und dabei auch monumentalisieren muß", wurde die drei Jahrzehnte später von C.Dipper aufgedeckte ursprüngliche Übereinstimmung Goerdelers mit den Grundgedanken der Nürnberger Gesetzen mit Entrüstung abgewehrt. In historischer Perspektive, so argumentiert Broszat, bilde die Nicht-Vorhersehbarkeit der mörderischen Radikalisierung ein wesentliches Moment zum Verständnis von Goerdelers Fehlverhalten. „Goerdelers später unter Beweis gestellte, mit dem Leben bezahlte moralische Leistung begründet sich in solcher Sicht gerade auch aus seiner Fähigkeit, sich durch Irrtümer hindurchzuarbeiten."[124]

Das von Friedländer genannte Dilemma zeigt sich weniger in dieser Argumentation als beim Verstehen und bei der historischen Darstellung der Deutschen, die keine besondere „moralische Leistung" aufzuweisen haben und sich in der damaligen Zeit nicht durch „Irrtümer hindurchgearbeitet" haben, sondern in Irrtümer und Verbrechen verstrickt blieben. Zugespitzt erscheint das Dilemma in der Formulierung von H.Rudolph, dessen Artikel zum Historikerstreit „Falsche Fronten?" sowohl von Broszat als auch von Friedländer mit Zustimmung zitiert wird: "Man kann diesen Prozeß der Differenzierung nicht vorantreiben und zugleich den Blick zurück in Abscheu unbefangen behalten."[125] Friedländer sieht hierin Broszats „eigentliches Dilemma". Er fragt: „Wo ist die Grenze des 'Verstehens'? Wo kommt die kritische Distanz ins Spiel?"[126] Dabei ist festzuhalten, daß Friedländer Distanz in einem moralischen Sinn meint, als Distanzierung von Schuldigen oder Mitschuldigen. Wer eine solche Distanzierung ablehne, könne - entsprechend dem zweiten von Friedländer genannten Dilemma - die Perspektive der Opfer nicht teilen. Damit ist eine praktische Schwierigkeit der Beziehungen zwischen Tätern und

---

122   M.Broszat 1985, S.374. Vgl. den Titel des von D.Diner Ende 1987 herausgegebenen Sammelbandes zu Historisierung und Historikerstreit: „Ist der Nationalsozialismus Geschichte?"
123   a.a.O. S.379
124   a.a.O. S. 383
125   SZ vom 4./5.10.1986 ; VfZ 1988, S. 346
126   VfZ 1988, S.346

Opfern und ihren Nachkommen benannt, deren Überwindung die beiden Wissenschaftler in ihrem Briefwechsel nicht näher kamen - es sei denn durch den Aufweis der Tiefe ihres Gegensatzes.[127]

Wie aktuell die Aufgabe ist, nach Möglichkeiten eines nachträglichen Verstehens zwischen Opfern und Tätern und deren Nachkommen zu suchen, gerade auch im Bereich der Geschichtswissenschaft, liegt angesichts der Diskussionen um das Buch von D.J.Goldhagen auf der Hand. Ich möchte zu dieser Aufgabe beitragen, indem ich die Überlegungen zur Schuldfrage aus dem 1. Kapitel hier fortführe. Zunächst fällt auf, daß in dem gesamten Briefwechsel zwischen Broszat und Friedländer kaum explizit von Schuld die Rede ist.[128] Friedländer weist zwar implizit auf die Mitschuld der Mitläufer hin, aber umgeht dabei den Terminus der Schuld. In seinen „Überlegungen" bringt er ein prägnantes Beispiel dafür, was er unter Distanzierung versteht: eine Kirchengemeinde, die zwar ideologisch unvergiftet geblieben sei, aber ihre jüdischen Mitglieder ausgeschlossen habe, um sich nicht zu gefährden, könne "kaum ohne jede Distanzierung betrachtet werden".[129] Friedländers Argument gegen die Auffassung, „Geschichte lasse sich von einem 'neutralen', 'objektiven' Standort aus schreiben" kann ich nur zustimmen. Aber ich möchte an ihn die Frage richten, ob das distanzierende moralische Urteil sich nur auf die Taten der Menschen bezieht oder auf diese Menschen selbst. Bezieht es sich auf die Menschen, so werden diese auch später mit ihren Taten identifiziert und unlösbar an ihre Schuld gebunden. Bezieht es sich auf die Taten der Schuldigen, so wird diesen ein Verhältnis zu ihrer Vergangenheit erleichtert, in dem sie diese gleichzeitig als ihre Vergangenheit anerkennen und sich von ihr distanzieren. Dies paradoxe Verhältnis zur eigenen Vergangenheit, das Reue heißt, liegt gewiß nicht in der Verantwortung derer, an denen das Unrecht begangen wurde; aber diese können den Schuldigen die Reue erleichtern oder auch nicht.[130]

Broszat und Friedländer gehen beide, soweit ich sehe, nicht auf die Deutschen ein, die sich unmittelbar zu den Schuldigen zählen oder mittelbar - als Nachgeborene - die Schuld ihrer Vorfahren anerkennen, bereuen und einen Teil der Haftung dafür übernehmen. Schuldbekenntnisse seit der frühen Nachkriegszeit, ob aus kirchlichen oder nichtkirchlichen Kreisen, stießen in der Öffentlichkeit - auch in den Kirchen selbst - umso mehr auf Ablehnung, je weiter sie über eine pauschale Artikulation eines schlechten Gewissens hinausgingen. Wie mit Schuld - und Vergebung - weitgehend umgegangen wurde, spiegelt sich in Broszats Aussage über

---

127 s.o. S.20f
128 Bezeichnende Ausnahmen bilden zum einen der auf H.Arendt gestützte Hinweis M.Broszats auf „individuell oft nur geringfügige Schuldanteile" ; zum anderen der Hinweis S.Friedländers darauf, daß H.Arendt in einem Brief an K.Jaspers „die Aktivitäten der Nazis als Taten bezeichnete, die in den normalen Kategorien von Schuld und Strafe nicht zu fassen sind". - a.a.O. S.352 und 358
129 S.Friedländer 1987, S.42
130 vgl. unten die Ausführungen von P.Ricoeur über die Möglichkeit, die Last der Schuld zu verringern, S. 54f. - Zum Begriff der historischen Reue vgl. S.287

die Haltung der am „Wiederaufbau" der Bundesrepublik beteiligten „alten Funktionseliten, die schon dem NS-Regime gedient hatten": „einerseits nachsichtiges Vergeben und Verschweigen der konkreten persönlichen Mitverantwortung in der NS-Zeit, andererseits das Regulativ grundsätzlicher Ablehnung des Nationalsozialismus als Voraussetzung für jegliche Art von Repräsentation in der neuen Gesellschaft und Staatsordnung."[131] Broszat stellt dahin, „wie immer es mit der Bereitschaft zur ehrlichen Auseinandersetzung mit der NS-Vergangenheit wirklich aussah". Anders gesagt: Unter der Oberfläche dieser „grundsätzlichen Ablehnung des Nationalsozialismus" konnte in der Erinnerung an diese Zeit, in der Sprache und im Verhalten vieles beim alten bleiben.[132] Unklar bleibt in Broszats Aussage, wer hier wem vergeben[133] hat und inwiefern Vergebung sich in Verbindung mit echter Reue in einer veränderten Erinnerung und Praxis auswirkte. Gab es in Kirchengemeinden wie in der von Friedländer als Beispiel genannten oder in anderen gesellschaftlichen Gruppen kein Bekenntnis der eigenen Schuld, das nicht als folgenloses Lippenbekenntnis, sondern aus echter Scham und Reue gesprochen wurde? Gab es keine Reue, die über eine pauschale Distanzierung von der eigenen Schuld hinausging und schrittweise konkret wurde? - Um auf das viel zitierte Wort von H.Rudolph einzugehen: Reue heißt Abscheu nicht vor anderen, die unfaßbare Verbrechen begangen haben, sondern vor sich selbst. Wer bereut, erkennt das als Teil der eigenen Vergangenheit an, wovon er in der Gegenwart eines anderen, oder vor sich selbst, vor seinem Gewissen, distanzieren muß. Der bereuende Rückblick von Mitschuldigen und ihren Nachkommen ist insofern alles andere als "unbefangen". - Daß diese Überlegungen nicht nur die Geschichtserinnerung betreffen, sondern auch die Geschichtswissenschaft einschließlich in der von Broszat vertretenen Form, wird daran deutlich, daß einem Bereuenden die Einsicht möglich ist, daß er zur Zeit des Nationalsozialismus mehr hätte wissen und tun können. Darum muß das von Broszat vertretene Verstehenskonzept sich daraufhin befragen lassen, inwieweit es statt einer „moralischen Sensibilisierung der Historie"[134] einer nachträglichen Rechtfertigung damaligen Nicht-Wissens, Nicht-Sehens und Nicht-Sehen-Wollens dient.

---

131 M.Broszat 1985, S.376.
132 Dies zeigt sich auch am Beispiel des - nicht zur Funktionselite gehörenden - F.Harenberg. S.o. S.11f
133 Gewiß kann Vergebung dazu führen, daß eine Schuld öffentlich verschwiegen wird. Doch ist zu fragen, ob es sich um echte Vergebung handelte, die ohne echte Reue nicht wirklich angenommen und wirksam werden kann, oder vielmehr um einen eher nachlässigen Umgang mit Schuld: Nachsicht wäre im zuletzt genannten Fall nicht das Ergebnis eines Eingedenkens wie bei B.Brecht in dem Gedicht „An die Nachgeborenen" (s.o.S.24), sondern im Gegenteil die Haltung des Nicht-Genau-Hinsehens. Wer sich öffentlich zu diesen Fragen äußert, tut gut daran, diesen Unterschied im Blick zu halten - auch wenn ihm ein Urteil über echte und unechte Vergebung nicht zusteht.
134 a.a.O. S.385

Die geschichtstheoretische Hinsicht der von Friedländer aufgewiesenen Dilemmata zeigt sich in der Frage, ob und inwieweit der Rückblick, also die Erinnerung, die Perspektive der Geschichtsschreibung bestimmt und bestimmen soll. Broszat argumentiert energisch gegen die konstitutive Funktion von Erinnerung, da die - durch die politisch-moralische Pauschaldistanzierung vom Nationalsozialismus bestimmte - Retrospektive das historische Verstehen und die Geschichtsschreibung lähme. Er arbeitet in einer Zusammenfassung lokal- und regionalgeschichtlicher, sozial-und alltagsgeschichtlicher Untersuchungen „den Gegensatz und die Spannung zwischen bilanzierend-retrospektiver und von der Zeit her denkender historisierender Darstellung" des Nationalsozialismus heraus.[135] Thematisierte Broszat das Perspektiven-Dilemma zunächst im Spannungsfeld von moralisch-politischen Imperativen der Bundesrepublik und einer um historische Einsicht[136] bemühter Geschichtswissenschaft, so stellt er es in seinem zweiten Brief an Friedländer darüberhinaus in das Spannungsfeld zwischen jüdischer und deutscher Geschichtserinnerung. Er befürchtet wie sein Gesprächspartner, „die verstärkte Rückwendung auf die jeweils eigenen geschichtlichen Erfahrungen und Betroffenheiten bei Deutschen und Juden könnte die Schere einer gegensätzlichen Darstellung dieser Zeit stärker öffnen als je zuvor."[137] Broszats Befürchtung bezieht sich nicht nur darauf, daß die Gruppengedächtnisse der Deutschen und Juden sich auseinanderbewegen, sondern auf den Einfluß der Gruppengedächtnisse auf die Geschichtswissenschaft und Geschichtsschreibung. Er vertritt die Auffassung, daß die Geschichtsschreibung des Nationalsozialismus nicht eine Sache ist, die die Deutschen unter sich alleine zu verhandeln hätten. Von daher könnte die „verstärkte Rückwendung auf die jeweils eigenen geschichtlichen Erfahrungen und Betroffenheiten bei Deutschen und Juden" aus seiner Sicht der internationalen Verständigung der Geschichtswissenschaftler im Wege stehen. Diese Gefahr sieht er auch bei seinem eigenen Historisierungskonzept, glaubt aber, ihr bereits angemessen zu begegnen. Im Briefwechsel mit Friedländer weitet er die „zunächst anlaßbedingte deutsch-zentrische Sicht" seines Plädoyers von 1985, das ja eine verstärkte Rückwendung auf die geschichtlichen Erfahrungen der Deutschen beinhaltet, in zwei Hinsichten aus.[138] Zum einen sei durch die unermeßliche Verfolgung „von Millionen von Menschen nichtdeut-

---

135 M.Broszat 1985, S.380f
136 M.Broszat erläutert seinen Begriff der historischen Einsicht: „Für die Ambivalenz post - nationalsozialistischer Historisierung scheint mir der Begriff der historischen Einsicht treffender zu sein als der des Verstehens. Einsicht nämlich in dem doppelten Sinn, verstanden einerseits als distanzierende, analytisch zu gewinnende Erklärung und Objektivierung, andererseits aber auch als begreifende subjektive Aneignung und als Nachvollzug vergangener Taten, Betroffenheiten und Verfehlungen. Historische Einsicht in diesem doppelten Sinn hat ... die Aufgabe, zu verhindern, daß Geschichtsbewußtsein abermals wie im borussisch-deutschen Geschichtsdenken eines Heinrich von Treitschke zur Sakralisierung und Idealisierung brutaler Machttatsachen degenerieren kann." M.Broszat, VfZ 1988, S. 340
137 VfZ 1988, S. 348
138 VfZ 1988, S.362

scher Nationalität ... jeglicher exklusive Anspruch auf deutsche Geschichtsdeutung in bezug auf diese Periode verspielt" worden.[139] Zum anderen gebe es neben der wissenschaftlichen Rekonstruktion der NS-Zeit unter gleichberechtigter Beteiligung von Wissenschaftlern jeder Herkunft, einschließlich jüdischer und deutscher Wissenschaftler, auch andere legitime Formen der Geschichtserinnerung durch die Opfer, einschließlich mythischer Formen. Broszat sieht Gefahren, die aus seiner Sicht durch den Einfluß der Gruppengedächtnisse auf die Geschichtswissenschaft entstehen, zwar auf beiden Seiten, das Schwergewicht der Gefahren scheint ihm jedoch auf jüdischer Seite zu liegen. Vor allem das jüdische Potential der Holocaust-Erinnerung tendiere dazu, „rückwirkend eine neue Hierarchie und Anordnung der geschichtsbestimmenden Faktoren zu schaffen, d.h. von Auschwitz her die ganze Geschichte rückwärts aufzurollen, anstatt sie, wie das der historischen Methode entspricht, nach vorwärts zu entfalten."[140]

Diese Argumentation entspricht weitgehend der von Friedländer beschriebenen Grundannahme Broszats, „Geschichte lasse sich von einem 'neutralen', 'objektiven' Standort aus schreiben".[141] Friedländer antwortet in seinem zweiten Brief zunächst mit einer Reflexion auf Erinnerung als Quelle historischer Sinngebung, auf die ich weiter unten eingehen werde. Dann kommt er auf die eben zitierte Argumentation von Broszat zu sprechen:

> „Tatsächlich genügt Geschichtswissenschaft allein nicht. Dies vorausgeschickt, stimme ich auch mit Ihnen überein, daß der Historiker als Historiker die NS-Epoche nicht nur von ihrem katastrophalen Ende her betrachten kann. Gemäß den allgemein akzeptierten Grundsätzen historischer Methodik haben wir mit dem Anfang zu beginnen ... Aber der Historiker kennt das Ende und teilt diese Kenntnis mit dem Leser. ... sie zwingt den Historiker, die zentralen Elemente zu wählen, um die herum seine breit entfaltende Erzählung implizite aufgebaut ist. Mit anderen Worten, wir kommen zurück auf das Problem des zentralen Focus."[142]

Friedländers Gedankengang spricht dafür, Erinnerung als konstitutiv für die zentralen Perspektiven der Geschichtswissenschaft aufzufassen. Dem ordnet Friedländer das methodische Prinzip, die historischen Akteure aus den Kontexten ihrer Zeit heraus zu verstehen, unter. Broszat argumentiert dagegen umgekehrt gegen die Retrospektive in der Geschichtswissenschaft, da sie historisches Verstehen bzw. historische Einsicht behindere.

Ich möchte an dieser Debatte besonders zwei Gründe herausarbeiten, die dafür sprechen, Erinnerung als konstitutiv für die Geschichtswissenschaft aufzufassen. Der erste Grund liegt in der unausweichlichen Zugehörigkeit von Geschichtswissenschaftlern zu sozialen Gruppen, ihre Teilhabe an einem Gruppengedächtnis; der

---

139 VfZ 1988, S. 342
140 a.a.O., S. 352
141 vgl. das zweite oben zitierten Dilemma, S.40
142 VfZ 1988, S. 356

zweite darin, daß die Geschichtswissenschaft nicht ohne Quellen historischer Sinnbildung auskommen kann, die in der Erinnerung liegen.

1. Den ersten Grund entfaltet Friedländer ausgehend von einem Zitat aus seinen „Überlegungen"; er spitzt ihn in einer Frage an Broszat zu:

> "'Diese Vergangenheit ist immer noch viel zu gegenwärtig, als daß es den heute tätigen Historikern - seien es Deutsche oder Juden, Zeitgenossen der Nazizeit oder Angehörige der zweiten oder vielleicht der dritten Generation - ein Leichtes wäre, sich ihrer Voreingenommenheiten oder a-priori-Positionen bewußt zu werden.' Aber wenn man die Dinge aus Ihrer Sicht sieht: warum sollen Ihrer Meinung nach Historiker, die zur Gruppe der Verfolger gehören, fähig sein, distanziert mit dieser Vergangenheit umzugehen, während die zur Gruppe der Opfer gehörenden das nicht können?"[143]

Broszat geht auf diesen Gedanken ein, soweit es seine persönliche Motivation und die anderer Wissenschaftler seiner Generation betrifft, sieht sich aber nicht veranlaßt, seine Auffassung in bezug auf das Verhältnis von Erinnerung und Geschichte grundsätzlich zu verändern:

> „Hätte ich nicht dieser HJ-Generation angehört und ihre spezifischen Erfahrungen gemacht, wäre es für mich nach 1945 wahrscheinlich nicht ein solches Bedürfnis gewesen, mich so kritisch und, wie wir damals empfanden, zugleich mit 'heiliger Nüchternheit' mit der NS-Vergangenheit auseinanderzusetzen."[144]

Aus Friedländers Argument folgt, daß die Arbeit der Historiker grundsätzlich und ganz besonders in bezug auf den Nationalsozialismus einen „tiefgreifenden Prozeß der Selbstreflexion"[145] erfordert. So ließe sich an Broszats Darstellung der Gefahren, die schwerpunktmäßig von der jüdischen Geschichtserinnerung auf die Geschichtsschreibung ausgehen, die Frage stellen, ob in einer tieferen Selbstreflexion etwa die - vielleicht auch mythisch zu nennende - Neigung zur Selbstrechtfertigung der eigenen Gruppe als Gefahr stärker in den Blick kommen könnte, als es bei Broszat geschehen ist.

2. Bei der Frage nach den Quellen historischer Sinnbildung bringt Broszat den Begriff der mythischen Erinnerung ins Gespräch: Diese sei eine Form des Erinnerns außerhalb der Geschichtswissenschaft, aber auch nicht einfach das Gegenteil von Wissenschaftlichkeit, „nicht nur einfach falsche oder vergröberte Geschichtserinnerung". Das ritualisierte, "quasi-geschichtstheologische Eingedenk-Sein" sei vielen Juden wahrscheinlich unverzichtbar, „weil anders die Unermeßlichkeit von Auschwitz gar nicht eingeholt werden kann."[146] Doch die Größe und Singularität der Judenvernichtung dränge

---

143 VfZ 1988, S. 347
144 VfZ 1988, S.361.- M.Broszat ist 1926 geboren, S.Friedländer 1932. - Im Anschluß an dies Zitat zeichnet M.Broszat ein positives Bild von dem „Lernprozeß" seiner Generation, aus der „besonders viele engagierte Demokraten hervorgegangen" seien. - s.o. S.26f
145 S.Friedländer 1987, S.47
146 VfZ 1988, S. 351f

„nicht nur nach mythischer Sinngebung ... sondern auch zu einer retrospektiven Konstruktion vergleichbar großer, teuflischer Verursachung in der historischen Darstellung. Dieses Bedürfnis ist deshalb auch immer wieder in Konflikt geraten mit der politikwissenschaftlichen Entdeckung der 'Banalität des Bösen' durch Hannah Arendt oder mit sonstigen historischen Darlegungen, die zeigen, daß die Größe dieses Verbrechens sich aus einer Vielzahl oft sehr kleiner Ursachen und individuell oft nur geringfügiger Schuldanteile zusammengesetzt hat."[147]

Zu recht weist Broszat darauf hin, daß die Rationalität der Geschichtswissenschaft in einen Konflikt mit der lebendigen Erinnerung kommen kann. Er betont die Eigenständigkeit und die Legitimität der „mythischen" Erinnerung der Opfer. Daß auch auf der Seite der Täter, Verfolger und Mitläufer eine lebendige Erinnerung besteht, die durchaus mythische Züge annehmen kann, benennt er als politisch-moralische „Schwarz-Weiß-Optik".[148] Da Broszat die lebendige Erinnerung beider Gruppen in einem Spannungsverhältnis zur Rationalität der Wissenschaft sieht, ist es zum Teil nachvollziehbar, daß er sich von Friedländer mißverstanden fühlt: „Sie erwecken am Schluß Ihres zweiten Briefes erneut, ... den Eindruck, ich hätte zwischen einer rationalen deutschen und einer irrationalen jüdischen Erinnerung der NS-Zeit unterschieden." Andererseits ist bei Broszat ein gewisses Übergewicht der Aufmerksamkeit auf jüdische Formen der „mythischen Erinnerung" zu sehen; so findet sich kein Gegenstück zu dem von ihm angesprochenen "quasi-geschichtstheologischen Eingedenk-Sein" auf deutscher Seite.

Friedländer sieht in Broszats Gedankengang eine Reflexion auf die Quellen historischer Sinnbildung: „Sie schreiben, diese Unvergleichlichkeit von Auschwitz erfordere eine kreative mythische Erinnerung, um überhaupt irgendeine Form von Sinngebung zu ermöglichen."[149] Im Gegensatz zu Broszat, der diese Reflexion schnell abbricht, um den Konflikt zwischen Wissenschaft und Erinnerung zu betonen, führt Friedländer sie fort, um Grundlagen historischer Sinnbildung anzusprechen. Er stützt sein oben zitiertes Argument für die Bestimmung der zentralen Perspektive, des Fokus der Geschichtswissenschaft durch die Erinnerung auf ein Zitat von Habermas:

> "Hier [in Auschwitz] ist etwas geschehen, was bis dahin niemand auch nur für möglich halten konnte. Hier ist an eine tiefe Schicht der Solidarität zwischen allem, was Menschenantlitz trägt, gerührt worden; die Integrität dieser Tiefenschicht hatte man bis dahin - trotz aller naturwüchsigen Bestialitäten der Weltgeschichte - unbesehen unterstellt. [...] Auschwitz hat die Bedingungen für die Kontinuierung geschichtlicher Lebenszusammenhänge verändert - und das nicht nur in Deutschland."[150]

---

147 a.a.O. S. 352
148 VfZ 1988, S. 362
149 VfZ 1988, S. 356
150 VfZ 1988, S. 356; J.Habermas 1987c, S.163

Das geschichtstheoretische Argument, das diese Sätze enthalten, ist darin zu sehen, daß die Erinnerung an den Verlust menschlicher Solidarität konstitutiv für jede, auch jede wissenschaftliche Darstellung jener Zeit sein muß. An dieser Aussage möchte ich zwei Aspekte hervorheben, Trauer und anamnetische Solidarität.[151] Die Trauer um die für jede Gruppe sehr verschiedenen Verluste geht über jede Gruppengrenze hinaus und betrifft letzten Endes alle Menschen. Broszat zitiert am Schluß seines letzten Briefes Uriel Tal, der in einem deutsch - jüdischen Gespräch in Jerusalem sagte: "We have not only or primarily to tell what had been done to the Jews, but what had been lost."[152] Die Konsequenzen, die Erinnerung als Trauer für die Geschichtswissenschaft haben könnten, führt er jedoch nicht aus. Eine Konsequenz könnte darin liegen, Trauer nicht länger als eine Form der Erinnerung *neben* der Geschichtswissenschaft anzusehen, sondern sie in ihre Grundlagen einzubeziehen.[153] Eine weitere Konsequenz wäre darin zu sehen, daß Trauer, ebenso wie die anamnetische Solidarität mit den Opfern, nicht einer wissenschaftlichen Methodik untergeordnet werden darf, sondern ihr vielmehr vorzuordnen ist. Friedländer zieht die Konsequenz, die Grenzen des Verstehens und der historischen Darstellung zu thematisieren.[154] Insbesondere argumentiert er gegenüber Broszat für die Grenzen des historischen Einfühlens und Erzählens, die „nicht nur die kriminelle Dimension des NS-Regimes, sondern auch die widerliche Vorstellung nationalistischer Exaltation, frenetischer Selbstglorifizierung" betreffen. In seinem Rückblick auf die Debatte mit Broszat von 1991 fragt er:

> „Ist die Vermeidung narrativer Geschlossenheit, vielleicht wie in Claude Lanzmanns Film 'Shoah', der einzig angemessene Weg, von diesem Ereignis zu erzählen - gerade um die 'erlösende' Funktion zu zerstören, die jedweder narrativen Geschlossenheit nun einmal innewohnt?"[155]

Trauer um die sinnlosen Opfer führt hier zu der Konsequenz, historische Sinnbildung durch narrative Geschlossenheit zu verweigern - eine Konsequenz, die das Zentrum des Ansatzes von Broszats betrifft. Von hier aus wird deutlicher, warum für Friedländer eine „Horizontverschmelzung" mit dessen Position nicht in Sicht ist.

Als Schlußfolgerung für das Verhältnis von Erinnerung und Geschichte ergibt sich: Broszat tritt - mit Recht - jener Erinnerung und der durch sie bestimmten Geschichtsschreibung entgegen, die in „Schwarz-Weiß-Optik" das Bild des Nationalsozialismus von der Gegenwart abhebt. Seine Kritik, daß diese Erinnerung mit der

---

151 vgl. oben S. 23f
152 VfZ 1988, S. 366
153 Diesen Versuch unternimmt J.Rüsen mit seinem Vortrag „Trauer als historische Kategorie"
154 Diesen Ansatz hat er seitdem weiter verfolgt und ausgearbeitet: vgl S.Friedländer 1991 und den bezeichnenden Titel des 1992 erschienenen Sammelbandes: „Probing the Limits of Representation".
155 S.Friedländer 1991, S. 158

nationalsozialistischen Propaganda und den Wahnideen Hitlers übereinstimme,[156] trifft einen Teil der aus einer solchen Optik entstandenen Geschichtsdarstellungen. Aber seine Argumentation gegen die Retrospektive in der Geschichtsschreibung des Nationalsozialismus widerlegt nicht die Konstitution von Geschichte durch Erinnerung, sondern nur die Vorherrschaft einer bestimmten Art von Erinnerung, besonders die Vorherrschaft einer politisch bezweckten Erinnerung über die Geschichtsschreibung. Broszats Bestimmung des Verhältnisses von Erinnerung und Geschichte steht seiner Absicht im Wege, „etwas von der Sperre [zu] beseitigen, die diese Geschichte als eine ganz und gar fremde und befremdliche erscheinen läßt". Könnte andererseits nicht gerade die Auffassung, daß Geschichte durch Erinnerung konstituiert wird, den Deutschen die Anerkennung der nationalsozialistischen Vergangenheit als der eigenen erleichtern? Müßte eine solche Auffassung die Gefahren außer acht lassen und damit verstärken, die Broszat für den Bestand wissenschaftlicher Rationalität sieht? Könnte in der Reflexion auf Erinnerung als Grundlage der Geschichtswissenschaft nicht vielmehr ein Zuwachs an Rationalität für die Geschichtswissenschaft liegen und damit eine verbesserte Chance, zu einem gegenseitigen Verstehen - als Brücke über die wachsende Kluft der Gruppengedächtnisse - zu gelangen?

Am Schluß dieses Abschnittes - gleichzeitig als Überleitung zum folgenden - möchte ich dafür sprechen, daß die Geschichtswissenschaft ihr Verhältnis zur Theologie nicht aus ihren Grundlagen ausschließen sollte. Broszat schreibt - und urteilt - mit dem „Pathos der Nüchternheit".[157] Beim Verstehen und Erklären, bei der historischen Urteilsbildung mißt er dem Bereich der politischen Religion bzw. der politischen Theologie nur eine untergeordnete Rolle zu. „Geschichtstheologisches Eingedenk-Sein" schließt er als Quelle von Sinnbildung zwar nicht aus, aber sieht überwiegend Gefahren, wenn die Geschichtswissenschaft sich auf diese Quelle einläßt. Dagegen argumentiert Friedländer, daß ein Ansatz, der nur bei den politischen, ökonomischen und sozialen Prozessen ansetzt, den Nationalsozialismus nicht erklären könne. Der Bereich der politischen Religion müsse hinzugenommen werden. Andererseits tritt Friedländer jedem Versuch, das Sinnlose zu verstehen und ihm dadurch einen Sinn zu geben, entgegen; diese Position mag im Bilderverbot ihre Wurzel haben. Einen konzentrierten Ausdruck findet der Unterschied der Positionen im Grenzbereich der Geschichtswissenschaft, wo spürbar wird, daß das Spirituelle oder die Transzendenz aus der historischen Sinnbildung nicht ohne weiteres ausgeklammert werden kann - etwa im Umgang mit dem Bösen. Broszat verweist auf dessen für die Politikwissenschaft paradigmatisch gewordene Banalität; Friedländer erwidert, daß H.Arendt nicht nur von der Banalität des Bösen, sondern im Briefwechsel mit K.Jaspers auch vom „radikalen Bösen"

---

156 M.Broszat 1985, S. S.382
157 vgl. den gleichnamigen Titel eines Sammelbandes seiner Aufsätze

sprach.[158] „Niemand leugnet die Banalität des Bösen auf vielen Ebenen des Vernichtungsprozesses, aber sie ist doch wohl nicht die einzige Erklärung für alle Ebenen."[159]

Allgemein gesagt, besteht eine zweifache Gefahr im Umgang mit dem Bösen, nämlich entweder nur das Banale, Alltägliche oder nur das Radikale, Monumentale oder Übermächtige wahrzunehmen. Wer nur das Banale sieht, unterschätzt das Böse; wer nur das Übermächtige sieht, überschätzt es.[160] Pauschaldistanzierung und Selbstrechtfertigung lassen sich als Haltungen des Umgangs mit dem Bösen deuten. Beide Haltungen legen die schuldigen Menschen auf ihre Schuld fest. Die Selbstrechtfertigung dient der Wiederherstellung oder Festigung der eigenen Identität; die Pauschaldistanzierung ist als abstrakte Negation dieser Haltung aufzufassen, mit einer photographischen Metapher gesagt, sie kann als Negativ der Selbstrechtfertigung gelesen werden. In dieser Konstellation ist die zweifache Gefahr im Umgang mit dem Bösen zu erkennen: Durch Pauschaldistanzierung wird das Böse überschätzt, durch Selbstrechtfertigung unterschätzt. Wer der einen Gefahr ins Auge sieht, wird entweder gelähmt oder reagiert mit der Intention, ihr zu entkommen - und gerät dadurch leicht in den Sog der anderen Gefahr.

B. Erinnerung als Grundbegriff der Geschichtskultur

In der deutschen Geschichtswissenschaft hat der Begriff der Erinnerung in den letzten Jahren wachsende Beachtung gefunden, zunächst in der Oral History, während er lange Zeit - im Unterschied zu anderen Ländern und zu anderen Humanwissenschaften - hier ein Schattendasein führte. Als Beleg für den Rückstand der deutschen Geschichtswissenschaft in bezug auf Erinnerung mag ein lexikalischer Befund genügen: In dem Lexikon "Geschichtliche Grundbegriffe"[161] fehlen Artikel zu "Erinnerung" und "Gedächtnis". Im "Fischer Lexikon Geschichte"[162] fehlen im Sachregister mit über 1000 Stichwörtern diese beiden Begriffe. In andern Ländern gehört die Thematisierung von Erinnerung und Gedächtnis zum Standard der Geschichtswissenschaft. Dies zeigt sich z.B. darin, daß es in England und Frankreich im Unterschied zu Deutschland ausgearbeitete Methodenlehren der Oral History gibt.[163] In Frankreich erschien ein monumentales Werk über das nationale Ge-

---

158 VfZ 1988, S.352 und 358. Vgl. H.Arendt: Eichmann in Jerusalem. Ein Bericht von der Banalität des Bösen
159 a.a.O. S.358
160 Den Grundgedanken dieses Absatzes verdanke ich dem Gespräch mit H.Folkers.
161 Brunner / Conze / Koselleck (Hg.) 1972 - 1992
162 R.v.Dülmen (Hg.) 1990
163 Paul Thompson 1978: The Voice of the Past, Oxford; Philippe Joutard 1983: Les Voix qui nous viennent du Passé, Paris. - vgl. L.Niethammer 1985, S.434, Anm. 2 und 7

dächtnis.[164] Nun ist mit einiger Verspätung auch hierzulande in den letzten Jahren ein neue Fragerichtung nach Erinnerung und Gedächtnis entstanden, in deren Vordergrund nicht mehr die kognitiven Prozeduren des historischen Denkens stehen, sondern die lebensweltliche Dimension und Funktion der historischen Erinnerung. Als Beispiel für diese neue Fragerichtung ist J.Rüsens Konzept der Geschichtskultur zu nennen, das er für eine weitreichende Forschungsprogrammatik entworfen hat:

> "Geschichtskultur ... läßt sich als Gesamtbereich von Erinnerungsarbeit im Leben einer Gesellschaft definieren oder ... als Inbegriff der Deutungen von Zeit durch historische Erinnerung, die für eine Gesellschaft notwendig ist, um ihre Lebensformen und -vollzüge im aktuellen Prozeß des zeitlichen Wandels sinnhaft zu organisieren, sich selbst im Verhältnis zu anderen zu verstehen und so Handeln als absichtsvolle Veränderung von Mensch und Welt zu ermöglichen."[165]

Einen wegweisenden Beitrag zu diesem Forschungsprogramm leistete Paul Ricoeur mit seinem Vortrag „Gedächtnis - Vergessen - Geschichte", in dem die zentrale Stellung der Erinnerung und das Verhältnis von Erinnerung und Geschichte beleuchtet wird.[166]

1. Gedächtnis, Erinnerung und Geschichte

Ricoeur unterscheidet drei Phasen des Verhältnisses von Gedächtnis bzw. Erinnerung und Geschichte: 1. stifte die Erinnerung den Sinn der Vergangenheit 2. bestimmt Ricoeur Geschichte als kritischen Arm des Gedächtnisses und 3. fragt er nach Determination oder Offenheit der Geschichte.

---

164 P.Nora (Hg.) 1984 - 1992
165 J.Rüsen 1992, S. 40
166 P.Ricoeur 1997. - In der deutschen Fassung des Vortrages, den P.Ricoeur im Oktober 1994 in Bielefeld als Eröffnung der interdisziplinären Forschungsgruppe „Historische Sinnbildung" auf englisch hielt, wird der Begriff mémoire bzw. memory überwiegend mit „Gedächtnis", seltener mit „Erinnerung" übersetzt. Der lateinischen memoria und den davon abgeleiteten englischen und französischen Begriffen entsprechen im Deutschen Gedächtnis *und* Erinnerung. Darauf geht A.Assmann in ihrem Aufsatz zur Metaphorik der Erinnerung ein, den sie mit der Unterscheidung von Erinnerung und Gedächtnis beginnt (A.Assmann 1991). Sie zitiert den Aufsatz von H.Weinrich (1964), nach dem es in der abendländischen Memoria-Tradition nur zwei Zentralmetaphern von Gedächtnis und Erinnerung gibt: Wachstafel und Magazin, wobei die Magazinmetaphern sich vorwiegend um den Pol Gedächtnis sammeln, die Tafelmetaphern hingegen um den Pol Erinnerung. Vom alltäglichen deutschen Sprachgebrauch aus bestimmt A.Assmann „Gedächtnis als virtuelle Fähigkeit und organisches Substrat neben Erinnerung als aktuellem Vorgang des Einprägens und Rückrufens spezifischer Inhalte. ... Statt Gedächtnis und Erinnerung als Begriffsopposition zu definieren, sollen sie hier vielmehr als Begriffspaar, als komplementäre Aspekte e i n e s Zusammenhangs aufgefaßt werden, die in jedem Modell gemeinsam auftauchen." (a.a.O. S. 14) Diesen Vorschlag aufgreifend möchte ich Ricoeurs mémoire bzw. memory an einigen Stellen nicht nur mit Gedächtnis, sondern auch - und vor allem - mit Erinnerung übersetzen. Denn in meiner empirischen Forschung geht es vorwiegend um den Vorgang des Erinnerns und weniger um die virtuelle Fähigkeit des Gedächtnisses.

1. Für Ricoeur ist Erinnerung bzw. Gedächtnis konstitutiv für Geschichtsbewußtsein und Geschichtswissenschaft. Für den kritischen Umgang der Geschichte mit dem Gedächtnis sei der Begriff eines "kollektiven Gedächtnisses" nötig. Ricoeur greift diesen Begriff von Maurice Halbwachs auf, kritisiert aber dessen Neigung, dem kollektiven Gedächtnisses „substantielle Bedeutung zukommen zu lassen." Stattdessen verwendet Ricoeur die „Idee des kollektiven Gedächtnisses als einen operativen Begriff" und spricht von einer Analogie zwischen individuellem und kollektivem Gedächtnis.[167] Diese Analogie sei grundlegend für die Mentalitäts- und Kulturgeschichte.

2. Ricoeur faßt Geschichte als kritischen Arm des Gedächtnisses bzw. der Erinnerung auf. Gedächtnis, Erinnerung und Geschichte haben das sprachliche Medium der Erzählung gemeinsam. Den Unterschied bestimmt Ricoeur kurzgefaßt so, daß auch in Alltagserinnerungen Kritik enthalten ist, aber nicht methodisch wie in der Geschichtswissenschaft zu einem eigenen Zweig erhoben. Die historische Erzählung unterscheide sich von Erzählungen des Gedächtnisses durch ihre methodische Kritik auf drei Ebenen: der Faktenerstellung, der Erklärung (im doppelten Sinn der Erklärung von Ursachen und von Beweggründen) und der Kompositionen der großen Tableaus. Das Hauptergebnis der kritischen Intervention der Geschichte in das Gedächtnis sieht Ricoeur in einer Unterscheidung zwischen zwei Funktionsweisen des Gedächtnisses, nämlich zwischen zwanghafter Wiederholung und eigentlicher Erinnerung im Sinn von kritischer Erinnerungsarbeit. Um diese Unterscheidung zu erläutern, zitiert er Freuds Schrift „Erinnern, Wiederholen und Durcharbeiten". Freud stellt die (unbewußte) Wiederholung des Verdrängten der Erinnerung gegenüber. Er sagt, „der Analysierte *erinnere* überhaupt nichts von dem Vergessenen und Verdrängten, sondern er *agiere* es. Er reproduziert es nicht als Erinnerung, sondern als Tat, er *wiederholt* es, ohne natürlich zu wissen, daß er es wiederholt."[168]

Ricoeur überträgt den zunächst individualpsychologischen Ansatz Freuds auf die analog verstandene Ebene des kollektiven Gedächtnisses. Er erinnert an zwei therapeutische Vorschläge Freuds, die er für die traumatischen Gedächtnisse der Völker in der Gegenwart von größter Wichtigkeit hält: Der Therapeut solle Geduld gegenüber den zwanghaften Wiederholungen haben, die im Schutz der Übertragung auftreten. Der Patient solle aufhören, sich zu bejammern und "den Mut erwerben, seine Aufmerksamkeit mit den Erscheinungen seiner Krankheit zu beschäftigen. Die Krankheit selbst darf ihm nichts Verächtliches mehr sein, vielmehr ein würdiger Gegner werden, ein Stück seines Wesens, das sich auf gute Motive stützt, aus dem es Wertvolles für sein späteres Leben zu holen gilt"[169]. Andernfalls gebe es keine „Versöhnung" des Kranken mit dem Verdrängten. Der doppelten Bearbeitung der

---

167 P.Ricoeur: 1997, S. 439
168 S.Freud, Werke Bd. 10, S. 129. Hervorhebung im Original
169 S.Freud, Werke Bd.10, S.132

Widerstände gibt Freud den Namen Durcharbeiten. Ricoeur hebt hervor, daß man so von Erinnerung als von einer Arbeit sprechen kann. „Somit wird es schließlich möglich, von der Erinnerung selbst als einer Arbeit, von 'Erinnerungsarbeit', zu sprechen. Gleich mehrfach wird das Wort 'Arbeit' wiederholt und dem 'Zwang' symmetrisch entgegengestellt: 'Erinnerungsarbeit' gegen 'Wiederholungszwang'".

Ricoeur bezieht dies Denkmodell auf ein von ihm als krank bezeichnetes historisches Bewußtsein, nämlich auf ein Übermaß an Gedächtnis bzw. einen Mangel an Gedächtnis bei verschiedenen Völkern. Beides deutet Ricoeur als eine Form des Wiederholungszwanges. „Stets ist es das gleiche wiederholende Gedächtnis, das die einen mit krankhaftem Genuß pflegen, andere hingegen mit schlechtem Gewissen meiden." Ricoeur schlägt zur Unterscheidung der beiden Funktionsweisen des Gedächtnisses die Begriffe wiederholendes Gedächtnis und Erinnerungsgedächtnis vor. Das wiederholende Gedächtnis widersetze sich der Kritik, während das eigentliche Erinnerungsgedächtnis ein fundamental kritisches Gedächtnis sei. Zur kritischen Funktion der Erinnerungsarbeit könne die Befragung des Erinnerten durch die Geschichte mit ihrem Schritt der Distanznahme und Objektivierung beitragen. „Diese Übung kann dabei so weit führen, unsere eigene Geschichte vom Standpunkt des Gedächtnisses derjenigen aus zu erzählen, die einer anderen Gruppe, ja einer anderen Kultur als der unsrigen angehören."

3. Ricoeur gibt trotz der kritischen Funktion der Geschichte dem Gedächtnis bzw. der Erinnerung die Priorität; diese gewährleiste Kontinuität und Zugehörigkeit und bewahre die dialektische Beziehung zwischen Erfahrungsraum und Erwartungshorizont.[170] Es gebe kein Sein mit Erinnerung, das nicht zugleich ein Sein mit Zukunftsabsicht sei. Ricoeur führt ein in Kosellecks irreduziblen und komplementären Begriffen enthaltenes scheinbares Paradox zwischen unveränderlicher Vergangenheit und offener Zukunft aus.

> „Denn selbst wenn die Tatsachen auch unauslöschlich sind, ... so ist doch der *Sinn* dessen, was geschehen ist, keineswegs ein für allemal festgefügt. Nicht nur die Ereignisse der Vergangenheit können anders interpretiert werden, auch die moralische Last eines Schuldverhältnisses gegenüber der Vergangenheit kann erschwert oder gemildert werden, je nachdem, ob die Anklage den Schuldigen im schmerzlichen Gefühl des Irreversiblen gefangenhält oder die *Vergebung* ihm die Perspektive einer Erlösung von seiner Schuld offenhält, was einer Umkehr des *Sinns* der Vergangenheit selbst gleichkäme."[171]

Ricoeur sieht in dieser verändernden, umkehrenden Kraft der Vergebung eine Rückwirkung der Zukunftserwartung auf das Erfassen der Vergangenheit. Diese Sicht leuchtet nicht unmittelbar ein, denn Zukunftserwartungen können bei Schuldigen und Verletzten durch die Last der Vergangenheit gerade blockiert sein. Viel-

---

170 P.Ricoeur zitiert die Begriffe von R.Koselleck; vgl. R.Koselleck 1979a
171 P.Ricoeur, a.a.O. S. 445; Hervorhebung im Original

leicht ist es eher so, daß Vergebung einen durch Erfahrungen von Schuld und Verletzung vermauerten Erwartungshorizont öffnet und erweitert.

Ricoeur nennt Folgen dieser Gedanken für die Geschichtskultur: Das Handeln der Menschen in der Vergangenheit hatte unabhängig von ihren Zukunftsentwürfen „unbeabsichtigte Folgen, die ihren Erwartungen zuwiderliefen und ihre innigsten Hoffnungen enttäuschten. Der Zeitraum, der den Historiker von diesen Menschen der Vergangenheit trennt, erscheint somit als ein Friedhof nicht eingelöster Versprechen. Diese nicht gehaltenen Versprechen aufzuwecken und wiederzubeleben, sei zwar nicht mehr Aufgabe des Berufshistorikers, wohl aber eine Aufgabe jener, die man als Mentoren der Öffentlichkeit, und zu diesen sollten auch die Politiker zählen, bezeichnen könnte."[172] Für das kranke historische Bewußtsein zahlreicher Völker nach dem Ende des Kalten Krieges komme diesem Wiederaufleben eine therapeutische Bedeutung zu. Besonders für den Umgang mit identitätsstiftenden Traditionen gelte das Gebot „zu lernen, auf eine andere Art und Weise zu erzählen und die Geschichte der anderen kennenzulernen".[173]

Aufgrund dieses Gedankens läßt sich die These, daß identitätsstiftende Traditionen in Deutschland nach dem Nationalsozialismus nur als Traditionsbruch legitim sind,[174] so erweitern, daß die Deutschen lernen sollen, auf die Erzählungen ihrer Nachbarn und besonders der von ihnen in der Vergangenheit Unterdrückten zu hören, aber auch auf unterdrückte Hoffnungen in ihrer eigenen Geschichte.

2. Wiederholungszwang und Erinnerung als Veränderung

Ich habe Gedanken aus Ricoeurs Vortrag als Bestandteile meines begrifflichen Rahmens gewählt, weil Ricoeur Erinnerung für Geschichte konstitutiv sein läßt, weil er Freuds Unterscheidung zwischen unbewußtem Wiederholungszwang und bewußter Erinnerungsarbeit für die Geschichtswissenschaft bzw. Geschichtskultur fruchtbar macht und weil er die Theorie der Erinnerung bzw. des Gedächtnisses nicht disziplinär einschränkt: er bezieht Ansätze nicht nur aus der Psychoanalyse, sondern auch aus Soziologie, Philosophie und Theologie mit ein.

In fünf Aspekten möchte ich nun Ricoeurs Position erweitern bzw. darüber hinausgehen, um die Frage nach der Erinnerung an den Nationalsozialismus besser in den Blick zu bekommen. Diese Aspekte betreffen 1. die sozialen Bezugsrahmen des kollektiven Gedächtnisses, 2. den Unterschied von Wiederholungszwang und zwangfreier Wiederholung in der Erinnerung, 3. die Krankheitsmetaphorik bei Ricoeur, 4. den Unterschied von gradueller und qualitativer Veränderung in der Erinnerung und 5. den Begriff der Erfahrung.

---

172 a.a.O. S. 447
173 ebda
174 s.o. S.24

1. In der Theorie von M.Halbwachs sind die sozialen Bezugsrahmen des Gedächtnisses schlechthin konstitutiv für die Erinnerungen. M.Halbwachs schreibt zusammenfassend über die kollektiven Erinnerungen, "daß nur diejenigen von ihnen und nur das an ihnen bleibt, was die Gesellschaft in jeder Epoche mit ihren gegenwärtigen Bezugsrahmen rekonstruieren kann."[175] Damit hat M.Halbwachs nicht nur eine Theorie der Erinnerung, sondern auch des Vergessens formuliert.[176] Die Reichweite und das relative Gewicht dieses theoretischen Ansatzes läßt sich an zwei Beispielen aus dem bisher Dargestellten aufweisen: zum einen an den Reflexionen von P.Levi und R.Klüger über die Schwierigkeit der Opfer, ihre besonderen Erfahrungen mitzuteilen,[177] und zum anderen an der Debatte zwischen Friedländer und Broszat. Das Gruppengedächtnis der Täter und der Opfer des Nationalsozialismus (einschließlich ihrer Nachkommen) erweist sich in dieser Debatte als relativ festgefügter Rahmen, den die Geschichtsschreibung nicht ohne Reflexion auf die ihre Perspektiven konstituierende Erinnerung überschreiten kann. Dieser Befund spricht jedoch nicht für die These von M.Halbwachs, daß Angehörige einer sozialen Gruppe derartige Bezugsrahmen in ihrer Erinnerungsarbeit grundsätzlich nicht überschreiten können, sondern nur für die Größe der Schwierigkeiten, die beim Überschreiten der sozialen Bezugsrahmen zu überwinden sind. Die von Ricoeur an M.Halbwachs beobachtete Neigung, dem kollektiven Gedächtnis substantielle Bedeutung zukommen zu lassen, wirkt sich nicht nur in einem problematischen Begriff eines kollektiven Subjektes aus, sondern auch in der Schwierigkeit, die Möglichkeit von Erinnerungen zu denken, die die gegenwärtigen Bezugsrahmen einer Gruppe oder einer ganzen Gesellschaft überschreiten, infragestellen und verändern. Genau auf diese Möglichkeit kommt es aber an, wenn - etwa in dem von R.Klüger angesprochenen Brückenschlag zwischen Angehörigen verschiedener Gruppen - die eigene Vergangenheit in einem neuen Licht erscheint, wenn entsprechend den Ausführungen von Ricoeur durch Vergebung diese Vergangenheit einen neuen Sinn bekommt. Darüberhinaus ist ein Überschreiten von sozialen Bezugsrahmen möglich, wenn eine unwillkürliche Erinnerung auftaucht, die einen Bruch mit dem vorhergehenden Zustand bewirkt und wenn Menschen von einer kulturellen oder reli-

---

175 M.Halbwachs 1966, Das Gedächtnis und seine sozialen Bedingungen. Berlin, Neuwied, S.390
176 Auf diesen Gesichtspunkt hat Jan Assmann hingewiesen und von der jüdischen Überlieferung her die Tragweite der Theorie von M.Halbwachs begrenzt: „Wenn ein Mensch - und eine Gesellschaft - nur das zu erinnern imstande ist, was als Vergangenheit innerhalb der Bezugsrahmen einer jeweiligen Gesellschaft rekonstruierbar ist, dann wird genau das vergessen, was in einer solchen Gegenwart keine Bezugsrahmen mehr hat." Im Judentum sei eine Form der Erinnerung entstanden, die Identität im Gegensatz zu diesen aktuellen Bezugsrahmen über Jahrtausende hinweg bewahrte und erneuerte. „Solche utopische Erinnerung, die in keinerlei "Bezugsrahmen" jeweiliger Gegenwartserfahrungen Anhalt und Stütze findet, ist wahrhaft 'kontrapräsentisch' (Theißen 1988). Doch läßt sich das Phänomen der kontrapräsentischen Erinnerung verallgemeinern. Im Judentum ist etwas zur höchsten Steigerung entfaltet, was sich auch sonst findet." J. Assmann 1991, S. 347
177 s.o. S. 16f

giösen Überlieferung her ihrer Gegenwart widersprechen.[178] - Ob und inwieweit Erinnerungen an den Nationalsozialismus zu einer Überschreitung geltender sozialer Bezugsrahmen führen können, werde ich im empirischen Teil an einigen Beispielen diskutieren.

2. Ricoeur legt seinem Begriff des wiederholenden Gedächtnisses den Freudschen Wiederholungszwang zugrunde. Von diesem unbewußten Wiederholungszwang möchte ich eine mehr oder weniger bewußte Wiederholung in der Erinnerungsarbeit unterscheiden, die nichts Zwanghaftes, Traumatisches oder Pathologisches an sich hat. Für den Zusammenhang dieser Arbeit ist besonders wichtig, daß Erinnerung als Trauer, als Reue und als Eingedenken nicht ohne Wiederholung in einem positiven Sinn gedacht werden kann. Wie im 1. Kapitel angedeutet,[179] kann ein Verlust nicht anerkannt werden, wenn der Trauernde sich nicht immer wieder, schrittweise, auf die Erinnerung einläßt, bis er dessen innewird, *was* er an dem Verlorenen verloren hat. Ähnliches gilt für die Reue und das Eingedenken.

3. Im Anschluß an die Psychoanalyse spricht Ricoeur von einem kranken historischen Bewußtsein. Dadurch entstehen im Bereich der Geschichtswissenschaft Fragen, die nur schwer zu lösen sind: Woher sind die Kriterien zu nehmen, die ein historisches Bewußtsein als krank bezeichnen lassen? Sollen und können Historiker zu der Aufgabe der Heilung beitragen? Können sie gar Therapeuten in dem Sinn sein, daß sie sich auf eine Beziehung mit einzelnen Menschen einlassen, die intensiv genug ist, um eine Übertragung zu ermöglichen? Für meine Arbeit erscheint es sinnvoll, die Krankheitsmetaphorik von Ricoeur nicht zu übernehmen. Statt dessen greife ich Metaphern für die Förderung des Noch-Nicht-Bewußten in der Geschichtserinnerung auf, nämlich zum einen die alte philosophische Metapher der Hebammenkunst oder Maieutik,[180] zum anderen das von Benjamin ausgearbeitete Denkbild des Erwachens und der Technik des Erwachens.

4. Der vierte Punkt, in dem ich über Ricoeur hinausgehen möchte, beruht auf einer Unterscheidung im Begriff der Veränderung. Der Freudsche Begriff des Durcharbeitens impliziert eine graduelle Veränderung; davon zu unterscheiden ist eine qualitative Veränderung, die etwa durch eine plötzlich auftauchende Erinnerung mit einem Schlag bewirkt wird. In der Metapher des Erwachens kommt diese sprunghafte qualitative Veränderung prägnant zum Ausdruck. Auf der Grundlage des Erwachens sind dann graduelle Veränderungen möglich. - Um den Unterschied zwischen gradueller und qualitativer Veränderung zu präzisieren, komme ich auf die Metaphorik in der Gedächtnistheorie zurück, deren konstitutive Stellung A.Assmann aufgezeigt hat.[181] Sie unterscheidet zwei räumliche und zwei zeitliche Grundmetaphern des Gedächtnisses bzw. der Erinnerung: Magazin und Wachstafel;

---

178 vgl. den Begriff der kontrapräsentischen Erinnerung in Anmerkung 176
179 s.o. S.10
180 s.u. 3. Kapitel, S. 102f
181 A.Assmann 1991, S.13

Erwachen und Erwecken. Von der antiken Wachstafelmetapher sind andere Schriftmetaphern des Gedächtnisses abgeleitet, letztlich auch Freuds Metapher des Wunderblocks. Wo Gedächtnis durch eine räumliche Metapher konstituiert wird, herrscht Kontinuität vor. Aus dem Magazin holt man etwas wieder, das man vorher hineingestellt hat; bei der Wachstafel geht es darum, die Schrift zu lesen und eventuell eine frühere Schrift wiederherzustellen bzw. das Palimpsest zu entziffern. Wird Gedächtnis dagegen durch eine zeitliche Metapher konstituiert, so steht Diskontinuität im Vordergrund: die Erinnerungen stellen sich unwillkürlich und plötzlich ein, die Einfälle sind prinzipiell unverfügbar und nicht einfach Wiederholungen von früher schon Gewußtem, sondern verweisen auf Neues. Das Gewicht der Diskontinuität wurde oben angedeutet: wenn Kontinuität und Diskontinuität im Verhältnis der Deutschen zu ihrer Vergangenheit nicht eine widersprüchliche Einheit bilden, so kann die Annahme der eigenen Geschichte nicht gelingen.[182] In Benjamins Denkbild des Erwachens ist diese widersprüchliche Einheit von Kontinuität und Diskontinuität enthalten, und zwar, wie gleich zu zeigen ist, mit einem Vorrang der Diskontinuität.

5. Ricoeur stützt sich auf Kosellecks Begriffspaar Erfahrungsraum und Erwartungshorizont. Ich halte dies Begriffspaar für sinnvoll, möchte aber nicht alle Aspekte des Erfahrungsbegriffs von Koselleck übernehmen. Dies gilt besonders für die Frage nach der Vollständigkeit der einmal gemachten Erfahrung, die sich mit der im 1. Kapitel angedeuteten Frage nach der Abgeschlossenheit oder Unabgeschlossenheit der Geschichte berührt.[183] Koselleck schreibt:

> „Eine einmal gemachte Erfahrung ist so vollständig wie ihre Anlässe vergangen sind, während die zukünftig zu machende, als Erwartung vorweggenommen, sich in eine Unendlichkeit verschiedener temporaler Erstreckungen zerlegt." Dem entspreche die Metaphorik von Erfahrungs<u>raum</u> und Erwartungs<u>horizont</u>. „Gehegte Erwartungen sind überholbar, gemachte Erfahrungen werden gesammelt." Es könne anders kommen, als man denkt, aber auch anders gewesen sein als erfahren. „Sei es, daß eine Erfahrung irrtümliche Erinnerungen enthält, die korrigierbar sind, sei es, daß neue Erfahrungen andere Perspektiven freigeben. ... Die Ereignisse von 1933 sind ein für alle Mal geschehen, aber die darauf gründenden Erfahrungen können sich ebenfalls mit dem Ablauf der Zeit ändern. Erfahrungen überlagern sich, imprägnieren sich gegenseitig. Mehr noch, neue Hoffnungen oder Enttäuschungen, neue Erwartungen schießen rückwirkend in sie ein. Also auch Erfahrungen ändern sich, obwohl sie als einmal gemachte immer dieselben sind. Dies ist die temporale Struktur der Erfahrung, die ohne rückwärtswirkende Erwartung nicht zu sammeln ist." Überraschen könne nur, was nicht erwartet wurde, dann liege eine neue Erfahrung vor. „Die Durchbrechung des Erwartungshorizontes stiftet also neue Erfahrung."[184]

---

182 s. besonders S.25
183 s.o. S.36
184 R.Koselleck 1979a, S. 356-358

Ich möchte die Tragweite von Kosellecks Aussage, daß Erfahrungen sich ändern, obwohl sie als einmal gemachte immer dieselben sind, über das von ihm Gemeinte hinaus erweitern. Denn auf seinen begrifflichen Rahmen läßt sich das Phänomen, daß wichtige Erfahrungen nur schrittweise bewußt werden, nicht ohne weiteres beziehen. Dieses Phänomen zeigt sich grundlegend bei der Erfahrung des Todes eines Nahestehenden: Gewiß ist diese Erfahrung insofern „vollständig", als zu der Tatsache, daß dieser Mensch gestorben ist, nichts mehr hinzuzufügen, aber von ihr auch nichts wegzudiskutieren ist. Anders verhält es sich aber mit der Frage, was die Trauernden an ihm verloren haben - darin liegt ein wichtiger Gesichtspunkt der Schwierigkeiten, Verluste anzuerkennen. Die Arbeit der Trauer besteht darin, in wiederholter Erinnerung Schritt für Schritt den Verlust wahrzunehmen und gefühlsmäßig anzuerkennen. Die Erfahrung des Todes verändert sich in der Trauer in dem Maße, wie der Verlust wahrgenommen, als wahr angenommen wird. Diese Veränderung der Erfahrung ist möglicherweise auch durch Überlagerung bedingt, wenn z.B. Trauernde sich gegenseitig Geschichten von dem Verstorbenen erzählen. In einem gewissen Sinn scheint es möglich zu sein, daß "neue Hoffnungen oder Enttäuschungen, neue Erwartungen rückwirkend" in die Erfahrung „einschießen" und auf diese Weise die Erfahrung verändern. Aber reichen die Bestimmungen der Überlagerung und der polaren Beziehung von Erwartungshorizonten und Erfahrung aus, um jene Veränderung darzustellen, die sich in den eruptiven Augenblicken vollzieht, in denen der Trauernde dessen innewird, was er an dem geliebten Menschen verloren hat? Solange in dieser Trauerarbeit die Stufe nicht erreicht ist, auf der der Trauernde sich das Verlorene gegenwärtig halten kann - statt verbissen es festhalten zu wollen - solange möchte ich nicht davon reden, daß die Erfahrung des Verlustes abgeschlossen ist.[185] Aus den Schwierigkeiten der Deutschen, die Geschichte des Nationalsozialismus als ihre eigene anzunehmen, ist zu folgern, daß viele Erfahrungen aus jener Zeit unabgeschlossen zu nennen sind.

Der Satz, daß „die Durchbrechung des Erwartungshorizontes ... neue Erfahrung" stiftet, führt in die Nähe von Benjamins Denkbild des Erwachens. Dessen Erfahrungsbegriff unterscheidet sich von dem Kosellecks jedoch darin, daß geschichtliche Erfahrung überhaupt erst durch eine Aufsprengung der geltenden Bezugsrahmen des Kollektivs möglich sei, das sich in einer Art Traumzustand befinde.[186] Nicht nur ändern sich durch „neue" Erfahrungen die Perspektiven der jeweiligen Gegenwart auf die Vergangenheit, sondern nach Benjamin kann eine plötzlich bewußtwerdende historische Erfahrung die Gegenwart verändern.

---

185 In seiner Rezension „Theorien des deutschen Faschismus" von 1930 schreibt Benjamin über E.Jünger und seinen Kreis: „Das Verlorene auch nur einen Augenblick sich gegenwärtig - statt verbissen es fest - halten zu wollen, war ihnen nicht gegeben." GS 3,S.243
186 vgl. unten den 9. Aspekt von Benjamins Denkbild des Erwachens S.72ff

C.W.Benjamins Denkbild des Erwachens

Bisher haben nicht viele Historiker sich auf Walter Benjamins Schriften zu Erinnerung und Geschichte eingelassen. Dies mag zum einen damit zusammenhängen, daß er seine große Arbeit über die Pariser Passagen, die eine Fülle von Reflexionen zu diesem Thema enthalten, nicht vollenden konnte. Zum anderen macht Benjamin es seinen LeserInnen nicht leicht; es ist viel über die Schwierigkeiten der Interpretation seiner Texte geschrieben worden.[187] Schließlich aber - und vielleicht am wichtigsten für die bisherige Zurückhaltung von Historikern seinem Werk gegenüber - stellt Benjamin mit großer Schärfe Grundannahmen der Geschichtswissenschaft in Frage, ja, er unternimmt es, sie umzuwälzen. Für dies Unternehmen steht sein Denkbild von der „kopernikanischen Wendung der geschichtlichen Anschauung".

Für eine eingehende Darstellung der bisherigen Benjamin-Rezeption in der Geschichtswissenschaft ist hier nicht der Ort; ich möchte jedoch auf einige wichtige Beiträge verweisen. Auf der Ebene der Historik hat als einer der ersten Historiker H.D.Kittsteiner Benjamins Schriften thematisiert und seine Position als die eines „materialistischen Historisten" bezeichnet.[188] Wichtiger für den Zusammenhang dieser Arbeit sind Ansätze, Gedanken Benjamins nicht nur auf der Ebene der Historik zu rezipieren und zu verorten, sondern auf konkrete historische Arbeit anzuwenden. Von diesen Ansätzen möchte ich an dieser Stelle die von Charles Maier, Dan Diner und Lutz Niethammer erwähnen. C.Maier diskutiert in seinem groß angelegten Rückblick auf den Historikerstreit Schwierigkeiten der Geschichtsschreibung, mit ihrer grundlegenden Methodik des Vergleichs den Nationalsozialismus und vor allem die „Endlösung" angemessen darzustellen. Er folgert: „Einmal mehr in diesem Zusammenhang scheinen Walter Benjamins fragmentarische Thesen zur Geschichte die zutreffendste Einsicht zu bieten: 'Vergangenes historisch artikulieren heißt nicht, es erkennen >wie es denn eigentlich gewesen ist<. Es heißt, sich einer Erinnerung bemächtigen, wie sie im Augenblick einer Gefahr aufblitzt.'"[189]

---

187 Hier ist nicht der Ort, an dem diese Schwierigkeiten eingehend besprochen werden können. Einen wichtigen Schlüssel enthält Benjamins erkenntniskritische Vorrede zur Trauerspielarbeit, GS 1, S.207-237. Ich verweise im übrigen auf die Arbeiten von H.D.Kittsteiner 1984, L.Niethammer 1989 und H.Folkers 1991.
188 H.D.Kittsteiner 1984, S.184. - H.Eidam sieht anders als H.D.Kittsteiner den Unterschied zwischen Ranke und Benjamin nicht im Materialismus, sondern in der Umkehrung der Perspektive. „Historische Erkenntnis wird an die geschichtliche Situation des erkennenden Subjekts selbst - und nicht an eine abstrakte Geschichtlichkeit - zurückgebunden. Erinnerung als 'Technik der Nähe' zielt nicht auf vergegenwärtigende Beschwörung von Vergangenem, dessen eigenes Selbst sich weit eher den Klassifizierungen des einfühlenden Historikers aus dem je Eigenen der Sache verdankt, sondern - als 'Technik des Erwachens' - auf eine Konzeption des Konkreten in der Geschichte, welcher das jeweils Besondere von ihr auch nur in ihr sich zeigt". H.Eidam 1992, S. 411
189 C.Maier 1992, S.120; Benjamin GS 1, S.695

D.Diner fragt mit größerer Bestimmtheit danach, ob der Nationalsozialismus einer besonderen Historik bedarf. Er argumentiert: „Überhaupt wird durch die Einnahme von Perspektiven der Kontinuität die Sicht des historisch Siegreichen eingenommen. Umgekehrt führt die Konzentration auf den historischen Bruch zur Einnahme einer solchen Sichtweise, die sich eher dem Erfahrungsbild der Opfer zuneigt."[190] Das von Benjamin dargestellte Phänomen der auseinandertretenden Perspektiven habe sich durch den Massenmord an den Juden qualitativ gesteigert; D.Diner hebt dabei die extreme Arbeitsteiligkeit der Tat hervor, deren Mittäter sich der Teilhabe an der Gesamttat nicht bewußt sein mußten. Dieser Umstand sei für die Geschichtsschreibung bedeutsam: „Zu einem späteren Zeitpunkt mit der Gesamttat konfrontiert, wird die Selbstdeutung des Tatbeteiligten nämlich wesentlich das Bewußtseinsphänomen von Nichtbeteiligung nach sich ziehen. Beispielhaft ist R.Hilbergs Studie über die Reichsbahn."[191] D.Diner greift in seiner Argumentation zwei grundlegende Aspekte der Historik Benjamins auf und verknüpft sie miteinander: zum einen den Gegensatz zwischen der historischen Perspektive der Sieger und der der Opfer, zum anderen den Gegensatz in der Zeitvorstellung zwischen dem Überwiegen von Kontinuität oder Diskontinuität. Die Erfahrung der „Massenvernichtung" drängt nach D.Diners Argument dazu, sich diesen Einsichten Benjamins zu öffnen. - Besonders fruchtbar kann dieser Gedankengang werden, wenn man ihn auf die Konstitution von Geschichte in der Erinnerung ausdehnt, also auf die "kopernikanische Wendung in der Geschichtsauffassung". D.Diner berührt diesen Bereich, indem er das Bewußtseinsphänomen der Nichtbeteiligung bei den Tatbeteiligten anspricht. Nach der Historik Benjamins ist hier ein entscheidender Faktor für das historische Bewußtsein und für seine wissenschaftliche Form in der Geschichtsschreibung zu suchen.

L.Niethammer hat von der Oral History herkommend Denkansätze von Benjamin aufgegriffen und ein Konzept der „Geschichte von unten" entwickelt, das er in seinem Buch "Posthistoire" umreißt.[192] Im Sinne Benjamins geht es Niethammer um "Traditionsbildung des je nur einzeln greifbaren Unterdrückten",[193] mit anderen Worten darum, den "in den Fragmenten der Überlieferung vergrabenen Erfahrungsschatz der Menschheit" zu bergen, der den Unterdrückten Orientierung und Mut zum Handeln geben kann.[194] Die Konkretheit dieser Erfahrung soll jener Art von Verallgemeinerung entgegenwirken, die von jeder Verantwortlichkeit des Einzelnen entlastet.[195] Jedoch ist Orientierung am Konkreten und auf das Konkrete nicht ohne theoretische Konstruktion möglich. Niethammer hebt den hypothetischen

---

190 D.Diner 1990, S. 98
191 a.a.O. S. 99
192 L.Niethammer 1989, besonders S. 170
193 L.Niethammer 1989, S.141f
194 a.a.O. S. 143f
195 Dies führt L.Niethammer u.a. am Beispiel des Institutionsbegriffs A.Gehlens aus.

Charakter dieser Konstruktion im Denken Benjamins hervor. "Hoffnung gründet dann gerade in der Massenhaftigkeit reflektierender und kommunizierender Subjektivität und nicht in der Subjektwerdung des Objekts Masse oder sonst eines Kollektivsingulars."[196]

Die genannten Ansätze einer Benjamin-Rezeption in der Geschichtswissenschaft entfalten den Begriff der Erinnerung kaum. Begriffe wie Tradition und historische Perspektive setzen Erinnerung zwar voraus; Niethammer und D.Diner setzen in ihren Ansätzen jedoch keinen Schwerpunkt auf die Reflexion der Beziehungen zwischen Erinnerung und Tradition bzw. historischer Perspektive.[197] C.Maier nennt die Aufgabe, sich einer Erinnerung zu bemächtigen, „wie sie im Augenblick einer Gefahr aufblitzt", aber führt nicht näher aus, was das konkret heißt.

Eine Darstellung des Erwachens - von Benjamin der exemplarische Fall des Erinnerns genannt[198] - kann sich weniger auf die skizzierte Benjamin-Rezeption innerhalb der Geschichtswissenschaft stützen als auf Beiträge aus anderen Disziplinen. Am weitesten führt hier, soweit ich sehe, die Darstellung von Benjamins Begriff der Erinnerung durch Horst Folkers, der die konstitutive Stellung der Erinnerung für die Geschichte im Gegensatz zu einer Geschichtsauffassung hervorhebt, die von Erinnerung abstrahiert. H.Folkers nennt die platonische Anamnesislehre und die jüdische Lehre von der Erinnerung an den Exodus als Traditionen, auf die Benjamin sich in seinem Kampf um den Begriff der Erinnerung stützt. „Das Gedenken Gottes ist Urbild der Erinnerung, die der späte Benjamin in den Mittelpunkt seines Geschichtsbegriffes rückt. Mit Plato geht es um das Beständige, Unzerstörbare im menschlichen Leben und dessen Ursprung, mit dem Volk Israel geht es um den Eintritt jedes Menschen in die lebendige Erinnerung an den geschichtlichen Grund seiner Existenz." Die Spannung, die widersprüchliche Einheit von immanent denkender Welterkenntnis und Theologie[199] kennzeichnet nicht nur die Denktraditionen, sondern das Denken Benjamins insgesamt. Das zeigt sich bei-

---

196 a.a.O. S.169
197 Die Wichtigkeit der Erinnerung gerade für die Tradition der Unterdrückten wird in folgender Darlegung L.Niethammers zu Benjamins „Thesen über den Begriff der Geschichte" ansatzweise deutlich: „In seinen Leitbegriffen des 'Eingedenkens', 'Jetztzeit' und einer 'schwachen messianischen Kraft' der Nachgeborenen ist ein Appell zur Aktivierung alternativer Traditionsbezüge enthalten. Benjamin wollte die Hoffnungen derer, über die die Geschichte hinweggegangen war, durch historische Vergegenwärtigung erlösen, will sagen: zur Freiheit der Weiterwirkung entbinden, um sie als Kraft existentieller Traditionsversicherung in jenen Kämpfen zur Geltung zu bringen, die den Katastrophensturm der Geschichte stillstellen soll. ... Um das zu bewerkstelligen ... muß sich der Umgang mit Geschichte von der Verherrlichung des Fortschritts und seiner Sieger im windigen Kontinuum einer leeren Zeit lösen und sich für Urhoffnungen der Menschheit öffnen, die einst in der Theologie aufbewahrt waren, nun aber je und je aus den Erwartungen derer, über welche die Geschichte der Sieger hinweggegangen ist und die kein Überlieferungsstrom zu einer Tradition verbindet, durch historische Wahrnehmung erlöst werden müssen." a.a.O. S. 139
198 GS 5, S. 491
199 vgl. oben S.37

spielhaft daran, daß für Benjamin Geschichte „nicht allein eine Wissenschaft sondern nicht minder eine Form des Eingedenkens ist".

„Was die Wissenschaft 'festgestellt' hat, kann das Eingedenken modifizieren. Das Eingedenken kann das Unabgeschlossene (das Glück) zu einem Abgeschlossenen und das Abgeschlossene (das Leid) zu einem Unabgeschlossenen machen. Das ist Theologie; aber im Eingedenken machen wir eine Erfahrung, die uns verbietet, die Geschichte grundsätzlich atheologisch zu begreifen, so wenig wir sie in unmittelbar theologischen Begriffen zu schreiben versuchen dürfen."[200]

H.Folkers bezeichnet die "kopernikanische Wendung der geschichtlichen Anschauung" als die "Pforte zum Geschichtsverständnis des späten Benjamin", eine Wendung, die auch die überlieferten Formen der Erinnerung betrifft.[201] Dieser Einsicht folgend, zitiere ich zunächst die betreffende Aufzeichnung aus der Passagenarbeit Benjamins:

"Die kopernikanische Wendung in der geschichtlichen Anschauung ist diese: man hielt für den fixen Punkt das 'Gewesene' und sah die Gegenwart bemüht, an dieses Feste die Erkenntnis tastend heranzuführen. Nun soll sich dieses Verhältnis umkehren und das Gewesene zum dialektischen Umschlag, zum Einfall des erwachten Bewußtseins werden. Die Politik erhält den Primat über die Geschichte. Die Fakten werden etwas, was uns soeben zustieß, sie festzustellen ist die Sache der Erinnerung. Und in der Tat ist Erwachen der exemplarische Fall des Erinnerns: der Fall, in welchem es uns glückt, des Nächsten, Banalsten, Naheliegendsten uns zu erinnern. Was Proust mit dem experimentierenden Umstellen der Möbel im morgendlichen Halbschlummer meint, Bloch als Dunkel des gelebten Augenblicks erkennt, ist nichts anderes als was hier in der Ebene des Geschichtlichen, und kollektiv, gesichert werden soll. Es gibt Noch-nicht-bewußtes Wissen vom Gewesenen, dessen Förderung die Struktur des Erwachens hat."[202]

In einer früheren Fassung lautet diese Aufzeichnung[203]:

„Die kopernikanische Wendung in der geschichtlichen Anschauung ist diese: man hielt für den fixen Punkt das 'Gewesene' und sah die Gegenwart bemüht, an dieses Feste die Erkenntnis tastend heranzuführen. Nun soll sich dieses Verhältnis umkehren und das Gewesene seine dialektische Fixierung von der Synthesis erhalten, die das Erwachen mit den gegensätzlichen Traumbildern vollzieht. Politik erhält den Primat über die Geschichte. Und zwar werden die historischen 'Fakten' zu einem uns soeben Zugestoßenen: sie festzustellen ist die Sache der Erinnerung. Und Erwachen ist der exemplarische Fall des Erinnerns. Jener Fall, in dem es uns gelingt, des Nächsten, Naheliegendsten (des Ich) uns zu erinnern. Was Proust mit dem experimentierenden Umstellen der Möbel meint, Bloch als das Dunkel des gelebten Augenblicks erkennt, ist nichts anderes als was hier in der Ebene des Geschichtlichen und kollektiv gesichert wird. Es gibt 'noch-nicht-bewußtes Wissen' vom *Gewesenen*, dessen Förderung die Struktur des Erwachens hat."[204]

---

200 GS 5, S.589 (Notiz zum Brief von M. Horkheimer)
201 H.Folkers 1991, S. 367
202 Benjamin, Gesammelte Schriften, Bd. 5, S. 490f
203 H.Folkers vergleicht die beiden Fassungen, a.a.O. S. 367ff
204 GS 5, S. 1057

An diesen Zitaten möchte ich neun Momente hervorheben, so daß Benjamins Denkbild des Erwachens transparent für den Gegenstand meiner Untersuchung wird, und anschließend näher ausführen, was Erinnerung an den Nationalsozialismus als Erwachen heißen kann.

1. Konstitution von Geschichte durch Erinnerung

Die kopernikanische Wendung ist zu verstehen als eine Wendung von einem Zeit- und Geschichtsbegriff, der von Erinnerung abstrahiert hin zu einem durch Erinnerung konstituierten Begriff von Geschichte. In der Erinnerung erkennt sich eine Gegenwart nicht nur als bedingt durch ihre Vergangenheit und die historischen Prozesse, in denen die Vergangenheit zur Gegenwart wurde; so gesehen könnte die Vergangenheit mit ihrer ungeheuren Schwere das Zentrum bleiben, um das die Gegenwart gravitiert. Vielmehr besagt das Denkbild der kopernikanischen Wendung, daß in der Beziehung zwischen Gegenwart und Vergangenheit die Gegenwart in den Mittelpunkt rückt, und daß die Gegenwart sich - die Augen reibend - als diesen Mittelpunkt wahrnimmt.

2. Synthesis - Bewußtwerdung des Ich

Im Erwachen findet nach der früheren Fassung eine Synthesis statt; das gilt auch für die spätere Fassung und für die „Thesen über den Begriff der Geschichte". Darin kommt der Begriff der Synthesis nicht als solcher vor, aber das Denkbild der kopernikanischen Wendung (und das ebenso aus der Astronomie kommende verwandte Bild der Konstellation[205]) verweist auf ihn. Denn die Selbstwahrnehmung der Gegenwart als Mittelpunkt in ihrer Beziehung zur Vergangenheit ist ohne Synthesis nicht möglich. Den für meine Untersuchung wichtigen Unterschied zwischen beiden Fassungen umreiße ich in zwei Punkten:

a. In der früheren Fassung vollzieht das Erwachen die Synthesis. Damit wird das willentliche, aktive, politische Moment betont gegenüber dem unwillkürlichen Moment in den historischen „Fakten", die „zu einem uns soeben Zugestoßenen" werden. In der späteren Fassung überwiegt im Bild des „Einfalls"[206] deutlich das

---

205 17. These über den Begriff der Geschichte, GS 1, S.702f
206 H.Folkers entfaltet das Bildwort „Einfall": "War bisher das Erinnern in seinem ersten Moment als Sprung ins Gewesene bestimmt worden, so zeigt sich jetzt, daß dieses darin nicht es selbst bleibt, es springt gleichsam zurück ins Jetzt, schlägt um ins Jetzt und wird 'Einfall des erwachten Bewußtseins'. Ohne Zweifel ist das Subjekt dieses Einfalls das Bewußtsein, es hat den Einfall. Doch was heißt, einen Einfall haben? Kann das Martialische vergessen werden, an das das Wort Einfall erinnert - wie wir es etwa im Hunneneinfall hören? Bringt nicht im Einfall das Bewußtsein viel weniger etwas hervor, als ihm etwas zustößt? So, wie den Beschenkten die Gaben 'so tief betreffen (müssen), daß er erschrickt' [aus Benjamins "Einbahnstraße", GS 4, S.112], so geschieht dem Bewußtsein der Einfall des Gewesenen - als seine eigene Spontaneität. 'Die Fakten werden etwas, was uns soeben erst zustieß.' [Benjamin, GS 5, S.491]. Der Akt des Erinnerns, der Einfall des Bewußt-

Unwillkürliche, das dem politischen Willen und der Aktion zugrundeliegt und diese erst ermöglicht.

b. In der früheren Fassung geht es Benjamin um eine Synthesis von „gegensätzlichen Traumbildern". Damit ist gesagt, daß dem Erwachen traumartige Formen des Bewußtseins vom Vergangenen vorausliegen. In der späteren Fassung verzichtet Benjamin auf die Bestimmung des Traumes; das Gewesene selbst wird zum „dialektischen Umschlag". Was im dialektischen Bild als Konstellation zusammentritt, sind nicht mehr Vorstellungen vom Gewesenen, sondern Gewesenes und Gegenwärtiges.

Erinnerung als Synthesis ist gemäß der früheren Fassung Bewußtwerdung des Ich. „Erwachen ist der ... Fall, in dem es uns gelingt, des Nächsten, Naheliegendsten (des Ich) uns zu erinnern." Das heißt, daß im Zustand vor dem Erwachen - metaphorisch gesprochen im Schlaf oder Traum - zwar alles mögliche bewußt werden kann, aber nicht das Ich des Träumers.[207] Erwachen ist bezeichnet als der Fall, in dem Menschen ihre Vergangenheit als ihre eigene wahrnehmen. Kennzeichnend für das erwachte Bewußtsein oder Geschichtsbewußtsein eines Individuums oder einer Gruppe wäre demnach, sich an ihre Vergangenheit mit dem Bewußtsein zu erinnern, daß es die eigene ist. - Die Erinnerung an das Ich wird in der späteren Fassung nicht genannt, aber darum nicht aufgehoben.[208]

---

seins ist der Indifferenzpunkt von Spontaneität und Rezeptivität." (H.Folkers 1991, S.369) - Das „Martialische" am „Einfall" bringt das destruktive Moment der Kritik zum Ausdruck. H.Folkers zitiert Benjamins Begriff der Kritik: „In jeder Kritik muß ein Martialisches wohnen", denn der echte Gedanke hat „tödliche Stoßkraft" (H.Folkers 1991, S.375, Anm. 26) Das Martialische wird am Beispiel des entscheidenden „Einfalls" der Griechen im Trojanischen Krieg besonders anschaulich: „Das kommende Erwachen steht wie das Holzpferd der Griechen im Troja des Traumes." (GS 5, S. 495).
207 Diesen Aspekt hebt Norbert Bolz hervor, der die kopernikanische Wendung in der geschichtlichen Anschauung von Kants Experiment der reinen Vernunft her deutet (Kritik der reinen Vernunft B XXII): „So steht die Wachwelt analytisch im Gegensatz zu den Traumbildern des Gewesenen, synthetisch aber soll das Erwachen dessen 'dialektische Fixierung' leisten. Für Kant ist Erfahrung ja prinzipiell Synthesis von Wahrnehmungen - historische Erfahrung synthetisiert demnach die Traumwahrnehmung des Gewesenen mit dem wachen Jetzt, und zwar im Augenblick des Erwachens. Im Traum (des Historismus) gibt es nämlich keine Synthesis der Erfahrung. Denn der Traum erinnert sich an alles, nur nicht ans Ich. Erst das Erwachen bringt die synthetische Einheit, die Erinnerung des Ich (gen. obj.). Dem Traum des Gewesenen sind also die Begriffe, die den geschichtlichen Gegenstand konstituieren, nicht zu entnehmen. 'Politik erhält den Primat über die Geschichte'". N.Bolz 1984, S. 151
208 In der früheren Fassung erläutert Benjamin das „Nächste, Naheliegendste", dessen beim Erwachen zu erinnern uns gelingt (bzw. in der späteren Fassung: glückt) : des Ich. Diese Erläuterung fehlt in der späteren Fassung; vielleicht, weil es sich von selbst versteht. - Ernst Bloch entfaltet das Dunkel des gelebten Augenblicks, das Benjamin in beiden Fassungen zitiert, als Problem der nächsten Nähe, der Jetzt-Zeit und des Hier-Raumes. „Am Fuß des Leuchtturms ist kein Licht. Und merkte nicht Ödipus, wer er selber im Licht stand, als letzter, daß er seine eigene Mutter geheiratet hatte? Das Rätsel der Sphinx, das von außen betrachtbare, hatte er leidlich gelöst, zu seinem eigenen Fall aber, als einem unmittelbar nahen, verhielt er sich hilflos." (Das Prinzip Hoffnung, S. 344) Die Nähe bewirkt den „Einsturz der sozusagen objektiven Betrachtung" (ebda). Das Beispiel von Ödipus steht für die Tragweite von Selbsterkenntnis und Annahme der eigenen Geschichte. - Noch näher an

3. Erwachen als der exemplarische Fall des Erinnerns

Mit der Aussage „Erwachen ist der exemplarische Fall des Erinnerns" ist der Vorrang der zeitlichen Metaphorik[209] gegenüber der räumlichen bezeichnet. Dem tastenden Heranführen der Erkenntnis an das Vergangene als etwas Festes liegt dagegen eine räumliche Vorstellung zugrunde. Dies wird deutlich an den Suchbewegungen der historischen Forschung in den Magazinen, Archiven oder Bibliotheken des kollektiven und kulturellen Gedächtnisses,[210] die zwar immer wieder durch neue Funde oder Beiträge erweitert und dadurch auch graduell verändert, aber trotz dieser zeitlichen Dimension vorrangig als räumlich strukturiert vorgestellt werden. Auch Benjamin kennt und verwendet die räumliche Gedächtnis-Metaphorik, sie ist jedoch im Gegensatz zur klassischen Raummetaphorik im Zentrum bestimmt durch das Moment der Diskontinuität, der Überraschung, des grundlegend Neuen: „Dem revolutionären Denker bestätigt sich die eigentümliche revolutionäre Chance jedes geschichtlichen Augenblicks aus der politischen Situation heraus. Aber sie bestätigt sich ihm nicht minder durch die Schlüsselgewalt dieses Augenblicks über ein ganz bestimmtes, bis dahin verschlossenes Gemach der Vergangenheit."[211] Das „Gemach der Vergangenheit" ist in diesem Bild nicht wie bei den klassischen Magazinen des Gedächtnisses gedacht als ein Raum, zu dem die Erinnerung jederzeit Zugang hat oder sich Zugang verschaffen kann. Die Verschlossenheit des Gemaches gleicht auch nicht den Schwierigkeiten, die eine überschriebene Wachstafel bereitet; wenn die ursprüngliche Schrift überhaupt noch lesbar ist, kann der Palimpsest im Prinzip jederzeit entziffert werden. Allenfalls kann eine neue Technologie einen bisher verschlossenen Zugang zu dem verborgenen Text eröffnen. In Benjamins Bild wird der Zugang zu der vergessenen oder deutungslosen Vergangenheit erst in einem historischen Augenblick möglich, der weniger durch technischen Fortschritt als dadurch bestimmt ist, daß eine Gegenwart mit dieser Vergangenheit in eine besondere, vorher nicht dagewesene Konstellation tritt. Benjamin sieht den Unterschied seiner Theorie der Erinnerung zu der klassischen Memoria-Tradition und selbst zur jüdischen Tradition des Gedenkens als so grundlegend, daß er vom Erwachen als von der „dialektischen, der kopernikanischen Wendung des Eingedenkens" spricht.[212]

Benjamins Denkbild des Erwachens ist Blochs Wendung von der „Schlafkammer des gelebten Augenblicks" (Das Prinzip Hoffnung, S. 353).
209   s.o. S. 57f
210   zu diesem Begriff vgl. J.Assmann 1992; J.Rüsen 1994
211   These 17a über den Begriff der Geschichte, GS 1, S. 1231 - Dagegen wirkt im Kontext von Benjamins Darstellung das „Vorzimmer" der „leeren und homogenen Zeit", in dem die von ihm kritisierte Sozialdemokratie auf das Eintreten der revolutionären Chance wartet, statisch, ohne qualitative Veränderung.
212   GS 5, S. 490, 491

4. Unwillkürliche Erinnerung

Das Erwachen beinhaltet die Unwillkürlichkeit der Erinnerung; nicht umsonst bezieht sich Benjamin auf Prousts mémoire involontaire. Die Unverfügbarkeit des Erwachens ist, jedenfalls gemäß der späteren Fassung, vorrangig gegenüber einer bewußten Anstrengung, sich zu erinnern. Der Wille zur Erinnerung kommt z.b. in Benjamins Vorstellung einer „Technik des Erwachens" zum Ausdruck.[213] Die für das Denken Benjamins charakteristische Spannung zwischen dem Unwillkürlichen und dem Gewollten, zwischen dem Unverfügbaren und dem praktisch und technisch zu Machenden zeigt sich in seiner 6. These über den Begriff der Geschichte: „Vergangenes historisch artikulieren heißt nicht, es erkennen 'wie es denn eigentlich gewesen ist'. Es heißt, sich einer Erinnerung bemächtigen, wie sie im Augenblick einer Gefahr aufblitzt."[214] Das „wahre Bild der Vergangenheit"[215] kommt in dieser Sicht nicht durch einen Entschluß[216] oder durch einen methodisch durchgeführten Vergleich,[217] sondern unwillkürlich, blitzartig zustande. Aber zu einer historischen Darstellung kann es nur werden, wenn diejenigen, die es als „Einfall des erwachten Bewußtseins" wahrnehmen, es festhalten, sich seiner bemächtigen. Dazu braucht es einen Entschluß, braucht es bewußte, gewollte und methodische Arbeit. Die mit dem Bild der Schlüsselgewalt bezeichnete Chance jedes Augenblicks ist unverfügbar; aber sie verstreicht, wenn niemand den Schlüssel ergreift und das bisher verschlossene Gemach der Vergangenheit öffnet.

5. Vorrang der Diskontinuität vor der Kontinuität

Sowohl Habermas[218] als auch Ricoeur[219] bestimmen die Kontinuität der Erinnerung, besonders der identitätsstiftenden Erinnerung als vorrangig gegenüber der Diskontinuität. Im Bild des Erwachens liegt das Schwergewicht dagegen auf der

---

213 GS 5, S.490
214 Benjamin, Gesammelte Schriften, Bd 1, S. 695
215 Benjamin, a.a.O. These 5, S. 695
216 vgl. oben die Diskussion um C.Meiers Satz, daß es einen Entschluß brauche, um der eigenen Vergangenheit ins Gesicht zu sehen: S. 31ff
217 Auf diesen Aspekt weist C.Maier hin, vgl. das Zitat auf S.60
218 vgl. S.34
219 vgl. S.57. Der Vorrang der Kontinuität gegenüber der Diskontinuität in P.Ricoeurs Erinnerungsbegriff zeigt sich auch in seiner Husserl-Rezeption: Das Gefühl etwa, daß aus der Kindheit erinnerte Dinge „sich in einem anderen Zeitraum" ereigneten, „zerstört ... keineswegs die beiden wesentlichen Qualitäten, die die Beziehung von erinnerter Vergangenheit und Gegenwart zueinander auszeichnen: das zeitliche *Kontinuum* und die *Jemeinigkeit* der Erinnerung. Erst das Kontinuum zwischen Vergangenheit und Gegenwart erlaubt es mir, ohne einen Bruch in der Zeit von meiner Erlebnisgegenwart bis zu den entferntesten Ereignissen meiner Kindheit hinabzusteigen. ... Das Gefühl einer ... Distanz zwischen der Gegenwart und den jeweils in die Erinnerung zurückgerufenen Ereignissen verdankt sich jedoch stets dem zeitlichen Kontinuum." a.a.O.SS.437 - Im 1. Kapitel hat sich gezeigt, daß weder die „Jemeinigkeit" der Erinnerungen noch ihre Kontinuität im Fall der Erinnerung an den Nationalsozialismus so unproblematisch ist, wie aus dieser abstrakten, tranzendentalen Sicht erscheinen könnte.

Diskontinuität zum vorhergehenden Zustand des Schlafes bzw. Traumes. Gewiß setzt diese Diskontinuität Kontinuitäten voraus, nämlich daß der Schlafende bzw. Träumende derselbe ist wie der Erwachende und daß im kontinuierlichen Verlauf der Zeit Schlafen bzw. Träumen und Erwachen aufeinander folgen. Auf der für die Erinnerung entscheidenden Ebene des Bewußtseins ist Erwachen jedoch vorrangig als Bruch zu bestimmen: Im Traum kann der Mensch sich an alles mögliche erinnern, aber sein Ich wird ihm erst beim Erwachen bewußt. Im Traum können ihn alle möglichen Gegenstände betreffen, aber erst wenn er erwacht ist, kann er die Traumgegenstände von den Gegenständen des Wachbewußtseins unterscheiden, die Traumform sprengen, die Traumbilder aus der Traumform lösen und „feststellen".[220] Erst aufgrund der Diskontinuität von Traum und Erwachen wird einerseits kritische Unterscheidung (Analysis) möglich, andererseits die Bewußtwerdung des Ich (Synthesis). Auf dieser Grundlage kann eine neue Kontinuität von Traum und Erwachen erreicht werden, indem die Traumbilder durch das Wachbewußtsein nicht verdrängt, sondern in der Traumdeutung aufgehoben werden. - Benjamin betont den Unterschied seines Ansatzes zur Psychoanalyse, der sich als unterschiedliche Gewichtung des Verhältnisses von Kontinuität und Diskontinuität bestimmen läßt: „Es ist eine der stillschweigenden Voraussetzungen der Psychoanalyse, daß der konträre Gegensatz von Schlaf und Wachen für die empirische Bewußtseinsform des Menschen keine Geltung hat, vielmehr einer unendlichen Varietät konkreter Bewußtseinszustände weicht, die durch alle denkbaren Gradstufen des Erwachtseins aller möglichen Zentren bedingt sind."[221]

6. Förderung von Noch-Nicht-Bewußtem, Traumdeutung

Es geht Benjamin weniger - wie der Psychoanalyse - um die Bewußtwerdung oder Wiederherstellung eines Vergessenen oder Verdrängten, eines Nicht-Mehr-Bewußten, das schon einmal bewußt war, sondern um die Förderung eines „*Noch-nicht-bewußten Wissens vom Gewesenen*".[222] Ein neues, bisher noch nicht bewußtes Bild der Vergangenheit „blitzt auf", eine Gegenwart tritt plötzlich zu einer Vergangenheit in eine noch nicht dagewesene Konstellation, so daß sie diese Vergangenheit als ihre eigene Geschichte wahrnimmt. In einer solchen Konstellation geschieht also ein Doppeltes, ein Wiedererkennen und in diesem Wiedererkennen die Eröffnung eines Neuen, noch nicht Dagewesenen.[223] Unter dieser doppelten Vor-

---

220 vgl. die Benjamin-Zitate zur „kopernikanischen Wendung" auf S.63
221 GS 5, S.492
222 In der früheren Fassung macht Benjamin diesen Begriff als Zitat kenntlich, nämlich von E.Bloch (Geist der Utopie, GA 3, S.241 ff; vgl auch Das Prinzip Hoffnung, Kapitel 15, GA 5, S. 129ff)
223 Vgl. auch die Bestimmung des „Ursprungs" in Benjamins Trauerspielarbeit: „Im nackten offenkundigen Bestand des Faktischen gibt das Ursprüngliche sich niemals zu erkennen, und einzig

aussetzung kann durch historische Arbeit das neu zutage Tretende methodisch gefördert werden. Eine der Weisen, Noch-Nicht-Bewußtes vom Gewesenen zu fördern, nennt Benjamin „Traumdeutung", wobei er die Methode aus der Psychoanalyse auf die kollektive „Ebene des Geschichtlichen" überträgt und dabei verändert. „Die Verwertung der Traumelemente beim Aufwachen ist der Kanon der Dialektik. Sie ist vorbildlich für den Denker und verbindlich für den Historiker."[224] Die Förderung des Noch-Nicht-Bewußten am historischen Gegenstand, die Benjamin methodisch reflektiert, läßt sich in einem Dreischritt von These, Antithese und Synthese skizzieren. These: Benjamin geht von der üblichen Wahrnehmung des Gegenstandes aus, für die es „Bestehendes" oder Fakten gibt. Derart objektiviert, kann der Gegenstand den Wahrnehmenden nicht „betreffen", ihm nicht „zustoßen", so daß er innehalten und staunen, eine Veränderung seines Zeitbewußtseins und Selbstbewußtseins zulassen müßte. Die Wahrnehmung folgt einem gewohnten, unter Umständen methodisch eingeübtem Rhythmus, nichts ist besonders verlangsamt oder beschleunigt. Antithese: Aus dieser Gewöhnung reißt Benjamin den Gegenstand heraus, indem er ihn in die „tiefste Traumschicht" versenkt. Nun ist alles mögliche an dem Gegenstand im Fluß, der Gegenstand betrifft den Wahrnehmenden, stößt ihm zu.[225] Synthese: Im Erwachen wird die traumartige Wahrnehmung „aufgehoben": aufbewahrt wird der Modus des Betreffens; negiert wird das haltlose Fließen, die bewußte Arbeit der Erinnerung stellt den Gegenstand fest. So ist die Wahrnehmung und ihr Gegenstand gegenüber der üblichen Wahrnehmung auf eine höhere Stufe gehoben, es ist etwas bewußt geworden, was vorher noch nicht bewußt war. - Wer sich von seiner Geschichte nicht betreffen läßt, dem ist sie noch nicht als *seine* bewußt und er kann sie daher nicht als eigene annehmen. Wer in der Erinnerung nicht feststellt, *was* ihn betrifft, dem kann es zerfließen oder wieder entgleiten; es wird ihm nicht zum historischen Bild und er kann das ihn Betreffende nicht als seine *Geschichte* annehmen.

---

einer Doppeleinsicht steht seine Rhythmik offen. Sie will als Restauration, als Wiederherstellung einerseits, als eben darin Unvollendetes, Unabgeschlossenes andererseits erkannt sein." GS 1, S.226
224 GS 5, S. 580; vgl. auch GS 5, S.59
225 Benjamin schreibt, ausgehend von einer Reflexion zu Bergson, von einem veränderten Zeitbewußtseins des Sammlers: „Im Grunde lebt der Sammler, so darf man sagen, ein Stück Traumleben. Denn auch im Traum ist der Rhythmus des Wahrnehmens und Erlebens derart verändert, daß alles - auch das scheinbar Neutralste - uns zustößt, uns betrifft. Um die Passagen aus dem Grunde zu verstehen, versenken wir sie in die tiefste Traumschicht, reden von ihnen so als wären sie uns zugestoßen." (GS 5, S.272). Die Dinge, die wir im Traum wahrnehmen, betreffen uns, sie „stoßen uns zu". Keineswegs zufällig spricht Benjamin davon, daß die historischen Fakten zu etwas werden, was uns „zustieß". Der Unterschied zwischen Traum und Erwachen liegt nicht darin, daß die Dinge im Traum uns betreffen, uns zustoßen, und im Erwachen nicht; sondern darin, daß im Erwachen die Erinnerung diese Dinge „feststellen" kann. Dies aktive Moment des Feststellen-Könnens fehlt im Traum. - Die Beziehung zwischen Sammler und Historiker erhellt Benjamins Aufsatz zu E.Fuchs, GS 2, S.465ff

7. Ausweg aus einer mythischen Bewußtseinslage

Benjamin ist bestrebt, seine Zeitgenossen aus einer mythischen Bewußtseinslage herauszuführen, auf ihr Erwachen aus dem Schlaf oder Traum des Mythos hinzuarbeiten.[226] Dabei hat er nicht nur das mythische Bewußtsein vor Augen, in dem die Nationalsozialisten befangen waren, und in dem sie ihre Anhänger unter anderem durch eine Perversion des Erwachens[227] zu halten wußten. Auch ihre Gegner sieht Benjamin im Bann eines Mythos; er deckt deren mythisierten Fortschrittsglauben als eine Wurzel ihrer Ohnmacht vor dem Faschismus auf. „Dessen Chance besteht nicht zuletzt darin, daß die Gegner ihm im Namen des Fortschritts als einer historischen Norm begegnen. - Das Staunen darüber, daß die Dinge, die wir erleben, im zwanzigsten Jahrhundert 'noch' möglich sind, ist kein philosophisches. Es steht nicht am Eingang einer Erkenntnis, es sei denn der, daß die Vorstellung von Geschichte, aus der es stammt, nicht zu halten ist."[228] - Benjamin spricht in den Vorarbeiten zu den „Thesen über den Begriff der Geschichte" die vor Freud schon von Nietzsche gesehene Schattenseite der zwanghaften Wiederholung an und betont ihren Zusammenhang mit der zu überwindenden Unterdrückung. „Die Grundkonzeption des Mythos ist die Welt als Strafe - die Strafe, die sich den Straffälligen erst erzeugt. Die ewige Wiederkehr ist die ins Kosmische projizierte Strafe des Nachsitzens: die Menschheit hat ihren Text in unzähligen Wiederholungen nachzuschreiben."[229] „Strafe des Nachsitzens" - in diesem Bild können sich alle wiedererkennen, die darunter leiden, daß ihnen die „Aufarbeitung der Vergangenheit" des Nationalsozialismus als „Pflichtlektion"[230] aufgegeben ist. Ohne Erinnerung als Erwachen könnte es aus einer von Benjamin belehrten Sicht keinen Ausweg aus dem Wiederholungszwang geben. Vielmehr werden mythische Elemente aus einer solchen Sicht gerade bei einer Geschichtsauffassung wahrnehmbar, die den konstitutiven Rückblick der Erinnerung aus ihren Grundlagen ausblendet.[231]

---

226 vgl. N. Bolz 1984: „Das Passagewerk ist als Antwort auf die Frage konzipiert, wie eine mythische Bewußtseinslage durch historische Erfahrung zu sprengen sei." S. 139. - R. Tiedemann schreibt als Herausgeber der Passagen-Arbeit von Benjamins Hoffnung, seine Gegenwart sei aus dem Bann einer als Mythos wahrgenommenen Vergangenheit zu lösen: „Die Bilder des Traums und das Erwachen daraus verhalten sich Benjamin zufolge wie Ausdruck und Deutung, allererst von den gedeuteten Bildern versprach er sich die Lösung des Banns. Das Benjaminsche Erwachen meinte die 'echte Ablösung von einer Epoche', im Doppelsinn der Hegelschen Aufhebung: die Überwindung des neunzehnten Jahrhunderts i n seiner Aufbewahrung, seiner 'Rettung' für die Gegenwart." GS 5, S.20.
227 Die millionenfach auf den Straßen geschrieene Parole „Deutschland erwache!" kann als zentrales Beispiel dieser Perversion gelten.
228 GS 1, S. 697
229 GS 1, S. 1234
230 M.Broszat 1985, S. 365
231 Die Anstrengungen M.Broszats und anderer HistorikerInnen, den Gefahren des Mythischen im Geschichtsbild des Nationalsozialismus durch Historisierung entgegenzuwirken, haben jedenfalls kaum zu einer spürbaren Verringerung des Druckes geführt, den diese Vergangenheit auf die Gegenwart ausübt (vgl. die Diskussion auf S. 42ff). - Die Schwierigkeit von M.Broszat und vielen

Benjamins Kampf gegen die mythische Bewußtseinslage läßt sich mit seinem Bild aus dem trojanischen Krieg verdeutlichen: „Das kommende Erwachen steht wie das Holzpferd der Griechen im Troja des Traumes."²³² Erwachen als "Aufhebung" des Traumes im dialektischen Doppelsinn heißt einerseits dessen Negation, ja Kampf gegen ihn. Andererseits geschieht dieser Kampf zur Rettung eines in der Traumgestalt gefangenen Lebens. Das Moment der Negation, der Zerstörung trifft das Illusionäre oder Wahnhafte des Traumes; das Moment der Rettung bezieht sich auf dessen Hoffnungsinhalt, der zu verwirklichen, um „den nüchternen Blick [zu] bereichern"²³³ ist.

8. Erwachen der Verantwortung

Erinnerung als Erwachen heißt Bewußtwerdung des Ich; in einer neu entstehenden Beziehung zwischen Gegenwart und Vergangenheit erkennt sich die Gegenwart als Mittelpunkt. Verschwindet in diesem Erkennen das Eigengewicht der Vergangenheit und damit die Würde der Menschen früherer Generationen? Die „Sieger" instrumentalisieren die Vergangenheit, führen sie als Beute in ihrem Triumphzug mit,²³⁴ so daß das Bild, das sie von der Vergangenheit formen, ihren Interessen nützt. Den Menschen früherer Generationen gegenüber nehmen sie letztlich keine Verantwortung wahr. Damit entgeht ihnen die Chance, sich von der Vergan-

---

anderen, mit dem Mythischen umzugehen, kann durch einige Überlegungen erhellt werden, die J.Taubes 1983 in seinem Aufsatz „Zur Konjunktur des Polytheismus" vorgetragen hat. Taubes betont den qualitativen Unterschied von Mythos und Offenbarung, von mythischer Zeit und Zeit der Offenbarung. Zentral für den Mythos sei die Auffassung von Geschichte als Nexus von Schuld und Sühne in der Kette der Generationen. Dieser unentrinnbare Schuldzusammenhang der Generationen sei geistesgeschichtlich zum ersten Mal in Hesekiel, Kap. 18 gebrochen und damit die mythische Geisteslage entscheidend überschritten worden. J.Taubes sieht in diesem Kapitel, besonders in Hes. 18,3-4 ein Zeugnis ersten Ranges zur Urgeschichte der Subjektivität: „Indem der mythische Bann gebrochen ward, wächst an den Menschen heran, was wir seit Hesekiel 'Seele' nennen: sein Ich." (J.Taubes 1983, S. 462) Taubes sieht in den heutigen Rekursen auf Mythologie eine Suspension des Ethischen, eine Auflösung des Ich. - Durch die Religionskritik der Aufklärung sei das Bewußtsein des eigenen Maßstabes für Offenbarung und Geschichte erblindet, Offenbarung sei selbst zur Mythologie deklariert worden. Kants Begriff der "Kopernikanischen Wende" in geschichtsphilosophischer Absicht interpretiert, habe einen Perspektivenwechsel im Begriff der Geschichte zur Folge. Schon Herder habe bemerkt, daß jedes Ereignis das Maß seiner Zeit in sich trage. Ranke habe die erkenntnistheoretischen Voraussetzungen seines Axioms, daß jede Epoche "unmittelbar zu Gott" sei, nicht geahnt. „Darum konnte Ranke vom Ich des Historikers absehen. Er stellte geradezu die Maxime auf: 'Mein Selbst gleichsam auszulöschen', so daß dem Historiker im 'Bordell des Historismus' die Ereignisse erscheinen können, wie sie 'eigentlich gewesen' sind." (a.a.O. S. 467) An dieser Stelle wird besonders deutlich, daß J.Taubes sich - wie im gesamten Aufsatz - auf Benjamin bezieht, was er allerdings nicht expliziert. Das Zitat vom „Bordell des Historismus" stammt aus Benjamins 16. These über den Begriff der Geschichte (GS 1, S. 702).
232 GS 5, S. 495. Vgl. oben Anmerkung 206 auf S. 63
233 E.Bloch, Das Prinzip Hoffnung, S. 1. - Bei Bloch wie bei Benjamin ist die Negation des Traumes entsprechend der Hegelschen Dialektik nicht abstrakt, sondern konkret. Vgl. zu Hegel S. 79f
234 vgl. These 7, GS 1, S.696

genheit so ansprechen zu lassen, daß sie sich in einem neuen Licht sehen und damit verändern können. Diese Chance ist an den Augenblick gebunden, in dem ein „wahres Bild der Vergangenheit" erkennbar ist. „Denn es ist ein unwiederbringliches Bild der Vergangenheit, das mit jeder Gegenwart zu verschwinden droht, die sich nicht als in ihm gemeint erkannte."[235] Sich als gemeint erkennen, das ist Bewußtwerdung des Ich nicht aus reiner Selbstreflexion oder als Spiegelung der eigenen Machtfülle, sondern aus einer Beziehung zu einem anderen. Wer sich in einem „wahren Bild der Vergangenheit" als gemeint erkennt, nimmt ein Doppeltes wahr: zunächst ein Bild der Vergangenheit, das grundlegend anders ist als er und seine Gegenwart, das gerade aus dieser Diskontinuität oder Andersheit heraus ihn blitzartig anspricht. Und in diesem Gegenüber, aus dessen Perspektive erkennt er das Eigene in der Vergangenheit, nimmt sie als seine eigene wahr. Die Andersheit des Vergangenen ist - im Augenblick der Erkennbarkeit seines wahren Bildes - der Grund einer Selbsterkenntnis, in der sich nicht das wiederholt, was man immer schon über sich wußte und von sich hielt, sondern in der Menschen beginnen, sich in einem anderen, vorher nicht dagewesenen Licht zu sehen. Sie erkennen sich selbst, indem sie sich als - von einem anderen - gemeint erkennen. Und eben damit erwacht ihre Verantwortung gegenüber Menschen früherer Generationen: sie beginnen zu spüren, daß sie „auf der Erde erwartet worden" sind.[236] Die Mittelpunktstellung ihrer Gegenwart wird ihnen darin bewußt, daß sie der "schwachen messianischen Kraft" innewerden, die ihnen mitgegeben ist - die sie nicht aus sich selbst und nicht vornehmlich für sich selbst haben.

9. Politische Theologie als Voraussetzung geschichtlicher Erfahrung

Benjamin beginnt seine Thesen über den Begriff der Geschichte mit der Erzählung von dem Schachautomaten, den, von außen unerkennbar, ein buckliger Zwerg bediente; diese Allegorie bedeutet die widersprüchliche Beziehung von immanent denkender Welterkenntnis und Theologie. Die Gegner in diesem Schachspiel benennt Benjamin nicht in der 1. These, aber später als „Sieger", als „jeweils Herrschende" und die ihnen Dienenden. „Die Einfühlung in den Sieger kommt demnach den jeweils Herrschenden allemal zugut. ... Wer immer bis zu diesem Tage den

---

235 These 5, GS 1, S. 695

236 These 2, GS 1, S. 694. Vgl. oben S. 23 und 36. - In der Passagenarbeit spricht Benjamin vom Warten als dem teleologischen Moment im Traum: „im Traumzusammenhange suchen wir ein teleologisches Moment. Dieses Moment ist das Warten. Der Traum wartet heimlich auf das Erwachen, der Schlafende übergibt sich dem Tod nur auf Widerruf, wartet auf die Sekunde, in der er mit List sich seinen Fängen entwindet. So auch das träumende Kollektiv, dem seine Kinder der glückliche Anlaß zum eignen Erwachen werden." (GS 5, S. 492). Die Beziehung zwischen den Generationen, die W.Benjamin in der 2. These mit den Worten „wir sind erwartet worden" bezeichnet, ist hier so gefaßt, daß beide Generationen leben und die ältere erwachen kann. In der 2. These (und z. B in der 12. These) ist auch von längst vergangenen Generationen die Rede, die die Lebenden persönlich nicht mehr gekannt haben.

Sieg davontrug, der marschiert mit in dem Triumphzug, der die heute Herrschenden über die dahinführt, die heute am Boden liegen."[237] Die Herrschenden und die Vertreter der ihnen dienenden Geschichtsbilder und politischen Religionen bzw. Theologien stehen der von Benjamin gemeinten Theologie so ablehnend gegenüber, daß diese sich wie der bucklige Zwerg verstecken muß.[238] Theologie als rettendes Eingedenken, als „Tradition der Unterdrückten"[239] kann den Kampf gegen ihre Gegner nicht allein, nicht ohne eine widersprüchliche Beziehung zu immanenter Welt- und Geschichtserkenntnis bestehen, die auf Abbau illegitimer Herrschaft bezogen ist;[240] diese kann den Kampf allerdings erst recht nicht ohne die Theologie gewinnen. Die Apparatur der Geschichtserkenntnis, die „die Theologie in ihren Dienst nimmt" ist in Benjamins Allegorie so konstruiert, daß die Gegner durchzublicken glauben, aber in Wirklichkeit überall nur den Reflex ihrer eigenen Perspektive oder sich selbst sehen. Sie formen sich die Wirklichkeit nach ihrem Bild; doch eben deswegen müssen sie scheitern. - Das Denkbild des Erwachens selbst ist als politisch-theologisches im Sinn der „Tradition der Unterdrückten" aufzufassen. Während Erinnerung im Sinn der Herrschenden gewöhnlich auf Verewigung und Mythisierung ihrer Herrschaft zielt und so die Vergangenheit instrumentalisiert, heißt Erinnerung als Erwachen zum einen Ausweg, Auszug, Exodus aus Verhältnissen, die Menschen erniedrigen und entwürdigen.[241] Die Erinnerung als Erwachen richtet sich dabei nicht nur auf das, aus dem es herauskommen will, sondern in erster Linie auf die Menschen, auf alles Menschliche, das dort gefangen ist. Solche Erinnerung kann eine Veränderung vergangener Erfahrungen und Erwartungen im

---

237 These 7, GS 1, S. 696 - Diese Formulierung läßt sich konkret auf den Triumphzug der Nationalsozialisten in Paris im Mai 1940 beziehen; das Maß ihrer Tragweite ist jedoch keinesfalls durch den damals noch siegreichen Nationalsozialismus beschränkt.
238 Der Zwerg - ein lebendiger Mensch, nicht die Maschine und keinesfalls der Gegner in diesem Kampf - ist das Zentrum des Denkbildes; er sitzt innen: er ist der wahre Gegenstand der Betrachtung oder Er-innerung, zu der Benjamin seine LeserInnen einlädt. In ihm können sich alle im Verborgenen, unter entwürdigenden Bedingungen Arbeitenden und Streitenden in der Gegenwart wiedererkennen, als gemeint erkennen. - Kaum zufällig dürfte die Nähe des buckligen Zwerges zu dem „Bucklicht Männlein" aus dem Volkslied sein, das Benjamin in seinem Aufsatz über F.Kafka als „Insasse des entstellten Lebens" bezeichnet hat. Das nicht zuletzt durch pervertierte politische Religion entstellte Leben werde verschwinden, „wenn der Messias kommt, von dem ein großer Rabbi gesagt hat, daß er nicht mit Gewalt die Welt verändern wolle, sondern nur um ein Geringes sie zurechtstellen werde." GS 2, S. 432
239 These 8, GS 1, S. 697 -
240 „Gewinnen soll immer die Puppe, die man 'historischen Materialismus' nennt". An dieser Formulierung läßt sich ablesen, daß Benjamin mit der Bezeichnung als 'historischer Materialismus' die damaligen Machtverhältnisse spiegelt: „man" nennt die Puppe so. Diese Bezeichnung ist ebenso zeitbedingt wie die türkische Tracht der Puppe. - Mit der Bezeichnung „immanente Welt- und Geschichtserkenntnis, die auf Abbau illegitimer Herrschaft bezogen ist" versuche ich, das von Benjamin Gemeinte in die Gegenwart zu übersetzen.
241 Für das Woraus des Auszugs zitiert Benjamin ein Wort von F.Engels: das Ziel des Denkens sei es, aus dem Denkgebiet herauszukommen (GS 5, S. 595; vgl. auch die 10. These über den Begriff der Geschichte). Das hebräische Wort für erinnern (scr) heißt auch denken. - In diesem Sinn läßt sich auch Freuds "Durcharbeiten" auffassen.

Sinn einer Befreiung bewirken. Wenn sich eine Gegenwart in einem Bild der Vergangenheit als gemeint erkennt, dann verändert sie sich: sie gewinnt mehr Energie, mehr Mut, mehr Ausdauer, um den Gefahren entgegenzutreten, die in ihr wie in der Vergangenheit den Unterdrückten und ihrer Tradition drohen.[242] Eben dadurch wirkt sie auf die Vergangenheit zurück: „Was die Wissenschaft 'festgestellt' hat, kann das Eingedenken modifizieren." Wenn in der Erinnerung das Vergangene „aus dem gestorbenen Faktum zur Kraft" wird,[243] ist der theologische Horizont der Erinnerung an den Exodus überschritten; Erwachen ist zum anderen „eschatologische Erinnerung".[244] Auf diesen endzeitlichen Horizont verweist Benjamin in der 3. These über den Begriff der Geschichte: „...erst der erlösten Menschheit ist ihre Vergangenheit in jedem ihrer Momente zitierbar geworden. Jeder ihrer gelebten Augenblicke wird zu einer citation à l'ordre du jour - welcher Tag eben der jüngste ist."[245] Ausdrücklich spricht Benjamin nicht nur davon, daß jeder Generation „eine schwache messianische Kraft mitgegeben [ist], an welche die Vergangenheit Anspruch hat",[246] sondern vom Messias selbst: „Der Messias kommt ja nicht nur als der Erlöser; er kommt als Überwinder des Antichrist. Nur *dem* Geschichtsschreiber wohnt die Gabe bei, im Vergangenen den Funken der Hoffnung anzufachen, der davon durchdrungen ist: auch die Toten werden vor dem Feind, wenn er siegt, nicht sicher sein. Und dieser Feind hat zu siegen nicht aufgehört."[247]

Nach der Einsicht von Benjamin sind Kategorien der politischen Theologie geradezu Voraussetzung einer geschichtlichen Erfahrung, die die "ewige Wiederkehr alles gleichen" durchbricht:

> „Das träumende Kollektiv kennt keine Geschichte. Ihm fließt der Verlauf des Geschehens als immer nämlicher und immer neuester dahin. Die Sensation des Neuesten, Modernsten ist nämlich ebenso Traumform des Geschehens wie die ewige Wiederkehr alles gleichen. ... Wie sich nun diese Formen auflösen im erhellten Bewußtsein, treten an ihrer statt politisch - theologische Kategorien zu tage. Und erst unter diesen Kategorien, die den Fluß des Geschehens erstarren lassen, bildet sich in dessen Innerm als kristallinische Konstellation Geschichte."[248]

---

242 vgl. These 6, GS 1, S. 695
243 vgl. oben S. 36f und besonders S. 63. H.Folkers weist auf die besondere Tragweite dieses Zitates hin: „Erinnerung konstituiert Geschichte, indem das Gewesene sich verwandelt, und zwar, gemäß der zweiten [späteren] Fassung, gerade in dem, was es wesentlich ausmacht, nämlich das nun einmal so und nicht anders Geschehene, schlechthin Feststehende, Wirklichkeit ohne Möglichkeit zu sein. Das Vergangene wird aus dem gestorbenen Faktum zur Kraft." H.Folkers 1991, S. 370
244 A.Assmann 1991, S.22f. A.Assmann stützt sich auf die „Abendländische Eschatologie" von J.Taubes (1947, bes. S. 13); sie geht aber im Rahmen ihrer knappen Aufsatzes nicht näher auf den Unterschied zwischen Erinnerung an den Exodus und der auf Endzeit bezogenen eschatologischen Erinnerung ein.
245 GS 1, S. 694
246 GS 1, S. 694
247 GS 1, S. 695
248 GS 5, S. 1023

Politisch-theologische Kategorien sind aus dieser Sicht konstitutiv für ein von mythischem Wiederholungszwang befreites und befreiendes Geschichtsbewußtsein. Doch können diese Kategorien für das *Geschichts*bewußtsein nicht unmittelbar, sondern nur vermittels säkularer Begriffe wirksam werden.[249]

D. Erinnerung an den Nationalsozialismus als Erwachen

Benjamins Denkbild des Erwachens auf die Erinnerung an den Nationalsozialismus anzuwenden erscheint als sinnvoll, insofern die Art, in der die nationalsozialistische Vergangenheit gegenwärtig ist, in wichtigen Aspekten als traumartig angesehen werden kann und insofern die Chance einer Aufhebung dieses traumartigen Charakters besteht. Diese doppelte Voraussetzung läßt sich aufgrund des bisher Gesagten in drei Aspekten finden.

1. Sich von der Vergangenheit als der eigenen betreffen lassen

Die Metapher des Traumes ist insofern auf die Erinnerung an den Nationalsozialismus anwendbar, als viele Deutsche diesen Teil ihrer Vergangenheit nicht als ihre Geschichte annehmen (können). Im Traum kann das Ich nicht bewußt werden, „das träumende Kollektiv kennt keine Geschichte". Täter kennen Geschichte nicht, insofern sie die Bedingungen, unter denen sie handelten, verkennen und sich nicht als Subjekt ihrer Taten anerkennen. Deutsche kennen Geschichte nicht, insofern ihnen nicht bewußt wird, was die Opfer des Nationalsozialismus und was sie selbst verloren haben. Täter und ihre Nachkommen kennen Geschichte nicht, wenn sie Beziehungen zu Opfern und deren Nachkommen eingehen, ohne die Abgründe zwischen Tätern und Opfern wahrzunehmen. Nachkommen von Tätern kennen Geschichte nicht, wenn sie glauben, alte Traditionen ungebrochen fortsetzen zu können; oder wenn sie sich eher mit den Opfern des Nationalsozialismus identifi-

---

249 vgl. GS 5, S. 589, Zitat auf S. 63. - Daß Geschichte nicht in unmittelbar theologischen Begriffen geschrieben werden darf, ist als Kritik an jeder politisch- theologischen Geschichtsschreibung zu verstehen, die Herrschaft und Heil identifiziert. Diese Richtung der Kritik hat selber ihren Ursprung in der Hebräischen Bibel. So tritt Jeremia gegen die politische Religion des Königtums seiner Zeit auf, die sich mit dem Besitz des Heiligtums, also mit der Verfügung auch über das Bild der Geschichte legitimiert (Jr. 7,4). Diese Haltung bezeichnet Jeremia als Lüge. Die Lüge kann durch die Weigerung umschrieben werden, sich in einem unverfügbaren, in Jeremias Predigt aufblitzenden Bild der Vergangenheit als gemeint zu erkennen; die Lüge ist Selbstbetrug, weil man glaubt, über die Vergangenheit verfügen zu können. Jeremias Predigt warnt vor dieser Lüge, die die herannahende Katastrophe der Eroberung und Zerstörung durch die Babylonier unabwendbar macht. Der Prophet hört Worte, die er einem Volk weitersagen muß, das nicht hören und antworten will (Jr 7,13.27). Er nimmt ein Bild der Vergangenheit - die Erinnerung an die Zerstörung des Heiligtums von Silo - in theologischer Sprache als Anruf JHWHs wahr, der Antwort verlangt, und zwar wesentlich als Umkehr aus einer verfehlten Haltung, als Verantwortung für das gegenwärtige Handeln. Die Verweigerung der Antwort ist der entscheidende Punkt, den Untergang herbeiführt (Jr 7,14).

zieren und ihre eigene Herkunft entweder zuwenig kennen oder nicht anerkennen. Traumartig an diesem Nicht-kennen von Geschichte ist nicht ein Mangel an Information über die nationalsozialistische Vergangenheit, sondern eine Bewußtlosigkeit oder Illusion darüber, was diese Vergangenheit mit dem eigenen Leben zu tun hat. Aus dieser Sicht lassen sich die im 1. Kapitel dargestellten Schwierigkeiten von Deutschen mit der nationalsozialistischen Vergangenheit begreifen als die doppelte Schwierigkeit, sich von dieser Vergangenheit betreffen zu lassen und das Traumartige in ihr „aufzuheben". Die weitgehende Trennung des objektivierten Wissens über den Nationalsozialismus von der Erinnerung an den eigenen Anteil oder die eigene Betroffenheit läßt sich so verstehen, daß das „normale" Geschichtsbewußtsein über den Nationalsozialismus nicht in Beziehung zu der unbewußten, traumartigen Dimension der Geschichtserinnerung tritt. Das „normale" Geschichtsbewußtsein ist nicht erwacht im Sinn des Benjaminschen Denkbildes, insofern es sich nicht von der Vergangenheit betreffen läßt, sich nicht durch einen traumartigen Zustand durchgearbeitet hat (in dem alles den Träumenden betrifft), sondern diesen aus sich auszuschließen sucht. Insofern ist das von dem eigenen Anteil am Nationalsozialismus getrennte Geschichtsbewußtsein nicht eine dialektische Aufhebung der Traumdimension, sondern deren Kehrseite, eine Oberfläche, unter der Träume mehr oder weniger unbewußt und ungedeutet bleiben. Statt einer fruchtbaren Spannung zu dem Unbewußten oder Noch-Nicht-Bewußten in der Geschichtserinnerung ist im „normalen" Geschichtsbewußtsein vielfach ein Gefühl der Lähmung zu spüren, wie es z.B. Broszat an historischen Darstellungen des Nationalsozialismus artikuliert hat.[250] Friedländer spricht von einer vorherrschenden „Neutralisierung" der nationalsozialistischen Vergangenheit im Unterschied zu einer „existentiell gerichteten Perspektive".[251] Dies Gefühl der Lähmung, der Belastung durch die Vergangenheit anzuerkennen, ist als eine Voraussetzung dafür anzusehen, sich von ihr betreffen zu lassen, ähnlich wie in der Psychoanalyse das Eingeständnis, krank zu sein, eine Voraussetzung für die heilende Erinnerungsarbeit ist.[252] - Die Trennung von bewußter Oberfläche und Unbewußtem läßt sich auch mit der Metapher des Bezugsrahmens ausdrücken: soziale Bezugsrahmen der Erinnerung sind gewöhnlich so starr, daß sie alles abwehren, was nicht in sie hineinpaßt. Als prägnantes Beispiel kann R.Klügers Gesprächspartnerin "Gisela" gel-

---

250 vgl. S.39f
251 VfZ 1988, S. 368. Vgl. auch S.Friedländer 1984, S.18f: „Je erfolgreicher die schlimmsten Aspekte des Nazismus neutralisiert werden, desto leichter findet der neue Diskurs seinen Weg in unsere Imagination." Der „neue Diskurs" ist für S.Friedländer der „Widerschein des Nazismus" in verschiedenen kulturellen und politischen Bereichen, in dem auf der „imaginären Ebene, im Bereich der Bilder und Gefühle" (S.12) eine unterschwellige Faszination des Nationalsozialismus spürbar wird.
252 vgl. das Freud-Zitat auf S. 53

ten: „Alle Kriegserlebnisse sollten auf einen einzigen Nenner, nämlich den eines akzeptablen deutschen Gewissens, zu bringen sein."[253]

Wenn in der Erinnerung als Erwachen Wissen vom Nationalsozialismus und Erinnerung an den eigenen Anteil sich verbinden, dann betrifft uns unsere Geschichte, ja sie „stößt uns zu": „Die Fakten werden etwas, was uns soeben zustieß, sie festzustellen ist die Sache der Erinnerung."[254] Die so entstehende Verbindung von Gewesenem und Gegenwart ist zunächst nicht aktiver, gewollter Vollzug einer Synthesis; vielmehr überwiegt das Unwillkürliche im „Einfall des erwachten Bewußtseins". Erst aufgrund eines solchen Einfalls ist das bewußte, willentliche Festhalten des dadurch neu entstandenen historischen Bildes möglich.

2. Festhalten unwillkürlicher Erinnerung

Die nationalsozialistische Vergangenheit „scheint uns heimsuchen zu wollen bis ins dritte und vierte Glied", wie C.Meier sagt.[255] In der Erfahrung der „Heimsuchung" ist die Trennung von Geschichtsbewußtsein und eigenem Anteil durchbrochen, etwas aus der unbewußten Dimension der Geschichtserinnerung tritt eruptiv an die Oberfläche des Bewußtseins. Dies geschieht nicht durch einen bewußten moralischen oder politischen Willensakt in der Gegenwart, sondern durch etwas, das vom „normalen" Geschichts- und Gegenwartsbewußtsein gerade ausgeschlossen war. Nicht zufällig verweist C.Meiers Wortwahl auf eine von der Transzendenz ausgehende Begegnung mit der Immanenz.[256] Solche Begegnungen zuzulassen, sich von der Vergangenheit in ihrer Andersheit betreffen zu lassen, ist ein erster Schritt zum Erwachen - ein Schritt über die geltenden sozialen Bezugsrahmen der Erinnerung hinaus.[257] - Solche Begegnungen zwischen Gegenwart und Vergangenheit stehen in einer Wechselbeziehung zu Begegnungen auf der sozialen

---

253 R.Klüger 1994, S. 85; s.o. S. 18
254 GS 5,491
255 vgl. S. 2 und S. 37
256 vgl. Exodus 20,3-5: Es ist in der Bibel der Gott des Sinai-Bundes, der "die Missetat der Väter heimsucht bis ins dritte und vierte Glied" und nicht irgendeine Vergangenheit. Der heimsuchende Gott läßt kein blindes Schicksal walten, sondern hält Nachschau, kümmert sich, zieht zur Verantwortung. Das hebräische Wort, das Luther mit "heimsuchen" übersetzt (pqd) heißt unter anderem Nachschau halten, sich kümmern, sich annehmen (Ex 4,31 13,19), mustern (Ex 30,12); zur Verantwortung ziehen (Ex 20,5). Sofern sich die Stelle Ex 20,5 im Sinn einer Kollektivschuld verstehen läßt, wird deren Wirkung auf die Generationen begrenzt, die zur selben Zeit wie ein schuldig gewordener Patriarch leben. In der Bibel wird die Vorstellung eines sich endlos fortsetzenden Schuldzusammenhanges der Generationen zurückgewiesen; ausdrücklich und entschieden in Hesekiel 18; vgl. die Anmerkung zu J.Taubes auf S. 70. So auch J.Magonet im Anschluß an M.Buber, J.Magonet 1994, S. 124.
257 Der Modus der Erinnerung, in der ein Mensch sich von seiner Vergangenheit neu betreffen läßt, ist in der Technik der Psychoanalyse vor allem die freie, von den gewohnten Denk- und Deutungsmustern möglichst entlastete Assoziation. In der Psychoanalyse ist die freie Assoziation zu einer grundlegende Methode ausgearbeitet worden; vgl. z.B. S.Freuds Ausführung zur Grundregel der Traumdeutung. S.Freud, GW 11 (1917), S. 104 . - Vgl. auch L.Niethammer 1985

Ebene, zwischen den Generationen, zwischen Tätern und Opfern. Um es nach der Betrachtung der Schwierigkeiten in der Debatte zwischen Broszat und Friedländer positiv auszudrücken: ein gelingendes Gespräch eröffnet neue Begegnungen von Gegenwart und Vergangenheit; Menschen, die sich von ihrer Vergangenheit neu betreffen lassen, werden offener für ein Gespräch. Ähnlich wie Begegnungen auf der sozialen Ebene nur als Dialog gelingen können, läßt sich am Erwachen eine dialogische Struktur aufweisen, während der Traum vorwiegend monologisch strukturiert ist: der Träumende kann zwar in Beziehung zu anderen treten, aber er kann seine Traumvorstellungen von den anderen nicht von deren Andersheit unterscheiden.

Doch das Erwachen kann nach diesem ersten Schritt mißlingen, wenn der Betroffenheit keine bewußte Anstrengung entspricht, das neu sich zeigende Bild der Vergangenheit festzuhalten, im Gedächtnis zu behalten - und sich diesem Bild gemäß in der Gegenwart zu verhalten. Diese bewußte Anstrengung ist in einer Situation alles andere als selbstverständlich, in der ein Gefühl der Lähmung, der Ohnmacht gegenüber der nationalsozialistischen Vergangenheit noch weithin besteht; dies Gefühl kann sich leicht auf die Augenblicke der „Heimsuchung" übertragen, denen man sich ausgeliefert fühlen kann, ohne die Chance der Befreiung in ihnen wahrzunehmen. Was schubweise von dem eigenen Anteil an der nationalsozialistischen Vergangenheit bewußt wird, kann kurze Zeit darauf wieder im Unterbewußten oder Unbewußten versinken. Gerade wenn wir uns von unserem Anteil am Nationalsozialismus unangenehm oder schmerzlich berührt fühlen, kann die Abwehrhaltung gegenüber der unwillkürlichen Erinnerung stärker sein als das Motiv, diese Erinnerung festzuhalten und in der Gegenwart wirksam werden zu lassen.

Erinnerung an den Nationalsozialismus als Erwachen heißt demgegenüber, die Abwehrhaltung gegen unwillkürliche Erinnerung, gegen ein plötzliches Auftauchen von Noch-Nicht-Bewußtem in der Erinnerung zu durchbrechen und abzubauen. Dies gelingt denen eher, die einmal die befreiende Kraft einer unwillkürlich auftauchenden Erinnerung erfahren und diese im Gedächtnis festgehalten haben. Die Bereitschaft, unwillkürliche Erinnerung zuzulassen, kann ebenso methodisch geübt werden wie die Fähigkeit, diese festzuhalten und zu einem neuen Bild der eigenen Geschichte zu formen, das eine neue Verantwortung begründet.

3. „Aufhebung" von Träumen aus der Zeit des Nationalsozialismus

Die nationalsozialistische Vergangenheit läßt sich als traumartig bezeichnen, insofern Träume oder Alpträume aus der Zeit des Nationalsozialismus noch in der Gegenwart wirken. Dies ist bei unklaren Schuldgefühlen der Fall; aber auch dann, wenn Menschen noch in Auffassungen befangen sind, die Bestandteile der nationalsozialistischen politischen Religion waren: wenn sie die Begeisterung, den „Idealismus" der damaligen Jugend verklären, wenn sie den alten Traum von deutscher Größe oder gar Weltherrschaft träumen[258] oder noch nicht Abschied von dem Glauben an die Sendung des „Führers" genommen haben. Das Potential dieser Art von Träumen ist nicht zu unterschätzen; denn viele Deutsche haben den Verlust ihrer nationalsozialistischen Ideale und Idole nicht genug betrauert und daher vermutlich nicht in der Tiefe anerkannt.[259] Die Anerkennung dieses Verlustes und damit die „Aufhebung" der damaligen Träume konnte umso weniger gelingen, als alle Ideale von damals pauschal verurteilt wurden, als kein Unterschied zwischen Illusion und Betrug einerseits, menschlichem Streben, besonders jugendlichem Streben, und positivem Hoffnungsinhalt andererseits gemacht wurde. - Die Annahme, daß das in der Gegenwart wirkende Potential von damaligen Träumen mit der Generation der ZeitzeugInnen des Nationalsozialismus ausstirbt, kann trügen; Untersuchungen über die unbewußten Übertragungen von einer Generation auf die andere[260] und über den „Widerschein des Nationalsozialismus"[261] in verschiedenen kulturellen Bereichen lassen eher das Gegenteil vermuten. - Erinnerung an den Nationalsozialismus als Erwachen heißt Arbeit an der Aufhebung dieser Träume im doppelten Sinn: Der Hoffnungskern, um dessen willen Menschen so hartnäckig an Träumen hängen, läßt sich nur retten, wenn sie das Wahnhafte und Betrügerische an ihren Träumen einsehen - und zwar nicht nur in einem Bild der Geschichte, das von der inneren Anteilnahme an ihrer Lebens- oder Familiengeschichte getrennt ist. Und andererseits stoßen aufklärerische Versuche, die Mythen des Nationalsozialismus in den Herzen und Hirnen der Menschen unwirksam zu machen, dann an Grenzen, wenn sie das Gute und letztlich das Heilige nicht zu entziffern vermögen, aus dessen Perversion die Faszination des Nationalsozialismus sich speiste.[262]

Zum Begriff der Aufhebung

Im Unterschied zu Hegel fasse ich die Aufhebung mit ihren Momenten nicht als abgeschlossen auf. Ich beanspruche aus zwei Hauptgründen nicht die Darstellung eines universellen und "absoluten Wissens":[263] Zum einen halte ich - wie im 1. Kapitel dargelegt - die Aufhebung des Nationalsozialismus für nicht abgeschlossen. Mehr noch: Viele Erinnerungen an den Nationalsozialismus lassen sich bis zum Tod der ZeitzeugInnen nicht "aufheben", und dies nicht nur, weil die Zeit zu knapp ist, sie durchzuarbeiten. Die Erfahrung der Sinnlosigkeit ist bei vielen so überwältigend, daß es vermessen wäre, durch "Aufhebung" einen Sinn konstruieren zu wollen. Sinngebung der nationalsozialistischen Vergangenheit durch „Aufhe-bung"

---

258 vgl. P.Schulz-Hageleits historisch-psychoanalytische Betrachtungen über den „Platz an der Sonne"; P.Schulz-Hageleit 1994, S. 17ff . Dazu s.u. die Anmerkung auf S. 127
259 vgl. S. 9ff
260 P.Sichrovsky 1986, D.Bar-On 1993
261 S.Friedländer 1984
262 Vgl. S. 51
263 G.W.F.Hegel, Phänomenologie des Geistes, Hamburg 1952 (1807), Kapitel VIII

und Anerkennung von deren Grenzen angesichts der Sinnlosigkeit sind vielmehr als widersprüchliche Einheit aufzufassen: Besteht eine echte Möglichkeit der Aufhebung nationalsozialistischer Vergangenheit, wenn wir nicht bereit sind, die Sinnlosigkeit eines überwältigenden Teiles dieser Vergangenheit anzunehmen? Und können wir diese Sinnlosigkeit ertragen ohne eine - wenn auch noch so geringe - Chance der Aufhebung von Bruchstücken dieser Vergangenheit?

Diese Überlegung führt auf den anderen Grund, aus dem ich Hegels Begriff der Aufhebung modifiziere: in ihm liegt die Gefahr, die Spannung in der widersprüchlichen Einheit von Transzendenz und Immanenz einzuebnen. Benjamin hält dagegen die Spannung von Geschichte und eschatologischem Horizont als ungelöst fest,[264] besonders eindringlich in der Allegorie des „Engels der Geschichte".[265] Sein Denkbild des Erwachens meint gerade nicht einen abgeschlossenen Prozeß (so sehr er wahre Bilder der Vergangenheit "stillstellt"). Erwachen (wie seine Kategorie des Ursprungs) ist als Doppeltes zu begreifen: als Wiederherstellung oder Rettung von etwas Verlorenem (die Aufhebung des Traumes) und als Eröffnung von etwas Neuem, das gerade erst begonnen hat. Insofern die Aufhebung prinzipiell auf dies Neue bezogen ist, kann sie in diesem Verständnis nur als unabgeschlossen gedacht werden.

E. Zum Verhältnis von individuellem und kollektivem Gedächtnis

Von dem dargestellten Modell einer Erinnerung an den Nationalsozialismus als Erwachen komme ich auf die Frage nach der Möglichkeit von Erinnerungen zurück, die die gegenwärtigen Bezugsrahmen einer Gruppe oder einer ganzen Gesellschaft überschreiten, infragestellen und verändern.[266]

Der Nationalsozialismus formte Bezugsrahmen des kollektiven Gedächtnisses, deren Grenzen besonders rigide waren; entsprechende Sanktionen wurden gegen die verhängt, die diese Grenzen zu überschreiten suchten.[267] Der Mythos des

---

264 These 3 über den Begriff der Geschichte, GS I, S. 694
265 These 9 über den Begriff der Geschichte, GS 1, S. 697f.
266 vgl. die Diskussion auf S.56f. - Die Frage nach den Wechselbeziehungen von individuellem und kollektivem Gedächtnis bedarf eingehender theoretischer Klärung. Ich beschränke mich hier auf die über M.Halbwachs hinausgehende Frage nach der Veränderbarkeit von sozialen Bezugsrahmen durch individuelle Erinnerung.
267 Zur nationalsozialistischen Herrschaft gehörte die Verhinderung von Selbstbesinnung, das Auslöschen nicht nur der "Feinde", sondern auch der Erinnerung an sie. Die Häftlinge in den Konzentrationslagern, vor allem die Juden, sollten sich nicht mehr daran erinnern, daß sie einmal Menschen gewesen waren. Bei den Gefolgsleuten der Nationalsozialisten sollte alles Humane vergessen werden ("Humanitätsduselei"); die "Herrenrasse" der "Arier" sollte raubtierartig sein. Die wahre Erinnerung an die Juden, ja die Erinnerung als lebendiges Zentrum jüdischer Überlieferung sollte auch durch deren Perversion vernichtet werden; so in dem von den Nazis geplanten Museum jüdischer Kultur (vgl. E.Domansky 1992, S.60f). - Außerdem wirkten historische Umstände unabhängig von den Absichten der nationalsozialistischen Führung im Sinn der Verhinderung von Selbstbesin-

"Dritten Reiches", der Herrschaft über die Gleichgeschalteten, sollte an die Stelle der lebendigen individuellen Erinnerung und an die Stelle aller Gruppenerinnerungen treten, die sich nicht gleichschalten ließen. Die von den nationalsozialistischen Führern erwartete und allzuoft erbrachte Bereitschaft der Gefolgsleute, ihr individuelles Leben und damit auch ihre individuelle Erinnerung diesem Mythos zu opfern, wird in folgendem Sprechchor besonders deutlich:

„Wir bauen des Reiches ewige Feldherrnhallen, / Die Stufen in die Ewigkeit hinein, / Bis uns die Hämmer aus den Händen fallen, / Dann mauert uns in die Altäre ein..."[268]

Die Prägnanz dieses Sprechchores sehe ich darin, daß er nationalsozialistische Mnemotechnik mit einer entsprechenden Metaphorik des kollektiven Gedächtnisses verknüpft. Das kollektive Gedächtnis erscheint in der Metapher der Feldherrnhalle, indem die Metapher des Ruhmestempels[269] im Sinn patriarchaler politischer Religion ins Extreme gesteigert wird.

Im April 1945, als noch einmal alle Kräfte zur Opferbereitschaft für den "Endsieg" mobilisiert werden sollten, setzte Goebbels den Mythos ein, nun mit Hilfe der fortgeschrittensten Technik im ersten deutschen Farbfilm "Kolberg":

"Meine Herren, in hundert Jahren wird man einen schönen Farbfilm über die schrecklichen Tage zeigen, die wir durchleben. Möchten Sie nicht in diesem Film eine Rolle spielen? Halten Sie jetzt durch, damit die Zuschauer in hundert Jahren nicht johlen und pfeifen, wenn Sie auf der Leinwand erscheinen."[270]

Diese gleichzeitig extrem illusionäre und verdinglichte Erinnerung ist als Machwerk einer pervertierten Politik des kollektiven Gedächtnisses oder politischen Mnemotechnik zu bezeichnen. Hitler hat in seinen Auslassungen über "Kriegspropaganda" sehr drastisch ausgesprochen, wie er sich eine solche, lebendige Erinnerung zerstörende,[271] Politik des kollektiven Gedächtnisses vorstellte.

„Die Aufnahmefähigkeit der großen Masse ist nur sehr beschränkt, das Verständnis klein, dafür jedoch die Vergeßlichkeit groß. Aus diesen Tatsachen heraus hat sich jede wirkungsvolle Propaganda auf nur sehr wenige Punkte zu beschränken und diese schlagwortartig so lange zu verwerten, bis auch bestimmt der Letzte unter einem solchen Worte das Gewollte sich vorzustellen vermag."[272]

---

nung, nämlich durch Zerstörungen und Verluste ungekannten Ausmaßes, für deren Wahrnehmung im Kampf um das Überleben kaum Zeit war.
268 Zitiert bei S.Friedländer 1984, S. 46 nach K.Vondung 1971, S. 160. - Das Wort "Feldherrnhalle" evoziert die Aktion vom 9.11.1923; der Sprechchor wurde an diesem Gedenktag vorgetragen. Die rituelle Feier solcher Gedenktage ist ebenfalls charakteristisch für den Umgang der Nazis mit Gedächtnis und Erinnerung. Zeit wird dabei mythisiert, verräumlicht.
269 vgl. A.Assmann 1993
270 zitiert nach S.Friedländer 1984, S. 7
271 Adorno nennt in seinem Vortrag über Aufarbeitung der Vergangenheit die Zerstörung von Erinnerung als innerste Prinzip des Bösen. Dabei bezieht er sich auf Worte des Mephistopheles nach dem Tod von Faust. (Goethe, Faust II, 11601): „'Und ist so gut als wär' es nicht gewesen', das von Goethe stammt, aber, an entscheidender Stelle gesprochen des Faust, vom Teufel wohl, um dessen innerstes Prinzip zu enthüllen, die Zerstörung von Erinnerung. Die Ermordeten sollen noch um das einzige betrogen werden, was unsere Ohnmacht ihnen schenken kann, das Gedächtnis." Adorno 1959, S. 128
272 vgl. Hitler: „Mein Kampf" S. 198

Das kollektive Gedächtnis wurde im Nationalsozialismus durch eine Politik geformt oder vielmehr verformt, die sich nicht an Gesetze band (Führerwillkür, Un-Staat,[273] Polykratie). Diese durch Willkür oder Machtkonstellationen bedingte Veränderlichkeit steht dem durch die gewaltsame Gleichschaltung erstarrten Charakter des kollektiven Gedächtnisses aber nicht entgegen, sondern ist auf sie bezogen, wie Hitlers Männerphantasien[274] auf die als Weib vorgestellte Masse.

Diese wenigen Beispiele für die nationalsozialistische Mnemotechnik mögen hier genügen. Denn der Schwerpunkt meiner empirischen Arbeit liegt nicht darin, den „Mythos des Dritten Reiches" oder den Nationalsozialismus als Traum in seinen öffentlichen Manifestationen zu untersuchen, sondern die Wirksamkeit dieses Traumes für die "Masse" und die Möglichkeit, aus diesem Traum zu erwachen; die Einzelnen in meiner Darstellung sind als Repräsentanten der "Masse" zu sehen.

Es ist zu vermuten, daß die Anpassung der Mikrostruktur des individuellen Gedächtnisses an die Makrostruktur des vom Nationalsozialismus geformten kollektiven Gedächtnisses umso größer ist, je größer die Begeisterung für den Nationalsozialismus war und je geringer die Möglichkeit, dieser Begeisterung zu der damaligen Zeit und danach etwas entgegenzusetzen. Ähnliches dürfte für kollektive Gedächtnisse kleinerer Reichweite (unterhalb des nationalen Gedächtnisses) gelten: z.B. von Familie, Truppe, Verein. Zwischen individuellem und kollektivem Gedächtnis herrschte insofern eine Art von Analogie, die sich mit der Wendung der Gleichschaltung bezeichnen läßt. Vor dem Hintergrund der geschichtlichen Wirksamkeit dieser Art von Analogie vertritt Habermas die Auffassung, daß zwischen Gruppenidentitäten und Ich-Identitäten ein komplementäres Verhältnis und keine Analogie bestehe.[275] Es ist jedoch, wie oben gezeigt, nicht nur gefährlich, das komplementäre Verhältnis von individueller und kollektiver Erinnerung als Alternative zum analogen Verhältnis zu sehen, sondern auch nicht nötig, wenn man nicht die Analogie überhaupt verneint, sondern ihre das Individuelle vernichtende Art.

Im Gegensatz zu der als Gleichschaltung funktionierenden Analogie ist die von W.Benjamin im Denkbild des Erwachens gedachte Analogie von individueller und kollektiver Erinnerung als widersprüchliche Einheit aufzufassen. Benjamin betont die Einzigkeit der Erfahrungen, die es wert sind, festgehalten zu werden.[276] Der Einzigkeit dieser Erfahrungen und der Menschen, die sie machen und anderen mit-

---

273   vgl. F.Neumann, Behemot
274   „Das Volk ist in seiner überwiegenden Mehrheit ... feminin veranlagt und eingestellt ..." Hitler, „Mein Kampf" S.201. - Vgl. K.Theweleit 1980
275   s.o. S. 35
276   Benjamin schreibt in den 16. These über den Begriff der Geschichte: „Der Historismus stellt das 'ewige' Bild der Vergangenheit, der historische Materialist eine Erfahrung mit ihr, die einzig dasteht." - Für den Zweck meiner Darstellung ist es unerheblich, wie der Begriff des Historismus bei Benjamin inhaltlich bestimmt ist. Zur Zeitbedingtheit der Bezeichnung „historischer Materialist" s.o. die Anmerkung 240 auf S. 73.

teilen können, sollen die Unterdrückten sich nicht wie dem Charisma eines Führers unterordnen oder anpassen, um auf der „Ebene des Geschichtlichen"[277] zur politischen Aktion zu erwachen. Im Gegenteil sollen sie dadurch gerade in einer Zeit ermutigt werden, ihren Erfahrungen als ihren eigenen zu trauen, sie festzuhalten und sie mit anderen auszutauschen, in der sie „ärmer an mitteilbarer Erfahrung" geworden sind, in der der Kurs der Erfahrung „ins Bodenlose" gefallen ist.[278] Damit ist die Möglichkeit gedacht, daß individuelle Erinnerungen den geltenden, ja den herrschenden Bezugsrahmen der Erinnerung widersprechen, zur Entstehung neuer Bezugsrahmen und zur Veränderung der herrschenden beitragen.

---

277 GS 5, S. 491
278 Benjamin schreibt in seinem Erzähleraufsatz: „Es ist, als wenn ein Vermögen, das uns unveräußerlich schien, das Gesichertste unter dem Sicheren, von uns genommen würde. Nämlich das Vermögen, Erfahrungen auszutauschen. Eine Ursache dieser Erscheinung liegt auf der Hand: die Erfahrung ist im Kurse gefallen. Und es sieht aus, als fiele sie weiter ins Bodenlose. ... Mit dem Weltkrieg begann ein Vorgang offenkundig zu werden, der seither nicht zum Stillstand gekommen ist. Hatte man nicht bei Kriegsende bemerkt, daß die Leute verstummt aus dem Felde kamen? nicht reicher - ärmer an mitteilbarer Erfahrung." GS 2, S. 439

Teil II: Erinnerungsarbeit im Gespräch zwischen den Generationen. Eine empirische Untersuchung

3. Kapitel
Ziele, Fragestellung, Hypothesen und methodischer Ansatz

A. Beitrag zu einer Geschichte von unten

Die empirische Untersuchung, die ich im 2. Teil dieser Arbeit darstelle, soll einer „Geschichte von unten"[1] im Sinn der „Tradition der Unterdrückten"[2] in Theorie und Praxis dienen. Sie soll nicht nur die im 1. Teil entworfenen theoretischen Überlegungen illustrieren, sondern darüberhinaus ihre Konkretisierung ermöglichen. - Mit Benjamin verstehe ich unter Tradition der Unterdrückten im Kern das befreiende Eingedenken, das der unfrei machenden Identifikation von Herrschaft und Heil in jeder Gestalt widerspricht.[3] In säkularer Form erscheint die Tradition der Unterdrückten in der spirituellen Kraft politisch-sozialer Bewegungen wie der Arbeiterbewegung, den jeweils herrschenden Verhältnissen zu widersprechen: Benjamin nennt als Äußerungen dieser Kraft Zuversicht, Mut, Humor, List, Unentwegtheit.[4] Außerdem möchte ich den weiblichen Widerspruch gegen das Patri-

---

[1] s.o. S. 61
[2] s.o. S. 73. - Die Tradition der Unterdrückten hat viele Gesichter, so wie sich der Widerstand gegen den Nationalsozialismus aus verschiedenen Quellen speiste: In der ersten Veröffentlichung des Projektes "Lebensgeschichte und Sozialkultur im Ruhrgebiet" ("LUSIR") stellt L.Niethammer die Frage nach den verdrängten Kontinuitäten in der Volkserfahrung dort, „wo die Tradition der Arbeiterklasse im Volk ein politisch zentraler Erfahrungsbereich ist", L.Niethammer 1983, S. 10. Sein Konzept der Geschichte von unten von 1989 ist vor allem durch die Benjamin-Rezeption weiter gefaßt.
[3] Benjamin schreibt im „theologisch-politischen Fragment": „Erst der Messias selbst vollendet alles historische Geschehen, und zwar in dem Sinne, daß er dessen Beziehung auf das Messianische selbst erst erlöst, vollendet, schafft. Darum kann nichts Historisches von sich aus sich auf Messianisches beziehen wollen. Darum ist das Reich Gottes nicht das Telos der historischen Dynamis; es kann nicht zum Ziel gesetzt werden. Historisch gesehen ist es nicht Ziel, sondern Ende. Darum kann die Ordnung des Profanen nicht am Gedanken des Gottesreiches aufgebaut werden, darum hat die Theokratie keinen politischen sondern allein einen religiösen Sinn." GS 2, S. 203f
[4] Benjamin hat diese spirituelle Kraft in seiner 4. These über den Begriff der Geschichte prägnant formuliert: „Der Klassenkampf, der einem Historiker, der an Marx geschult ist, immer vor Augen steht, ist ein Kampf um die rohen und materiellen Dinge, ohne die es keine feinen und spirituellen gibt. Trotzdem sind diese letztern im Klassenkampf anders zugegen denn als die Vorstellung einer Beute, die an den Sieger fällt. Sie sind als Zuversicht, als Mut, als Humor, als List, als Unentwegt-

archat in den Begriff der Tradition der Unterdrückten einbeziehen. Die Tradition der Unterdrückten aktualisiert sich, indem sich ihre spirituelle Kraft - wie in Benjamins Allegorie von Zwerg und Puppe - mit den zeitbedingten materiellen Kräften zu einer widersprüchlichen Einheit verbindet.

Die Metaphorik im Begriff der Geschichte von "unten" läßt sich auf das Soziale mit seinen "Schichten" beziehen, aber auch auf das Psychische, wo man von "Oberfläche" und "Tiefenschichten" spricht. Noch prägnanter wird die Entsprechung bei der Metapher der Unterdrückung. Wird eine soziale Gruppe besiegt, so wird auch ihre kollektive Erinnerung von den Siegern unterdrückt; die Geschichte der Sieger beherrscht die Öffentlichkeit. Im psychischen Bereich geht Unterdrückung von Trieben und Gefühlen ebenfalls mit einer Unterdrückung der Erinnerung an sie einher. Sowohl im sozialen wie im psychischen Bereich heißt das Verschwinden des Unterdrückten von der Oberfläche noch nicht dessen völlige Unwirksamkeit. Es wirkt sich vielmehr an der Oberfläche in Strukturen zwanghafter Wiederholung aus, solange es nicht durchgearbeitet und integriert ist. Die Erinnerung der Sieger (genitivus subjectivus) ist vorwiegend eine an Sieger und deren ruhmreiche Taten (Erinnerung der Sieger als genitivus objectivus). Ähnlich verhält es sich mit der Erinnerung der oder des Unterdrückten. Daher ist die Diskontinuität für die Erinnerung der oder des Unterdrückten konstitutiv, für die Erinnerung der Sieger dagegen die Kontinuität. Benjamin notierte als „grundlegende Aporie:" "Die Tradition als das Diskontinuum des Gewesnen im Gegensatz zur Historie als dem Kontinuum der Ereignisse."[5]

In meiner Untersuchung stelle ich zum einen Personen dar, deren Zugehörigkeit zu den Unterdrückten nicht fraglich ist, insofern sie lange Zeit in Todesangst vor der Verfolgung der Nationalsozialisten lebten. Diese Personen stelle ich anderen gegenüber, die sich nicht unterdrückt oder verfolgt fühlten, sondern mehr oder weniger vom Nationalsozialismus begeistert waren. Ein Konzept der Geschichte von unten in bezug auf den Personenkreis der ehemaligen Anhänger des Nationalsozialismus, dem die große Mehrheit der Deutschen zuzurechnen ist, muß zwei Schwierigkeiten begegnen: Die Zugehörigkeit von Personen zu einer gesellschaftlichen Unterschicht bzw. unterdrückten Klasse oder zum weiblichen Geschlecht ist eine Bedingung, um ihre Geschichte als Geschichte von unten zu schreiben. Aber reicht diese Bedingung aus, um ihre Erinnerungen an den Nationalsozialismus im Sinn der Geschichte von unten darzustellen? Entstünde durch einen solchen Ansatz nicht die Gefahr, die Unterdrückung ehemaliger Anhänger oder Mittäter; ihr Leiden unter Nationalsozialismus und Krieg auf eine Stufe mit dem Leiden der Opfer zu stellen?[6] Eine andere Gefahr besteht darin, den Gegensatz der Besiegten zu den Sie-

---

heit in diesem Kampf lebendig und sie wirken in die Ferne der Zeit zurück. Sie werden immer von neuem jeden Sieg, der den Herrschenden jemals zugefallen ist, in Frage stellen." GS 1, S. 694
5 GS 1, S. 1236. - Vgl. auch D.Diners Benjamin-Rezeption, S. 61
6 vgl. S. 15

gern des Zweiten Weltkrieges als Grund dafür anzusehen, ehemalige Täter für unterdrückt im Sinn der Geschichte von unten zu halten.[7]

Ich gehe davon aus, daß diesen Gefahren dann begegnet werden kann, wenn die Erinnerungen an den Nationalsozialismus sich im Horizont der Tradition der Unterdrückten darstellen lassen. Auch ehemalige Täter oder Mitläufer des Nationalsozialismus sind nicht prinzipiell von dieser Tradition ausgeschlossen. Eine Grundannahme meiner Arbeit ist, daß sie daran teilhaben können, wenn sie aus innerer Freiheit - und nicht aus Anpassung an von „oben" eingeführte Normen der Demokratie - sich auf eine Arbeit an ihren damaligen Haltungen und Vorstellungen und schließlich auf einen bewußten Bruch mit ihnen einlassen. Diese Bereitschaft zum Bruch wird durch die Tradition der Unterdrückten dadurch gefördert, daß sie den Blick auf die Menschen, die im Nationalsozialismus auf der Täterseite standen, nicht auf Abscheu festlegt - jedenfalls nicht auf Abscheu gegen sie als *Menschen*.[8]

Die Personen, die ich im 2. Teil darstelle, sind - im Unterschied zu denen im 1. Teil - der wissenschaftlichen und politischen Öffentlichkeit nicht bekannt. Diese Auswahl habe ich bewußt aus folgenden Gründen getroffen:

1. Ich finde es wichtig, einigen von denen Gesicht und Stimme[9] zu geben, die sonst in der Geschichte nur als Teil von Massen, Kollektiven oder Statistiken auftreten, ohne deren Anteil aber weder die Macht des Nationalsozialismus zu verstehen und zu erklären noch die Möglichkeit seiner geschichtlichen Überwindung - einschließlich der mit ihm in Kontinuität stehenden Mächte - zu verwirklichen ist.

2. Gerade den Gesprächen mit den dargestellten Personen verdanke ich wichtige Einsichten zur Erinnerung an den Nationalsozialismus. Nicht so sehr aufgrund einer vorher gefaßten Theorie habe ich den empirischen Gegenstand dieser Arbeit ausgewählt, sondern vielmehr wurde ich in der Praxis der Erinnerungsarbeit mit den dargestellten Personen aufmerksam auf bestimmte Entwicklungen in der Theorie, die sich z.T. erst nachträglich vollzogen haben.

3. Beispielhaft für die Bedeutung von Unscheinbarem ist für mich W.Benjamins Ansatz, sich gerade dem in der Geschichte Unterdrückten und in der Perspektive der Herrschenden Entwerteten zuzuwenden.

B. Ziele und Grundannahmen

Das praktische Ziel meiner Arbeit sehe ich darin, daß sie die Bereitschaft und die Fähigkeit nicht nur der Älteren, sondern auch der Heranwachsenden fördern

---

7 vgl. S. 32f
8 vgl. die Unterscheidung zwischen den Menschen und ihren Taten, S. 43
9 vgl. die Formulierung von L.Niethammer 1985, S. 432; s.o. S.8. - Die Namen der von mir dargestellten Personen habe ich aufgrund einer Vereinbarung mit ihnen allerdings geändert.

soll, ihren Anteil an der nationalsozialistischen Vergangenheit wahrzunehmen und anzuerkennen. Ich nehme an, daß in dem Maße, wie solches Wahrnehmen und Anerkennen gelingt, auf der individuellen, psychischen Ebene eine Identitätserweiterung ermöglicht wird, auf der sozialen Ebene mehr Verständigung zwischen Opfern und Tätern und deren Nachkommen, zwischen den Generationen und zwischen den Geschlechtern, auf der politischen Ebene eine Zunahme verantwortlicher und gelebter Freiheit.

Angesichts der Gefahr, daß die in den westlichen Verfassungen grundlegende und garantierte Freiheit ausgehöhlt wird oder in steigendem Maße leer bleibt, sehe ich eine zentrale Aufgabe gegenwärtiger Traditionsbildung darin, anamnetische Verantwortung oder Verantwortung der Erinnerung an den Nationalsozialismus zu übernehmen und die Bereitschaft für solche Übernahme zu fördern. In dieser moralisch-politischen Aufgabe, die nicht auf die Unterdrückten und nicht auf die Deutschen zu beschränken ist, und zu der meine Arbeit im besonderen beitragen soll, fasse ich zwei Aspekte zusammen: Zum einen steht jeder politisch und historisch bewußte Mensch und jede Generation jeweils neu vor der Aufgabe, Verantwortung für die Erinnerung an den Nationalsozialismus zu übernehmen. Zum anderen erwächst aus der Erinnerung an den Nationalsozialismus Verantwortung zum moralischen und politischen Handeln in der Gegenwart. Beide Aspekte sehe ich im Horizont der widersprüchlichen Einheit von Transzendenz und Immanenz. Die heranwachsenden Generationen sollen „durch Erziehung eingebunden und zur Teilhabe an gemeinsamen Erinnerungen verpflichtet werden".[10] Doch diese Erziehung bleibt wirkungslos bzw. verfehlt ihr Ziel, wenn die Heranwachsenden nicht einen eigenen, lebendigen, in ihrer Art einmaligen Zugang zur Vergangenheit finden. Dies Eigene, Einmalige, bedeutet auch immer eine kritische Auseinandersetzung mit den Erinnerungen der vorhergehenden Generationen und deren Geltungsansprüchen. Dies ist ein Aspekt der Einsicht, daß identitätsstiftende Traditionen in Deutschland nach dem Nationalsozialismus nur als Traditionsbruch möglich sind.[11] Darum ist die Bereitschaft von Einzelnen oder ganzen Generationen, anamnetische Verantwortung oder Erinnerungsverantwortung zu übernehmen, letzten Endes unverfügbar; sie kann zwar von Individuen, von einer Generation, von einem Volk erwartet, aber durch pädagogisches oder politisches Handeln nicht durchgesetzt werden. Meine Untersuchung ist getragen von der Einsicht, daß diese Bereitschaft bei den Menschen aller Generationen nicht gefördert werden kann, ohne daß andere sie ihnen zutrauen. Die Kraft solchen Vertrauens, Bereitschaft zur Verantwortung zu wecken, entzieht sich aber allen moralischen, pädagogischen oder politischen Intentionen und erst recht jedem Zweckoptimismus.

---

10 A.Assmann 1996, vgl. S. 28
11 s.o. S.24

Ähnlich läßt sich aus der geforderten Erinnerung an den Nationalsozialismus nicht automatisch Bereitschaft und Kraft zum verantwortlichen politischen Handeln gewinnen, sondern Bereitschaft und Kraft speisen sich aus Quellen, die den Fordernden und Handelnden unverfügbar bleiben. R.Herzog hat diese spirituellen Quellen in seiner Rede zur Einführung des Gedenktages für die Opfer des Nationalsozialismus berührt, indem er von Vergebung und Überwindung des Bösen sprach. Das Spirituelle steht bei ihm im Rahmen des Moralischen: „Zunächst darf das Erinnern nicht aufhören; denn ohne Erinnerung gibt es weder Überwindung des Bösen noch Lehren für die Zukunft."[12] Grundlegend für dieses Gebot ist aber ein umgekehrtes Verhältnis von Moralischem und Spirituellem: Nicht das Gebot, sich zu erinnern, bewirkt die Kraft zur Überwindung des Bösen, sondern Vergebung als die Kraft, die das Böse überwinden kann, ermöglicht auch verantwortliche Erinnerung und verantwortliches Handeln.

C. Konzentration der Untersuchung auf Einzelne in einer Kleingruppe

Im ersten Teil habe ich über die Erinnerung von großen Kollektiven geschrieben, um einen Fragehorizont aufzureißen. Im empirischen Teil konzentriere ich mich auf die mikrologische Untersuchung und Darstellung von Einzelnen, die in einer Kleingruppe miteinander kommunizieren. Diese Beschränkung hat neben einem forschungspraktischen auch einen Grund im Ansatz der Geschichte von unten, die sich nicht auf gegebene zeitliche, räumliche und soziale Kontinuitäten stützen kann. L.Niethammer nimmt „Benjamins Anstoß zu einer Traditionsbildung des je nur einzeln greifbaren Unterdrückten"[13] auf. Demnach ist die Konzentration auf das Einzelne für die Geschichte von unten unumgänglich. In L.Niethammers Konzept der Geschichte von unten

> „wird der Ansatzpunkt bei der Klärung der Lebensgeschichte des Einzelnen in ihren sozialen und historischen Bezügen gesucht, bei ihren Erfahrungen und ihren Versäumnissen, bei den Fähigkeiten des Einzelnen, über sie nachzudenken, anderen wahre Geschichten von sich zu erzählen und dadurch sich mit ihnen über die sie verbindende Geschichte zu verständigen. Ein solcher Klärungsprozeß greift notwendig auf zeitgeschichtliche Zusammenhänge und auf die Vorgeschichten der Familie, der Gruppe, des Betriebs, der Orts, der politischen Richtung etc. über, weil er sie zur Selbstverständigung braucht."[14]

Der Ansatz bei der Lebensgeschichte von Einzelnen ist insofern notwendig, als individuelle Erfahrung und gesellschaftlich vorherrschende Deutungsmuster auseinandertreten; eben dies ist in der Erinnerung an den Nationalsozialismus in ho-

---

12 Rede vom 19.1.1996. - Vgl die ähnliche Struktur der Argumentation bei J.Habermas, S. 43ff
13 L.Niethammer 1989, S. 141f, s.o. S.61
14 L.Niethammer 1989, S. 170f

hem Maße der Fall.¹⁵ Von der Theorie der Bezugsrahmen her ist zu vermuten, daß Erfahrungen, die den vorherrschenden Deutungsmustern widersprechen, leicht vergessen werden. Aus der Sicht der Geschichte von unten ist dies Vergessen als Unterdrückung zu begreifen.

Die Bedeutung des Ansatzes der Geschichte von unten für die Geschichte insgesamt liegt nicht darin, in Konkurrenz zu der historischen Darstellung großer Zusammenhänge zu treten oder diese gar zu ersetzen. Wohl aber läßt sich sagen, daß „für die historische Wahrnehmung der Unterströmung der Volkserfahrung der 'Umweg' über die individuelle Lebensgeschichte notwendig" ist.¹⁶ Andererseits kann Geschichtsschreibung ihre kritische Funktion gegenüber der Erinnerung nicht einlösen, wenn sie sich nicht auf die Prozesse lebensgeschichtlicher Selbstverständigung beziehen läßt.¹⁷ Diese Beziehung wäre ohne eingehende Darstellungen derartiger Prozesse kaum zu verwirklichen.

D. Fragestellung

Die Fragestellung des 1. Kapitels war: Können die Deutschen die Geschichte des Nationalsozialismus als ihre eigene annehmen? Diese Frage gliederte ich ausgehend von C.Meiers Essay in sechs Aspekte, wobei in jedem Aspekt eine Paradoxie der Geschichtserinnerung zutage trat (S.31), die ich in den Horizont der widersprüchlichen Einheit von Transzendenz und Immanenz stellte (S.37).

Im empirischen Teil frage ich zunächst: Nehmen die dargestellten Personen ihren Anteil an der nationalsozialistischen Vergangenheit an? Genauer: Was benennen die Personen als ihren Anteil an dieser Vergangenheit und wie benennen sie ihn? Wo liegen Schwierigkeiten und Grenzen dieser Annahme? Ich sehe eine widersprüchliche Einheit zwischen der Annahme und der Einsicht in ihre Schwierigkeiten und Grenzen einerseits, zwischen der Annahme und dem Vertrauen auf Befreiung von der Last dieser Vergangenheit¹⁸ andererseits: Ist es möglich, den eigenen Anteil an der nationalsozialistischen Vergangenheit anzunehmen ohne die Schwierigkeiten und Grenzen solchen Annehmens einzusehen? Und sind solche Schwierigkeiten und Grenzen wahrnehmbar und aussagbar ohne das Vertrauen, daß ein Annehmen - wie geringfügig auch immer im Hinblick auf das Ungeheure - möglich ist? Ist ein Annehmen des eigenen Anteils an der nationalsozialistischen Vergangenheit möglich ohne das Vertrauen auf Befreiung von der Last dieser Vergangenheit? Und kann diese Befreiung wirksam werden ohne die Bereitschaft, den

---

15 vgl.z.B. B.Rauschenbach 1992 b, S. 39f, P.Sichrovsky 1987, S. 83f, 86
16 L.Niethammer 1985, S. 431
17 Vgl. L.Niethammer 1989, S. 171f
18 s.o. zu P.Ricoeur S. 54f; zu W.Benjamin S. 63 und S. 72

eigenen Anteil anzunehmen - wie schwierig auch immer dies Annehmen und wie begrenzt auch immer dieser Anteil sein mag?

Die empirische Leitfrage ließe sich nun ebenso in die sechs Aspekte des ersten Kapitels gliedern. Diese Gliederung führe ich hier nicht aus. An den ausgewählten empirischen Bruchstücken wird sich erweisen, welche der Aspekte jeweils schwerpunktmäßig in Betracht kommen. Für die Leitfrage insgesamt - und damit implizit für jeden ihrer Aspekte - konkretisiere ich jedoch Stufen, in denen dies Annehmen des eigenen Anteils an der nationalsozialistischen Vergangenheit sich vollzieht bzw. an denen es stehenbleibt oder scheitert. Bei der Konkretisierung lasse ich mich zum einen leiten von dem theoretischen Modell der Erinnerung an den Nationalsozialismus als Erwachen, das ich ausgehend von Benjamins Denkbild entworfen habe. Zum anderen liegt den folgenden Fragen der von P.Ricoeur angesprochene Gegensatz von zwanghaft wiederholendem Gedächtnis und kritischer, befreiender Erinnerung zugrunde.

1. Die erste, empirische Fragerichtung läßt sich in sechs Stufen gliedern, wobei die sechste als eine Zusammenfassung der übrigen gelten kann:

a. Verhindern Abwehrmechanismen, daß die dargestellten Personen sich von der nationalsozialistischen Vergangenheit als der eigenen betreffen lassen oder gelingt es ihnen, diese Abwehrmechanismen zu überwinden? Wird ihre Erinnerung durch die für sie geltenden sozialen Bezugsrahmen strikt begrenzt, oder ist bei ihrer Erinnerung ein Überschreiten dieser Bezugsrahmen wahrzunehmen? Findet ein Dialog zwischen Gegenwart und Vergangenheit statt oder ist eine zwanghafte Wiederholung spürbar, eine Beherrschung der Gegenwart durch die Vergangenheit?

b. Halten die dargestellten Personen Monologe vor Publikum, oder treten sie, bereit zu einem Perspektivenwechsel, mit ihren GesprächspartnerInnen in einen Dialog ein?

c. Lassen sie ein neu auftauchendes Bild der Vergangenheit wieder verschwinden, oder halten sie es in der Erinnerung fest und arbeiten daran, Noch-Nicht-Bewußtes bewußt werden zu lassen?

d. Läßt sich ihre Erinnerung an den Nationalsozialismus noch von Deutungsmustern bestimmen, die damals Wahrnehmung und Sprache beherrschten? Bleiben sie - metaphorisch gesprochen - im Bann traumartiger Vorstellungen, oder sehen sie in der Erinnerung (nicht nur in der Außenperspektive) das Illusionäre ihrer Träume ein, so daß sie Abschied von ihren Illusionen nehmen können?

e. Vernichten sie mit ihrer Kritik an den Illusionen auch die Träume selbst, oder gelingt es ihnen, einen positiven Hoffnungsinhalt ihrer Träume von dem Illusionären zu unterscheiden und in geläuterter Form in die Gegenwart zu übertragen?

f. Dient ihre Erinnerung an den Nationalsozialismus der Rechtfertigung einer bestehenden Identität, oder führt die Erinnerungsarbeit zu einer Veränderung, einer Erweiterung ihrer Identität?

2. Eine zweite, theoretische Fragerichtung beschränkt sich nicht auf das Beschreiben von Einzelfällen, sondern zielt auf Verallgemeinerung: Welche Bedingungen fördern eine die Identität, die Verständigung zwischen Menschen aus verschiedenen Gruppen und die anamnetische Verantwortung erweiternde Erinnerung, in der der eigene Anteil an der nationalsozialistischen Vergangenheit wahrgenommen wird? Welche Bedingungen hemmen (behindern) eine solche Erinnerung? Welche Faktoren tragen zu den fördernden und den hemmenden Bedingungen jeweils bei?

Ist der Befund, daß die Erinnerung an den Nationalsozialismus weitgehend von damals vorherrschenden Deutungsmustern bestimmt ist,[19] mehr auf Männer zu beziehen als auf Frauen, oder ist kein Unterschied zwischen den Geschlechtern zu erkennen?

3. Eine dritte Fragerichtung zielt auf die Praxis der Erinnerungsarbeit:
Was wollen die Zeitzeugen an die Nachgeborenen überliefern? Wie überliefern sie es? Wie nehmen die Nachgeborenen es auf?

Welchen Zielen dient die Erinnerungsarbeit? In welcher Beziehung stehen spirituelle, moralische und politische Ziele zueinander? In welchem Verhältnis stehen insbesondere die moralischen Ziele zum historischen Verstehen?[20]

Auf welchen Wegen, mit welchen Schritten sind diese Ziele erreichbar? Wie ist es möglich, zu einer die Generationen übergreifenden Verantwortung der Erinnerung zu kommen?

In welcher Hinsicht sind die fördernden und hemmenden Bedingungen der Erinnerung an den Nationalsozialismus selbst veränderbar?

Vom Umfang her ist die empirische Fragerichtung die gewichtigste; das Ziel meiner Arbeit ist jedoch vor allem ein praktisches, dem die theoretisch begriffene Empirie dienen soll.

E. Hypothesen

Die folgenden Hypothesen konzentrieren sich auf die zweite, auf Verallgemeinerung bezogene, Fragerichtung; es erscheint mir nicht als sinnvoll, zu in der Öffentlichkeit unbekannten Personen vorab Hypothesen zu formulieren. Bei der Untersuchung der Bedingungen, die die Erinnerungsarbeit fördern oder hemmen, unterscheide ich individuell-psychische, soziale, kulturelle und politisch-theologische sowie methodische. Den Hypothesen lege ich folgende Annahme zugrunde: Die Art der Erinnerung, die eine Erweiterung der Identität, der Verständigung und der anamnetischen Verantwortung ermöglicht (Erwachen), weist eine vorwiegend dialogische Struktur auf, die Art der Erinnerung, die das Bestehende stabilisiert, eine

---

19 vgl. L.Niethammers Deutung, S. 12
20 vgl. die Frage M.Broszats, S. 42

vorwiegend monologische Struktur (Traum). Der dialogischen Struktur entspricht ein Vorwiegen der Diskontinuität in der Erinnerung und im Verständnis von Tradition, der monologischen Struktur ein Vorwiegen der Kontinuität.

1. Individuell-psychische Bedingungen

Individuelle, psychische Bedingungen, die eine monologische Struktur der Erinnerung stärken und dialogische Erinnerung erschweren, sind
- im allgemeinen: Verarmung an mitteilbarer Erfahrung[21]
- auf der Täterseite: unerkannte oder nicht zugegebene Schuld, ungelebte Trauer, uneingestandene Scham, hoher Grad der Begeisterung für den Nationalsozialismus
- auf der Opferseite: traumatische Erlebnisse, Angst, Abscheu, Haß und Vergeltungsgefühle.

Gelegenheiten zu einer nicht sanktionierten Äußerung solcher Gefühle und bisher nicht mitgeteilter Erfahrungen sind unumgängliche Voraussetzung zur Überwindung der monologischen Struktur.

2. Soziale Bedingungen

Soziale Bedingungen fördern eine dialogische Erinnerung umso mehr, je mehr sie selbst dialogisch strukturiert sind. Diese Grundannahme möchte ich nach den Aspekten der Generationsbeziehung, der Geschlechterbeziehung und der Beziehung zwischen Tätern und Opfern konkretisieren.

Je mehr Menschen der einen Generation ihren eigenen Anteil an der nationalsozialistischen Vergangenheit wahrnehmen und je weniger sie sich von einem festen Bild der anderen Generation bestimmen lassen, desto mehr erleichtern sie Menschen der anderen Generation das Annehmen ihres Anteils an der nationalsozialistischen Vergangenheit.[22] Je mehr die jüngere Generation sich aus innerer Freiheit der älteren zuwendet und ihr zuhört, und je weniger sie sich von der älteren Generation aus Gleichgültigkeit, Trotz oder pauschaler Anklagehaltung abwendet, desto mehr erleichtert sie Erzählungen der Älteren über das durchlebte Leid, über Verluste, über Schuld. Je weniger die ältere Generation schweigt oder auf der Nicht-Mitteilbarkeit ihrer Erfahrungen besteht, desto mehr erleichtert sie der jüngeren Generation ein Verstehen und damit ein Annehmen ihrer Herkunft. Sie hat eine umso größere Chance, ihre Erfahrungen mit dem Nationalsozialismus im Sinn der Tradition der Unterdrückten mitzuteilen, je mehr sie der jüngeren Generation ihren eigenen Zugang zum Nationalsozialismus zugesteht.

---

21 vgl. das Zitat aus Benjamins Erzähleraufsatz, Anmerkung 278 auf S. 83
22 vgl. oben S. 26

Frauen sind im allgemeinen eher bereit als Männer, ihren Anteil an der nationalsozialistischen Vergangenheit wahrzunehmen. Durch diese Bereitschaft können sie dazu beitragen, daß auch Männer bereit werden, ihren - vermutlich größeren - Anteil wahrzunehmen. Zu dieser Fähigkeit trägt zum einen die größere Übung der Frauen bei, Schwierigkeiten in der Kommunikation zwischen den Geschlechtern wahrzunehmen und zu thematisieren. Zum anderen haben Frauen weit eher seelische „Trümmerarbeit" an Männern auf sich genommen und geleistet als umgekehrt.

Der monologische, die Menschen aus den Kollektiven der Täter und Opfer voneinander trennende, Charakter der Erinnerung an die eigenen Verluste kann in dem Maße überwunden werden, wie den Opfern elementare Rechte und die Anerkennung ihrer besonderen Geschichte nicht länger verweigert oder nur widerwillig zugestanden werden, sondern die Brücke zu den Opfern von Menschen aus dem Kollektiv der Täter aus freien Stücken gesucht wird. Menschen aus dem Kollektiv der Opfer können ehemaligen Tätern die Annahme ihrer Vergangenheit erleichtern, wenn sie nicht nur Abscheu, Haß oder Vergeltungsgefühle zurückhalten, sondern von sich aus bereit sind, die Täter als Menschen nicht mit ihrer Täterschaft zu identifizieren und ihre Trauer als notwendigen Schritt zur Ablösung von dem Betrauerten gelten zu lassen.

3. Politisch-theologische und kulturelle Bedingungen

Mit dem letzten Satz ist bereits der Aspekt der politisch-theologischen Bedingungen mit angesprochen. Abwehrmechanismen gegen ein Eingeständnis von Schuld, gegen ein Zulassen von Trauer und anderen Gefühlen sind nicht nur eine psychische Wirklichkeit, sondern berühren den spirituellen Bereich: Angst davor, nicht angenommen zu werden, Hoffnungslosigkeit, Resignation, das Gefühl der Vergeblichkeit oder Sinnlosigkeit des eigenen Lebens wirken als Hindernisse befreiender Erinnerung. Darum lassen sich diese Hindernisse ohne die theologische Dimension nicht umfassend verstehen und überwinden.

a. Daß ein Mensch sich in seiner Würde als einmaliger, einzigartiger Mensch anerkannt weiß und diese Anerkennung erfährt, ist Grundvoraussetzung einer befreienden Erinnerung. Dies ist besonders dann wichtig, wenn er in seiner Würde verletzt wurde und dann, wenn er die Würde anderer verletzt hat. Die gegenseitige Anerkennung der Würde ist Grundlage des gegenseitigen Vertrauens, ohne das eine dialogische Erinnerung nicht gelingen kann.

b. Die Bereitschaft, zwischen dem Täter als Täter und als Menschen zu unterscheiden, eröffnet diesem die Freiheit, sich zu seiner Tat zu bekennen, ohne als Mensch fallengelassen zu werden. Sie eröffnet ihm die Freiheit, über den Verlust seiner verfehlten Orientierungen zu trauern und ermöglicht ihm dadurch einen echten Abschied von ihnen.

c. Nicht allein verbale Schuldbekenntnisse von Tätern, sondern vor allem tätige Reue fördert die Verständigung zwischen den Schuldigen und den Menschen, an denen sie schuldig wurden. Die Bereitschaft eines Menschen, Schuldige nicht auf ihre Schuld festzulegen und Schuldbekenntnisse anderer gelten zu lassen und anzunehmen ist umso größer, je konkreter er den eigenen Anteil an der nationalsozialistischen Vergangenheit sieht und zugibt.

d. Ein dualistisches Weltbild bzw. dualistisch geprägte Deutungsmuster behindern das Annehmen des eigenen Anteils an der nationalsozialistischen Vergangenheit. Wer in pauschalen Schwarz-Weiß-Mustern denkt und fühlt, kann Dunkles bei sich selbst nicht leicht wahrnehmen, sondern projiziert es eher auf andere. Dagegen fördert die Tradition der Unterdrückten durch das Bewußtwerden von unterdrückten Erinnerungen eine Lösung von Pauschalierungen und das Annehmen von Schattenseiten im eigenen Leben.

e. Jede Art der Instrumentalisierung von Erinnerungen, vor allem die politisch-religiöse, behindert befreiende Erinnerung: Trauer und Ablösung, Reue und Vergebung, Eingedenken und anamnetische Verantwortung. Instrumentalisierung von Erinnerungen führt im Extrem dazu, daß ein kollektiver Mythos an die Stelle lebendiger individueller Erinnerung tritt, diese in sich verschlingt und als illusionärer Ersatz für sie funktioniert. Die Lösung von dem Illusionären solcher Mythen in der Erinnerungsarbeit kann nur in dem Maß gelingen, wie sie als Ersatz für eigene Erfahrung und Erinnerung wahrgenommen und erkannt werden.

f. Die Geschichtswissenschaft kann dadurch zu einer befreienden Erinnerung an den Nationalsozialismus beitragen, daß sie zwischen wiederholendem Gedächtnis und kritischer Erinnerungsarbeit unterscheidet.

4. Methodische Bedingungen

Eine Gesprächsleitung kann eine dialogische Erinnerung fördern, ...

a. wenn sie in sich selbst den Dialog praktiziert und vorstrukturiert,

b. wenn sie die das Auftauchen unwillkürlicher Erinnerung zuläßt und in solchen Augenblicken bereit ist, die geplante Struktur des themenbezogenen Gesprächs zu verlassen,

c. wenn sie den erfahrungsbezogenen Erinnerungen Vorrang gegenüber Debatten einräumt, die von Erfahrungen abgelöst sind,

d. wenn sie auf neue Einsichten in der Erinnerung zurückkommt und ein wiederholtes Nachdenken darüber fördert,

e. wenn sie für Verständigung zwischen allen eintritt und bereit ist, die Perspektive aller GesprächspartnerInnen zu übernehmen.

F. Grenzen der Darstellung

S.Friedländers Hinweis auf Grenzen historischer Darstellungen des Nationalsozialismus betrifft auf der Täterseite die Massenmorde sowie den Kernbereich der politischen Religion des Nationalsozialismus.[23] Diese Grenzziehung verweist auf eine doppelte Gefahr: Wer diese Grenze nicht beachtet, ist in der Gefahr, das Böse - und damit auch das Leiden der Opfer - zu banalisieren. Wer die Grenze zu starr auffaßt, gerät in die Gefahr, neue Chancen des Aussprechens von bisher Unaussprechbarem zu versäumen und damit den Bann der nationalsozialistischen Vergangenheit länger als nötig aufrechtzuerhalten.[24] Außer dieser Grenze der Darstellbarkeit, die auf das bezogen ist, was man als negative Transzendenz des Bösen bezeichnet hat,[25] sehe ich eine Grenze in der Darstellbarkeit der Wahrheit, die eine Befreiung von der Last des Nationalsozialismus eröffnet. Auch hier besteht die doppelte Gefahr einer Unterschätzung und einer Überschätzung der Grenze. Gegen die Unterschätzung oder das Nichtbeachten der Grenze ist an W.Benjamins Einsicht zu erinnern, daß es nicht möglich ist, die Wahrheit als einen Gegenstand der Erkenntnis zu besitzen.[26] Daher ist den Versuchen zu widersprechen, Trauer und anamnetische Solidarität mit den Opfern einer wissenschaftlichen Methodik unterzuordnen. Ähnliches gilt für die Kraft, die von moralischer Schuld aus der nationalsozialistischen Vergangenheit befreien kann. Trauer, anamnetische Solidarität und Vergebung sind aber nicht nur davon bedroht, durch wissenschaftliche Systematik, sondern auch durch politische Interessen und ästhetischen Eigensinn vereinnahmt und instrumentalisiert zu werden.[27] Mit diesem Hinweis möchte ich nicht den Sinn

---

23 s.o. S.50
24 Unabhängig von den Intentionen einer solchen Haltung liegt in deren Konsequenz, die Macht Hitlers und des Nationalsozialismus zu überschätzen und damit zu seiner Verherrlichung beizutragen.
25 so J.Rüsen in einem Kolloqium Ende 1995. - Um einem dualistischen Verständnis dieser Begrifflichkeit entgegenzutreten, übertrage ich den oben auf S. 79 ausgesprochenen Gedanken auf den Begriff der Transzendenz: Die Faszination des Nationalsozialismus speiste sich aus der *Perversion* des Heiligen; darum ist er selbst nicht heilig zu nennen. Ähnlich fasse ich die unser Vorstellungsvermögen, unsere Begriffe, unsere Sprache übersteigende Macht des Bösen als *Perversion* der transzendenten, Leben schaffenden und erlösenden Macht auf, über die der Mensch nicht verfügt, auch wenn ihm ein Anteil daran gegeben ist. Die Perversion des Nationalsozialismus ließe sich als Versuch bezeichnen, mit dem auserwählten Volk den Bezug aller Menschen zur Transzendenz aus der Welt zu schaffen, um eigenmächtig über alles Leben verfügen zu können.
26 Benjamin schreibt in der Erkenntniskritischen Vorrede zu seiner Trauerspielarbeit: „Erkenntnis ist ein Haben. Ihr Gegenstand selbst bestimmt sich dadurch, daß er im Bewußtsein - und sei es transzendental - innegehabt werden muß. Ihm bleibt der Besitzcharakter. Diesem Besitztum ist die Darstellung sekundär. Es existiert nicht bereits als ein Sich-Darstellendes. Gerade dies aber gilt von der Wahrheit. Methode, für die Erkenntnis ein Weg, den Gegenstand des Innehabens - und sei's durch Erzeugung im Bewußtsein - zu gewinnen, ist für die Wahrheit Darstellung ihrer selbst und daher als Form mit ihr gegeben. Diese Form eignet nicht einem Zusammenhang im Bewußtsein, wie die Methodik der Erkenntnis es tut, sondern einem Sein." GS 1, S. 209
27 Diesen Gedanken führt J.Rüsen in bezug auf die Trauer in seinem Vortrag „Trauer als historische Kategorie" aus. - Insofern Trauer, anamnetische Solidarität und Vergebung zur Tradition der

wissenschaftlicher Methodik bestreiten, sondern ihre Rationalität öffnen für eine widersprüchliche Beziehung zu der Wahrheit, die jenseits dessen liegt, was erklärt und beurteilt werden kann. Läßt sich ohne eine solche Öffnung der Gefahr einer Unempfindlichkeit für die Grenzen des Debattierbaren und Beurteilbaren begegnen?[28] - Die Gefahr, die Grenze der Darstellung zu überschätzen besteht in einer Haltung, wissenschaftliche Darstellungen auf das Debattierbare und Beurteilbare zu beschränken. Die Beschränkungen des Rationalitätsbegriffs, die mit einer solchen Haltung einhergehen, würden eine Darstellung des vorliegenden Gegenstandes derart beschneiden, daß gerade das Wichtigste herausfiele.

In der Darstellung der konkreten Erinnerungsarbeit versuche ich darum, die Bedingungen der Erinnerung danach zu beurteilen, inwieweit sie zur Erkenntnis von Vorgängen der Erinnerung beitragen können und inwieweit sie eine befreiende Erinnerung fördern oder behindern. In der Darstellung der sich erinnernden Menschen und der sie bewegenden Wahrheit versuche ich aber nach Möglichkeit, ein Urteil zu vermeiden. Das praktische Ziel meiner begrifflichen Arbeit sehe ich in einer Entbindung der Erinnerung (183), in der eine bisher nicht ausgesprochene oder unaussprechbare Vergangenheit zur Sprache kommt und dadurch ihre Kraft entfaltet, sich und die Gegenwart zu verändern. Ist auf einem anderen Weg eine Banalisierung und andererseits ein Erstarren im Ungesagten, nicht zu Vermittelnden zu vermeiden?

G. Zur Geschichte meiner Untersuchung

Der maieutische Ansatz hat seinen Ursprung in der Praxis der dargestellten Erinnerungsarbeit, und in ihr hat er sich bewährt. In der Zeit von 1980-1986 führte ich biographische Interviews mit Oral-History-Methoden unter erfahrungs- und sozialgeschichtlicher Zielsetzung.[29] Seit Beginn der Interviews hatte ich an die Möglichkeit von Gruppendiskussionen gedacht, nämlich mit den Interviewpartnern und -partnerinnen. Derartige Gruppendiskussionen fanden z.B. im Projekt "Lebensge-

---

Unterdrückten gehören, ist dieser Gedanke auf W.Benjamins 6. These über den Begriff der Geschichte zu beziehen: „Die Gefahr droht sowohl dem Bestand der Tradition wie ihren Empfängern. Für beide ist sie ein und dieselbe: sich zum Werkzeug der herrschenden Klasse herzugeben. In jeder Epoche muß versucht werden, die Überlieferung von neuem dem Konformismus abzugewinnen, der im Begriff steht, sie zu überwältigen." GS 1, S. 695 - Die Instrumentalisierung der Erinnerung an den Nationalsozialismus für politische Zwecke läßt sich an zahlreichen öffentlichen Monumenten, Ritualen, Gedenkreden und Stellungnahmen zeigen; hier genüge der Hinweis auf die Polemik von J.Habermas gegen diese Instrumentalisierung (vgl. S. 23). Für die Instrumentalisierung der Erinnerung durch Kunst vgl. die Kritik von S.Friedländer an Syberbergs Hitler-Film; S.Friedländer 1984, S. 17f . - Angesichts der Gefahren des Instrumentalisierung plädiert M.Brumlik für „zweckfreies Eingedenken"; M.Brumlik 1992, besonders S. 205 ff
28   vgl. das auf S. 37 zitierte Beispiel der „Schulddebatte", das für zahlreiche andere stehen kann.
29   Ergebnisse dieser Interviews flossen in meine Veröffentlichungen der achtziger Jahre ein.

schichte und Sozialkultur im Ruhrgebiet" statt, sie blieben aber auf einzelne Veranstaltungen beschränkt.

Im Herbst 1987 kam durch eine Vereinbarung zwischen der Arbeiterwohlfahrt in Bielefeld und mir als Gesprächsleiter der Gesprächskreis zustande, über den ich in diesem empirischen Teil schreibe. Die Arbeiterwohlfahrt veranstaltete damals einen Aufsatzwettbewerb zur Nachkriegszeit in Bielefeld und war an einem Gesprächskreis zu diesem Thema interessiert. Ich hatte damals etwa 30 lebensgeschichtliche Interviews durchgeführt und ergriff die Chance, mit den Gruppendiskussionen Erfahrungen in einem weiteren Bezugsrahmen der Erinnerung zu machen. Die Arbeiterwohlfahrt hatte 1982 und 1985 ausgewählte Beiträge aus Aufsatzwettbewerben über die Weimarer Zeit und die NS-Zeit veröffentlicht.[30] Dies hatte zur Entstehung einer lokalen Öffentlichkeit beigetragen, die sich nicht nur flüchtig für Erinnerungsarbeit interessierte. Während der Erinnerungsarbeit mit lokalgeschichtlicher Zielsetzung ergab sich in dem Gesprächskreis eine Dynamik der Erinnerung, die mich zur Veränderung meines Forschungsschwerpunktes führte. Es tauchten nämlich Erinnerungen auf, die lange Zeit vergessen waren. Und diese Erinnerungen bewirkten über einen längeren Zeitraum hinweg eine merkliche Veränderung von Einstellungen und Haltungen, z.B. Fremden und Andersdenkenden gegenüber. Seitdem mir die Tragweite dieser Vorgänge bewußt geworden war, konzentrierte ich meine Forschungsarbeit auf die Frage, wie ZeitzeugInnen des Nationalsozialismus sich durch Erinnerung verändern können.

Eine derartige Fragestellung läßt sich mit Oral-History-Interviews alleine kaum durchführen. Es ist zwar möglich und auch üblich, die InterviewpartnerInnen mehr als einmal aufzusuchen. Die Möglichkeit, aus Unterschieden zwischen den verschiedenen Interviews auf Veränderungen von Einstellungen oder Haltungen zu schließen, ist jedoch sehr begrenzt. Erst recht kann kaum eine Aussage darüber gewagt werden, ob solche Veränderungen mit der Erinnerungsarbeit zusammenhängen. Die angedeuteten Grenzen der Oral History sind nicht zufälliger, sondern grundsätzlicher Art. Jedes Interview hat vom methodischen Ansatz her mehr den Charakter einer Momentaufnahme als eines fortgesetzten Gespräches. Im Interview besteht zwar eine Spannung zwischen der Ebene des Gespräches, auf der die GesprächspartnerInnen grundsätzlich gleichberechtigt sind, und der Ebene des Interviews, auf der die Rollen unterschiedlich verteilt sind. Aber die Ebene des Gespräches, auf der sich Veränderungen von Einstellungen ereignen können, soll nicht in den Vordergrund treten.[31] Ich habe während der Interviews mehr als einmal erlebt,

---

30 Senioren schreiben Geschichte(n), Bielefeld 1982; Erinnerungen an den braunen Alltag, Bielefeld 1985
31 Einen neuen Zugang bietet in dieser Hinsicht die Untersuchung von H.Welzer, R.Montau und C.Plaß 1997, in der eine Annäherung der Interviews und Gruppendiskussionen an alltägliche Gesprächssituationen versucht wird; diese werden mit Begriffen der interaktionistischen Sozialpsychologie als Bedingungen für die Tradierung von Geschichtsbewußtsein untersucht. Zur Möglichkeit

daß die Befragten ihrerseits Fragen an mich richteten, z.B. fragten einige, was ich während der Zeit des Nationalsozialismus an ihrer Stelle gemacht hätte. Derartige Fragen hätte ich nicht übergehen können, ohne die soziale Situation des Interviews und damit dessen Fortgang zu gefährden. Doch mußte ich mich im Sinn der Methode der Oral History bemühen, durch das Gespräch über solche Fragen den Verlauf des Interviews nicht zu beeinträchtigen, sondern möglichst schnell zu der Rollenverteilung des Interviews zurückzukehren. Im Sinn der Methodik ließ ich mich nur deswegen auf ein Gespräch ein, um das Interview weiter führen zu können. - Fragen, die den Rahmen des Interviews überschritten, waren für mich Anstöße zu der Selbstreflexion, die Bestandteil der Oral History ist,[32] die aber während der Interviews nicht zur Sprache kommen kann.

Was im Oral-History-Interview nur in Kauf genommen wird, um das Interview nicht zu gefährden, ist in dem Bielefelder Gesprächskreis Grundlage der Methodik: die grundsätzlich gleichberechtigte Teilnahme aller am Gespräch. Die GesprächspartnerInnen erzählen einander nicht nur Geschichten und diskutieren über Themen, sie stellen nicht nur sich gegenseitig Fragen, sondern auch mir als Gesprächsleiter. Darum ist die soziale Situation im Gesprächskreis weitaus weniger künstlich als im Interview. Die in der Regel 14-tägigen Treffen[33] sind zwar organisiert, aber in wesentlich höherem Maß von Freiwilligkeit getragen als die Interviews. Sonst hätte der Gesprächskreis nicht von 1987 bis 1997 bestehen können. Nach zehnjähriger Arbeit hat der Gesprächskreis seine Treffen eingestellt, vor allem weil zwei der älteren TeilnehmerInnen aus Gesundheitsgründen nicht mehr teilnehmen konnten. - Das echte Gespräch, dessen Verlauf auf andere Weise offen ist als der eines Interviews,[34] ermöglicht nicht nur Erzählungen, die Momentaufnahmen ähneln, sondern die Veränderung prinzipiell aller TeilnehmerInnen. So eröffneten die Gespräche zwischen den Generationen mir eher als die - oft einsame oder durch Akademismus beschränkte - Selbstreflexion der Oral-History-Erfahrungen eine Wahrnehmung meines Anteils an der nationalsozialistischen Vergangenheit.[35]

Die Bedingungen, unter denen Veränderung durch Erinnerungsarbeit möglich ist, lassen sich auch deswegen nur schwer aus Oral-History-Interviews erschließen,

---

der Veränderung im Gespräch zitieren die AutorInnen K.Stierle: 28f „Das lebendige Verhältnis des Gesprächs entspringt der Unvorhersehbarkeit und Plötzlichkeit der Situation. Gespräche sind in ihrer Unvorhersehbarkeit, in ihrem Gelingen wie in ihrem Mißlingen, ereignishaft. Gerade so führen sie ins Unverfügbare, entbinden das Ungesagte und Ungedachte. Darin liegt ebensosehr ihre kognitive wie ihre 'therapeutische' und nicht zuletzt ihre ästhetische Leistung." K.Stierle 1984, S.303, zitiert nach H.Welzer u.a. 1997, S. 28f. Vgl. auch den folgenden Abschnitt zur Oral History.
32   vgl. L.Niethammer 1985, S.394 , s.o. S. 7
33   In der Anfangszeit war der Rhythmus in der Regel wöchentlich.
34   So schreibt H.G.Gadamer: „Wir sagen zwar, daß wir ein Gespräch 'führen', aber je eigentlicher ein Gespräch ist, desto weniger liegt die Führung desselben in dem Willen des einen oder anderen Partners. So ist das eigentliche Gespräch niemals das, was wir führen wollten... Was bei einem Gespräch 'herauskommt', weiß keiner vorher." Wahrheit und Methode, S. 361
35   Zu einigen Ergebnissen dieser Selbstreflexion s.o. S. 26f

weil dort die sozialen und historischen Bezüge der Lebensgeschichte aus den Aussagen der Befragten erst herausinterpretieren werden müssen. Der Gesprächskreis bietet demgegenüber den methodischen Vorteil, daß ein Teil der sozialen Bezüge, also auch der Bezugsrahmen der Erinnerung, sich ungleich stärker als im Interview in der Situation des Erinnerns zeigt und der Beobachtung zugänglich ist.

In der Geschichte meiner Forschung lassen sich Momente der Erinnerung an den Nationalsozialismus als Erwachen aufweisen. Das Auftauchen unwillkürlicher Erinnerung im Gesprächskreis weckte bei mir eine Bereitschaft, mich auf eine solche Erinnerung einzulassen, und zwar auf den Ebenen meiner eigenen Lebensgeschichte, der Gesprächsleitung und der Forschung. Ich ging daran, diese plötzlich auftauchenden Bilder festzuhalten: In der gemeinsamen Gesprächsleitung folgte ich dem Beispiel meines Partners aus der älteren Generation, Johann Reese, die Erinnerungsarbeit gerade auf solche spontan auftauchenden Erinnerungen zu lenken und diese wiederholt zu thematisieren. Auf der Ebene der Forschung stellte ich die sozialgeschichtliche Zielsetzung zurück, um mich auf die neue Fragestellung nach der Erinnerung konzentrieren zu können. Die wachsende Aufmerksamkeit für Erinnerung und Gedächtnis im Wissenschaftsbereich im allgemeinen und in der deutschen Geschichtswissenschaft im besonderen sowie die wachsende Reflexion auf Vorgänge der Erinnerung in der Erinnerungsliteratur[36] begünstigte die Neuorientierung meiner Forschung von der Erinnerung als einer Quelle für sozialgeschichtliche Fragen hin zu Erinnerung als zentralem Gegenstand.

H. Zur Hermeneutik

In der Auseinandersetzung mit D.J.Goldhagen habe ich mich auf eine Grunderfahrung der Hermeneutik gestützt, daß nämlich das Eigene im Anderen wahrzunehmen ist, ohne Distanz und Kritik aufzugeben. Diese Erfahrung habe ich in der Arbeit an den Oral-History-Interviews gemacht, indem ich versuchte, die ZeitzeugInnen zu verstehen - nicht, um alles, was sie sagten, kritiklos hinzunehmen oder alles, was sie getan hatten, zu entschuldigen. Mir ging es darum, nach Wegen zu suchen, die aus dem zwischen den Generationen lastenden Schweigen herausführen könnten. Dies Schweigen begriff ich in dem Maße als Gefahr für die politische Kultur der Gegenwart,[37] wie mir bewußt wurde, daß ohne Erinnerung als Durcharbeiten eine Überwindung von Wiederholungszwängen unmöglich ist, die auch unbewußt von der Generation der ZeitzeugInnen auf die Nachgeborenen übertragen werden kön-

---

36 Für diese wachsende Selbstreflexion der Erinnerung in der autobiographischen Literatur nenne ich das Werk P.Levis als Beispiel.
37 M.Stürmer (1987, S.36) sieht die „Schwerhörigkeit zwischen den Generationen" als Gefahr für die weltpolitische Rolle Deutschlands, s.o. S. 23. Politischen Gesichtspunkten dieser Art ordnet er die Geschichtserinnerung unter, wodurch er sich von dem Anliegen der anamnetischen Verantwortung entfernt oder, genauer gesagt, diesem Anliegen entgegentritt.

nen.³⁸ Doch das Eigene, das ich in dem Anderen und Fremden der Zeitzeugengeneration wahrzunehmen hatte, war nicht nur ein Beitrag zur Bildung meines allgemeinen politischen und historischen Bewußtseins. Durch Fragen, die ZeitzeugInnen des Nationalsozialismus ausdrücklich oder unausgesprochen an mich stellten, geschah ein Umschlag im Verstehen, so daß das, in das ich mich versetzte, mich selbst betraf und so in mein Leben trat.³⁹ W.Benjamin schreibt zu dieser Wendung der Hermeneutik: „Die wahre Methode, die Dinge sich gegenwärtig zu machen, ist, sie in unsere(m) Raum (nicht uns in ihnen) vorzustellen. So tut der Sammler, so auch die Anekdote. ... Nicht wir versetzen uns in sie, sie treten in unser Leben."⁴⁰ Ein derart umschlagendes Verstehen hat die Struktur des Erwachens und gehört zur Technik des Erwachens.

Erinnerung an den Nationalsozialismus als Erwachen und die sie fördernde „Technik des Erwachens" - so begrenzt und unscheinbar ihre Wirkungen sich darstellen mögen - heißt zum einen, geistige und sprachliche Energie auf die Zerstörung des nationalsozialistischen Faszinosum zu richten, zum anderen aber, die ehemals - und heute noch oder wieder - Faszinierten aus dessen Bann zu lösen. Diese Aufgabe sehe ich als einen wichtigen Bereich, in dem die Verknüpfung einer historisch-hermeneutischen mit einer theologischen Perspektive ihre Fruchtbarkeit erweisen kann. Denn aus theologischer Sicht kann das Heilige bestimmt werden als widersprüchliche Beziehung zwischen dem Tremendum und dem Faszinosum, zwischen dem Grauenhaften und dem Verlockenden, zwischen dem Schauerlich-Übermächtigen und dem Anziehend-Bestrickenden.⁴¹ Andererseits kann das nationalsozialistische Faszinosum nicht ohne historisches Verstehen überwunden werden, und dieses würde erschwert, wenn die noch bestehenden Chancen ungenutzt blieben, ZeitzeugInnen zu verstehen. Dem Verstehen dient die Wahrnehmung des

---

38 Diese These wird von P.Sichrovsky 1986 vertreten. - Die Kommunikationsstörungen zwischen den Generationen lassen sich von der Gedächtnistheorie P.Noras her (s.o. S. 51f) auch durch das „Zerbrechen der Gedächtnisgemeinschaften" erklären und erscheinen insofern nicht als ein besonderes, auf Deutschland beschränktes Problem. Nach P.Nora ergibt sich die Notwendigkeit zur Selbstreflexion der Historiker und zur Thematisierung der Erinnerung besonders aus der Aporie von kollektiver Pflicht zur Erinnerung und Zerbrechen der Gedächtnisgemeinschaften. In Deutschland, oder allgemein, in bezug auf die Erinnerung an den Nationalsozialismus, nimmt dies Zerbrechen der Gedächtnisgemeinschaften besondere Formen an, die in Noras von Frankreich aus formulierten Text nicht deutlich werden: 1. Ein entscheidender Faktor für das Zerbrechen der Gedächtnisgemeinschaft zwischen den Generationen liegt in Deutschland (wohl mehr als in Frankreich) darin, daß die Generationen, die den Nationalsozialismus erlebt hatten, nicht oder nicht angemessen davon erzählen konnten. Auf der Ebene des Unbewußten wurde allerdings gerade dadurch ein Zwangszusammenhang geschaffen. 2. Die Gruppengedächtnisse der Täter und der Opfer konvergieren nicht. 3. Die Geschichte des Nationalsozialismus ist in einem eminenten Sinn nicht auf nationale Geschichte zu reduzieren. Die Erinnerung an den Nationalsozialismus ist lebenswichtig für Menschen auf der ganzen Welt, die nie vorher eine Gedächtnisgemeinschaft ausgebildet haben, deren Gedächtnisgemeinschaft also auch nicht zerbrechen konnte.
39 vgl. oben S. 98f und meine Selbstreflexion auf S. 26
40 GS 5, S. 273
41 Vgl. Rudolf Otto 1917

Fremden,⁴² das Befragen sich erinnernder ZeitzeugInnen nicht nur in der künstlichen Situation von Interviews, sondern vor allem im Gespräch, und schließlich der Perspektivenwechsel beim Sich-Hineinversetzen in die erzählte Geschichte, das bis zur Einfühlung gehen kann. Allerdings ist die Einfühlung - so begrenzt ihre Möglichkeit ist - als Moment der „Technik des Erwachens" von anderer Art als die Einfühlung in die Sieger, die an der Legitimation von deren Herrschaft teilhat. Benjamin hat nicht nur gegen die Einfühlung in die Sieger gestritten,⁴³ sondern auch auf diese kritische Art der Einfühlung hingewiesen: „Nicht als abstraktes Negativum, als Gegenbeispiel darf vor uns stehen, was wir vernichten wollen. So kann es nur auf Augenblicke unterm erleuchtenden Blitze des Hasses erscheinen. Was man vernichten will, das muß man nicht nur kennen, man muß es, um ganze Arbeit zu leisten, gefühlt haben."⁴⁴ Ein Aspekt dieser Einfühlung besteht in dem Bemühen, die Taten, Gedanken und Erlebnisse dieser Menschen zur Zeit des Nationalsozialismus im Kontext der damaligen Verhältnisse bis an die Grenzen des Möglichen zu verstehen.⁴⁵ Dieser hermeneutische Ansatz bedeutet zum einen das Gegenteil einer Banalisierung, indem er die Chance eröffnet, damalige Fehler einzusehen und zu bereuen, zu trauern, das Illusionäre vergangener Träume zu verabschieden und den Hoffnungskern in ihnen zurückzugewinnen, indem er ermöglicht, in der Erinnerung bisher Getrenntes zusammenzufügen⁴⁶ und so die Identität zu erweitern. Dieser Ansatz bedeutet zum anderen das Gegenteil einer Rechtfertigung der damaligen verfehlten Taten, indem er die Möglichkeit eröffnet, auch den Schuldigen als Menschen anzuerkennen und zu bejahen, dadurch von dem Zwang der Selbstrechtfertigung entlastet und so den Weg zum Eingestehen der Schuld freimacht. Schließlich läßt er sich von der Einsicht leiten, daß das Böse letztlich nicht aus der Außenperspektive, sondern nur aus der Innenperspektive wahrzunehmen ist⁴⁷ - so wie es nur von innen her zu überwinden ist.

---

42 diesen Aspekt hat L.Niethammer methodisch ausgearbeitet, L.Niethammer 1985
43 s.o. S. 36, 72f
44 W.Benjamin, GS 3, S.265
45 Daher sehe ich in Benjamins 6. These eine noch weitgehend uneingelöste Aktualität - auch wenn Autoren wie S.Friedländer auf die Grenzen von erlösenden Erzählungen im Sinne Benjamins hinweisen.
46 vgl. den Aspekt der Synthesis im Erwachen S.63f
47 M.Buber läßt in „Gog und Magog" an entscheidender Stelle den „Juden" sagen: „„... Und was das Böse ist, erfahre ich freilich nicht, wenn ich meinem Mitmenschen begegne, denn entweder kriege ich es dann nur von außen zu fassen, mit Fremdheit, mit Haß oder Verachtung, und dann tritt es mir gar nicht in den Blick, oder aber ich überwinde es mit Liebe, und auch dann tritt es mir nicht in den Blick. Aber ich erfahre es, wenn ich mir selbst begegne. Da drin, wo keine Fremdheit trennt und keine Liebe rettet, erfahre ich, daß es etwas gibt, das mich zwingen will, Gott zu verraten, und das sich dazu der besten Kräfte meiner eigenen Seele bedient." M.Buber Werke Bd. 3, S. 1046

I. Zur Maieutik

Mit dem Begriff der Maieutik beziehe ich mich zum einen auf die sokratische Gesprächskunst, zum anderen auf die weibliche Dimension der Tradition der Unterdrückten. In der Metapher der Hebammenkunst wird der Vorrang des unwillkürlich Geschehenden und der Bereitschaft, es geschehen zu lassen, vor dem absichtsvollen und gekonnten Eingreifen besonders anschaulich. Eine gute Hebamme kann nicht nur zur richtigen Zeit an der richtigen Stelle eingreifen; vor allem durch ihr Vertrauen und ihr geduldiges Zuwarten stärkt sie das Selbstvertrauen der Gebärenden und ihre Bereitschaft, die Geburt geschehen zu lassen. Technik und spirituelle Kraft sind auch hier als widersprüchliche Einheit aufeinander bezogen. Die Vertrauen ausstrahlende und Verkrampfungen lösende Kraft maieutischer Geduld bedient sich, wenn nötig, der Technik, beruht aber im Entscheidenden nicht auf der Zuversicht, daß die richtigen Griffe zur richtigen Zeit helfen.

Die Art von Maieutik, um die es mir in Praxis und Theorie geht, dient der Bereitschaft, sich auf Noch-Nicht-Bewußtes in der Erinnerung einzulassen, und damit der Fähigkeit, Erfahrung als eigene wahrzunehmen und anderen mitzuteilen. Unter dem Gesichtspunkt, daß wir - in noch stärkerem Maß als in der Zeit, in der W.Benjamin schrieb - ärmer an mitteilbarer Erfahrung geworden sind, bekommt eine Maieutik der Erfahrung oder der Erinnerung ein umso größeres Gewicht. Besonders moralisch-politische Ziele in der Geschichte und Geschichtsdidaktik wie anamnetische Verantwortung sind umso stärker auf eine solche Maieutik angewiesen, wie die Fähigkeit zur Erfahrung verloren geht. Denn die Fähigkeit zur Freiheit, mithin zur Moral, bleibt ohne die Fähigkeit leer, eigene Erfahrungen zu machen, Erfahrungen anderer im Gespräch und in der Überlieferung aufzunehmen und Erfahrungen mitzuteilen.

Eine Maieutik der Erinnerung kann die Erinnerungsarbeit auf allen Stufen begleiten und fördern. Zunächst kann sie zur Einübung einer Wahrnehmung beitragen, die es zuläßt, Räume unterhalb der gewohnten Objektivationen - auch des Geschichtsbewußtseins - zu erschließen und sich von der Vergangenheit betreffen zu lassen, um sie als die eigene erfahren und annehmen zu können. Dann kann sie dazu ermutigen, auftauchende Bilder der Vergangenheit festzuhalten und an ihnen zu arbeiten. Schließlich kann sie dabei helfen, das Illusionäre an vergangenen Träumen fallenzulassen, um der Konkretisierung des Wahren an ihnen in der Gegenwart den Weg zu bahnen.

J. Zur Empirie, Theorie und Praxis der Oral History

Die hier vorliegende Untersuchung hat, ähnlich wie andere Oral-History-Projekte, einen Schwerpunkt in empirischer Forschung, die theoretisch angeleitet und reflektiert wird, und die - wie vermittelt auch immer - auf selbständige Erinnerungsarbeit und daraus folgende gesellschaftliche Praxis bezogen ist. Oral History soll der historischen Selbstaufklärung der Bürgerinnen und Bürger dienen, und sie kann dies in dem Maß, wie sie die bedrohte Fähigkeit zur Wahrnehmung von Erfahrungen als eigenen und zu deren Mitteilung im Erzählen wahrer Geschichten,[48] zur Reflexion ihrer Erinnerungen in geschichtlichen Zusammenhängen fördert, wie also, um eine Formulierung von L.Niethammer aufzugreifen, ihre „historische Zuarbeit für ein geschichtliches Selbstverständnis die Subjekte ... erreicht".[49] Meine Untersuchung unterscheidet sich von anderen Oral-History-Projekten zum einen in der Art, wie diese Funktion erfüllt wird, zum anderen in der Art der Gespräche, die die Grundlage der empirischen Arbeit bilden und schließlich in dem politisch-theologischen und damit normativen Horizont, in den ich die Empirie ausdrücklich stelle. Auf diese drei Aspekte möchte ich im folgenden kurz eingehen.

1. Gewöhnlich erfüllt Oral History die Funktion der Zuarbeit zur historischen Selbstaufklärung am ehesten durch Veröffentlichungen, also mittelbar, jedoch kaum unmittelbar in den biographischen Interviews selbst. Denn in den Interviews mögen die Befragten eine gute Gelegenheit haben, zu erzählen und damit sich über ihre Geschichte klarzuwerden; aus wissenschaftlicher Sicht jedoch geht es in ihnen in erster Linie darum, einen Quellenbestand zu produzieren, der später methodisch analysiert werden kann. In dem Hannoveraner Projekt von H.Welzer, R.Montau und C.Plaß übten die InterviewerInnen weniger methodische Zurückhaltung als z.B. L.Niethammer und seine MitarbeiterInnen im Projekt „Lebensgeschichte und Sozialkultur im Ruhrgebiet". Die Interviews sollten im Hannoveraner Projekt nach Möglichkeit nicht künstlich vom Alltagsgespräch unterschieden werden, da gerade die Tradierungsprozesse zwischen den Generationen untersucht werden sollten. Bei dieser Methode besteht wohl eher die Möglichkeit, einen *unmittelbaren* Beitrag zur historischen Selbstaufklärung der Befragten zu leisten. Noch mehr dürfte dies bei Gruppendiskussionen mit Interviewern und Interviewten der Fall sein. Diese Gruppendiskussionen haben jedoch meist punktuellen Charakter - auch im Hannoveraner Projekt; nur in seltenen Fällen bestehen Gruppen über einen längeren Zeitraum. Dies war vor etwa zwei Jahrzehnten im Stadtteil Recklinghausen-Hochlarmark der Fall, wo in einem dreijährigen pädagogisch-politischen Projekt Geschichten und Bilder zur 100-jährigen Geschichte des Ortes gesammelt und in verschiedenen Ausstellungen, Filmen und in einem repräsentativen Lesebuch dokumentiert wur-

---

48 vgl. Benjamins Erzähleraufsatz, GS 2, S. 439
49 L.Niethammer 1989, S.172. Auch an dem neuen Forschungsansatz von H.Welzer, R.Montau und C.Plaß läßt sich die für die Oral History typische Verknüpfung von Empirie, Theorie und Praxis erkennen. Die AutorInnen untersuchen, wie historische Erfahrung und subjektives Erleben von den Zeitzeugen des Nationalsozialismus auf die Nachgeborenen weitergegeben werden und stellen fest, daß diese Fragestellung nicht nur aus wissenschaftlicher Perspektive wichtig ist, sondern angesichts der Attraktivität von nationalsozialistischen Symbolen und Deutungsmustern für viele Jugendliche auch aus politischer Perspektive. - H.Welzer u.a. 1997, S.7

den.⁵⁰ M.Zimmermann als Historiker und andere KulturarbeiterInnen leiteten im Rahmen der Volkshochschule einen Kreis von Bergarbeitern und ihren Frauen und brachten ihre Kenntnisse und Fähigkeiten ein, um „die besondere Lebensqualität dieses Bergarbeiterstadtteils aus seiner Geschichte heraus verstehen und erklären zu lernen."⁵¹ Der Bielefelder Gesprächskreis als pädagogisch-politisches Projekt hatte schon durch seine zehnjährige Dauer eine besonders gute Möglichkeit, der geschichtlichen Selbstverständigung der TeilnehmerInnen unmittelbar zuzuarbeiten. Dies geschah aber auf andere Weise als im Hochlarmarker Projekt. Im Vordergrund stand nicht das Erzählen, Sammeln und Ordnen von Geschichten aus einem - von dem Leitungsteam abgesehen - relativ homogenen soziokulturellen Milieu, sondern die Arbeit an der Verständigung zwischen den verschiedenen Milieus und Generationen, aus denen die TeilnehmerInnen kamen. Die TeilnehmerInnen des Hochlarmarker Projektes haben die Dokumentationen ihrer Erinnerungsarbeit weitgehend gemeinsam erarbeitet. Abgesehen von einer Radiosendung über die NS-Zeit und die Nachkriegszeit in Bielefeld, die überwiegend von den TeilnehmerInnen erarbeitet worden war, hat der Bielefelder Gesprächskreis aber nichts zur Lokalgeschichte dokumentiert, sondern vor allem an den Lebenserfahrungen und Geschichtsdeutungen der TeilnehmerInnen gearbeitet. Diese Arbeit betrifft auch die schriftliche Ebene: Die TeilnehmerInnen des Gesprächskreises haben den ersten Entwurf dieser empirischen Arbeit im Verlauf des Jahres 1994 gelesen und einige Veränderungen vorgeschlagen, die ich dann eingearbeitet habe. Insofern sich die Identität der TeilnehmerInnen erweitern und die Verständigung verbessern konnte, insofern die Bereitschaft zur Erinnerungsverantwortung gestärkt werden konnte, ist hierin das Hauptergebnis des Gesprächskreises zu sehen. Die wissenschaftliche Reflexion und Veröffentlichung dieses Bielefelder Oral-History-Projektes soll einen mittelbaren Beitrag zur historischen Selbstverständigung leisten, unter anderem dadurch, daß sie zur Diskussion und eventuell zur Fortsetzung der unmittelbaren Erinnerungsarbeit unter anderen Bedingungen anregt.

2. Die empirische Grundlage der Oral History besteht gewöhnlich in lebensgeschichtlichen Interviews, weniger in Gruppendiskussionen. Ich habe in dieser Arbeit darauf verzichtet, die von mir durchgeführten und analysierten Interviews darzustellen, weil ich mich auf die Frage nach den Möglichkeiten der Veränderung in der Erinnerungsarbeit, und besonders im Gespräch konzentrieren wollte. Diese Art der Fragestellung wird durch die Qualität der langjährigen, kontinuierlichen und weitestgehend alltäglicher Kommunikation angenäherten Gespräche in dem Bielefelder Gesprächskreis überhaupt erst ermöglicht. Diese Fragestellung taucht z.B. in dem Hochlarmarker Projekt nicht auf. Das Hannoveraner Projekt grenzt an sie, indem nach den Wechselwirkungen der GesprächspartnerInnen aufeinander gefragt

---

50 Hochlarmarker Lesebuch: Kohle war nicht alles. Oberhausen 1981
51 a.a.O. S.333

wird. Bei den herausgearbeiteten Veränderungen muß aber schon wegen der Kürze des zunächst auf ein Jahr begrenzten Projektes unklar bleiben, von wie nachhaltiger Wirkung sie sind. - Nicht nur Gruppendiskussionen als empirische Grundlage von Oral History sind selten, sondern überhaupt gezielte Gespräche zwischen den Generationen über die Erfahrung des Nationalsozialismus. Zu solchen Gesprächen kam es 1979 nach der Ausstrahlung der Fernsehserie „Holocaust", durch die die Kommunikationssperre zwischen den Generationen durchbrochen wurde. In dem Hannoveraner Projekt ging die Initiative zum Generationengespräch von den Jüngeren aus, und zwar zum Zweck der Forschung. Im Unterschied dazu war im Bielefelder Gesprächskreis die Wechselseitigkeit der Generationen stärker, vor allem, weil die Initiative zum Gespräch nicht nur oder überwiegend von der jüngeren Generation ausging, aber auch, weil die wissenschaftliche Zielsetzung der pädagogisch-politischen untergeordnet war.

3. Ich gehe im Sinn der „Tradition der Unterdrückten" davon aus, daß befreiende Erinnerung möglich ist und frage in der Untersuchung der Dokumente danach, ob und unter welchen Bedingungen sie gelingt bzw. verhindert wird. Bei der Untersuchung dieser Bedingungen bilden die Beziehungen zwischen den Generationen einen wichtigen Aspekt. Das Hannoveraner Projekt hat sich mit Methoden der interaktionistischen Sozialpsychologie auf diesen Aspekt konzentriert und fünf wichtige Tradierungstypen herausgearbeitet: „Opferschaft", „Rechtfertigung", „Distanzierung", „Faszination" und „Überwältigung". Es wäre möglich und fruchtbar, mit einer ähnlichen Methode die Bielefelder Tonbandaufzeichnungen auf Typen der Tradierung von Geschichtsbewußtsein zu untersuchen. In der hier vorliegenden Untersuchung geht es mir jedoch nicht primär um die Aufstellung einer Typologie, sondern um den Bezug empirisch darzustellender Muster von Erinnerung auf die genannte normative bzw. politisch-theologische Frage. In einer Situation, in der diese Art der Fragestellung in der Wissenschaft alles andere als selbstverständlich ist, kommt es mir eher darauf an, ihre Fruchtbarkeit aufzuweisen als darauf, weitere Aspekte der Oral-History-Empirie zu entfalten.

Ich möchte nun kurz auf die Tradierungstypen des Hannoveraner Oral-History-Projektes eingehen, indem ich drei von ihnen exemplarisch auf meinen Fragehorizont beziehe. - In bezug auf die Tradierungsprozesse zwischen den Generationen gehe ich davon aus, daß die Jüngeren und die Älteren einander das Annehmen ihres jeweiligen Anteils an der nationalsozialistischen Vergangenheit erleichtern oder erschweren können. Die Jüngeren können anamnetische Verantwortung übernehmen oder ablehnen; die Älteren können die Bereitschaft zu solcher Übernahme fördern oder behindern.

Beim Tradierungstyp „Rechtfertigung" sehen die Hannoveraner AutorInnen eine Rollenverteilung zwischen den Generationen analog einer Gerichtsverhandlung, wobei die Rollen unbewußt schon vor dem Gespräch weitgehend festliegen: Die ZeitzeugInnen übernehmen im Verlauf der Gespräche die Rollen der Angeklagten und Zeugen, die Nachgeborenen die Rollen der Ankläger und Richter. Die Rolle des Verteidigers sei im Gespräch aushandelbar. Die Zeitzeugengeneration befinde sich im Argumentationsnotstand und übernehme Deutungsmuster der seit der Nachkriegszeit geführten Geschichtsdiskurse („retroaktive Tradierung"). An der empirischen Stichhaltigkeit dieser Muster habe ich keinen Zweifel; sie lassen sich auch im Bielefelder Projekt nachweisen. Der von mir dargestellte politisch-theologische Fragehorizont führt jedoch über das Strukturmodell der Gerichtsverhandlung hinaus, insofern dieser Horizont die Gesprächssituation auf die Möglichkeit der Reue und der Vergebung verweist. Die Bereitschaft zur Vergebung eröffnet den schuldig Gewordenen in anderer Weise ein Annehmen der eigenen Vergangenheit als eine Haltung, die sich auf den Rahmen von prüfenden Fragen und Beurteilungen begrenzt. Und eine Erzählung, in der ein Zeitzeuge seine Vergangenheit bereut, kann bei Nachgeborenen die Bereitschaft wecken, dunkle Seiten in ihrer eigenen Biographie und Herkunft anzunehmen, die sie vorher nicht annehmen konnten. Von daher schlage ich vor, die Liste der Tradierungstypen um „Reue" zu erweitern.

Ähnlich verhält es sich mit dem Tradierungstyp „Faszination". Die Hannoveraner AutorInnen verstehen darunter die nachwirkende und teilweise auf die Nachgeborenen übertragbare Faszination von „Errungenschaften" des Nationalsozialismus in Wirtschaft und Technik, Sozialpolitik und Sport, Ästhetik und Gemeinschaftserlebnissen. An diesen Leistungen messen und kritisieren ZeitzeugInnen des Nationalsozialismus die Gegenwart - z.B. die Schwierigkeit oder das Unvermögen, die Arbeitslosigkeit zu vermindern. Die Übereinstimmung zwischen den Generationen, die sich bei bestimmten Aspekten dieser Faszination herstellt, sehen die Autoren „*jenseits* kritischer und negativer Rahmungen" durch die Nachgeborenen.[52] In dem oben dargestellten politisch-theologischen Fragehorizont begreife ich die damalige und die nachwirkende Faszination des Nationalsozialismus zentral als politisch-religiöses Phänomen;[53] als „Traum", aus dem es zu erwachen gilt. Wer auf die Thematisierung der politisch-religiösen Dimension der Faszination verzichtet, wie es die Hannoveraner AutorInnen tun, wird - so meine These - bei der Aufklärungsarbeit auf Grenzen stoßen (s.o. S.79). Der politisch-theologische Fragehorizont bietet dagegen die Möglichkeit, nicht nur an der Faszination, sondern auch an den „negativen Rahmungen", wie etwa an der von M.Broszat kritisierten Pauschaldistanzierung vom Nationalsozialismus den Traumcharakter zu entziffern und dadurch die Chancen zum Erwachen zu fördern. Gerade wenn solche „negativen Rahmungen" durchbrochen werden, wie in dem Hannoveraner Projekt geschehen, stellt sich die Frage, wie das Verstehen etwa der jugendlichen Begeisterung sich zu ihnen verhält. In der Debatte zwischen S.Friedländer und M.Broszat ging es um

---

52 a.a.O. S.186. Hervorhebung von mir.
53 vgl. S. 79 zur Perversion des Heiligen.

solche Fragen. Eine in dem Hannoveraner Projekt dokumentierte Möglichkeit der Reaktion darauf besteht darin, die jugendliche Begeisterung als allgemein menschlich und mithin als normal zu verstehen.[54] Im Fragehorizont der vorliegenden Arbeit wird zum einen die Gefahr erkennbar, - metaphorisch gesprochen - einen Traum durch einen anderen Traum zu ersetzen; zum anderen wird es prinzipiell möglich, einen politisch-religiösen Kern in der Begeisterung aufzudecken, der zwar als weitverbreitet oder durchschnittlich, aber nicht als „normal" im normativen Sinn angesehen werden kann. Anders gesagt, insofern die gegenwärtig vorherrschenden Bezugsrahmen der Erinnerung kaum das Phänomen der politischen Religion thematisieren, kann dieses auch dann unbemerkt und unbewußt bleiben, wenn es in den Erzählungen der ZeitzeugInnen deutlich zutage tritt. Damit bleibt es aber gerade nicht unwirksam im Sinn der Tradierung zwischen den Generationen; im Gegenteil.

Bei dem „Tradierungstyp Opferschaft" geht es - vergleichbar mit „Rechtfertigung" und „Faszination" - um etwas Unaufgebbares in der Tradition der Unterdrückten: das Erwecken von Mitgefühl, von Empathie, die Übernahme der Perspektive der Opfer, von denen erzählt wird oder die selbst erzählen. Die Hannoveraner AutorInnen zeigen, daß Zeitzeugen des Nationalsozialismus aus dem Kollektiv der Täter und Mitläufer Erzählstrukturen von Opfern des Nationalsozialismus benutzen, und daß sie damit auch teilweise Empathie bei den InterviewerInnen aus der Enkelgeneration hervorrufen. Von der Tradition der Unterdrückten her ist zu fragen, ob auch ehemalige Täter und Mitläufer zu recht sich als Opfer darstellen können und wenn ja, wo eine solche Darstellung ihre Grenzen finden muß.

4. Kapitel: Ein Gesprächskreis als Ort der Erinnerungsarbeit

A. Überblick über die Geschichte des Bielefelder Gesprächskreises

Auf einer Veranstaltung zur Einführung in das Thema des Gesprächskreises am 27.10.1987 hielt ich einen Vortrag über den "Bielefelder Alltag in der Nachkriegszeit". Einige TeilnehmerInnen dieser Veranstaltung erschienen im Gesprächskreis; andere kamen später durch persönliche oder öffentliche Werbung hinzu. Der Kreis der TeilnehmerInnen beschränkte sich nicht auf den Umkreis der Arbeiterwohlfahrt; bis Ende 1989 wurde der Gesprächskreis von heftigen Spannungen zwischen Personen unterschiedlicher politischer und weltanschaulicher Orientierung bewegt, vor allem zwischen denen, die die Zeit des Nationalsozialismus positiv erlebt hatten und denen, die unter dem Nationalsozialismus als Verfolgte zu leiden hatten.

---

54 a.a.O. S.196f

Das Aufeinandertreffen von Menschen mit derart unterschiedlicher Vergangenheit führte einige Male zu Erschütterungen, die den Bestand des Gesprächskreises gefährdeten. Diese Spannungen hatten etwas mit der anfänglichen Erwartung vieler TeilnehmerInnen zu tun, daß die Deutungen der Vergangenheit oder sogar die Erlebnisse selbst mehr oder weniger ähnlich sein müßten. Im Lauf der Jahre verbreitete sich die Einsicht, daß unfruchtbare Konfrontationen nur dadurch zu verringern sind, daß zunächst einmal die Unterschiedlichkeit der verschiedenen TeilnehmerInnen akzeptiert wird.

Nachdem der Gesprächskreis im Herbst 1989 zusammen mit einem Vertreter der Arbeiterwohlfahrt eine einstündige Radiosendung produziert hatte, änderten die übriggebliebenen TeilnehmerInnen auf Vorschlag von Johann Reese die Grundorientierung des Gesprächskreises: diese richtete sich seitdem nicht mehr vorrangig auf die Arbeit an der lokalen Zeitgeschichte, sondern auf die Arbeit an den Lebenserfahrungen im Gespräch zwischen den Generationen. Die Spannungen zwischen den TeilnehmerInnen haben seitdem nur noch vereinzelt dazu geführt, daß sie für eine/n unerträglich wurden. Die TeilnehmerInnen erfuhren die Distanz zueinander, vor allem die Distanz zwischen den Generationen, im Vergleich zu den Anfangsjahren des Gesprächskreises weniger als Grenze oder sogar Sperre der Kommunikation, sondern mehr als Chance, in eine lebendige Beziehung zueinander zu treten und in dieser Beziehung neue Erkenntnisse zu gewinnen.[55]

Seit 1990 traf sich der Gesprächskreis bei "Arbeit und Leben" in Bielefeld unter dem Namen "Generationen im Gespräch". Der Gesprächscharakter kam auch darin zum Ausdruck, daß der Kreis seitdem von Johann Reese und mir gemeinsam geleitet wurde. Im Unterschied zur Arbeiterwohlfahrt nahm "Arbeit und Leben" auf den Inhalt und die Zielsetzung der Gespräche keinen Einfluß. Bei durchschnittlich etwa 10 TeilnehmerInnen waren in der Zeit bis Ende 1989 nur vereinzelt und vorübergehend jüngere TeilnehmerInnen anwesend. Seit 1990 nahmen außer mir regelmäßig drei Personen der mittleren Generation teil, zusätzlich, wenn auch nur für ein oder zwei Jahre, auch fünf Jüngere. Davon waren zwei unter 20 Jahre alt, was teilweise zu sehr anregenden Gesprächen führte. Im ganzen waren in den zehn Jahren von 1987 bis 1997 40 Personen jeweils mindestes ein Jahr lang, meist aber wesentlich länger an dem Gesprächskreis beteiligt. Von Pausen abgesehen, haben außer mir E.Hilger, J.Reese und I.Gartemann in all diesen Jahren am Gesprächskreis teilgenommen. Der Gesprächskreis traf sich in den ersten 5 Jahren außer in der

---

55 L.Niethammer schreibt über eine Grunderfahrung der Menschen, die mit Oral History arbeiten: "Das Problem besteht nicht darin, Distanz zu gewinnen, sondern die bestehende Distanz wahrzunehmen und zu einem Instrument der Verständigung zu machen." In: L.Niethammer 1985, Fragen - Antworten - Fragen, S. 411. Ich sehe in der Distanz zu meinen Gesprächspartnern und -partnerinnen weniger ein "Instrument" der Verständigung, sondern vielmehr die "Möglichkeit des Bezugs" zu ihnen; vgl. Hartmut Schröter 1982, Historische Theorie und geschichtliches Handeln. Mittenwald, S.337

Sommerpause fast durchgehend wöchentlich, nach der Sommerpause 1992 14-tägig.
Bereits für die Radiosendung Ende 1989 wurde für Veröffentlichungen von Dokumenten aus dem Gesprächskreis Anonymität vereinbart. Diesem Schutz der dargestellten Personen dienen in dieser Arbeit zum einen die Pseudonyme, zum anderen das Weglassen von biographischen Angaben, die nicht für das Verständnis der Dokumente unumgänglich sind.

B. Der Gesprächskreis als Bezugsrahmen der Erinnerung

Der Gesprächskreis hat im Lauf der Jahre immer mehr als Bezugsrahmen der Erinnerung gedient. Dazu haben verschiedene Faktoren beigetragen:
- Mußte die Zeit für die Erinnerung in den ersten Jahren des Kreises aufgrund der lokalgeschichtlichen Zielsetzung manchmal der Situation abgerungen werden, so kamen zumindest seit 1990 die TeilnehmerInnen mit der Erwartung in den Gesprächskreis, über ihre Lebenserfahrungen zu sprechen - thematisch bezogen auf aktuelle Gegenwartsfragen. Die Gespräche lösten sich zwar immer wieder von den Erinnerungen und gingen in Sachdiskussionen über politische oder historische Fragen über; von diesen Sachdiskussionen aus ließ sich der Faden der Erinnerungsarbeit leicht wieder aufnehmen. Anders verhält es sich mit persönlichen Auseinandersetzungen, die in den ersten beiden Jahren immer wieder entbrannten; die Gefühle prallten manchmal so heiß aufeinander, daß es nicht mehr möglich war, sie auf Erinnerungsarbeit einzulassen; Bemühungen der Vermittlung scheiterten und Möglichkeiten der Verständigung gingen verloren.
- Die Erinnerung im Gesprächskreis war weniger als in anderen Bezugsrahmen - besonders in Familie, Sozialmilieu und Beruf - von dem Zwang belastet, eine bestimmte soziale Identität aufrechtzuerhalten: es war leichter möglich, sich anders zu zeigen, als die anderen es erwarten, es war leichter, neue, andere Sichtweisen alter Erlebnisse zuzulassen und sich dadurch zu verändern.
- Am Gesprächskreis nahmen Männer und Frauen teil, durchgehend mehr Frauen als Männer, durchschnittlich etwa drei Viertel Frauen und ein Viertel Männer. Das erleichterte den Zugang zu der Komplexität der eigenen Lebensgeschichte, wirkte einer Neigung zur eindimensionalen Selbstwahrnehmung und Selbstdarstellung entgegen.
- Der zeitliche Abstand zum Nationalsozialismus ist größer geworden, hat die Grenze von 40 Jahren überschritten.[56] Die allgemeine Bereitschaft, sich an den Nationalsozialismus zu erinnern, hat im Vergleich zu 1980 zugenommen.

---

56 Richard von Weizsäcker hebt in seiner Rede vom 8. Mai 1945 die geschichtliche Dimension dieses Zeitabstandes hervor; darauf bezieht sich auch J.Assmann, der verallgemeinert: "40 Jahre

- J.Reese und ich bemühten uns als Gesprächsleiter dieses Kreises, einen lehrerhaften Ton zu vermeiden, dagegen die Erfahrungen der anderen TeilnehmerInnen wahrzunehmen, auf ihre Äußerungen hinzuhören, ohne sie sogleich zu bewerten oder gar zu verurteilen.

C. Unterschiedliche Erwartungen an den Gesprächskreis am 4.2.1988

Der Gesprächskreis als Bezugsrahmen der Erinnerung ist keine feststehende Größe; er wurde durch die Spannungen zwischen den unterschiedlichen Erwartungen und Erkenntnisinteressen der TeilnehmerInnen bewegt. Diese Spannungen nahmen vor allem in den ersten Jahren den Charakter einer offenen Auseinandersetzung an, die sich bis zum heftigen Streit steigern konnte. Im folgenden dokumentiere ich einige Auszüge aus der 10. Sitzung des Gesprächskreises am 4.2.1988, in denen verschiedene Erwartungen und Interessen sichtbar werden.

Zu Beginn der Sitzung stellte ich, da einige neue TeilnehmerInnen gekommen waren, noch einmal dessen Zielsetzung aus meiner Sicht vor. Entsprechend der Vereinbarung mit der Arbeiterwohlfahrt sollte die Nachkriegszeit in Bielefeld Gegenstand der Gespräche sein. Die Beschäftigung mit der Vergangenheit sollte kein Selbstzweck sein, sondern dazu beitragen, Antworten auf Fragen der Gegenwart zu finden: z.B. auf die Frage nach den Gründen für das Anwachsen des Rechtsradikalismus. In den Gesprächen im Januar 1988 war das Scheitern der Entnazifizierung als ein wichtiger Grund dafür benannt worden. Ich verwies auf den Streit um die Deutung der deutschen Zeitgeschichte. Dabei zitierte ich den Satz von M.Stürmer, „daß in geschichtslosem Land die Zukunft gewinnt, wer die Erinnerung füllt, die Begriffe prägt und die Vergangenheit deutet".[57] Der Gesprächskreis biete die Möglichkeit, zu einer eigenen Deutung zu kommen. Jetzt bestehe

"noch einmal eine Chance für diejenigen, die die Nazizeit erlebt haben und die Zeit um 45 herum erlebt haben, an diesen eigenen Erfahrungen und Erinnerungen zu arbeiten und etwas niederzulegen, was einen Wert hat für ... das Lernen aus der Geschichte."[58]

Irmgard Altenhöner, die an diesem Tag zum ersten Mal am Gesprächskreis teilnahm, äußerte Zweifel an den Erinnerungen: "Das müßte dann aber auch authentisch sein." Sie kritisierte Bücher über die Weimarer Zeit und die NS-Zeit, die anscheinend neben schriftlichen Quellen auf Erinnerungen beruhten:

"da muß wohl irgendwas aus dem Gedächtnis entschwunden sein oder die Menschen waren schon zu alt, als sie das wiedergegeben haben, da ist einiges drin, Widersprüchliches drin, was gar nicht stimmen kann. ... Professoren haben auch mitgewirkt und haben in Archiven nachgestöbert und Statistiken ... zu Rate gezogen, es hätte ja eigentlich richtig sein müssen."[59]

---

markieren eine Epochenschwelle in der kollektiven Erinnerung". J.Assmann 1992: Das kulturelle Gedächtnis. München, S. 11
57   in: Historikerstreit 1987, S. 36
58   Tonbandindex (im folgenden abgekürzt „TI"): 15.1.170. - Der Tonbandindex besteht aus der laufenden Kassettennummer, der Bandseitennummer und dem Index des Zählwerkes.
59   TI 15.1. 85

Sie sei in dem Alter, wo sie kaum was von NS-Zeit mitgekriegt hat (1932 geboren) aber

"auch meine Kinder fragen, sie wollen wissen, was war da, wir wollen was Richtiges wissen, wir wollen nicht irgendwie was Vages haben, wo wir gar nicht sagen können, ja, es war jetzt wirklich so ."

Johann Reese (1918 geboren) knüpfte an den Einwand von Irmgard Altenhöner an:

"... wenn unsere Arbeit das Ziel vor sich hat, nicht nur Erinnerungen, unzusammenhängend, einfach nur Erinnerungen, um die damalige Zeit zu beschreiben, auffängt und das niederschreibt für die Nachwelt, sondern viel mehr dies Erkennen aus der Erinnerung, was man selber erlebt hat wie man damals eine Sache gesehen hat, unter den damaligen Umständen, und wie man es heute möglicherweise sieht, was man daraus gelernt hat. Und bei diesem Prozeß, das haben wir zumindest schon in der Vergangenheit hier im Arbeitskreis feststellen können, Gott sei dank, daß plötzlich Sachen auftauchen in der Erinnerung, die schon praktisch in der Versenkung waren, sie tauchten wieder auf, wurden wieder lebendig und haben wesentlich dazu beigetragen, Erklärungen bei sich selber zu finden, warum hat der oder der oder man selber so damals gehandelt, hat Sachen verstanden damals, vielleicht ganz anders als heute, vielleicht verständlicher heute als damals, als in diesen Perspektiven gesehen, so daß das also sicher sehr nützlich ist. Ich glaube, wenn wir das auch später niederschreiben können, diese Erkenntnisse, die dabei entstanden sind, dann ist das für die späteren Generationen auch ein Ansatzpunkt, in ihrer eigenen Vergangenheit auch wieder Erkenntnisse zu erkennen und durchzusetzen, umzusetzen in die Verwirklichung, damit solche Bilder, nämlich Verfälschungen, Geschichtsverfälschungen später nicht so leicht durchführbar sind, wie sie heute durchführbar sind."[60]

Zur Interpretation

Bei der Interpretation der dokumentierten bzw. zusammengefaßten Äußerungen geht es mir vor allem darum, unterschiedliche Erwartungen an den Gesprächskreis zu benennen; dabei konzentriere ich mich auf Erwartungen, die die TeilnehmerInnen an die Erinnerung und an die Tradierung von Geschichtsbewußtsein stellen. Anschließend stelle ich die Position eines weiteren Teilnehmers dar, die bewußt in Gegensatz zu den anderen tritt und die nicht nur in dieser Sitzung, sondern jahrelang Gegenstand von Auseinandersetzungen im Gesprächskreis war. Im ganzen unterscheide ich fünf Positionen, die den Schwerpunkt auf unterschiedliche Ziele oder Funktionen der Erinnerung und der Tradierung von Geschichtsbewußtsein legen.

1. Erinnerung im Dienst politischer Orientierung

In meiner Einleitung bringe ich ein Interesse an der lokalen Zeitgeschichte im Dienst politischer Orientierung zum Ausdruck; die Arbeit an den Erinnerungen und deren Tradierung („etwas niederzulegen") soll dem "Lernen aus der Geschichte" dienen. Dabei grenze ich mich von einem Interesse an der Geschichte ab, das von Orientierungsbedürfnissen der Gegenwart abzusehen meint. Mehrere Personen teilen das von mir vorgetragene Interesse an der Vergangenheit. Sie stellen im Lauf der Sitzung Fragen zum Widerstand gegen den Nationalsozialismus und zum Verlauf der Entnazifizierung in Bielefeld; sie erzählen Geschichten dazu, die oft an markante Erlebnisse anknüpfen. So erinnert sich eine Teilnehmerin daran, wie eine Nachbarin aufschrie, als sie die Nachricht von der Hinrichtung ihres Mannes, des Kommunisten Kleinewächter, erhielt. - Ich trage Geschichten und Informationen aufgrund meines Aktenstudiums bei. Bei der Rekonstruktion der lokalen Vergangenheit soll in dem Gesprächskreis die Arbeit an den Erinnerungen jedoch das größere Gewicht haben. Ich messe dabei den durchgearbeiteten Erinnerungen eine kritische Funktion gegenüber der Geschichtsschreibung zu, die auf schriftlichen Quellen beruht.[61]

2. Erinnerung im Dienst lebensgeschichtlicher Orientierung und Erinnerung im Dienst der Verständigung zwischen den Generationen

Irmgard Altenhöner trägt Zweifel am Wahrheitsgehalt von Erinnerungen vor; solche Zweifel werden in der Wissenschaft methodisch reflektiert.[62] Sie erwartet, daß Erinnerungen "authentisch" sein sollen. Dem entspricht die Forderung nach überprüfbarer Richtigkeit, die sie an die auf Archivalien und Statistiken beruhende Geschichtsschreibung stellt. Diese Erwartungshaltung gewinnt ihre besondere Schärfe durch I.Altenhöners Generationslage: Sie sieht sich konfrontiert mit den Fragen ihrer Kinder nach der NS-Zeit, kann diese Fragen aber kaum aus eigener Erinnerung beantworten, da sie erst 1932 geboren ist. Später in der Sitzung sagt sie, daß ihr verstorbener Mann (1927 geboren) überzeugter Nationalsozialist war. Sie sei kurz vor der Sitzung mit ihren Kindern in Buchenwald gewesen; ihr Mann würde noch heute - falls er noch lebte - die Verbrechen in den Konzentrationslager abstreiten. I.Altenhöner setzt damit einen von meiner Position sich unterscheidenden Akzent: ihre Äußerung zielt nicht so sehr auf Erinnerung im Dienst politischer

---

61 Daß schriftliche Quellen und die auf ihnen beruhende Geschichtsschreibung auf der anderen Seite auch zur Kritik von Erinnerungen und Erzählungen dienen, habe ich an anderer Stelle im Gesprächskreis deutlich gemacht. So hatte einer meiner Interviewpartner angegeben, er sei nicht Mitglied der NSDAP gewesen; ich fand jedoch seine Mitgliedsakte im Berlin Document Center.
62 Ich verweise hier nur auf L.Niethammer 1985 "Fragen - Antworten - Fragen " S. 396ff. Oral History ergibt nur Sinn, wenn "Erinnerungen als Zugang zu vergangener Wirklichkeit ernst genommen werden" (a.a.O. S.398); darin ähnelt sie der gerichtlichen Zeugenvernehmung und - auf andere Weise - der Psychoanalyse. Zu diesen drei Arten von institutionalisierten Bezugsrahmen der Erinnerung gehört andererseits ein grundsätzlicher Vorbehalt gegen die Zuverlässigkeit von Erinnerung: "Sie kann vergessen bzw. verdrängt sein, oder es kann einen Widerstand gegen ihre Wiederauffindung geben, sie kann geleugnet werden." (ebda). Die Möglichkeit der Wahrheitsfindung beruht vor allem auf dem unwillkürlichen Moment der Erinnerung, das sich gegen ihre willentliche Abwehr durchsetzt.

Orientierung, sondern eher auf Erinnerung und Erkenntnis der Vergangenheit im Dienst lebensgeschichtlicher Orientierung und Verständigung zwischen den Generationen. Angesichts von Unsicherheiten und (Selbst)Täuschungen möchte sie, den Erwartungen ihrer Kinder entsprechend, vor allem etwas wie historische Wahrheit tradieren - im Sinn dessen, das „wirklich so" war.

3. "Erkennen der Erinnerung" als Veränderung und erkannte Erinnerung als Grund von Kritikfähigkeit

Johann Reese grenzt sich zunächst gegen ein Erkenntnisinteresse ab, das dem von mir zurückgewiesenen ähnelt: "Erinnerungen, um die damalige Zeit zu beschreiben", ohne Zusammenhang mit der Gegenwart. Er bezieht sich dabei vermutlich auf die von I.Altenhöner kritisierten Texte, wohl kaum auf ihre eigene Position. Sein tastend formulierter Gedankengang legt den Schwerpunkt auf das "Erkennen aus der Erinnerung". Während in meiner Einleitung Arbeit an den Erinnerungen zunächst darin besteht, sie auf Fragen der Gegenwart zu beziehen, legt J.Reese den Akzent darauf, daß die Erlebnisse "damals" und "heute" unterschiedlich "gesehen" werden. "Erkennen aus der Erinnerung" besteht für ihn also darin, daß die Deutung der Erlebnisse selbst sich ändert und nicht nur die Deutung der Gegenwart aufgrund von Erfahrungen als gesammelten und erkannten Erlebnissen. J.Reese hebt das plötzliche Auftauchen von Erinnerungen aus "der Versenkung" für die Erkenntnis hervor.[63] Gerade vergessene Geschichten, die unwillkürlich auftauchen, haben die Kraft, zur Veränderung von lebensgeschichtlichen Deutungen zu führen, eine erweiterte und verbesserte Selbstverständigung zu ermöglichen. Diese Einsicht schöpft J.Reese vor allem aus lebensgeschichtlichen Veränderungen, die er an dieser Stelle nicht erzählt; sie schärfen seine Aufmerksamkeit für die unwillkürliche Erinnerung im Gesprächskreis. - Meine Aufmerksamkeit für die unwillkürliche Erinnerung ist Anfang 1988 im Vergleich zu J.Reese deutlich geringer; sie ist im Lauf der Jahre gewachsen. Eine Stunde nach den zitierten Ausführungen von J.Reese tauchte bei Ida Gartemann eine Geschichte "aus der Versenkung" auf, die manches bei ihr veränderte.[64] Diese Geschichte hat mich in meinem Nachdenken über Erinnerung und Veränderung immer wieder angestoßen; damals bewegte sie mich nicht, von meinem Erkenntnisinteresse abzuweichen: Am Schluß der Sitzung schlug ich aufgrund vieler Fragen und Erzählungen als Thema der nächsten Sitzung Erinnerungen an Bielefelder Nationalsozialisten vor.

J.Reese spricht - vergleichbar mit I.Altenhöner - die Beziehungen zwischen den Generationen als Ort der Erinnerungsarbeit an. Er berichtet im Unterschied zu ihr

---

63 Sowohl der Metapher des „Auftauchens" als auch der der „Versenkung" für das Unbewußte liegt die Vorstellung eines Wassers oder Stromes zugrunde - wie in dem antiken Bild von „Lethes Strom".
64 Ich dokumentiere diese Geschichte im 6. Kapitel

nicht von Fragen seiner Kinder; an anderer Stelle äußert er vielmehr seine Enttäuschung darüber, daß seine Kinder und deren Generation (um 1950 geboren) sich zu wenig für seine Erinnerungen interessieren. Diese Konstellation läßt verstehen, daß er den "späteren Generationen" gerade die Fähigkeit vermitteln möchte, "in ihrer eigenen Vergangenheit auch wieder Erkenntnisse zu erkennen und durchzusetzen". Immer wieder benennt J.Reese "Kritikfähigkeit" als das Wichtigste, was er den Nachgeborenen tradieren möchte. In dem dokumentierten Text erscheint dies Wort nicht, aber die Sache: Erkannte Erinnerung als Grundlage eines kritischen Geschichtsbewußtseins, das die Kraft hat, "Geschichtsverfälschungen" entgegenzutreten.

4. Erinnerung als Schuldbekenntnis

R.Jeremias (1920 geboren) stellt von seinem Glauben aus im Unterschied zu den bisher genannten Personen die Erinnerungen in einen überzeitlichen, übergeschichtlichen Rahmen: er spricht vom Jüngsten Gericht.

Über eine Stunde nach Beginn der Sitzung geht es in der Diskussion um die Frage nach den Tätern im Nationalsozialismus, ausgehend von Geschichten zur Entnazifizierung in Bielefeld. Die meisten TeilnehmerInnen grenzen sich von den Tätern ab und vertreten die Ansicht, daß die Entnazifizierung nicht streng genug durchgeführt worden sei. Greta Kaufmann (1917 geboren), die schon in ihrer Jugend unter dem Nationalsozialismus zu leiden hatte und besonders heftig gegen die Täter polemisiert, sieht die Konsequenz der von anderen vorgetragenen Stellungnahmen in dem Gedanken, daß jeder ein Täter sei, der nicht aufgestanden sei und protestiert habe. Elise Hilger (1925 geboren) steht zu diesem Gedanken: sie erzählt von ihrem Onkel, der sich erhängte, als er in Rußland an einem Erschießungskommando teilnehmen sollte.[65]

An dieser Stelle setzt R.Jeremias mit seinem Bekenntnis ein: auch er steht zu der von Frau Kaufmann angesprochenen Konsequenz. Einen klaren Weg könne man nur im Glauben gehen. Alle seien in einem "Befehlsnotstand", in einer Zwangslage gewesen, "da ist man eben 'n kleiner Eichmann".[66] Doch jetzt sei es möglich, die Wahrheit zu sagen und seine Schuld zu bekennen. M.Niemöller habe aus seinem Glauben den Mut gehabt, sich selbst anzuklagen. Er versuche, Niemöller zu folgen.

"Ich bin ein Nachrichtenmörder, ich habe die Leitung gebaut, durch die die Mordbefehle gingen." In Rußland habe er zusammen mit anderen Soldaten einer Frau, die sich um ihrer Kinder

---

65 Dieser Onkel hat nach E.Hilgers wiederholten Erzählungen monatelang versucht, sich derartigen Befehlen zu entziehen, u.a. durch Selbstverletzung. Schließlich hat er offenbar keinen anderen Ausweg gesehen als den Suizid. - Wenn auch nicht bestritten werden soll, daß denen, die sich weigerten, Zivilisten zu ermorden, der Weg dazu offenstand, so zeigt doch dies Beispiel, daß im Bewußtsein damaliger Soldaten der ihnen mögliche Handlungsspielraum kleiner war als der z.B. von D.J.Goldhagen aus der historischen Perspektive aufgezeigte.
66 TI 15.2.330

willen ihnen bittend in den Weg legten, die letzte Kuh aus dem Stall geholt. "... Ich bin als Landser auch gezwungen worden, die Bibelforscher zu bewachen... ich hab auch KZ-Leute bewacht", bei Aufräumarbeiten, die die Häftlinge machen mußten." Er habe aus dem Glauben den Mut zu solchem Bekennen. "Wer macht das denn? Jeder will sich selber doch immer ... hervorheben", man erzähle "immer nur die guten Sachen" von sich. "Ich sags ja deshalb, damit wir alle lernen davon, vielleicht finde ich sogar Nachahmer. Das würde mich freuen, wenn ich auch mal außer Niemöller noch jemanden erleben würde, der sich selbst mit Dreck beschmeißt. Ich mach es nämlich deshalb... weil ich sowieso weiß, daß ich - jeder Mensch muß mal vor dem Richterstuhl Christi erscheinen und muß für jedes gesprochene Wort Rechenschaft ablegen und natürlich auch seine Schandtaten. Und deshalb macht mirs selbst jetzt sogar Freude, mich da mein Gewissen schon etwas zu entlasten...."

R.Jeremias sieht den Gesprächskreis als Forum, vor dem er seine Bekenntnisse ablegen kann. Dabei denkt er an das Jüngste Gericht als den Ort der Rechenschaft für alle Worte und Taten. Von diesem Ort aus kommen für ihn die Erinnerungen in den Blick, weniger von einer politischen Situation der Gegenwart aus. Er ist zwar unermüdlich in der Friedensbewegung tätig und läßt kaum eine Gelegenheit zu öffentlichem Eintreten für deren Ziele aus. Er bezieht auch Erinnerungen auf gegenwärtige politische Situationen, doch diese scheinen für ihn weniger Fragen aufzuwerfen als Anwendungsfälle längst bekannter politisch-theologischer Einsichten zu sein. R.Jeremias geht andererseits auch kaum von einem Gespräch zwischen Menschen verschiedener Generationen aus. Er hat bewußt auf Kinder verzichtet; er verweist dabei auf Jesus und Paulus, die auch keine Kinder hatten.[67] Die Perspektive von der Ewigkeit her gibt seinen Erinnerungen etwas Endgültiges; er gehört zu den Menschen, bei denen ich im Lauf der Jahre kaum Veränderungen bemerken konnte. Diese Neigung zum Endgültigen brachte ihn nicht zufällig vor allem in Gegensatz zu J.Reese, der das Moment der Veränderung hervorhebt. J.Reese zog sich wegen des Streites mit R.Jeremias in der zweiten Hälfte des Jahres 1989 aus dem Gesprächskreis zurück. R.Jeremias nahm seit Ende 1991 nicht mehr am Gesprächskreis teil.

R.Jeremias will für andere ein Beispiel im Bekennen von Schuld sein, wie Niemöller für ihn Beispiel ist. Jedoch scheint er außer Niemöller und sich selbst niemanden zu sehen, "der sich selbst mit Dreck beschmeißt". An anderer Stelle spricht er es aus, wie wenig er erwartet, daß er "Nachahmer" findet. Er bezieht sich dabei auf den Propheten Jesaja,[68] der die Menschen, zu denen er redete, "verstocken" sollte (Jesaja 6,10). So dürfte es ihn nicht wundern, wenn er im Gesprächskreis heftigen Widerspruch erfährt: Greta Kaufmann, seit jeher sozialdemokratisch orientiert und bei der Arbeiterwohlfahrt aktiv, hält ihm entgegen, daß nicht nur aus christlichem Glauben Standhaftigkeit komme. Es gebe Menschen, die sich nicht mit Dreck zu bewerfen brauchten. Sie habe als Lebensmittelhändlerin nicht ein Brot übertcuert verkauft. Sie weist R.Jeremias' Anspruch zurück, aus seinem

---

67 so am 14.4.1988 und öfter
68 so am 2.11.1989 und öfter

christlichen Glauben Folgerungen für andere zu ziehen. - Elise Hilger, ähnlich wie R.Jeremias langjährige Aktivistin der Friedensbewegung, kann jedoch von einer am Marxismus orientierten Grundposition aus R.Jeremias' Bekenntnis unterstützen:

> "Ich glaube aber trotzdem, daß wir uns alle n bißchen schämen müssen, daß wir ja alle Feiglinge gewesen sind. Wenn wirs nicht gewesen wären, lebten wir ja nicht mehr. Da gabs nur eine Alternative dazu: entweder die Meinung sagen und tot und weiterleben und sich ... durchmogeln."[69]

5. Erinnerung als Selbstrechtfertigung

R.Jeremias möchte die TeilnehmerInnen des Gesprächskreises zu dem Eingeständnis ihrer Schuld bewegen. Er weiß, daß das Gegenteil üblich ist, nämlich "nur die guten Sachen" von sich zu erzählen. Auch im Gesprächskreis haben viele Erinnerungen diesen Charakter. Ein Extrem solcher Erinnerung als Selbstrechtfertigung erschütterte den Gesprächskreis in seiner dritten Sitzung am 19.11.1987, als ein Mann aus seinem Leben erzählte, der sich aus Begeisterung freiwillig zur Waffen-SS gemeldet hatte und sich keiner Schuld bewußt war.[70]

R.Jeremias bewirkt oft das Gegenteil seiner Absicht - was nichts Neues für ihn ist, ihn also auch nicht zur Veränderung seines Auftretens bewegen könnte. So lehnt Frau Kaufmann seine Aufforderung zum Schuldbekenntnis ab, indem sie sich rechtfertigt.

D. Sinnhorizonte, Erwartungshorizonte und Bezugsrahmen der Erinnerung

Ich habe unterschiedliche Erwartungen und Erkenntnisinteressen der TeilnehmerInnen des Gesprächskreises benannt und etwas von den unterschiedlichen Situationen angedeutet, aus denen heraus die TeilnehmerInnen diese Erwartungen an den Gesprächskreis stellen. Dabei wurden im Ansatz unterschiedliche Deutungsmuster oder Weltbilder sichtbar, die einerseits lebensgeschichtlichen Erfahrungen und Erinnerungen Sinn geben, andererseits den Bereich des Sinnvollen begrenzen. In vielen Beiträgen, vor allem im Streit um die Position von R.Jeremias ist wahrzunehmen, daß Grenzen gezogen werden: So gesteht Greta Kaufmann R.Jeremias seinen christlichen Standpunkt zu, grenzt sich aber von dem Anspruch ab, daß dieser Standpunkt auch für sie gelten solle. Sie grenzt vor allem drei Deutungsmuster aus ihrem Sinnhorizont aus:
- daß nur der christliche Glaube "Standhaftigkeit" geben könne;
- daß alle Deutschen während der Zeit des Nationalsozialismus schuldig geworden seien;

---

69 TI 15.2.450
70 vgl. 7. Kapitel

— daß alle diese Schuld - mit dem Blick auf das Weltgericht Christi - offen bekennen sollten.

Ich verwende den metaphorischen Begriff des Sinnhorizontes, um den Doppelcharakter von Deutungsmustern zu bezeichnen, nämlich Erschließung und Ausschließung von Sinn. In der Metapher des Horizontes ist die Möglichkeit mitgedacht, daß die Grenze des Sichtbaren bzw. des Sinnvollen sich verschieben kann; eine solche Verschiebung kann den Charakter einer Erweiterung, aber auch den einer Verengung haben. Sinnhorizonte lassen sich danach unterscheiden, ob ihre Grenze eher beweglich oder eher starr ist. Der Extremfall der Unbeweglichkeit oder Starre läßt sich als geschlossene Sinnstruktur bezeichnen, der Extremfall der Beweglichkeit als Erwachen. Im Denkbild von Traum und Erwachen ist der Übergang von einer geschlossenen Sinnstruktur zu einem offenen Sinnhorizont gedacht: Der Horizont eines Schlafenden ist auf seine Innenwelt beschränkt; er bezieht sich auf Vorgänge und Personen der Außenwelt nur insofern, als sie zu Bildern seiner Innenwelt geworden sind. Das Erwachen verändert diesen Horizont zuerst plötzlich; der Erwachende sieht sich in einer Welt, die ihm vorher unbewußt war. Innerhalb dieser Welt kann er dann schrittweise in Beziehung zu Vorgängen und Menschen treten. Diese Beziehungen unterscheiden sich von den Beziehungen zu den Bildern seiner Innenwelt dadurch, daß er ihr Anders-Sein, ihre Eigenart wahrnehmen, in Kontakt dazu treten und dadurch sich selbst verändern kann.

Die sozialen Bezugsrahmen der Erinnerung weisen - ähnlich wie die individuellen Sinnhorizonte - den Doppelcharakter der Erschließung und Ausschließung von Sinn auf. Dies zeigte sich bei der Theorie von M.Halbwachs daran, daß sie sowohl eine Theorie der Erinnerung als auch des Vergessens ist.[71] Ich verwende den Begriff des Bezugsrahmens so, daß seine Veränderung grundsätzlich möglich ist; dadurch nähere ich ihn an den Begriff des Horizontes an. Soziale Bezugsrahmen enthalten einerseits einen allgemein geteilten Sinnhorizont, andererseits auch verschiedene individuelle Sinnhorizonte, die in einer Spannung zueinander stehen, und die unter günstigen Bedingungen im Gespräch miteinander verschmelzen können. In dem von mir dargestellte Gesprächskreis sind all diese Momente enthalten: gemeinsames Selbstverständnis, unaufgelöste Spannungen und gegenseitige Verständigung im Gespräch.

Die TeilnehmerInnen kommen zum Gesprächskreis, weil sie etwas von ihm *erwarten*; dies dynamische Moment nenne ich Erwartungshorizont.[72] Auch für die Erwartungshorizonte gilt der doppelte Charakter der Erschließung und Ausschließung von Sinn. Erwartungshorizonte lassen sich gewissermaßen als Innenseite der sozialen Bezugsrahmen von Erinnerungen auffassen. Die Bezugsrahmen sind dann

---

71 s.o. S. 56
72 Mit „Erwartungshorizont" meine ich hier wie im gesamten empirischen Teil nicht den Grundbegriff der Historik von R.Koselleck wie in Kapitel 2, S.58f, sondern einen konkreteren Begriff, der sich zur Untersuchung der Gesprächssituation eignet.

die Außenseite, die in der sozialen Situation wirksam werdende Seite der Erwartungshorizonte. Wenn ich z.b. als Gesprächsleiter meinen Erwartungshorizont zum Ausdruck bringe, an die TeilnehmerInnen adressiere, biete ich ihnen damit einen Rahmen an, auf den sie ihre Redebeiträge (Erzählungen oder Argumentationen) beziehen können (und sollen). Sie haben allerdings die Möglichkeit, sich nicht auf diesen Rahmen einzulassen, ihm zu widersprechen und einen anderen Rahmen vorzuschlagen.

Ich möchte in den folgenden vier Kapiteln weniger eine Reihe verschiedener Deutungsmuster und ihrer Typen zusammenstellen; auch die Fragen nach den Konfliktlinien zwischen den TeilnehmerInnen und der grundlegenden Übereinstimmung zwischen ihnen möchte ich nicht ins Zentrum der Darstellung rücken. Vielmehr kommt es mir entsprechend der im vorigen Kapitel dargelegten Fragestellung vor allem auf Chancen zur Veränderung an. Bei der Darstellung von vier Personen des Gesprächskreises gehe ich von der Dokumentation ausgewählter Bruchstücke der Gespräche aus, die ich transkribiert habe. Meine Interpretation folgt zunächst den Beobachtungen, die an den Personen und ihren Äußerungen sowie an der Gesprächssituation zu machen sind. Die für die Fragestellung in empirischer und theoretischer Hinsicht wichtigen Aspekte fasse ich dann jeweils in einem Zwischenergebnis zusammen.

5. Kapitel: Johann Reese (1918 geboren)

A. Erinnerung an eine Veränderung seines Lebens

J.Reeses Erwartung an den Gesprächskreis deutet am stärksten auf Möglichkeiten der Veränderung von Deutungsmustern und Verhaltensweisen hin. Daher wende ich mich zunächst seiner Lebensgeschichte zu. Können seine Erinnerungen und Erfahrungen als Beleg für seine Aussagen über Erinnerung und Veränderung gelten? Um dieser Frage nachzugehen, dokumentiere ich zunächst seinen Redebeitrag, der sich an den Streit um R.Jeremias' Position anschließt.

Entschluß zu desertieren: "da habe ich mir gesagt: ohne mich"[73]

JR "Ich wollte jetzt eben nur sagen, bei dem Wort Feigling wurde ich jetzt plötzlich allergisch, und zwar aus dem einfachen Grunde heraus, Frau Hilger, daß Sie das Wort Feigling nehmen - wir waren alle n bißchen feig - würde ich noch akzeptieren, wenn Sie es sagen. Aber ich hab erlebt, nachdem ich ja seinerzeit fahnenflüchtig geworden bin, weil ich abgehauen bin, das war auch n

---

73 4.2.1988; TI 15.1.490

Weg, das hat aber mit Feigheit nichts zu tun. Ich kann Ihnen versprechen, das war schon eine Überlegung, und ein Entschluß, der nicht leicht war für nen jungen Menschen in der Situation, wo er weiß, nämlich daß, wenn er geschnappt wird"
EH "konnten Sie aber auch nur machen, weil Sie keine Familie hatten, keine Frau und keine Kinder"
JR "aber ich hatte Familie, hatte ich, mit der ich sehr sehr eng verbunden war, das war mein Vater und meine Mutter. Das andere gilt nicht. Jedenfalls war der Entschluß abzuhauen, nicht leicht. Und der Entschluß, der kam aus politischer Überzeugung, weil ich nämlich einer der wenigen war, die in die Lage versetzt waren, ... zu sehen, wie alles geplant war, was man im Nachhinein auch so falsch darstellt als Kriegshandlungen, Zufälligkeit und sonstiges. Ich hab nämlich 1938 schon im Oberkommando in Braunschweig[74], da hab ich nämlich für die sogenannten Militärspiele nämlich die ganzen Aufmarschpläne für - 37 schon - Aufmarschpläne für Österreich, für Böhmen und Mähren und so weiter, waren alles Kriegsspiele, war ja überhaupt nur für Offiziersspiele gedacht, und anschließend war es Wirklichkeit. Ja, nachdem mir das klar war, was ich da alles schon gemalt und gezeichnet hatte für die Herren Offiziere, "
OD ... "das waren die Unterlagen für die Schreibtischtäter "
JR "und da habe ich mir gesagt: Ohne mich. (3 sek Pause) Und Sie wissen genau, was das bedeutet, wenn Sie jetzt abhauen: Werden Sie gekascht dabei, dann sind Sie n Kopp kürzer, "
mehrere Stimmen: Ja
JR "klarer Fall. Dies Risiko nehmen Sie mal auf sich, bewußt auf sich, und gehen Sie dann los. Dann können Sie sagen, Du bist n feiger Hund, du willst nicht als Soldat dienen, und der andere sagt, du hast Courage gehabt, bist abgehauen."[75]

B. Erinnerung als Kritik an bestehenden Deutungsmustern

J.Reese bezieht sich direkt auf Elise Hilgers Aussage, daß "wir ja alle Feiglinge gewesen sind". Er grenzt diese Deutung aus seinem Sinnhorizont aus; diese Abgrenzung ist mit einem spontanen Gefühl verbunden: er sagt, daß er "plötzlich allergisch" wurde. Dabei akzeptiert er, daß E.Hilger sich (und viele andere) als feige bezeichnet; aber für sich selbst läßt er diese Deutung nicht gelten. Mit seiner Geschichte widerspricht er auch ihrer verallgemeinernden Sicht, daß es zwischen Tod und "Sich Durchmogeln" keine Alternative gegeben habe.

Indirekt bezieht J.Reese sich auf R.Jeremias und seine Aufforderung zum Schuldbekenntnis. Er sagt zwar nicht, wie G.Kaufmann, daß er nichts zu bekennen habe; aber er weist mit seiner Geschichte die Behauptung von R.Jeremias zurück, daß alle erwachsenen Deutschen unter dem "Befehlsnotstand" während der nationalsozialistischen Herrschaft sich wie "kleine Eichmänner" verhalten haben und verhalten mußten.

E.Hilger unterbricht J.Reeses Erzählung. Sie erkennt indirekt an, daß seine Desertion nicht feige war; jedoch versucht sie, ihre Deutung aufrechtzuerhalten, indem sie auf Bedingungen hinweist, die J.Reeses Situation von der vieler anderer unter-

---

74 gemeint ist das Luftwaffengruppenkommando (Generalkommando)
75 TI 15.1.490

schied: er hatte keine Familie, keine Frau und keine Kinder. J.Reese lehnt diesen Einwand mit dem Hinweis auf die enge Verbindung zu seinen Eltern ab.[76]

J.Reese ist sich bewußt, daß er mit seiner Erinnerung bestehende Deutungsmuster, die in der Öffentlichkeit weithin gelten, kritisiert und dadurch Widerspruch und z.T. heftige Emotionen hervorruft. Solche Emotionen waren jedesmal zu spüren, wenn im Gesprächskreis ausführlicher über die Fragen nach der Kollektivschuld aller überlebenden Deutschen und nach den damals bestehenden Möglichkeiten zu Opposition, Befehlsverweigerung und Widerstand gesprochen wurde. Dies verstehe ich als Zeichen dafür, wie tief diese Fragen die Identität der TeilnehmerInnen berühren, und zwar nicht nur ihre Ich-Identität. Denn diese Frage gehört zum Kern der Schwierigkeit der Deutschen, sich selbst als Subjekt der eigenen Taten anzuerkennen, angesichts von Bedingungen, die sie daran hinderten, Subjekte ihrer Taten zu sein. J.Reeses Erinnerung gibt seinen GesprächspartnerInnen die Chance, diese *Schwierigkeit* wahrzunehmen und sich dadurch von der weit verbreiteten Vorstellung zu lösen, Befehlsverweigerung sei im Nationalsozialismus weithin eine *Unmöglichkeit* oder nur um den Preis des eigenen Lebens möglich gewesen. Allerdings läßt J.Reese keinen Zweifel daran, daß er sein Leben riskierte; er prahlt aber nicht mit seinem Mut, sondern stellt die GesprächspartnerInnen vor die Wahl, sein Verhalten als feige oder mutig zu bezeichnen.

C. Erinnerung an einen lebensgeschichtlichen Wendepunkt

J.Reeses Erzählung seiner Desertion ist in der Gesprächssituation vom 4.2.1988 vor allem als Argument gegen das Deutungsmuster von der Kollektivschuld aller überlebenden Deutschen geformt - mit der Absicht, eine Veränderung im Denken seiner GesprächspartnerInnen zu bewirken. Dem entspricht - wenn auch eher im Hintergrund - die Veränderung von Deutungsmustern und Verhaltensweisen in seiner eigenen Lebensgeschichte, die in seinem Entschluß zu desertieren erkennbar ist. Er änderte 1938 grundlegend sein Verhalten dem Militär gegenüber: er war nicht ein Soldat, der nur auf eine Gelegenheit wartete zu desertieren; damit hätte er sein Verhalten dem Militär gegenüber nicht grundlegend geändert. J.Reese sagt, daß sein Entschluß zu desertieren "aus politischer Überzeugung" kam. Worin diese Überzeugung im einzelnen bestand, führt er nicht aus. Ich sehe an dieser Stelle zwei Momente:
- Er grenzt mit dem Hinweis auf seine politische Überzeugung sich vor allem gegen die Auffassung ab, daß das Motiv seiner "Fahnenflucht" Feigheit gewesen sei: "Dann können Sie sagen, Du bist n feiger Hund, du willst nicht als Soldat dienen". Er berichtet anschließend von verletzenden Situationen, in denen er mit dieser

---

76 Tatsächlich hatten seine Eltern unter seiner Desertion zu leiden: s.u. S. 133

Auffassung konfrontiert war; so sprach ihn ein Richter bei einer Zeugenvernehmung im Jahr 1956 als "fahnenflüchtig" an.

-. J.Reese konnte Anfang Oktober 1938 im Unterschied zu den meisten Deutschen aufgrund seiner Tätigkeit beim Militär klar erkennen, daß das Deutsche Reich der Angreifer war.[77] Damit erkannte er die offizielle Darstellung der Verhältnisse, an die er bis dahin geglaubt hatte, als unwahr, und zwar als bewußt unwahr. Er erkannte, "wie alles geplant war, was man im Nachhinein auch so falsch darstellt als Kriegshandlungen, Zufälligkeit und sonstiges". Diese Bemerkung enthält wohl auch eine Reflexion späterer Darstellungen der Ereignisse von 1938; wichtig ist in diesem Zusammenhang, daß J.Reese Anfang Oktober 1938 die "politische Überzeugung" gewann, daß die nationalsozialistische Propaganda die Ereignisse planmäßig falsch darstellte.

Mit diesen beiden Momenten seiner damaligen "politischen Überzeugung" wird jedoch die Qualität und der Umfang der Veränderung in J.Reeses Lebensgeschichte erst in Ansätzen sichtbar.

D. Der Gesprächskreis als Bezugsrahmen der Erinnerung am 9.2.1989

In der folgenden Darstellung möchte ich näher auf diesen Wendepunkt in J.Reeses Lebensgeschichte eingehen. Dabei stütze ich mich nicht nur auf den oben dokumentierten Auszug, sondern vor allem auf zwei weitere Versionen seiner Desertionsgeschichte, die er Anfang 1989 erzählte. Außerdem beziehe ich mich auf ergänzende Erzählungen und Gedanken zu dieser Geschichte aus den Jahren danach.

Der Gesprächskreis als Rahmen der Erinnerung ermöglichte Anfang 1989 viel mehr als ein Jahr zuvor Erzählungen über lebensgeschichtliche Veränderungen. Die TeilnehmerInnen waren übereingekommen, nach Phasen in ihren Lebensgeschichten zu suchen, die sie durch Wendepunkte voneinander unterscheiden konnten. Als grobes Modell einer möglichen Phaseneinteilung, das die Besinnung auf die Phasen der eigenen Lebensgeschichte erleichtern, aber nicht vorbestimmen sollte, war eine Gliederung in "Vorgeschichte - Zusammenbruch - Chaos - Aufbau" entworfen worden. Auf keinen Fall sollte dieses Modell die Gleichzeitigkeit der Phasen bei den verschiedenen Personen aussagen, so als ob alle im Mai 1945 einen Zusammenbruch erlebt haben müßten.[78] Die Geschichten sollten nach Möglichkeit die aus

---

77 Am 1.10.1938 begann der Einmarsch der deutschen Truppen in die "sudetendeutschen Gebiete" der Tschechoslowakei - zwei Tage nach der Konferenz von München, von der weltweit die Sicherung des Friedens in Europa erhofft worden war.
78 Ähnlich arbeitet U.Herbert die Verschiebung lebensgeschichtlicher Phasen gegenüber der politischen Ereignisgeschichte heraus. Vgl. U.Herbert 1983 "Die guten und die schlechten Zeiten". In: L.Niethammer (Hg) 1983: "Die Jahre weiß man nicht, wo man die heute hinsetzen soll", Berlin, Bonn, S. 67ff

den Erfahrungen zu gewinnenden Erkenntnisse[79] ausdrücklich benennen. - In dem genannten Modell ist das Interesse an der Nachkriegszeit in Bielefeld noch deutlich wahrzunehmen. Die von diesem Interessenschwerpunkt her formulierte Bezeichnung "Vorgeschichte" war möglichst neutral gewählt; ehemalige Anhänger des Nationalsozialismus wie ehemals Verfolgte sollten sich darauf beziehen können.

Am 26.1.1989 ging es im Gesprächskreis um lebensgeschichtliche Wendepunkte, vor allem um den Eintritt der Phase des Zusammenbruchs, sofern sie in den Lebensgeschichten auszumachen war. Am 9.2.1989 ging das Gespräch von J.Reeses Videofilm über die "Demokratie als Geburtshelferin der Diktatur" aus, den er aus verschiedenen Filmen seit der Weimarer Republik zusammengestellt hatte. Im Zentrum des Gespräches stand die Frage, woher damalige und heutige Verblendung komme und wie sie zu überwinden sei. Dabei entstand ein heftiger Streit zwischen ehemaligen Anhängern und Verfolgten des Nationalsozialismus um den Zusammenbruch des Glaubens an den Nationalsozialismus, besonders um das Zerbrechen des "Führerbildes" und das Lernen aus den Fehlern. An beiden Tagen erzählte J.Reese die Geschichte seiner Desertion. Im folgenden dokumentiere ich die Version vom 9.2.1989.

E. Geschichte vom Zerbrechen des Führerbildes

Adelheid Ratgeber (geboren 1913), die während des Nationalsozialismus einen beruflichen Aufstieg in der Verwaltung machen konnte, der ihr gesellschaftliche Kontakte zu Gutsbesitzern und hohen Parteifunktionären ermöglichte, sieht die damalige wie die heutige Verblendung als menschlich an, wie alle Fehler. E.Hilger vertritt demgegenüber den Standpunkt, dieselben Fehler wie zur Zeit des Nationalsozialismus seien heute nicht mehr zu entschuldigen. J.Reese fragt A.Ratgeber, ob sie nichts aus ihren Fehlern gelernt habe.

A.Ratgeber sagt, sie spreche in ihrer Familie öfter darüber, "was wir falsch machen" ; die Jüngeren lehnen ab, das sei ihre Sache.

Zerschmetternde Erkenntnis[80]

AR "da kann ich noch so viel erlebt haben, noch so viel gelernt haben, ich hab nicht die Möglichkeit, der anderen Generation das so richtig zu vermitteln."

HP "Wir sind in dies heftige Gespräch gekommen, weil es um das Zerbrechen des Führerbildes ging: und ich denke, daß wir uns da so an die Köpfe kriegen, ist noch mehr ein Beweis dafür, daß wir eine Geschichte, die das so richtig darstellt ... "

JR "Wer wagt es, wer bringt die Kraft auf,... gegen die Emotionen, die in ihm noch immer schlummern, dagegen anzukommen, das zu sortieren und zu versuchen, einigermaßen rationell

---

79 vgl. S.111
80 9.2.1989; TI 58.2.250

das zu schildern, wie sowas ... ich kann - ich weiß aus eigener Erfahrung, wie wie wie zerschmetternd die Erkenntnis, diese Umdrehung der eigenen Vorstellungen ..., was man einmal alles so als Ideale gesehen hat, wie das alles nämlich plötzlich gar nicht mehr ist, und man mußte jetzt neue Ideale finden und suchen und finden hinterher"

EH   "und auch Fehler zugeben, das eigene Versagen"
JR   (gleichzeitig) "auch das"
JR   "und dieses, diese Passage, das ist n verdammt schweres Erlebnis"
RJ   "... ich traue mir zu, daß ich das durchschaue, wieso es gekommen ist ... "
-    (viele SprecherInnen)
HP es "geht nicht darum, Herr Jeremias, daß jemand das durchschaut und erklärt ..."
JR   "... Sie hatten das ja vorher schon alles durchschaut, das ist ja das Traurige dabei, ... Sie können ja gar nicht mitreden ... "
HP   "... wir brauchen hier eine Geschichte, nicht wo einer sozusagen sagt, ich wußte es immer schon besser, daraus lernt kaum jemand was, aber wenn einer sagt, ich hatte den Glauben an den Führer und der ist zerbrochen, und ich hatte jetzt ... diese niederschmetternde Erfahrung, so eine Geschichte brauchen wir, das ist glaub ich wertvoller... "

"der Führer ... hat mir die Hand geschüttelt"[81]

JR   (gedämpft, dunkel) "1934, als ich im Arbeitsdienst war, und dann von Strahlen aus als Ehrenabteilung nach Düsseldorf gekommen waren, standen wir in Reih und Glied da, (lauter) und dann kam der Führer und hat mir die Hand geschüttelt. Was meinen Sie, was ich da (sehr laut) stolz war. "
EH   "haben Sie sich gar nicht mehr die Hände gewaschen nachher, was" (lacht)
JR   "also beinahe"
EH   (lacht)
AR   "was, Sie haben das erlebt?"
JR   "ja sicher, ja wat denn. Ja, warum hab ich das nicht erlebt?"
AR   "weil ich immer denk, Sie waren überhaupt nicht für Hitler"
EH   "nein, er hat doch seine Lebensgeschichte erzählt"

A.Ratgeber sagt, sie sei politisch nie so fasziniert, sondern mehr von anderen Dingen, habe damit auch Schiffbruch erlitten. "Ich sehe ja heute, daß sie immer irgendein Idol haben müssen" .... Sie dagegen habe nie Menschen angebetet. "Deshalb war ich auch nicht so auf Hitler erpicht." ...

Hitlers Augen: "das war ne Sonne vor mir"[82]

JR   "Ich versuch mal ganz kurz, diesen Moment nur zu schildern. Denn bis zu diesem Moment, als ich den Hitler selber gesehen hatte, und ihm habe die Hand geben dürfen, (...) und dann stand ich nochmal doppelt so zackig stramm wie je zuvor in meinem Leben, ich weiß gar nicht, wie ich da gestanden habe, ich hab auf ner Wolke gestanden, geschwebt beinahe, so begeistert war ich davon, der Führer hat mir die Hand geschüttelt, und diese braunen Augen, die mir da in die Augen guckten, der hatte dunkelbraune Augen, das vergesse ich nie, solche Augen waren

---

81   9.2.1989; TI 58.2.285
82   9.2.1989; TI 58.2.310

das, das war ne Sonne vor mir, ungefähr, ja. Von da an, war, die ersten Parteitage in Nürnberg, die dann auch in Filmen gezeigt wurden, da war ich auch gedanklich, ich war dabei gewesen, ja. Und dann bin ich hier, also die große Kur kam bei mir, als ich dann als Soldat, als meine zeichnerischen Fähigkeiten benutzt wurden ..., ich machte die Offizierszeichnungen, und alles, das was ich bei den Offizieren da eingezeichnet hatte, in den Kriegsspielen, das war dann hier alles einige Wochen später plötzlich Wirklichkeit. Das waren aber alles Kriegsspiele gewesen, da waren wir in diesen Kriegsspielen wären wir angegriffen worden z.B. von Österreich her, nich, von Böhmen und Mähren, ... die Angriffe kamen immer von daher.(...) und dann n paar Wochen später war es Wirklichkeit. Da fiel mir einiges (...)"
MO " Da ist Ihnen erst der Verstand gekommen"
JR "ja, genau ... Vorher hab ich schon einiges geahnt, mein Vater, der war ja ebenfalls in der Partei, der war Kreisorganisationsleiter, ... aber der war, aus seiner Einstellung (...) im Clinch mit seinen Genossen,... aber genau aus politischen Gründen; ...er hatte nämlich so nen Glauben an so einen Mann wie Hitler, das war ein wirklich sauberer (...) und wenn da was schief lief, dann waren das die anderen, das Kapital und wer dahinter war... das war alles das Reden. Herr Jeremias, ich habs doch so gesehen und ... erlebt damals. Als ich dann hinterher entdecke, was da wirklich war, geahnt hat man dann hier und da schon was, wie dann nämlich die Zeitungen voll waren hier mit den Juden, ich hab das schon mal erzählt, wo unsere bekannte Familie Rosenbaum dann plötzlich weg war, und wieso ausgerechnet die Rosenbaum, die konnten doch unmöglich Verbrecher sein, nich. Aber die da ins KZ kamen, das waren doch laut Gerichtsurteil, wenn da überhaupt was zu stand, wurden die ja in Schutzhaft genommen, nicht für sich, sondern uns[83] zu schützen, so war es doch klar definiert worden, deswegen kamen die in Schutzhaft, weil wir gegen diese ..."

Später, als er schon "kuriert" war, seien Vergleiche mit dem "Ungeziefer" gekommen, das sei ihm "beinahe schon zu dick" gewesen. Er warnt davon, wenn in der Gegenwart Menschen als Verbrecher bezeichnet werden; auch ein Schiller sei mal so bezeichnet worden.

F. Lebensgeschichtliche Veränderung in der Erinnerung und Streit um die Veränderung des Bezugsrahmens

Im Unterschied zu der Version der Desertionsgeschichte vom 4.2.1988 steht in J.Reeses Erzählung vom 9.2.1989 die Veränderung von Deutungsmustern und Verhaltensweisen bei ihm selbst im Zentrum. Dieser Schwerpunkt entspricht dem Erwartungshorizont, den ich als Gesprächsleiter zusammenfasse und gegen andere Bestrebungen durchsetze: nämlich die Situation einer von Lebenserfahrungen abgelösten Debatte über Verblendung zu überwinden und lebensgeschichtliche Erfahrungen mit Verblendung zur Sprache zu bringen. Mein Erwartungshorizont hat sich damit im Vergleich zum Vorjahr in Richtung auf die damals von J.Reese vorgetragene Position erweitert. Ich erkenne deutlicher als im Vorjahr den Doppelcharakter der Bezugsrahmen oder Erwartungshorizonte: die Erschließung der lebensge-

---

83 gemeint ist: "vor uns", d.h. vor Deutschen, die Juden verfolgten; dies ist aus anderen Versionen seiner Erzählung von Familie Rosenbaum zu entnehmen.

schichtlichen Erinnerungen wird nur durch eine Begrenzung einer von Lebenserfahrungen abgelösten Debatte ermöglicht, und diese Begrenzung zeigt in bestimmten Situationen deutlich ihren Charakter als Ausschließung. Um den Zugang zu lebensgeschichtlicher Erinnerung zu erschließen, muß die Gesprächsleitung manchmal dafür eintreten, Debatten auszuschließen. - Die Debattensituation wird im Streit zwischen E.Hilger und A.Ratgeber sichtbar, auch in der Kommunikationssperre zwischen den Generationen in der Familie A.Ratgebers, schließlich im Erklärungsansatz R.Jeremias', den ich nicht zulasse. J.Reese tritt, entsprechend seinem Statement vom 4.2.1988 über das "Erkennen aus der Erinnerung", selbst für die Veränderung der Situation im Gesprächskreis ein: in diesem Sinn verstehe ich seine Frage an A.Ratgeber, ob sie nichts aus ihren Fehlern gelernt habe.

J.Reese ist bei seinen Erinnerungen stark erregt, wesentlich stärker als bei seiner Erzählung im Vorjahr. Er muß Kraft aufbringen, "um gegen die Emotionen, die in ihm noch schlummern, ... anzukommen". Das heißt nicht, daß er diese Emotionen nicht zulassen könnte; aber sie sind derart stark, daß er um eine "einigermaßen rationelle" Form der Erzählung ringen muß. Sein Ringen um Sprache zeigt sich in den grammatischen Brüchen, in der Unvollständigkeit von Sätzen und in dem Stocken des Redeflusses; er sucht nach Worten für die Erfahrung, die ihm die Sprache verschlug, die sein Weltbild umstürzte: "... wie wie wie zerschmetternd die Erkenntnis ..." Seine Erregung wird womöglich noch dadurch verstärkt, daß er unter Zeitdruck redet. Er versucht, sich "ganz kurz" zu fassen, weil mehrere Personen angespannt darauf warten, auch reden zu können und ihn z.T. unterbrechen.

E.Hilger unterbricht J.Reese nicht ernsthaft; sie gibt eher Zwischenrufe, die zeigen, daß sie der Erzählung in kritischer Solidarität folgt. R.Jeremias dagegen setzt in Konkurrenz zu J.Reeses Erzählung zu einem - vermutlich längeren - Beitrag über die Ursachen der Verblendung an; er hatte in dieser Sitzung schon einige politisch-theologische Ausführungen über geistige Verblendung und das Versagen der Sozialdemokratie und der Kirchen vorgetragen.[84] Diese Unterbrechung wirft ein Licht auf seine geringe Bereitschaft, anderen zuzuhören, da J.Reese gerade - in einer für den Gesprächskreis ungewohnten Art - deutlich gemacht hat, daß es ihm schwerfalle zu reden, daß er jetzt ein "verdammt schweres Erlebnis" zur Sprache bringen wolle. R.Jeremias ruft mit seiner Unterbrechung mehrere Gegenstimmen hervor. In dieser Situation greife ich als Gesprächsleiter ein, damit J.Reese seine Erzählung fortsetzen oder vielmehr beginnen kann. Hier zeigt sich besonders deutlich der Doppelcharakter des von mir vertretenen Erwartungshorizontes: Erschließung und Ausschließung.

Das Argument, R.Jeremias könne "nicht mitreden", bezieht sich darauf, daß er selbst angibt, seit seiner Kindheit, geprägt durch den christlich-pazifistischen

---

84 Derartige Ausführungen pflegte R.Jeremias in jeder Sitzung des Gesprächskreises vorzutragen, in der er anwesend war.

Standpunkt seines Vaters, immer gegen Hitler gewesen zu sein; also kann er nicht aus eigener Erfahrung erzählen, wie sein Glaube an Hitler zerbrach.

Die zweite große Unterbrechung tritt durch A.Ratgebers Überraschung ein, daß J.Reese Hitler begegnet ist. Sie kennt J.Reese als Gegner des Nationalsozialismus und muß nun ihr Bild von ihm korrigieren. In dieser Situation beeilt sie sich, das Bild, das sie von sich selbst hat, zu bestätigen: sie habe nie einen Menschen angebetet, auch Hitler nicht. Nach ihrem Beitrag kann J.Reese zwanglos den Faden seiner Erzählung wieder aufnehmen.

G. Erfahrung, die ein Weltbild aufsprengt

Im vorigen Abschnitt ging es mir darum zu zeigen, wie Erinnerung und ihr Erwartungshorizont bzw. Bezugsrahmen aufeinander einwirken. In J.Reeses Erinnerung geht es um Veränderung; diese Erinnerung wird einerseits ermöglicht durch einen entsprechenden Erwartungshorizont; andererseits wirkt sie verändernd auf die Erwartungshorizonte der GesprächspartnerInnen.

Im folgenden möchte ich diese Wechselwirkung im Hintergrund der Darstellung halten und mich auf die Betrachtung der Erfahrung konzentrieren, die J.Reeses Leben von Grund auf veränderte. Dabei stelle ich die Veränderung seines Weltbildes in den Vordergrund. Ich verwende diesen Begriff, um den inneren Zusammenhang wichtiger Deutungsmuster zu bezeichnen; dieser innere Zusammenhang ist bei vielen Personen deutlich schwächer sichtbar oder auch weniger ausgeprägt, so daß identitätsprägende Deutungsmuster eher unverbunden nebeneinander stehen. - Wie wichtig für J.Reese heute der innere Zusammenhang seiner Deutungsmuster ist, zeigt sich beispielhaft daran, daß er auf den inneren Widerspruch des Wortes "National-sozialismus" hinweist:

JR " das Wort in sich ist ein Widerspruch - ein nationaler Sozialismus gibt es nicht, geht nicht"
EH "Paradox"
JR "insofern ist das Irreführung, bewußte Irreführung."[85]

Er sei durch seine "Entdeckung" "dahintergekommen"; anschließend erzählt er von seiner Desertion. - J.Reese spricht am 9.2.1989 von dieser Entdeckung als von einer zerschmetternden Erkenntnis, die seine Vorstellungen umdrehte, von einer plötzlichen Vernichtung seiner Ideale. Anders gesagt: er versucht eine Erfahrung in Worte zu fassen, die sein damaliges Weltbild aufsprengte und zertrümmerte. Ich gehe zuerst der Frage nach, worin sein damaliges Weltbild bestand; danach frage ich nach den Mechanismen, mit denen die Erlebnisse, die dies Weltbild erschüttern konnten, in den Rahmen seiner tragenden Deutungsmuster eingepaßt wurden. Nach einem Versuch, den Augenblick seiner Erkenntnis zu betrachten, frage ich nach der Kraft, die ihm nach der Zertrümmerung seines Weltbildes den Mut zur Entscheidung und zum Handeln gab.

---

85 26.1.1989; TI 55.2.170

1. Vorgeschichte: Zu J.Reeses Weltbild

In J.Reeses Erzählung steht die Begeisterung für Hitler im Zentrum seines Weltbildes. Hitlers Augen erlebte er als "Sonne", die ihn vergessen ließ, wie und wo er stand, die ihn in einen Rausch versetzte. In dem Bild der Sonne sehe ich eine quasi-religiöse Symbolik:[86] Die Sonne verweist auf die Quelle von Licht und Leben, an der sie selbst Teil hat. Den religiösen Charakter dieses Symbols sehe ich vor allem in der völligen Abhängigkeit allen Lebens von der Sonne.

J.Reese läßt in seiner Erzählung Bedingungen erkennen, die zu seiner Begeisterung für Hitler beitrugen:

- Der "Augenblick" mit Hitler fand in einem Rahmen statt, der mit vielen anderen vergleichbar ist,[87] so einzigartig er für J.Reese sich darstellte. Er reflektiert in seiner Erzählung nicht den Charakter dieses Rahmens als quasi-religiöse Inszenierung, aber faßt sozusagen mit Zeitraffer die Dynamik ihrer Momente zusammen: Warten, Strammstehen, Jubelschreie als Entladung der aufgestauten Energien bei der Ankunft des Führers, überschwengliche Begeisterung beim Händeschütteln, Ekstase beim Blickkontakt. In seiner Sprechweise schwingen die damaligen Gefühle mit. Er erwähnt an anderer Stelle die besondere Ehre, die ihm durch Hitlers Begrüßung zuteil wurde: Hitler pflegte Männer auszuwählen, mit Händedruck zu begrüßen und ihnen in die Augen zu sehen, die sein Ideal des "arischen Menschen" verkörperten. J.Reese erlebte nun, daß er als eine solche Verkörperung vom "Führer" ausgewählt wurde.

---

86 vgl. die schon im 2. Kapitel, S. 79 zitierten Betrachtungen P.Schulz-Hageleits über den „Platz an der Sonne"; P.Schulz-Hageleit 1996, S. 17ff . P.Schulz-Hageleit stellt die Sonnensymbolik in den symbolgeschichtlichen Kontext des Dualismus: „Im dualistisch überzogenen Schwarz-Weiß- und Freund-Feind-Denken wurzeln die meisten Religionskriege sowie andere Gewaltformen der Geschichte." P.Schulz-Hageleit 1996, S.24. - Diese Sicht läßt sich auf die Sonnensymbolik im Nationalsozialismus und auch auf einen Aspekt des hier vorliegenden Falles von J.Reese beziehen. Damit ist allerdings nicht gesagt, daß die Sonnen- und Lichtsymbolik ausschließlich eine Tradition im Dualismus hat. Vor allem die biblische Tradition widerspricht dem Dualismus: Tag und Nacht, Licht und Finsternis sowie die ihnen zugeordneten Gestirne sind Geschöpfe, nicht selbst Götter oder Mächte, die in unüberwindlichem Gegensatz zueinander stehen (Genesis 1; Jesaja 45,7). Vielmehr können sie ineinander übergehen: „Nacht leuchtet gleichwie der Tag" (Psalm 139,11 nach der Übersetzung M.Bubers). - Die Möglichkeit, daß die Gegensätze ineinander übergehen, liegt dem anderen Aspekt der Geschichte von J.Reese zugrunde: Die "Sonne" habe ihn geblendet, und es dauerte einige Zeit, bis er wieder aus dieser Dunkelheit wieder herauskam und sehend wurde (s.u., "Idealismus und Verblendung", S. 129ff)

87 N.Möding schreibt über Erfahrungen von Übereinstimmung mit Hitler und mit der Gemeinschaft, Erfahrungen von Selbstüberschreitung mit quasi religiösem Charakter. Solche Erfahrungsmöglichkeiten wurden "hergestellt", inszeniert. Charakteristisch ist folgendes Muster: Die Erzählung einer Frau „lenkt den Blick zunächst auf das Arrangement, auf die 'Massen' auf den Führer ausgerichtet wurden - sie mußten lange möglichst bewegungslos stehen und warten. Erst wenn er vorbeifuhr, durfte man schreien, durfte man sich schließlich auch fortbewegen. Vom 'warmen Gefühl', das sich beim Anblick des Führers einstellte, ist manchmal die Rede, ebenso vom 'erhebenden Gefühl', wenn alle ihm 'Heil' zuschrieen." N.Möding 1985, S. 260

- Aus J.Reeses Erzählung, in Verbindung mit mehreren anderen Stellen, ist zu erkennen, daß sein Vater ihn entscheidend geprägt[88] hat. Er vertraute seinem Vater, wenn er auch in vielem mit ihm nicht einer Meinung war; so teilte er nicht dessen Begeisterung für den Wandervogel. Stattdessen interessierte er sich mehr für moderne Technik, wurde Schlosser und Dreher[89] und nach dem Arbeitsdienst Pilot bei der Luftwaffe. Prägend war aber der Glaube seines Vaters "an so einen Mann wie Hitler", den er im Unterschied zu vielen Mächtigen für "wirklich sauber" hielt, d.h. nicht am eigenen Vorteil, sondern an der Gemeinschaft orientiert. J.Reese begeisterte sich für die Hitlerjugend; er erzählt, wie er mit Stolz sich die Uniform selbst erwarb und wie ihm der jüdische Schuhhändler Rosenbaum die notwendigen Stiefel auf Kredit verkaufte.

Nach der Zeit beim Arbeitsdienst wurde er Soldat; und wenn schon, dann wollte er möglichst effektiv Soldat sein, mit der modernsten Technik, also bei der Luftwaffe. Von seinem Vater her hatte J.Reese die Ansicht, man müsse für seine Überzeugungen einstehen, möglichst hundertprozentig. Das sei zwar nicht möglich, aber man müsse es versuchen. Diese Bereitschaft, für seine Überzeugungen einzustehen, ließ ihn zu einem guten Soldaten werden. Prägend war auch die Selbständigkeit seines Vaters gegenüber seinen Parteigenossen. Er war mit einem Kommunisten befreundet und verkehrte als Kunstmaler in liberalen Kreisen.

2. Abwehrmechanismen

J.Reese sagt, er habe "vorher ... schon einiges geahnt" von dem "was da wirklich war". Bei bestimmten Erlebnissen tauchten Zweifel auf, die an sein Weltbild rührten. Ein solches Erlebnis war die Deportation der Familie Rosenbaum im Jahr 1935. Daß die Rosenbaums "unmöglich Verbrecher sein" konnten, glaubte J.Reese aufgrund ihrer Freundlichkeit, die er selbst erfahren hatte. Am 2.6.1993 erzählt J.Reese ausführlicher über seine damaligen Zweifel:

"es hieß, daß Juden unser Verderb seien - wieso Familie Rosenbaum?"[90]

"Ich habe Juden kennengelernt, Familie Rosenbaum kennengelernt, eine hilfsbereite Familie, und als dann plötzlich, später, n paar Jahre dadrauf, in dieser Entwicklungs-

---

88 Die von J.Reese selbst verwendete Metapher der Prägung hat (worauf mich Siegfried Heinemeier hinwies) in anderen lebensgeschichtlichen Erzählungen die Funktion, die Unmöglichkeit der Eigenverantwortung der ErzählerInnen für die betreffenden Erfahrungen herauszustellen. J.Reese gehört m.E. zu den Ausnahmen, bei denen die Rede von „Prägung" nicht diese Funktion hat. Er will ja nicht seine Verantwortung bestreiten, sondern seinen GesprächspartnerInnen verständlich machen, wieso er als junger Mensch sich für Hitler begeistern konnte. Seine Erzählung hat im Kern das Aufbrechen und Überwinden seiner Prägung zum Inhalt.
89 Dieser Lehrberuf entspricht etwa dem späteren Berufsbild des Werkzeugmachers; er war einer der qualifiziertesten Berufe in der Metallindustrie
90 2.6.1993; TJ 94.2.052

phase es hieß, daß Juden unser Verderb seien, verstehst du, da hab ich mich so unwillkürlich gefragt, mir das Fragezeichen aufgesetzt, wieso? Das können ja vielleicht die andern alle so sein, aber Rosenbaums auf keinen Fall, nich."

Am 5.3.1994 nennt J.Reese Mechanismen, die die Ansätze zur Kritik an seinem Weltbild abwehrten. Es habe immer "böse Sätze" gegeben, die solche Zweifel erstickten:
"Wo gehobelt wird, fallen Späne."
"Man kann es nicht allen recht machen."
"Weißt du denn, was mit denen geschieht?"
"Wenn das der Führer wüßte,...."

Dieser letzte Satz sei dann eingesetzt worden, wenn die Fehler schon offensichtlich waren, wenn der Grund zur Kritik offen lag.

Dieser Satz war anscheinend für J.Reeses Vater - wie für ihn selbst - so etwas wie ein "allgemeiner Trost- und Rechtfertigungsgrund"[91] seines nationalsozialistischen Weltbildes. J.Reese berichtet: "wenn da was schief lief, dann waren das die anderen, das Kapital und wer dahinter war". - Im Herbst 1938 konnte er nicht mehr daran zweifeln, daß der „Führer" von dem Einmarsch in die Tschechoslowakei wußte.

Idealismus und Verblendung

Ich möchte bei der Frage nach den Abwehrmechanismen, die J.Reeses Weltbild vor Kritik schützten, noch einen Schritt weiter gehen. Liegt in der Art seiner Begeisterung für Hitler und den Nationalsozialismus, in der Art seiner damaligen Ideale oder im Idealismus selbst ein Moment der Abwehr von Erfahrungen, die dies Weltbild infrage stellen konnten? - Für diese Frage ist eine Diskussion im Gesprächskreis am 2.6.1993 aufschlußreich, die sich an der Selbstbezeichnung Hubert Zollers als Idealist entzündete; dieser Mann war sich als ehemaliger Freiwilliger der Waffen-SS keiner Schuld bewußt.[92] J.Reese widerspricht der Anwendung dieses meist positiv verstandenen Begriffes auf Hubert Zoller:
"du wirst nie den Teufel als Idealisten hinstellen, sondern immer den lieben Gott ... er [Hubert Zoller] ist ein Geblendeter oder Verblendeter ... das heißt nicht sehend mehr ..." [93]

Ein Geblendeter könne sich bestenfalls noch vortasten, werde sich nur schwer überzeugen lassen, weil er was anderes auch nicht mehr sehe.

HP "jetzt will ich dich direkt mal fragen, du hattest doch auch ne Zeit in deinem Leben, "

---

91 K.Marx schreibt zu Beginn seiner Einleitung zur Kritik der Hegelschen Rechtsphilosophie: "Dieser Staat, diese Sozietät produzieren die Religion, ein verkehrtes Weltbewußtsein, weil sie eine verkehrte Welt sind. Die Religion ist die allgemeine Theorie dieser Welt ... ihre Logik in populärer Form ... ihr allgemeiner Trost- und Rechtfertigungsgrund. Sie ist die phantastische Verwirklichung des menschlichen Wesens, weil das menschliche Wesen keine wahre Wirklichkeit besitzt." In: K.Marx, F.Engels: Werke Bd 1, S. 378, Berlin 1978
92 vgl. das 7. Kapitel
93 2.6.1993; TI 93.2.620

JR "ja"
HP "wo du für Deutschland kämpfen wolltest"
JR "ja. Das war das Verblendet-Sein. Ich hab da keine Ideale"
EH "Aber du hast doch selber auch gesagt, du wärst n Idealist, oder nicht"
JR "äh, phh, ja, in vielen Punkten. Und ich hab was gegen den Begriff Idealist. Deswegen, ich würd es auch für mich gelten lassen."
EH "akzeptiert"

Ich sage darauf, daß ich nur Hubert Zollers Sprachgebrauch wiederhole und die Bezeichnung "Idealist" nicht als analytischen Begriff gemeint habe. J.Reese habe irgendwann seine Einsicht bekommen.

JR "du kannst doch geblendet sein und siehst dann nischt. ... Aber Geblendet-Sein kann sich ja - wenn du lange genug im Dunkeln gewesen bist und dich wieder erholt hast, anschließend wieder sehend werden. Und solche Perioden könntest du übersetzt auch in meiner Person ... finden, da ist nach dem Verblendet-Sein auch eine Phase der Dunkelheit aufgetreten, ich bin ja nicht von Hölzchen auf Stöckschen gekommen, sondern ich bin ja ... langsam da rüber gekommen, verhältnismäßig, in Jahren gezählt, ist es noch schnell gegangen, Gott sei dank, aber es war erst ne Dunkelphase dazwischen."

Das Wort oder der Begriff "Idealist" werde im Sprachgebrauch meist "mit positiver Zielsetzung" verstanden, sagt J.Reese am 2.6.1993. Er habe etwas "gegen den Begriff Idealist". E.Hilger erinnert ihn an seine Selbstbezeichnung als Idealist; er gibt das mit einem gewissen Zögern zu. Dieser Selbstbezeichnung entspricht seine Erzählung vom 9.2.1989, wo er gleich anschließend an den Bericht über die Vernichtung seiner Ideale sagt: "man mußte jetzt neue Ideale finden".[94]

Ich teile J.Reeses Einschätzung, daß "Idealismus" als Motiv einer Handlung oder einer Verhaltensweise gewöhnlich als Rechtfertigungsgrund akzeptiert wird. Ich teile sein Unbehagen an diesem Zustand, dessen religiöse Dimension er mit den Worten anspricht: "du wirst nie den Teufel als Idealisten hinstellen, sondern immer den lieben Gott". J.Reeses Erfahrung ist gerade, daß Hitler als Idealist hingestellt und religiös verehrt wurde. Gerade wegen Hitlers "Idealismus" war es für die meisten so schwer zu glauben, daß er Böses im Sinn hatte und tat.

J.Reese geht es darum, seine Erkenntnis mitzuteilen und nachvollziehbar zu machen. Darum spricht er von Blendung und Verblendung und wendet sich gegen das unkritische Reden vom Idealismus. Ich denke, daß es gerade darauf ankommt, die Blendung in der Art der Ideale wahrzunehmen, für die sich Menschen einsetzen. Dies versuche ich an J.Reeses Erzählung über seine Begegnung mit Hitler.

Er erzählt von seiner Begeisterung, die in dem "Augenblick" gipfelt: "das war ne Sonne vor mir". In diesem Bild des Zentrums seiner damaligen Begeisterung bringt J.Reese gleichzeitig deren Pferdefuß zum Ausdruck, nämlich die Blendung. Ist er der "Sonne" gleichsam zu nahe gekommen, hat er sich ihrem Licht zu sehr ausgesetzt? Oder fallen Licht und Blendung zusammen, weil die Perversion des Heiligen eine Verkehrung des Lichtes in Blendung bewirkt? Weil J.Reese einen Menschen

---

94 TI 58.2.250

als etwas wie den "lieben Gott" ansah, wurde er blind für alles, was diesem Glauben entgegenstand. Er paßte zunehmend die Wirklichkeit seinem Ideal an, ließ nur das "Gute" gelten, das zu diesem Ideal paßte. Ein Aspekt dieser Blendung wird daran sichtbar, daß J.Reese den Kontakt zu dem Ort verlor, auf dem er stand: er fühlte sich wie auf einer Wolke. Eine Begeisterung anderer Art, die ich immer wieder an ihm erlebe, öffnet im Gegensatz dazu gerade die Wahrnehmung für den Ort, auf dem man steht, für die gegenwärtige Situation.

Mit dieser Erzählung gibt J.Reese seine Antwort auf die während dieses Gespräches zentrale Frage nach der Verblendung. Es liegt in der Natur der Sache, daß er die Blendung durch die "Sonne" seiner Ideale damals, zum Zeitpunkt seines "Verblendet-Seins" nicht erkennen konnte.

3. Der Augenblick der Erkenntnis

J.Reese sagt, daß die Erkenntnis, die den inneren Zusammenhang seines Weltbildes zerschmetterte, "plötzlich" kam. Am 5.3.1994 sprach er von dem Moment der Erinnerung in diesem Augenblick: die Erinnerung an seine Zeichnungen "flammte auf". - Ich meine etwas von der Hitze dieser Erinnerung an der Stelle zu spüren, wo J.Reese von den Offiziersspielen spricht;[95] dies Wort betont er so stark, daß seine Stimme sehr hell wird, gleichsam aufflammt. In diesem Wort ist viel mehr enthalten als der technische Vorgang eines Planspiels: es verdichtet J.Reeses Geschichte als "idealistischer" Soldat in Verknüpfung mit dem damaligen Geschichtsbild aus nationalsozialistischer Sicht.

Im Bild der Flamme[96] sehe ich drei Momente:
- das Licht, das plötzlich ein Dunkel erhellt: J.Reese erkannte, daß er getäuscht worden war, sich hatte täuschen lassen. Das Licht der Flamme durchbrach auch das Dunkel des allgemeinen Rechtfertigungsgrundes: "Wenn das der Führer wüßte".
- die Hitze der Erinnerung: etwas Beschämendes fiel ihm "siedend heiß" ein - er hatte mit "Idealismus" einer Sache gedient, die es nicht wert war. - Dieser „Idealismus" bestand, wie J.Reese am 5.4.1994 sagt, in einer Abfolge von Anpassungen der Wirklichkeit an das Ideal; der Traumcharakter dieses Ideals wurde durch diese Anpassungen immer betrügerischer. Darum war er vorher - wie die meisten Deutschen damals - blind für den Un-Wert dieses Ideals.

---

95 TI 15.2.520
96 Das Bild des Aufflammens für einen besonderen Augenblick der Erinnerung ist uralt; darauf weist A.Assmann in ihrem Aufsatz "Zur Metaphorik der Erinnerung" hin. Sie schreibt dort im Abschnitt über "Animatorische Erinnerung: Erwecken" : "Der Funke, der die vergessenen Erinnerungen entfacht, steht für eine Energie, die so subjektiv wie plötzlich, so punktuell wie prekär ist." A.Assmann 1991, S.28. - J. Assmann unterscheidet, an C. Lévi Strauss anknüpfend, zwischen "heißer" und "kalter" Erinnerung. Je heißer die Erinnerung, umso mehr hat sie mit Veränderung zu tun. - In: J.Assmann 1992: Das kulturelle Gedächtnis. München, S. 66 ff

- die Veränderung: die Flamme verzehrt etwas, bzw. wandelt es um. Das Gehäuse seiner Täuschung und Selbsttäuschung wurde verzehrt und der wahre Kern seiner Erlebnisse konnte zu einer Erfahrung geläutert werden, die ihm Orientierung gab.

Grenze der Darstellung

Ich möchte an dieser Stelle auf eine Grenze in der Darstellbarkeit dieses Augenblicks hinweisen. Sie kündigt sich in dem Symbolcharakter von Worten wie "Sonne" und "Flamme" an. Diese Symbole verweisen auf etwas, an dem sie teilhaben, das aber außerhalb der Symbolsprache nicht benannt werden kann. An dieser Stelle liegt die Frage nahe, ob ich in meiner Interpretation von "Sonne" und "Flamme" nicht zu weit gehe, wenn ich sie als Symbole verstehe. Ich habe diese Frage am 5.3.1994 an J.Reese gestellt: er bestätigt, daß meine Interpretation in seinem Sinn ist. J.Reese selbst ringt nach der Form, in der er diese zentrale Erfahrung zur Sprache bringen kann. Er ist mit diesem Ringen nicht fertig; die Darstellung dieses Augenblicks sollte daher nicht den Anschein erwecken, als könnte etwas Endgültiges darüber ausgesagt werden.

Die Grenze der Darstellbarkeit hat darüberhinaus einen grundsätzlichen Charakter, weil es hier um die Ganzheit einer Person, ihr Selbst-Sein, um ihre Freiheit und ihre Suche nach Wahrheit geht, die sie in ihrem Leben bewährt.[97] Ich möchte an dieser Stelle aus einem Text von Martin Buber aus dem Jahr 1936 zitieren: Die Urheber der Soziologie, besonders der Wissenssoziologie, haben es unterlassen, "die grundsätzliche Grenzlinie zwischen dem aus solcher Bedingtheit zu Verstehenden und dem nicht daraus zu Verstehenden zu ziehen, das heißt die um Wahrheit werbende und ringende Person in ihrer *ganzen* Wirklichkeit zu fassen. Gehen wir von dem als ganzes Wesen, mit der Gesamtheit seines Wesens erkennen wollenden Einzelnen aus, so finden wir, daß die Kraft seines Verlangens nach der Wahrheit die 'ideologischen' Bande seines sozialen Soseins an entscheidenden Punkten sprengen kann."[98]

Ich habe Bedingungen der Erfahrung, des Denkens, des Handelns und Verhaltens von J.Reese aufgewiesen, doch ist daraus der Augenblick seiner Erkenntnis und seiner darauf folgenden Entscheidung zu desertieren nicht "restlos" zu erklären. In seiner Geschichte ist der Moment zu spüren, in dem er die "'ideologischen' Bande seines sozialen Soseins an entscheidenden Punkten sprengen" konnte. Das Entscheidende an dieser Veränderung entzieht sich der analytischen Betrachtungsweise; es bliebe ohne Symbole, die auf das Ganze verweisen, sprachlos, namenlos und damit der Gefahr ausgeliefert, eingeebnet und unkenntlich gemacht zu werden.

---

97 vgl. zur Darstellbarkeit von Wahrheit S.95f
98 M. Buber 1936, Die Frage an den Einzelnen. In: M. Buber 1962, Das dialogische Prinzip. Heidelberg, S. 265

4. Kraft zur Entscheidung und zum Handeln

Ich wende mich nun der Frage zu, was J.Reese nach dem Zusammenbruch seines Weltbildes die Kraft zur Entscheidung und zum Handeln gab. Zunächst versuche ich, die Situation zu umreißen, in der er sich nach seiner Erkenntnis befand. Er konnte nicht mehr daran zweifeln, daß die Führer des Nationalsozialismus planmäßig und bewußt die deutsche und internationale Öffentlichkeit irreführten. Alle Mechanismen, die seinen Glauben an den "Führer" vor Kritik schützten, versagten. Sein Glaube an den "Idealisten" Hitler und damit das Zentrum seines Weltbildes war "zerschmettert". Er stand vor der grundsätzlichen Entscheidung, entweder trotz dieser Erkenntnis an der durch den Fahneneid bekräftigten Bindung an Hitler festzuhalten und Soldat zu bleiben oder sich von dieser Bindung zu lösen.

Er war mit mehrere Gründen konfrontiert, die der Desertion entgegenstanden - persönlichen Risiken und moralischen Bedenken:
- Auf "Fahnenflucht" stand die Todesstrafe. (Tatsächlich wurde er in Abwesenheit dreimal zum Tode verurteilt; eine eventuelle Begnadigung wäre damit unwirksam geworden.) Er hatte Angst, wenn er auf der Flucht Soldaten sah.
- Er mußte sich von seiner Familie und von seinen Kameraden trennen; in Dänemark, wohin er flüchtete, kannte er niemanden, war er ein total Fremder.
- Durch seinen Entschluß, ja schon durch sein Ringen um diesen Entschluß isolierte er sich von allen ihn umgebenden Menschen. Sein Satz: "da habe ich mir gesagt: Ohne mich" ist so wörtlich zu verstehen, daß er mit niemandem darüber sprechen konnte, weder mit einem Freund noch mit seinen Eltern. Er war ganz auf sich selbst zurückgeworfen. Er überlegte, ob er seine Erkenntnis einem Kameraden mitteilen sollte; doch damit hätte er strenge Geheimhaltungsvorschriften verletzt und sich und seinen Mitwisser in Gefahr gebracht.
- Er würde seine Familie im Stich lassen und möglicherweise in Gefahr bringen. (Tatsächlich mußten seine Eltern trotz ihres Ranges in der NSDAP sich nach seiner Desertion wöchentlich bei der Gestapo melden.)
- Er würde bei seinen Kameraden als Verräter gelten, ja er mußte mit seiner Überzeugung ringen, daß Fahnenflucht Verrat sei.[99] Ihm war eingeimpft worden, daß es das Schlimmste sei zu desertieren; ein Deserteur zu sein, sei womöglich noch schlimmer gewesen als ein "Ungeziefer". Er beruhigte sein Gewissen damit, daß er den Fahneneid nie geleistet habe, da er während der 5-stündigen Vereidigungszeremonie in der Sonne umgefallen war. - Die Stärke dieses zentralen militä-

---

99 Viele andere haben trotz ihrer Einsicht in die Verwerflichkeit der nationalsozialistischen Politik und Kriegführung, trotz ihres Mißtrauens gegen Hitler den Befehlen gehorcht, weil sie meinten, sie dürften sich dem gemeinsamen Schicksal des Volkes (oder, eingeschränkter, der Kameraden) nicht entziehen. - Ein Beispiel für viele: Hermann Wollschläger 1976: Feldmaus sucht ihr Schlupfloch, Wuppertal ; besonders S. 78 und 146.

rischen Deutungsmusters in J.Reeses Denken wird noch in seinem Rückblick deutlich:

"... damals in der Auffassung junger Menschen war einer, der fahnenflüchtig war, war n Verräter. Ich bin aber mit vollem Bewußtsein als Verräter rausgegangen ... "[100]

Frage nach der treibenden Kraft

Worin bestand die Kraft, die ihn trotz Todesgefahr, Einsamkeit und Gewissensnöten zu seinem Entschluß trieb, die ihm den Mut gab, diesen Entschluß durchzuhalten und auszuführen? Diese Kraft läßt sich nicht derart deutlich benennen wie die Bedingungen, die ihr entgegenstanden. Dafür sehe ich zwei Gründe: zum einen spricht J.Reese sich weniger deutlich und mit unterschiedlichen Aspekten über sie aus. Zum anderen führt diese Frage in die Nähe jener grundsätzlichen Grenze der Darstellbarkeit. - Ich stelle drei Aussagen J.Reeses über die treibende Kraft zusammen, vergleiche sie und versuche eine zusammenfassende Interpretation.

1. Am 4.2.1988 nennt J.Reese die treibende Kraft "politische Überzeugung". Ich habe versucht zu zeigen, daß er damit zunächst die Erkenntnis anspricht, die sein Weltbild als den Rahmen seiner bisherigen Überzeugungen aufsprengte. In den wenigen Tagen, die zwischen seiner Erkenntnis und seiner Desertion vergingen, konnte er kein neues Weltbild ausarbeiten, das dieser "Überzeugung" Halt gegeben hätte.

2. Am 26.1.1989 erscheint die treibende Kraft in J.Reeses Erinnerung als der Wille, ein "anständiger Deutscher" zu sein.

"ein anständiger Deutscher"

"Ich bin aber mit vollem Bewußtsein als Verräter rausgegangen und hab gesagt, eins - wenn ich schon n Verräter bin, der war ich wenigstens, dann werd ich dafür sorgen, daß ich, wenn ich hier

---

100 26.1.1989; TI 55.2.170. - An dieser Stelle verweise ich auf die Typologie lebensgeschichtlicher Wendepunkte von Anselm Strauss in: Spiegel und Masken, Frankfurt 1968. Wollte man den Wendepunkt in J.Reeses Lebensgeschichte einem der Typen von A.Strauss zuordnen, dann wäre es am ehesten der Typus der Veränderung durch Verrat. A.Strauss schreibt dazu: "Eine transformierende Erfahrung anderer Art, von erschütternder oder schwächender Auswirkung, ist Verrat - durch unsere Helden, in der Tat durch jeden, mit dem man sich eng identifiziert" (S.104). - J.Reese spricht selbst, soweit ich sehe, nicht davon, daß er sich von Hitler verraten fühlte, aber von bewußter Irreführung. Stattdessen erzählt er - wenn auch distanziert - davon, daß er damals "im vollen Bewußtsein als Verräter" desertierte. - A. Strauss schreibt über den Verrat durch ein "Vorbild", das "auf einen Pfad trügerischer Werte geführt" hat: "dann gäbe man besser mit Zynismus und Selbsthaß auch sein früheres Selbst auf (ebda)". - Hat J.Reese sich mit Zynismus und Selbsthaß von seinem früheren Selbst distanziert oder es sogar ganz aufgegeben? Die Erschütterung, die in seinen Erzählungen durchklingt, hätte mich nicht auf die Idee gebracht, daß diese Gefühlslage bei ihm vorherrscht. Er spricht vielmehr (mit E.Kogon) vom "Recht auf Irrtum". - Wie tief die Erfahrung des Verrats in sein Denken eingegangen ist, zeigt sich auch in seinem Diskussionsbeitrag zu den Gründen des Rechtsradikalismus am 9.2.1994: Haß entstehe aus dem Mißbrauch von Macht, genauer: aus dem Mißbrauch eines übertragenen Vertrauens.

im Ausland bin, dafür sorgen, daß man hier n Deutschen kennenlernt im Ausland, der ein anständiger Deutscher ist. Das war meine Vorstellung. Und so war ich denn auch nach n paar Jahren ... dann integriert in der dänischen Widerstandsbewegung ..."[101]

Wie J.Reese auf meine Nachfrage erklärt, gehört diese Formulierung zu einer späteren Erfahrungsschicht oder Zeitschicht,[102] nämlich zu der Zeit, als er in Dänemark war und Gelegenheit hatte, sich mit dortigen Gegnern des Nationalsozialismus, insbesondere Kommunisten über seine Erfahrungen auszusprechen.

3. Am 5.3.1994 sagt J.Reese, daß sein Entschluß "Ohne Mich" "spontan" kam. Gleich nach dieser Aussage erinnert er sich an die Haltung, für seine Überzeugungen einzustehen, die er von seinem Vater hatte. - Mit dem Begriff des Spontanen wird die Grenze des Ableitbaren, die Grenze analytischer Erkenntnis sichtbar. Ich sehe J.Reese als einen Menschen, der sich dem Anspruch stellt, für seine "Überzeugungen einzustehen", das heißt, um die Einheit von Denken, Reden und Handeln zu ringen. Wenn diese Grundhaltung ihm von seinem Vater überliefert wurde, dann ist sie im Feuer seiner Erfahrungen nicht zerstört, sondern geläutert worden. Er löste sich von Hitler als Ideal wie von einer Schlacke.

Als ein Ergebnis dieser Läuterung sehe ich eine Haltung zu Grundfragen des Lebens, die ich Bescheidenheit nennen möchte. Er ist rückblickend "erleichtert", daß er trotz aller Schwierigkeiten und Gewissensnöten damals desertiert ist (5.3.1994); aber er stellt sich nicht als Helden mit übermenschlichen Kräften dar. Er sieht in dem "Hundertprozentigen" des "Einstehens für seine Überzeugungen" die Gefahr des Fanatismus. Er möchte nicht fanatisch sein, aber gibt zu, daß er es in bestimmten Situationen leicht wird. Er hat in Skandinavien eine Menschlichkeit über alle Grenzen hinweg kennengelernt, die seinem alten Wunsch nach Weltverbesserung neue Wege zeigte. Ich möchte diesen Abschnitt mit dem Schluß von J.Reeses Desertionsgeschichte vom 26.1.1989 beenden:

"ein guter Kommunist ... beinahe identisch mit einem guten Christen"

JR " ... Ich habe eigentlich schätzen gelernt, mit welchen sauberen Methoden Kommunisten denken. ... das hat meine Einstellung den Kommunisten gegenüber - ich bin keiner, leider, ... denn ein guter Kommunist, das wäre beinahe identisch mit einem guten Christen."[103]

- hm

JR "Ja, und ich bin weder das eine noch das andere. Ich möchte es gerne mal werden ... weil ich eben Mensch bin mit allen Fehlern, die dadran hängen und Neigungen, die man hat und den Schwächen, die man hat, da kommt man einfach nicht drum rum, aber ich kann mich doch bemühen, so viel wie möglich zu tun, das hab ich in den letzten vierzig Jahren getan, auch mit Überzeugung. "

---

101 26.1.1989; TI 55.2.170
102 Zu diesen Begriffen vgl. L.Niethammer 1985, Fragen - Antworten - Fragen a.a.O., besonders S.396
103 26.1.1989; TI 55.2.240

H. Weitere Veränderung durch Erinnerung

Ich verstehe den kritischen Augenblick, in dem J.Reese sich entschloß zu desertieren, als Ursprung[104] einer neuen Lebensweise, einer neuen Art zu denken und zu handeln. Im dänischen Exil konnte er in vielen Gesprächen und später auch in der gemeinsamen Praxis des Widerstandes Grundzüge eines neuen Weltbildes formen und im Horizont dieses Weltbildes auch Schritt für Schritt seinen Erlebnissen im nationalsozialistischen Deutschland einen neuen Sinn geben. Er ließ sich in den "vierzig Jahren" seitdem immer wieder darauf ein, seine Erkenntnisse in Situationen zu bewähren, die er durch sein Handeln veränderte. So wurde er in einem Bielefelder Industriebetrieb Mitte der sechziger Jahre zum Betriebsrat gewählt; er hatte entscheidenden Anteil daran, daß die Arbeiter sich zum Kampf für ihre Interessen, auch unabhängig von der örtlichen Gewerkschaftsführung, zusammenschließen konnten.

Im folgenden möchte ich einen der Schritte deutlich machen, in denen J.Reese zu einer neuen Sicht seiner Erlebnisse im nationalsozialistischen Deutschland kam: Ende der vierziger Jahre erinnerte er sich wieder an die jüdische Familie Rosenbaum, die er jahrelang vergessen hatte. - Um den Rahmen zu skizzieren, in dem diese Erinnerung plötzlich auftauchte, knüpfe ich an seiner Aussage an, daß er verblendet war und nach einer "Dunkelphase" "langsam" wieder "sehend" wurde.[105] Die Phase des noch kaum sehenden, des tastenden Suchens nach Orientierung war am dunkelsten bis zu der Zeit, in der er das Vertrauen von Menschen in Dänemark gewann, denen er von seiner Lebensgeschichte erzählen konnten. Für seine Desertion fand er vor allem bei Kommunisten Verständnis, während andere darin eher etwas Ehrenrühriges sahen. Durch seine dänischen und später schwedischen Gesprächspartner erfuhr er viel aus dem nationalsozialistischen Deutschland, so auch über die Konzentrationslager. Doch verknüpfte er diese neuen Einsichten damals noch nicht mit der Geschichte der Familie Rosenbaum; er hatte sie damals vergessen. Auf einer Geschäftsreise von Schweden aus kam er Ende der vierziger Jahre in seine Heimatstadt Remscheid. Er sprach mit seinen Verwandten und vielen Bekannten über die Zeit des Nationalsozialismus; all seine damaligen GesprächspartnerInnen hätten sich unschuldig gefühlt, sie seien nie Nazis gewesen. Er sei der einzige gewesen, der bereit war, etwas derartiges zuzugeben; er habe seine Bekannten an die Uniformen erinnert, die er getragen hatte. Doch alle seine Bekannten seien bei ihrer Haltung geblieben. Durch diese Reaktion schockiert, fragte er sich: "Wie kommt es, daß sich alle davor drücken, etwas zuzugeben? Sie könnten doch sagen, daß sie auf ein Dogma reingefallen sind."[106] Er wollte damals seine Bekann-

---

104 Ich beziehe mich dabei auf Benjamins Idee des Ursprungs als des aus "Werden und Vergehen Entspringenden" (GS I, S. 226). - Vgl. auch die Anmerkung 223 auf S.68
105 2.6.1993
106 5.3.1994

ten nicht kritisieren, sondern sie verstehen; er versuchte, sich in die Lage der Menschen hineinzuversetzen, die in Deutschland geblieben waren. - In dieser Situation kam ihm die Familie Rosenbaum aus der "Versenkung" wieder in den Sinn. Er brachte nun die Freundlichkeit der Rosenbaums in Verbindung mit seinen früheren politischen Anschauungen - diese Verbindung hatte er damals nicht hergestellt. Rosenbaums, diese lieben netten Menschen - und auf der anderen Seite waren alle Juden pauschal abgelehnt worden. Die Konzentrationslager waren für die Juden in seiner früheren Sicht unter Umständen ein Schutz gewesen. Doch gleichzeitig hatte er gewußt, daß auch Schwerverbrecher in die Konzentrationslager kamen; dadurch wurde z.B. das Gefängnis entlastet, um das er als junger Mensch immer einen großen Bogen gemacht hatte. Er hatte damals schon einen gewissen Widerspruch in der Verwendung der Konzentrationslager gespürt, war ihm aber nicht nachgegangen. Er hatte die Stimme seiner inneren Frage durch die bekannten Abwehrmechanismen übertönen lassen.

In der Konfrontation mit der "schrecklichen Unschuld"[107] all seiner Bekannten erkannte er, daß auch er weggesehen hatte, nicht hatte sehen wollen. Die Erinnerung an die Familie Rosenbaum ließ ihn erkennen, daß an ihm selbst jene Kräfte wirkten, die er bei seinen Bekannten, bei der Masse der Deutschen, wirken sah. Diese Erinnerung veränderte nicht nur die Deutung seiner früheren Erlebnisse, sondern auch sein Verhältnis zu sich selbst. Er erkannte damals, daß man nicht das Gesicht verliert, wenn man Fehler eingesteht, sondern daß im Gegenteil gerade dadurch die Möglichkeit eröffnet wird, es zu gewinnen. Wenn er das "Erkennen der Erinnerung" als Grund von Kritikfähigkeit ansieht[108] und anderen gegenüber vertritt, schließt dies die Fähigkeit zu Kritik an sich selbst ein.

J.Reese hatte gegenüber den meisten deutschen Zeitgenossen den Vorteil, daß er Abstand von der Situation in Deutschland gewinnen konnte, daß das Bekannte ihm fremd geworden war. Diese Distanz ermöglichte es ihm mehr als den meisten anderen, seine Erlebnisse während der Zeit des Nationalsozialismus in einem neuen Licht zu sehen, sie zu erkennen und sie dadurch in Erfahrungen zu verwandeln, die ihm und anderen Orientierung geben konnten und können.

I. Zwischenergebnis

Im folgenden fasse ich die Ergebnisse der bisherigen Untersuchung zu J.Reese zusammen, indem ich sie auf die im 3. Kapitel entworfene Fragestellung beziehe.[109]

---

107 Hannah Arendt 1993: Besuch in Deutschland. Berlin, S.47. - H.Arendt schreibt über ähnliche Erfahrungen, wie J.Reese sie damals machte.
108 s.o. S. 113f
109 vgl. S. 89ff

Nimmt J.Reese seinen Anteil an der nationalsozialistischen Vergangenheit an? Er benennt seine frühere Begeisterung für Hitler, seinen "Idealismus"; er spricht über den Verlust seines nationalsozialistischen Weltbildes und über Verluste, die er als Deserteur erlitt; er berührt seine Beziehungen zu jüdischen Opfern des Nationalsozialismus (Familie Rosenbaum); er denkt über seine Herkunft nach, besonders über die Beziehung zu seinem Vater.[110] Jedoch thematisiert er nicht seine Rolle als Mann und kaum seine Beziehungen zu Frauen. Der Schwerpunkt in den dargestellten Teilen seiner Erinnerungsarbeit ist auf die Frage zu beziehen, inwiefern er sich als Subjekt seiner Taten anerkennt. Er konnte Anfang Oktober 1938 im Unterschied zu den meisten Deutschen aufgrund seiner Tätigkeit beim Militär klar erkennen, daß das Deutsche Reich der Angreifer war (S.119). Daraus ergab sich für ihn eine erhöhte Verantwortung für sein Tun. In seiner Desertion erwies er sich in hohem Maß als Subjekt seiner eigenen Tat. Dieser Umstand erleichtert es ihm, sich an seinen aktiven Beitrag zum Nationalsozialismus zu erinnern und ihn auszusprechen. Dabei geht er auf Bedingungen ein, die ihn lange Zeit daran hinderten, im vollen Sinn Subjekt seiner eigenen Taten zu sein: der ihn beeinflussende Glaube seines Vaters an den Nationalsozialismus; die geschickt irreführende Propaganda; die Redensarten, mit denen Fragen und Kritik abgewehrt wurden; die quasi-religiösen Inszenierungen. Er erweckt beim Durcharbeiten dieser Bedingungen nicht den Anschein, als sei er mit seiner Vergangenheit ins Reine gekommen; vielmehr stößt er in der Erinnerung auf aktuelle Schwierigkeiten: So spricht er, besonders in der Geschichte vom Zerbrechen des Führerbildes, darüber, wie er mit seinen Emotionen ringt. In seiner Reflexion des nationalsozialistischen „Idealismus" zögert er, seinen Anteil daran anzuerkennen, aber steht dann dazu (S.130). Seine Bereitschaft, von Schattenseiten seines Lebens zu erzählen und zu ihnen zu stehen, ist getragen von dem Vertrauen, daß durch solches Erzählen die Last der Vergangenheit gemindert werden kann. Dies Vertrauen stützt sich auf Erfahrungen, wie er sie in Dänemark und in der Konfrontation mit der "schrecklichen Unschuld" seiner deutschen Bekannten machte (S.144).

Im einzelnen möchte ich nun auf die Aspekte eingehen, nach denen ich die empirische Leitfrage gegliedert habe. Abschließend versuche ich zusammenzufassen, was J.Reese überliefert, wie er es überliefert und wie dies auf die Adressaten der Überlieferung wirkt.

1. Zwanghafte Wirkung von Abwehrmechanismen oder ihre Überwindung

Am 4.2.88 werden pauschale Haltungen zur nationalsozialistischen Vergangenheit sichtbar, die eine Wahrnehmung des je eigenen Anteils an dieser Vergangenheit kaum erleichtern, sondern eher zur Abwehr dieser Wahrnehmung dienen: die

---

110 S. 119, 124, 128f

Extreme dieser pauschalen Haltungen werden in den Äußerungen sichtbar, alle Überlebenden seien schuldig, seien Feiglinge; auf der anderen Seite in der Äußerung, man habe nichts zu bekennen. Solche Pauschalierungen können den, der sich ihnen anschließt oder sie pauschal ablehnt, davon entlasten, nach dem eigenen Anteil an der nationalsozialistischen Vergangenheit zu fragen.

J.Reese reagiert "allergisch" auf die These von der Feigheit aller Überlebenden.[111] Dennoch läßt sich seine Antwort kaum als Ausdruck eines unbewußten Abwehrmechanismus deuten. Gegen eine solche Deutung spricht zum einen, daß J.Reese keine pauschale Selbstrechtfertigung vorträgt, sondern in geraffter Form sowohl von seiner Funktion bei der Wehrmacht als auch von seiner Desertion erzählt. Zum anderen trägt seine Erzählung zur Überwindung der unfruchtbaren Alternative von Kollektivschuld und pauschaler Selbstrechtfertigung bei, die einen wichtigen Teil des Bezugsrahmens verschiedener Gesprächsbeiträge am 4.2.88 darstellt. Schließlich ist anzunehmen, daß Abwehrmechanismen um so weniger wirken, je mehr sie bewußt werden. J.Reese hat Mechanismen dargestellt, die ihn - wie viele Deutsche - zunächst davon abhielten, seinen eigenen Erfahrungen zu trauen und Konsequenzen aus ihnen zu ziehen (S.136f). Er läßt sich immer noch von den Wirkungen betreffen, die diese Abwehrmechanismen auf ihn hatten,[112] vor allem aber von den Erfahrungen, denen diese Mechanismen nicht mehr standhielten, so daß seine nationalsozialistischen Ideale „zerschmettert" wurden und damit der Bezugsrahmen, an dem sich seine Erfahrungen und Erinnerungen bisher orientiert hatten. Mit anderen Worten durchbrach damals die ihn betreffende Erfahrung seine Sinnstruktur, deren Grenze zunehmend erstarrt war, immer gewaltsamer das Andere der Wirklichkeit ausschloß. Die traumbildhafte Innenwelt zersprang, der Sinnhorizont öffnete sich schlagartig auf das bisher ausgegrenzte Andere der Wirklichkeit. J.Reese trat in Beziehung zu diesem Anderen, erkannte seine Verantwortung für die Situation, in der er sich befand; er veränderte seine Situation, indem er sich auf einen langen Weg machte, auf dem er schrittweise seinen Horizont immer wieder verschoben und erweitert hat. In seiner Stellungnahme über das „Erkennen der Erinnerung", seinem Ringen mit auftauchenden Emotionen und in seinem offenen Nachdenken über Idealismus und Verblendung ist der Dialog zwischen der Gegenwart und dem Anderen in der Vergangenheit besonders deutlich wahrzunehmen.[113]

---

111 S.118
112 dies ist besonders an der Erzählung von der unwillkürlichen Erinnerung an Familie Rosenbaum zu spüren, S. 136f
113 vgl. S. 113f, S. 125 und S. 129f

2. Monolog oder Dialog

J.Reese tritt dafür ein, daß im Gesprächskreis der Austausch von eher monologischen Stellungnahmen begrenzt wird;[114] er sucht den Dialog, stellt Fragen und läßt sich infrage stellen. Dies wird besonders anschaulich an dem Gespräch über Idealismus und Verblendung. J.Reese spricht auch aus eigener Erfahrung, wenn er auf den Zusammenhang von Verblendung und Schwierigkeiten mit dem Dialog hinweist: Ein Geblendeter läßt sich nur schwer im Sinn eines Dialogs ansprechen, weil er in seiner Vorstellungswelt befangen ist und etwas anderes nicht mehr sehen kann.[115]

Da J.Reese in seinem Leben Erfahrungen aus der Täterperspektive und der Opferperspektive gemacht hat und aus beiden Perspektiven erzählen kann, ist er in besonderer Weise zum Perspektivenwechsel fähig; er hat durch seine Teilnahme am Gesprächskreis die Verständigung zwischen Personen mit unterschiedlicher Vergangenheit gefördert.

3. Bilder der Vergangenheit verschwinden lassen oder festhalten

Neben der Geschichte vom Zerbrechen des Führerbildes ist das wichtigste Beispiel dafür, daß J.Reese ein neu auftauchendes Bild der Vergangenheit festhält und daran arbeitet, Noch-Nicht-Bewußtes bewußt werden zu lassen, vielleicht seine Erinnerung an die Familie Rosenbaum.[116] Als die vergessene, für ihn unbequeme Erinnerung Ende der vierziger Jahre wieder auftauchte, hätte er sie wieder verschwinden lassen können. Dann wäre er vielleicht bei einer selbstgerechten Abgrenzung von der „schrecklichen Unschuld" seiner Verwandten und Bekannten stehengeblieben; er hätte dann bei Erzählungen seiner nationalsozialistischen Vergangenheit vielleicht die Geschichte seiner Desertion hervorgehoben und seine frühere Begeisterung für Hitler mehr oder weniger verschwiegen. Dadurch, daß er das Bild der ihm besonders bekannten jüdischen Familie festhielt, entdeckte er nach und nach immer mehr über sich selbst und seinen Anteil am Nationalsozialismus. Von dieser Selbsterkenntnis ist seine Art zu erzählen und zu fragen durchdrungen. Noch Jahrzehnte danach bewegt ihn die Frage, wie damals zur Zeit seiner Verblendung es geschehen konnte, daß Abwehrmechanismen die Stimme seiner eigenen Erfahrung, seiner inneren Fragen übertönten. - Indem J.Reese so an der Förderung des Noch-Nicht-Bewußten in seiner Lebensgeschichte arbeitet, gibt er den anderen GesprächspartnerInnen ein Beispiel, ohne sich als Held auf einen Sockel zu stellen, und ermutigt sie, Ähnliches zu tun. An einigen Stellen wird seine Lebensgeschichte durchsichtig für die Erfahrungen seiner Zeitgenossen insgesamt, besonders dort, wo

---

114   vgl. besonders S. 124ff
115   vgl. S. 129ff
116   vgl. S. 124, 128f und besonders 136f

er über seine Begeisterung für Hitler und die Schwierigkeit der Überwindung dieser Faszination spricht. Insofern läßt sich seine Arbeit an der Förderung des Noch-Nicht-Bewußten mit Benjamins Worten als ein Beitrag zum Erwachen auf der Ebene des Geschichtlichen bezeichnen.[117]

4. Andauern von Illusionen oder Abschied von ihnen

J.Reese spricht das Illusionäre in seinem früheren Weltbild als Irreführung durch die nationalsozialistische Propaganda und besonders als Verblendung an.[118] Dabei überschreitet er die damals im Gesprächskreis vorherrschende distanzierte Außenperspektive, in der der eigene Anteil am Nationalsozialismus im Dunkeln bleiben kann, indem er mit starken Gefühlen und Sprachbildern von seiner eigenen Verblendung und ihrer schwierigen Überwindung erzählt. Er läßt seine ZuhörerInnen teilhaben an seinem Stolz bei der Begegnung mit Hitler und an seinem zerschmetternden Gefühl vor dem ungeheuren Trümmerhaufen seiner Ideale. Vielleicht läßt sich sagen, daß sein Abschied von der Illusion in dem Maße gelingt, in dem er sie sich und den GesprächspartnerInnen gegenwärtig macht.[119]

5. Vernichtung oder Läuterung der Träume

Bei J.Reeses Erwachen aus seinem idealistischen Traum steht zunächst die Negation im Vordergrund; im Erwachen wird sein „Idealismus", sein bisheriger Glaube an Hitler vernichtet. Aus dieser Vernichtung heraus entschließt er sich zu desertieren. Erst viel später, auf Grundlage dieser Negation, wird es ihm möglich, sich einem positiven Kern zuzuwenden, der in der Traumform der nationalsozialistischen „Idealismus" pervertiert, gewissermaßen gefangen war. Durch diese doppelte Aufhebung des Traumes kann er seine Lebensgeschichte so erzählen, daß seine Begeisterung für den Nationalsozialismus in das Bild der Vergangenheit eingeschlossen wird. Im Gesprächskreis ist er in der Lage, als Katalysator zwischen ehemaligen Anhängern und Gegnern des Nationalsozialismus zu vermitteln.

Die Frage nach vernichtender oder im doppelten Sinn aufhebender Kritik läßt sich gerade bei J.Reese mit dem Bild der Läuterung anschaulich machen: Er löste sich von Hitler als Ideal wie von einer Schlacke; sein Ringen um die Einheit von Denken, Reden und Handeln wurde weniger idealistisch und damit bescheidener, menschlicher. Sein Nachdenken über Idealismus und Verblendung sehe ich als Fortsetzung dieser Läuterung, ebenso wie seine Thematisierung des eigenen Fana-

---

117 vgl. die Benjamin-Zitate zur kopernikanischen Wendung, S. 63
118 S. 122 ff, S. 129 ff
119 vgl. das Benjamin-Zitat zum Gegenwärtig-Machen des Verlorenen, Anm. 185 auf S. 59. - Benjamin macht sich und seinen Zeitgenossen ein Jahrzehnt nach dem Ersten Weltkrieg das Verlorene gegenwärtig, indem er die „Landschaft der Front" als Schlachtfeld und Trümmerhaufen des deutschen *Idealismus* beschreibt. - vgl. GS 3, S. 247.

tismus. Er hat bei sich die Gefahr einer fanatischen, vernichtenden Kritik an ehemaligen Anhängern des Nationalsozialismus und an Mitläufern gefährlicher Trends der Gegenwart wahrgenommen. Darum kann er anderen, die in ihrer Empörung über nationalsozialistische Gedanken, Reden und Taten in der Gegenwart fanatisch werden, zum Perspektivenwechsel und damit zur Selbsterkenntnis verhelfen.

6. Rechtfertigung oder Veränderung der bestehenden Identität

J.Reese ist am Ende seines Lebens nicht fertig mit seiner Identität. Das wird besonders anschaulich daran, daß er etwas werden möchte, nämlich „ein guter Kommunist, das wäre beinahe identisch mit einem guten Christen." (S.135) Insofern haben seine Erinnerungen nicht die Funktion, seine bestehende Identität nur noch zu untermauern oder zu rechtfertigen. Allerdings reagiert er „allergisch" auf Versuche, in seiner Desertion etwas Ehrenrühriges zu sehen; er besteht darauf, daß sie mutig war. - Von einer Erweiterung seiner Identität läßt sich insofern sprechen, als er den Dualismus, das Schwarz-Weiß-Denken seines früheren Weltbildes weitgehend überwunden hat und nun seinem Denken und Handeln die Möglichkeit zugrundelegt, daß Gegensätze ineinander übergehen können.[120] Der Dualismus seines früheren Weltbildes ist als eine starre Sinnstruktur zu begreifen; sie konnte sich nur durch Abwehrmechanismen aufrechterhalten, die eigene Erfahrungen nicht oder nur in engen Grenzen zuließen. Im Gegensatz dazu ist die Grenze seines heutigen Sinnhorizontes beweglich; sie erlaubt ihm nicht nur, immer wieder neue Erfahrungen zu machen, sondern ist geradezu darauf angelegt. Daher ist er imstande, anderen Mut zu eigenen Erfahrungen, zu eigenem Nachdenken zu machen. Im Bild von Traum und Erwachen gesagt, ist die Geschichte vom Zerbrechen seines nationalsozialistischen Weltbildes und von der Läuterung seines Idealismus die Geschichte seines Erwachens.

7. Überlieferung

J.Reese nennt Kritikfähigkeit als Schwerpunkt dessen, was er überliefern will (S.113f). Diese Kritikfähigkeit ist zum einen bezogen auf die objektiven Verhältnisse, zum anderen auf deren subjektive Wahrnehmung und Deutung. In der Geschichte seines Erwachens überliefert er nicht nur Kritik am Nationalsozialismus; sonst wäre es vielleicht möglich, seine Erzählungen dem Tradierungstyp „Distanzierung"[121] zuzuordnen. Vielmehr verbindet sich seine Kritik am Nationalsozialismus und an dessen Nachwirkungen in der Gegenwart mit einer durch alle Stufen des Erwachens durchgehaltenen Kritik an seinen eigenen idealistischen

---

120 vgl. die Hypothesen zu den politisch-theologischen Bedingungen einer Identität erweiternden Erinnerung S. 93f und die Anm.86 zur Sonnensymbolik auf S. 127
121 vgl. die Untersuchung von H.Welzer u.a. 1997; s.o. S.105

Träumen. Diese Weise der Erinnerungsarbeit und des Überlieferns läßt sich als Geständnis oder als Reue benennen. Indem J.Reese auf diese Weise sich erinnert und erzählt, ermutigt er andere zu einer ähnlichen Selbstveränderung, vor allem I.Gartemann, von der im folgenden Kapitel die Rede sein wird. Insofern Überlieferung auf die Nachgeborenen bezogen ist, möchte ich kurz darauf eingehen, wie J.Reeses Erinnerungsarbeit auf mich gewirkt hat.

Ich lernte J.Reese in den frühen siebziger Jahren kennen, als er im Rahmen von Protestveranstaltungen gegen Berufsverbote und politische Entlassungen über seine eigene politische Entlassung aus dem Bielefelder Unternehmen berichtete, in dem er einige Jahre als Betriebsrat gewirkt hatte. Von Anfang an bestimmte eine weitgehende Übereinstimmung in den politischen Zielen, in der Kritik an den objektiven Verhältnissen die Beziehung zwischen uns. Was seit der damaligen Zeit J.Reese mir überlieferte, war Ermutigung zu Kritik an ungerechten Verhältnissen. Zu diesen gehörte auch der Nationalsozialismus, den J.Reese seit seiner Mitarbeit im dänischen Widerstand bekämpft hat. Später, jedenfalls schon vor dem Beginn des Gesprächskreises fing J.Reese an, mir von seiner früheren Begeisterung für Hitler zu erzählen. Die Wirkung dieser Geständnisse auf mich entfaltete sich langsamer als die Verstärkung einer bereits bei mir bestehenden objektiven Kritikfähigkeit. Am Telefon erzählte er mir einmal, daß er Hitler begegnet war, und daß dessen Augen wie eine Sonne auf ihn gewirkt hatten; das war möglicherweise nach Beginn des Gesprächskreises. Als der Gesprächskreis in der Anfangsphase wegen der Spannungen zwischen ehemaligen Tätern und Verfolgten des Nationalsozialismus in seinem Bestand gefährdet war, bat ich J.Reese um Rat; er entschloß sich, am Gesprächskreis teilzunehmen und hat dadurch entscheidenden Anteil an dessen langem Bestehen. In der Situation des Gesprächskreises am 9.2.1989 konnte ich so energisch in das Gespräch eingreifen, weil ich das Gefühl hatte, daß J.Reese mit seiner Erzählung eine Wendung im Sinn fruchtbarer Erinnerungsarbeit herbeiführen konnte (S.124f). Dies geschah dann auch. Bei mir selbst hat gerade diese Erzählung die Bereitschaft geweckt, Anteile an der Tätergeschichte in meiner eigenen Biographie und Herkunft anzunehmen und einzugestehen, die ich vorher nicht annehmen und erst recht nicht erzählen konnte. Nachdem ich dies einige Male im Gesprächskreis getan hatte, legte ich dessen TeilnehmerInnen am 19.2.1992 einen Text von mir aus dem Jahr 1986 vor, in dem ich eigene Anteile an der Tätergeschichte untersuchte, wie Anfälligkeit für Fanatismus und Härte gegen sich selbst und andere. Dieser Text war ein Ergebnis meiner Selbstreflexion im Zuge der Arbeit an den Oral-History-Interviews.[122] Die Reaktion von J.Reese darauf war, daß in der Art meiner Selbstuntersuchung noch Züge des Fanatismus zu spüren seien, den ich gerade überwinden wollte. Ich fand diese Kritik berechtigt. Denn eine Haltung harter, vernichtender Kritik ist nicht dasselbe wie ein *Annehmen* dunkler Seiten in

---

122 vgl. das Zitat von L.Niethammer 1985, S.394 auf S.7

der eigenen Lebensgeschichte und Herkunftsgeschichte. An diesem Beispiel kann zum einen abgelesen werden, daß die entscheidende Tradierung bei mir nicht die Kontinuierung einer bestehenden Identität, sondern eine Durchbrechung von Beschränkungen darstellte; zum anderen daß dies Annehmen leichter in einer Gesprächssituation gelingen kann, in der die GesprächspartnerInnen den Erzähler als Menschen annehmen, als in der Situation einsamer oder akademisch begrenzter Selbstreflexion. Schließlich wird daran deutlich, daß J.Reese mit seiner Erinnerungsarbeit auf mich als Vorbild gewirkt und mir im Sinne maieutischer Geduld bei der eigenen Erinnerungsarbeit geholfen hat.

6. Kapitel: Ida Gartemann (1927 geboren)

Im Kapitel über J.Reese habe ich eine Erfahrung ins Zentrum der Betrachtung gestellt, die sein Weltbild veränderte. Diese Veränderung weist die Struktur des Erwachens auf: sie betrifft ihn zum einen blitzartig, aufflammend, das Gebäude seines nationalsozialistischen Traumes verzehrend; zum anderen hält er seine neue Erkenntnis fest, läßt seinen Willen und sein Handeln von ihr bestimmen, begibt sich auf einen langen Weg von der "Dunkelheit" ins "Sehen", der zum Zeitpunkt dieser Darstellung noch nicht abgeschlossen ist. Als einen Schritt auf diesem Weg habe ich gezeigt, wie er durch Erinnerungsarbeit Erlebnisse aus der NS-Zeit (besonders mit der jüdischen Familie Rosenbaum) aus ihren früheren Deutungsmustern herauslöste. Durch das "Erkennen der Erinnerung", durch bewußtes Festhalten von unwillkürlich auftauchenden Erinnerungen und durch wiederholte Arbeit an ihnen läuterte er diese Erlebnisse zu Erfahrungen mit orientierender Kraft für sich und andere.

Im folgenden Kapitel über Ida Gartemann möchte ich eine unwillkürliche Erinnerung in den Mittelpunkt stellen, die ihr während der Sitzung des Gesprächskreises vom 4.2.1988 kam, und von diesem Mittelpunkt aus die Vorgeschichte und die Nachgeschichte dieser Erinnerung skizzieren.[123] Mit dieser Art der Darstellung suche ich ihrem Gegenstand zu entsprechen, nämlich einer Erinnerung an den Nationalsozialismus, bei der zunächst nicht das Festhalten und Durcharbeiten der Erinnerung im Zentrum der Aufmerksamkeit steht, sondern die erste Phase des Erwa-

---

123 Damit nähere ich mich, stärker noch als im vorigen Kapitel, dem Ansatz W.Benjamins, den Gegenstand der Geschichte als Monade aufzufassen und darzustellen. In der Passagenarbeit schreibt Benjamin: „Daß der Gegenstand der Geschichte aus dem Kontinuum des Geschichtsverlaufs herausgesprengt werde, das wird von seiner monadologischen Struktur gefordert. Diese tritt erst am herausgesprengten Gegenstand zu Tage. Und zwar tut sie dies in Gestalt der geschichtlichen Auseinandersetzung, die das Innere (und gleichsam die Eingeweide) des historischen Gegenstandes ausmacht und in die sämtliche historischen Kräfte und Interessen in verjüngtem Maßstabe eintreten. Kraft dieser monadologischen Struktur findet er in seinem Innern die eigene Vorgeschichte und Nachgeschichte repräsentiert." GS 5, S. 594

chens, der plötzliche Umschlag von Unbewußtheit in Bewußtsein, der sich an diesem Tag Anfang 1988 bei I.Gartemann ereignete. - Sie wollte sich in dieser Sitzung gleich nach dem Beitrag von R.Jeremias äußern (S.114ff); andere kamen ihr jedoch zuvor. Nach der Erzählung von J.Reese, die mit einem nochmaligen Bezug auf E.Hilgers Stichwort von der Feigheit abschließt, kommt sie dann zu Wort:

Ida Gartemanns unwillkürliche Erinnerung[124]

IG "Also ich bin auch nicht zu feige, was zu sagen, ich sags auch öffentlich. Aber eins will ich Ihnen sagen, ich bin nicht so fest im Glauben wie Sie, und ich bewundere das, aber eins kann ich Ihnen sagen, um die Wahrheit zu sagen, brauch ich nicht fest im Glauben sein. Ich sage die Wahrheit, ich habe immer die Wahrheit gesagt und hab sie auch damals im Krieg gesagt, ich bin auch angeeckt, das ist mir aber eben erst eingefallen, das war mir eigentlich vollkommen entfallen, in meinem ganzen Leben habe ich eben zum ersten Mal wieder darüber nachgedacht, und zwar folgendermaßen: wir haben ja den Angriff gehabt im September ... 44, gut, da ist der Westen so bombardiert, ich war bei Hillenkötter und Ronsiek beschäftigt, und wir hatten ... ich weiß gar nicht, warum mir das entfallen ist, aber es kam mir eben, ich habs förmlich gesehen. Wir haben den Angriff gehabt und der Westen ist vollständig bombardieren, Brandbomben, 5 Zentner- Bomben und und und, jedenfalls hat das ganze Viertel gebrannt, und wir sind nicht in dem Bunker unten gewesen an der Reinstraße, da sind wir gewesen, wie er den Treffer gekriegt hat, wie er geschaukelt hat, aber wir waren Zulieferer für Dürkopp, daran kann ich mich noch erinnern, und wir kriegten, durften bei Alarm noch nicht gehen, wir durften erst bei Hauptalarm gehen, da kriegten wir irgendwie, ob das jetzt telefonisch... jedenfalls kriegten wir Nachricht, wenn wir gehen durften, da waren die anderen alle schon im Bunker, und da kamen die Ostarbeiter rauf, holten die Schreibmaschinen runter, die Rechenmaschinen, alles was wertvoll war, das war genau aufgeteilt, wer was holte, und dann ging das ruck zuck in die Unterstände hinten, das waren so Laufgräben, die haben sie im Garten gegraben, und die waren ziemlich hoch abgedeckt. Gegenüber war ne Opelwerkstatt, wenn ich nicht irre, hat die früher Cordbarlag geheißen, aber das ist nur ne Vermutung, ich weiß es nicht, "

- "hats gegeben"

IG "und diese Werkstatt hatte einen Volltreffer gekriegt und wir saßen in den Unterständen drin, und die schrieen ganz fürchterlich, da, Mann und Frau oder zwei Frauen, das weiß ich jetzt auch nicht mehr ganz genau, waren da drin, und die waren jedenfalls vollkommen verletzt, Beine ab oder Arme ab oder noch irgendwie dramatischer, ich weiß es nicht, auf jeden Fall haben wir da in dem Unterstand gesessen, noch zwei Frauen, die hier auch heute noch in der Stadt wohnen wir waren damals noch junge Mädchen, ich war noch Lehrling, die hatte gerade ausgelernt, wir waren viele Ostarbeiter und n paar deutsche Männer. Unser Betriebsrat, der hieß damals anders, Betriebsobmann hat der geheißen glaub ich "

- hm

IG "der stand da und der zitterte, und wir haben gesagt, nun geht doch raus und nun guckt doch zu, und die sind nicht gegangen. Und die Ostarbeiter sind rausgegangen, haben die Leute da rausgeholt, und wir Frauen sind hinterher. Und dann war das vorbei, nach zwei Tagen, da hieß es denn, die Ostarbeiter haben geplündert. Und da haben wir beide uns, die wir da mit im Unterstand waren, haben wir gesagt, das gibt es überhaupt nicht, wir sind immer in der Nähe der

---

124 4.2.1988; TI 15.2.260

Ostarbeiter gewesen, und wir haben gesehen, daß die nicht geplündert haben, daß die nur den Menschen geholfen haben. Und das war das einzige Mal, wo ich ... "
(Unterbrechung durch Wechsel der Kassette)
IG   "da hab ich meinem Vater das erklärt, da sagt mein Vater, Kind, das konntst du doch nicht alles so sagen, da sag ich, es ist doch die Wahrheit, da brauch ich doch keinen Grund, wenn es doch die Wahrheit ist, und das ist wirklich wahr, wenn ich Ihnen sage, daß mir das heute in unserer Runde hier nach 40 Jahren eingefallen ist. Und ein Vierteljahr später schickte mir der Doktor Hettliger und der Fräulein Spürhase ein Buch für tatkräftigen Einsatz beim Angriff, das war ne kleine Entschädigung für das, was wir da gemacht hatten. Und ich möchte noch, was die Ostarbeiter anbetrifft, etwas sagen. Das ist nicht in allen Firmen so gewesen. "

A. Bezugsrahmen von I.Gartemanns Erinnerung

I.Gartemann bezieht sich zu Beginn des dokumentierten Redebeitrages ausdrücklich auf die Gesprächssituation. Zunächst nimmt sie - ähnlich wie J.Reese - gegen die Meinung von E.Hilger Stellung, daß alle Überlebenden, die zur Zeit des Nationalsozialismus eigenverantwortlich handeln konnten, Feiglinge gewesen seien. Der Beginn ihres Beitrages, daß sie nicht zu feige sei, etwas öffentlich zu sagen, macht die GesprächspartnerInnen zunächst auf die Haltung aufmerksam, die sie in der Gegenwart einnimmt: sie war im Gesprächskreis, der sich damals wöchentlich traf, seit Anfang Januar 1988 anwesend, erzählte von ihrer Tätigkeit bei den Grauen Panthern und setzte sich kritisch mit ihrer Begeisterung im BDM, mit der Vergangenheit ihres Vaters in der NSDAP, und mit ihrer politischen Untätigkeit in den Jahren nach 1945 auseinander, in denen sie rastlos für ihre Familie gearbeitet hatte. Im Lauf ihrer Erzählung macht sie deutlich, daß sie auch im Krieg, als 17-jähriges Mädchen, nicht zu feige war, "die Wahrheit" zu sagen. Im zweiten Satz redet sie R.Jeremias an; sie widerspricht seinem Standpunkt, daß nur aus dem Glauben der Mut komme, die Wahrheit zu sagen. Ähnlich wie G.Kaufmann[125] reagiert sie zunächst mit Selbstrechtfertigung auf sein Auftreten: "ich habe immer die Wahrheit gesagt ...". Doch schon im nächsten Satz bricht sie diese Selbstrechtfertigung ab; sie springt vom "immer" in das "eben erst", in das "zum ersten Mal" ihrer unwillkürlichen Erinnerung.

I.Gartemann hatte ihr damaliges Eintreten für die Wahrheit, indem sie Zeugnis für die Zwangsarbeiter ablegte, vergessen; insofern läßt sich an ihrem "immer" zweifeln. Jedoch bewährt sie - unwillkürlich - ihre Wahrheitsliebe gerade darin, daß sie die Erinnerung zuläßt und mitteilt. Sie sagt am Schluß ihres Beitrages: "und das ist wirklich wahr ... , daß mir das heute in unserer Runde hier nach 40 Jahren eingefallen ist." An dieser Stelle spüre ich keine Selbstrechtfertigung gegen die Position von R.Jeremias mehr. Vielmehr trifft hier die Wahrheit ihrer unwillkürlichen Erinnerung mit der Wahrheit ihrer vergessenen Erfahrung zusammen, für die

---

125 vgl. S.115

sie damals Zeugnis ablegte: daß Fremde, "Ostarbeiter", keine "Untermenschen" waren, sondern Menschen, die sich in der Gefahr mutiger und menschlicher verhielten als deutsche Männer in Amt und Uniform.[126]

Unwillkürliche Erinnerung

Man könnte daran zweifeln, ob I.Gartemann sich wirklich in dieser Sitzung zum ersten Mal nach über 40 Jahren an diese Geschichte erinnert hat. Doch dieser Zweifel ließe sich nicht mehr aufrechterhalten, wenn man das Gefühl ernstnimmt, mit dem I.Gartemann auf diese Erinnerung reagierte. Sie sagt, etwa eine Viertelstunde nach ihrer Erzählung: "wenn man so im Kreis darüber nachdenkt, dies mit Hillenkötter, das ist mir eben erst eingefallen, ich bin ganz erschrocken über mich, daß ich sowas vergessen habe."[127] Eben dies Erschrecken ist ein Zeichen dafür, daß die Erinnerung ihr unwillkürlich "eingefallen" ist, und daß sie nicht eine ihrer Standardgeschichten[128] als Argument gegen R.Jeremias verwendet hat. Wer so spontan über sich erschrickt, rechtfertigt sich nicht selbst nach einem altbekannten Muster; vielmehr ist in diesem Erschrecken eine Reaktion auf den Einfall der erwachenden Erinnerung zu sehen.[129] Wer so über sich erschrickt, wie aus einem langen Schlaf erwachend, spürt den Beginn einer tiefgehenden Veränderung. Um I.Gartemanns Veränderung hier schon anzudeuten: sie überwand schrittweise ihre ablehnende Einstellung zu den Fremden, die durch ihre nationalsozialistische Vergangenheit geprägt war.

B. Die Ereignisse, an die I.Gartemann sich "nach 40 Jahren" erinnert

Im folgenden wende ich mich den Ereignissen zu, die I.Gartemann über vierzig Jahre lang vergessen hatte. Zunächst berichtet sie über den "Alltag" der Luftangriffe, die am 30.9.1944 in Bielefeld ihren Höhepunkt erreichten. Ich vermute, daß sie

---

126 Ein untergründiger, von Ida Gartemann kaum beabsichtigter Bezug zum Verhältnis von Glauben und Wahrheit wird durch den Vergleich der Zwangsarbeiter mit dem barmherzigen Samariter erkennbar, von dem Jesus an entscheidender Stelle erzählt (Lukas 10,25-37). Der Samariter, als der in der damaligen Gesellschaft Fremde, der Ausgegrenzte, bewährt die Wahrheit des Glaubens - nicht die Amtsträger der religiösen Institutionen, von denen man es eher erwarten würde.
127 TI 16.1.250
128 Zu diesem Begriff vgl. L.Niethammer 1985: Fragen - Antworten - Fragen, a.a.O. S. 404f. "Standardgeschichten" liegen an der Oberfläche des Gedächtnisses und können jederzeit erzählt werden. Dagegen müssen tiefere, "latente" Schichten des Gedächtnisses erst durch "Rekonstruktionen und Assoziationen" aktiviert werden. Die letztere trifft für "Lernsituationen" zu, in denen man mit etwas bis dahin Unbekanntem konfrontiert war: "Assoziative Geschichten, die (wie die oben genannten "Standardgeschichten") eine szenische oder episodenhafte Form haben, deuten auf Situationen, in denen einem etwas Neues begegnet ist, für das es noch keine Verarbeitungskategorien gab und das sich deshalb in seiner ereignishaften Plastizität eingeprägt hat." (S.405)
129 vgl. die Anm.206 zum „Einfall", S. 64

die sich wiederholenden Verhaltensweisen bei Luftangriffen nicht vergessen hat, ebensowenig wie den Umstand, daß sie in einem Betrieb arbeitete, der Zulieferer für Dürkopp war, also für das während des Nationalsozialismus wichtigste Rüstungsunternehmen in Bielefeld.[130] In Vergessenheit geraten waren dagegen die Ereignisse an dem Tag, von dem sie erzählt: eine Werkstatt in der Nachbarschaft bekam einen Volltreffer. Sie geht nicht auf das Gefühl der Angst ein, das sie befallen haben muß. Stattdessen schildert sie ein Bild, das sie "förmlich gesehen" hat: der Betriebsobmann zitterte. Diese körperliche, sichtbare Angst paßte nicht zu dem Männerbild, das ihr in der Familie und im BDM vermittelt worden war. Sie und ihre beiden Kolleginnen reagierten damit, daß sie die Männer zum Handeln aufforderten. Doch die Mädchen konnten die deutschen Männer dadurch nicht dazu bewegen, die an sie gestellten Erwartungen zu erfüllen. Stattdessen handelten die "Ostarbeiter"; ihnen folgten die drei Mädchen, mit denen sie gemeinsam die notwendige Hilfe leisteten.

Mit den dramatischen Ereignissen während des schweren Luftangriffes ist die Geschichte I.Gartemanns noch nicht zuende. Sie erzählt, wie sie zwei Tage später im Betrieb "aneckte", indem sie gemeinsam mit einer Kollegin der Verleumdung der "Ostarbeiter" entgegentrat, die wahrscheinlich die Todesstrafe nach sich gezogen hätte. Am 11.2.1994 ergänzt sie: Damals habe sie "spontan", "vom Gefühl her" sich darüber aufgeregt, daß die deutschen Männer so feige waren. Später sei sie deswegen angegriffen worden.

I.Gartemann tat damals, in einer gefährlichen, existentiell für sie und andere bedrohlichen Situation, etwas Unkonventionelles: sie warf den Männern Feigheit vor. Das war damals einer der schlimmsten Vorwürfe, das „gehörte sich nicht" für ein Mädchen. Mehr noch: sie folgte den Zwangsarbeitern bei der Rettungsaktion. Daß sie damit die damals geltenden Normen überschritt, wird aus den Sanktionen deutlich: ihr Verhalten wurde ihr im Betrieb und von ihrem Vater vorgeworfen. Die "Ostarbeiter" wurden eines Verbrechens bezichtigt; vermutlich, um den - nicht offen zugegebenen - Makel von den deutschen Männern abzulenken. Die Gefahr, in die sie sich selbst mit ihrer Tat und ihrem Eintreten für die Wahrheit brachte, wird aus der Auseinandersetzung mit ihrem Vater deutlich. - Ein Vierteljahr danach wurde sie für ihre Tat geehrt; die Kräfte der feigen Verleumdung hatten sich in diesem Fall nicht durchgesetzt.

---

130 vgl. meinen Aufsatz: Zur Geschichte eines Bielefelder Industrieunternehmens während der Nazizeit: das Beispiel Dürkopp. In: W.Emer, U.Horst, H.Schuler-Jung (Hg) 1984: Provinz unterm Hakenkreuz. Bielefeld, S. 125ff

C. Bedingungen des Vergessens

Daß I.Gartemann hier eine Erfahrung erzählt, die sie 40 Jahre lang vergessen hatte, ist erstaunlich. Denn sie ist damals, im Jahr 1944, mit vollem Bewußtsein als Zeugin für die Zwangsarbeiter aufgetreten und hat damit einen Konflikt mit der nationalsozialistischen Betriebsführung und mit ihrem Vater riskiert, möglicherweise auch mit der Gestapo. Daher ist nach Gründen zu suchen, die dies Vergessen und die spätere Wiedererinnerung erklären können; I.Gartemann selbst sucht solche Gründe. Ich stelle zunächst Gründe dar, die I.Gartemann in ihren Erzählungen selbst anführt oder die durch die Umstände des Gespräches naheliegen (Abschnitte C und D). Danach komme ich unter den Gesichtspunkten der leitenden Fragestellung dieses empirischen Teils auf die Gründe bzw. Bedingungen des Vergessens und der Wiedererinnerung zurück (Zwischenergebnis).

1. Rastlose Arbeit

I.Gartemann spricht gleich im Anschluß an ihre Erzählung eine Bedingung für das Vergessen der aufgetauchten Erinnerung an:

"nicht viel Zeit gehabt, über all die Dinge nachzudenken"[131]

IG   "Ich habe in meinem Leben nicht viel Zeit gehabt, über all die Dinge nachzudenken, wenn ich bedenke, daß ich immer mitgearbeitet hab, vier Kinder großgezogen, es blieb für Politik und andere Dinge gar nicht viel Zeit, und deswegen hab ich jetzt auch das Bedürfnis, so riesig viel nachzuholen. Aber das, was wir versäumt haben, das ist uns jetzt, nachdem die Kinder größer wurden, von Jahr zu Jahr ist uns das mehr bewußt geworden..."

Was I.Gartemann hier mit wenigen Worten als Bedingung des Vergessens andeutet, ist eine jahrzehntelange Arbeitsleistung, die nur in rastloser Arbeit zu bewältigen war. 1947 heiratete sie; ihre Kinder sind 1949, 1950, 1956 und 1961 geboren. An anderen Stellen führt sie ihre Aufgaben im Haushalt weiter aus; sie hatte nicht nur für Kinder zu sorgen, sondern auch für Alte, die sie bis zu deren Tod pflegte. Ihre Eltern lebten von 1947-53 und von 1963-85 in ihrem Haushalt. Ihr Vater starb früher; nach seinem Tod zog ihre Tante ein. In Bremerhaven (1953-63) wohnte sie mit ihren Schwiegereltern zusammen; diese wohnten von 1970-73 in ihrem Haushalt in Bielefeld. 1985 wollte sie zum ersten Mal mit ihrem Mann eine Urlaubsreise machen. Aber er starb. – Neben der Arbeit in Haushalt und Familie war sie bis auf zwei Jahre berufstätig, nach ihrer Lehre (1943-46) nur als Selbständige. Sie führte eine Gaststätte und kochte für Betriebe.

An anderen Stellen berichtet I.Gartemann von dem Kampf um das Überleben in der Schlußphase des Krieges und in den ersten Nachkriegsjahren, der in den fünfzi-

---

131   4.2.1988; TI 16.1.085

ger Jahren überging in die Sorge um das Geld, um den Kühlschrank, das Auto.[132] Sie beschreibt, wie die rastlose und oft schwere Arbeit sie daran hinderte, aus Erlebnissen Erkenntnisse zu gewinnen, Erfahrungen zu machen, mit denen sie Deutungsmuster aus der BDM-Zeit hätte überwinden können:

- Während der angestrengten Arbeit z.b. auf Kartoffelfeldern sei ihr die Fähigkeit nachzudenken vergangen; sie habe es fertiggebracht, an einem Tag 33 Zentner kleine Kartoffeln aufzusammeln.

- Einmal sei sie, zusammen mit ihrem Mann in den frühen fünfziger Jahren auf einer SPD-Versammlung in Bremen gewesen, auf der gegen die Aufrüstung geredet wurde. Diese Haltung habe sie richtig gefunden; doch sie sei Episode geblieben, kaum in ihren Alltag eingedrungen.[133] Ihr Mann sei nach dieser Kundgebung Mitglied der SPD geworden, aber bald darauf aus Enttäuschung über die Zustimmung der Parteiführung zur Wiederaufrüstung wieder ausgetreten.

2. Fremdenfeindliche Haltung

Am 11.2.1994, also 6 Jahre nach dem Auftauchen der Geschichte mit den Zwangsarbeitern, weist I.Gartemann auf eine weitere Bedingung des Vergessens hin. Damals, während des Krieges, habe sie die Zwangsarbeiter "rein menschlich gesehen", habe dies Ereignis "nicht mit Politik in Verbindung gebracht".

Zu der damaligen "Politik" gehörte eine pauschal ablehnende Haltung Fremden gegenüber. I.Gartemann erwähnt, soweit ich sehe, nicht, daß die Zwangsarbeiter in der nationalsozialistischen Propaganda als "Untermenschen" galten; doch halte ich es für unwahrscheinlich, daß ihr dieses Schlagwort und seine Anwendung auf die Zwangsarbeiter unbekannt geblieben ist. Sie berichtet an anderen Stellen, daß sie von dem Deutungsmuster der Abwertung und Ablehnung des Fremden geprägt war: So lehnte sie partnerschaftliche Beziehungen zwischen deutschen Mädchen und Ausländern durchgängig ab. Ihre älteste Tochter gab ihr Anlaß, dies Muster energisch zu bekräftigen, als sie sich Ende der sechziger Jahre mit einem Jugoslawen befreundete. I.Gartemann erzählt, sie habe dieser Tochter gesagt, wenn sie einen Ausländer heiraten wolle, würde sie sie schlagen - das einzige Mal. Die Beziehung ihrer Tochter zu dem Jugoslawen hätte eine Bekanntschaft bleiben können. Aber durch ihre Drohung hatte I.Gartemann bei ihrer Tochter Trotz ausgelöst; diese heiratete den Jugoslawen zum Ärger ihrer Eltern im Jahr 1971.

Das Verhältnis zwischen dem "menschlichen" Erlebnis mit den Zwangsarbeitern und der "Politik" in I.Gartemanns damaliger Sicht legt einen Vergleich mit J.Reese und seiner Einstellung zu den Juden nahe: Ähnlich ist bei beiden der Widerspruch zwischen den "menschlichen" Erlebnissen und den Deutungsmustern, die sie aus

---

132 so am 3.3.1988
133 aus Ida Gartemanns Erzählungen am 3.3.1988

Familie und nationalsozialistischer Propaganda übernommen hatten. Unterschiedlich ist die Wahrnehmung dieses Widerspruchs: J.Reese kann sagen, daß er sich damals schon Fragen gestellt, aber seine Zweifel unterdrückt habe, weil sein Elternhaus der nationalsozialistischen Ideologie anhing. I.Gartemann dagegen scheint einen Widerspruch damals nicht bemerkt zu haben; jedenfalls erzählt sie nicht davon. Dieser Unterschied kann schon damit zusammenhängen, daß J.Reese 9 Jahre älter ist als I.Gartemann und daher während der damaligen Zeit manches bewußter wahrnehmen konnte als sie. Zum anderen konnte er im Unterschied zu ihr in seinem Elternhaus und in seinem Sozialmilieu Menschen kennenlernen, die dem Nationalsozialismus distanziert oder sogar kritisch gegenüberstanden.[134] Aus I.Gartemanns Erzählungen geht jedoch hervor, daß sie bis zu ihrem Eintritt in den Gesprächskreis kaum ein Sozialmilieu kennengelernt hat, das Fremden gegenüber grundsätzlich aufgeschlossen oder positiv eingestellt war. - Ähnlich bei beiden ist wieder die Kraft der Erlebnisse, prägende Deutungsmuster oder sogar ein ganzes Weltbild aufzusprengen, sobald sie in der Erinnerung erkannt, d.h. in Zusammenhang mit den damaligen Deutungsmustern gebracht oder vielmehr aus ihnen befreit werden. Hierin sehe ich eine Hauptbedingung des Vergessens: solche Erlebnisse wurden vergessen, gerade weil ihnen die Kraft innewohnte, vorherrschende Deutungsmuster oder Weltbilder zu erschüttern.[135]

3. Prägung durch Familie und BDM

Beide bisher genannten Bedingungen des Vergessens, nämlich der rastlose Aktivismus und die ablehnende Haltung gegenüber Fremden, gehen auf I.Gartemanns Prägung durch Familie und vor allem durch den BDM zurück. Ihr Vater, während der dreißiger Jahre ein leitender Angestellter in einem Bielefelder Großbetrieb, war Mitglied der NSDAP und sorgte dafür, daß seine Tochter stets die neuesten Uniformen bekam; darauf war sie stolz. Es war für sie selbstverständlich, zum BDM zu gehen - im Unterschied zu Mädchen aus sozialdemokratischem Elternhaus, wie E.Hilger. Doch sagt I.Gartemann rückblickend, sie hätte sich von ihren Eltern mehr "Wegweisung" gewünscht. Ihre Eltern seien "Mitläufer" gewesen; so wurde auch sie eine Mitläuferin.[136] - Der Einfluß ihres Vaters auf sie war zu der Zeit ihres Erlebnisses mit den Zwangsarbeitern noch beträchtlich. So hatte er ihre Lehrstelle bei Hillenkötter gegen ihren eigenen Berufswunsch vereinbart. Sie sagt am 18.4.1994, daß sie wegen der Vorhaltungen ihres Vaters ihr Erlebnis "bewußt verdrängt" habe.

---

134 vgl. S.128
135 Zum Verständnis der verändernden Kraft von Vergangenem vgl. das Zitat von H.Folkers, Anm.243 auf S. 74. Zur weiteren Deutung der verändernden Kraft dieser Erinnerungen vgl. das Zwischenergebnis (S.167f und die Zusammenfassung von politisch-theologischen Bedingungen einer die Identität erweiternden Erinnerung (S.233ff).
136 15.1.1992

Sie setzte sich schon vor Beginn ihrer Teilnahme am Gesprächskreis mit dieser Prägung auseinander[137] und stellt sich Anfang Januar 1988 im Gesprächskreis mit Einsichten aus dieser Erinnerungsarbeit vor. So berichtet sie vor allem über ihre Begeisterung für den Sport, den sie im Rahmen des BDM treiben konnte; sie war auch Sportwartin des BDM in einem Bielefelder Vorort. Besondere Höhepunkte waren für sie Skilager im Sauerland, und Aufenthalte in Schloß Varenholz an der Weser; da sei "eitel Freude und Herrlichkeit" gewesen.[138] Sie hat solche Orte wieder aufgesucht, um sich mit ihren Erinnerungen auseinanderzusetzen. Sie stimmt der Deutung G.Kaufmanns zu, daß der BDM für "gutbürgerliche" Mädchen eine Befreiung aus familiärer Enge war.[139]

Hitler übte auf sie eine Faszination aus, die sie nicht beschreiben könne. Auch die Vorbereitung, das lange Warten auf dem Bückeberg sei unbeschreiblich. Am 11.12.1991, beim Thema Faszination und Verblendung, berichtet sie, daß sie einen Selbsttest mit Hitlers Reden gemacht habe; sie sei immer noch fasziniert, wenn sie seine Stimme höre, die Gefühle ausdrücke. Damals habe sie am Volksempfänger gesessen, wenn der „Führer" sprach; sie habe vom Inhalt noch nicht viel mitgekriegt, aber habe dort sitzen müssen.

I.Gartemann sagt, daß sie bei den Aktivitäten im BDM keinen Druck empfunden habe,[140] ob sie gemeinsam mit den anderen Mädchen spielte, bastelte, Sport trieb, Kräuter sammelte oder in der Landwirtschaft arbeitete. Sie stimmt der Deutung zu, daß sie damals Schattenseiten ausblendete. Bei ihr zeigt sich also ein ähnlicher "Idealismus" wie bei J.Reese,[141] der sie daran hinderte, Dinge wahrzunehmen, die ihre Begeisterung hätten erschüttern können.

D. Bedingungen, die das Auftauchen der unwillkürlichen Erinnerung förderten

Fragt man nach den Bedingungen, die das Auftauchen der unwillkürlichen Erinnerung bei I.Gartemann förderten, so rückt, stärker noch als bei den Bedingungen des Vergessens, eine Grenze der Darstellung ins Blickfeld. Grundsätzlich läßt sich dies spontane Auftauchen der Erinnerung nicht ableiten, nicht durch Aufweis von Bedingungen zureichend erklären. Doch halte ich es deswegen nicht für überflüssig, jene Bedingungen zu benennen, die das Eintreten dieses besonderen Augenblicks förderten, anstatt ihm entgegenzustehen. Der Aufweis dieser Bedingungen soll dazu beitragen, diesen Augenblick der Wahrnehmung zugänglicher zu machen.

---

137 Ida Gartmann kam nicht zuletzt aus dem Grund in den Gesprächskreis, um ihre bisherige Auseinandersetzung mit ihrer Lebensgeschichte hier fortzusetzen.
138 21.1.1988; TI 13.1.188
139 Auch diese Ausweitung des Erfahrungsraumes ist charakteristisch für den BDM; vgl. N.Möding a.a.O. S. 265f
140 11.12.91
141 vgl. S. 129f

1. Fördernde Bedingungen im Gesprächskreis

Ich nenne zunächst vier Umstände der Sitzung vom 4.2.1988, die das Auftauchen der Erinnerung an die Zwangsarbeiter gefördert haben können; danach gehe ich auf weitere Bedingungen ein:
- Die Situation des Gesprächs erforderte durch die vielschichtigen Kontroversen eine eigene Stellungnahme.
- R.Jeremias provozierte mit seinen Thesen über den Mut, die Wahrheit zu sagen, I.Gartemann in ihrem Selbstverständnis; vielleicht war dies der wichtigste Anknüpfungspunkt für das Auftauchen der Erinnerung an die damalige Situation, in der sie für die Wahrheit einstand.
- J.Reese sprach von seiner Erkenntnis und der damit beginnenden Veränderung seines Lebens und machte so die Möglichkeit sichtbar, sich zu ändern.
- Eine gute halbe Stunde, bevor I.Gartemann von ihrer unwillkürlichen Erinnerung erzählt, war im Gesprächskreis von unterschiedlichem Umgang mit ausländischen Arbeiterinnen und Arbeitern während des Krieges die Rede.[142]

In der zwischen den Extremen der Kollektivschuldthese und pauschaler Selbstrechtfertigung gespannten Gesprächssituation wiederholten die meisten GesprächspartnerInnen Ansichten, die sie schon bei anderen Gelegenheiten geäußert hatten. I.Gartemann beginnt ebenfalls mit der Wiederholung einer Haltung, die sie schon „immer" vertreten habe: "ich habe immer die Wahrheit gesagt ...". Doch schon im nächsten Satz - und das ist das Erstaunliche und nicht Ableitbare - bricht sie diese Selbstrechtfertigung ab, läßt das überraschend Neue ihrer unwillkürlichen Erinnerung zu und beginnt, davon zu erzählen.

2. Scham über Versäumnisse

Seit ihrem Eintreten in den Gesprächskreis redet I.Gartemann von ihrer Scham über das, was sie in ihrem Leben versäumt hat. Darauf kommt sie gleich im Anschluß an ihre Erzählung von den Zwangsarbeitern zurück. Sie brauche sich nicht darüber zu schämen, daß sie zu feige gewesen sei, die Wahrheit zu sagen.

---

142 Überhaupt gehört der Umgang mit Fremden zu den oft wiederkehrenden Themen des Gesprächskreises. Während eine Frau von einem Nationalsozialisten berichtet, der Fremde mißhandelt hat, bringt E.Hilger das Gegenbeispiel einer ebenfalls vom Nationalsozialismus überzeugten Nachbarin, die gut für die Russinnen in einem Lager sorgte - ganz im Gegensatz zu dem, was sie sagte. (TI 15.2.005) Die Nachbarin, von der E.Hilger erzählt, hielt offenbar einen starken Gegensatz zwischen ihrer Ideologie und ihrem praktischen Handeln aus. - Eine ähnliche Konstellation läßt sich bei I.Gartemann erkennen, die die Zwangsarbeiter damals "rein menschlich" sah, wodurch ihre politisch geprägten Vorurteile gegen Fremde noch nicht berührt wurden.

"vergessen ... an unsere Kinder zu denken"[143]

IG   "ich schäme mich etwas ganz anderes, von Grund auf schäme ich mich ... mein Mann und ich ... wir schämen uns schon seit vielen Jahren darüber, daß wir es haben überhaupt wieder soweit, wie es jetzt ist, kommen lassen. Warum sehen wir so viel auf die Vergangenheit, wir müssen auf die Zukunft sehen. Was haben wir alles vermasselt, wir haben nur an das blöde Geld gedacht, wir haben nur an unsere Zukunft gedacht, an ne schöne Wohnung gedacht, an ein Auto gedacht, was haben wir dabei vergessen? an unsere Zukunft zu denken, an unsere Kinder zu denken. Was haben wir für'n Erbe? Wir müssen uns doch schämen, dieses Erbe unsern Kindern weiterzugeben. Daran sollten wir nachdenken, was wir da noch retten können, und wir sollten ruhig mal die Klappe aufmachen, und von wegen, wir ändern nichts dran, das läuft gar nicht, wir können ruhig schreien. Aber keine Kritik ohne Alternative."

    I.Gartemann ist bei dieser Stellungnahme stark erregt. Das macht die Unstimmigkeit im Gebrauch des Wortes "Zukunft" verständlich. Sie sagt einerseits: "wir haben nur an unsere Zukunft gedacht", andererseits: "was haben wir dabei vergessen? an unsere Zukunft zu denken". Doch ist der Unterschied des Gemeinten deutlich zu erkennen: Die Zukunft, an die sie und ihr Mann während der Jahre des "Wiederaufbaus" dachten, war auf materielle Werte, auf den Erwerb von Waren beschränkt; die Zukunft, die sie eben in diesen Jahren vergaßen, war etwas Lebendiges: sie nennt ihre Kinder; damit schließt sie lebendige Teilnahme am Gemeinwesen und politische Verantwortung ein, bis hin zu öffentlichen Protesten: "wir können ruhig schreien".

    I.Gartemann schämt sich "seit vielen Jahren" über Versäumnisse ihres Lebens; diese Scham wirkt als Triebkraft ihrer Veränderung: sie will - nicht nur für sich, sondern gemeinsam mit anderen, auch öffentlich, darüber "nachdenken, was wir da noch retten können". - Ich sehe ihre Scham als wichtigen inneren Grund dafür, daß die vergessene Geschichte wieder auftauchen konnte.

3. I.Gartemanns Beziehungen zu ihrem Mann und zu ihren Kindern als Bedingung der Erinnerung

    Die bisher zitierten Aussagen von I.Gartemann lassen vermuten, daß in den Beziehungen zu ihrem Mann und zu ihren Kindern wichtige Bedingungen ihrer Erinnerung zu finden sind. Sie erzählt am 13.11.1991 von einem "Familiendrama", bei dem für ihren Mann "eine Welt einstürzte". Es ist anzunehmen, daß hier einer der Anlässe für ihre Scham über das Versäumte liegt.

    In diesem Familiendrama ging es darum, daß ihr 1961 geborener Sohn die Möglichkeit ausschlug, einen Studienplatz für die Ausbildung als Stabsarzt bei der Bundeswehr zu bekommen. Das bedeutete, daß seine Eltern sein Medizinstudium finanzieren mußten. I.Gartemanns Mann sei ein "Gerechtigkeitsfanatiker" gewesen, der für "absoluten Gehorsam" war. In Familienkonflikten habe er oft seine frühere

---

143   4.2.1988; TI 16.1.050

Situation auf dem U-Boot als Beispiel gebraucht: wer auf dem U-Boot nicht absolut gehorsam sei, setze das Leben von sechzig Menschen aufs Spiel. Daß er diese Haltung seinem Sohn gegenüber nicht durchsetzen konnte, bewegte ihn offenbar dazu, über sich selbst nachzudenken.

I.Gartemann erzählt an anderer Stelle, daß es ihrem Mann bei der Rückkehr von der letzten U-Boot-Fahrt nach dem 8. Mai 1945 schwergefallen sei, die Niederlage zu begreifen. Seine Enttäuschung über den verlorenen Krieg sei so groß gewesen, daß sie ein Jahr gebraucht habe, um ihn "darüber zu beruhigen". Später warnte er seine Kinder ständig vor den Gefahren eines Kriegs mit atomaren und chemischen Waffen und schrieb diese Warnungen auch auf.

I.Gartemanns Mann wollte "die Welt verbessern"[144]

IG Aber "das hat uns so viel beschäftigt, das hat uns wirklich unwahrscheinlich viel beschäftigt. Mein Mann hat sich fünf Jahre lang hingesetzt und aufgeschrieben, was uns alles bedrückt, und ich kann es Ihnen gar nicht sagen, wir haben richtig danach gelebt und wir wollten eigentlich - oder ich will jetzt mal nur von ihm sprechen, er hatte sich vorgenommen, er wollte, daß er mit dem, was er geschrieben hat, die Welt verbessern. Er wollte das der Jugend sagen, daß es die allerletzte Zeit ist, daß es allerhöchste Zeit ist, und ich kanns überhaupt nicht sagen, aber es will kein Mensch wissen, es hört keiner"
mehrere Stimmen: doch, doch
IG "also meine Kinder, denen der Vater ... das Tag für Tag vorgesungen hat, die konntens nicht mehr hören ..."

I.Gartemann spricht zunächst, wie öfter an diesem Tag, in der Wir-Form von sich und ihrem Mann: "wir haben richtig danach gelebt". Dies verstehe ich so, daß sie gemeinsam über die Versäumnisse der Vergangenheit und die Gefahren der Gegenwart nachdachten, und daß dies Nachdenken Konsequenzen für ihr Handeln hatte. Doch später unterscheidet sie sich von ihm, und zwar an dem Punkt, wo sie von seiner Absicht, die Welt zu verbessern, spricht. - In ihrem Auftreten im Gesprächskreis ist ein solch weitgehender Anspruch nicht wahrzunehmen, ebensowenig wie eine belehrende Haltung der Jugend gegenüber, der sich ihre Kinder verweigerten.

Sie sagt, es gehe ihr - im Unterschied zu ihrem Mann - mehr um die Zukunft als darum, in der Vergangenheit zu wühlen.[145] Ich sehe in dieser Aussage keine Sperre gegen die Erinnerung; I.Gartemann hat ja, vielleicht angeregt durch die Schreibarbeit ihres Mannes, Orte aufgesucht, an denen sie während ihrer BDM-Zeit viel erlebte. Vielmehr drückt diese Aussage eine Schwerpunktsetzung, eine leitende Hinsicht der Erinnerung aus: um der "Zukunft" willen, d.h. vor allem um ihrer Kinder willen, geht sie den Spuren ihrer Vergangenheit nach.

---

144 4.2.1988; TI 16.1.090
145 4.2.1988

Nicht nur die Auseinandersetzung mit ihrem Sohn, der sich zwar weigerte, die Schriften seines Vaters zu lesen, aber auf seine Weise Konsequenzen aus dessen Vergangenheit als Soldat zog, hat I.Gartemann Anstöße gegeben, sich zu erinnern. Auch die Beziehungen zu ihren Töchtern - oder vielleicht in erster Linie diese - haben sie dazu bewegt.[146] Ich beschränke mich im folgenden auf die Beziehung zu ihrer ältesten Tochter, die "aus Trotz" den Jugoslawen heiratete.[147] Am 28.4.1988 erzählt sie von einem Gespräch mit dieser Tochter:

I.Gartemanns Tochter: "ihr hattet ... viel zu wenig Zeit für mich"[148]

IG " Ich habe also meine älteste Tochter gefragt, was sie als Kind schlecht empfunden hat, sie ist 49 geboren, und dann hat sie mir gesagt, ja wenn ich das richtig überlege, ihr hattet eigentlich viel zu wenig Zeit für mich, und die schlimmste Zeit war, wenn ihr mich, wenn du mich morgens in den Kindergarten gebracht hast, ich bin dann auch arbeiten gegangen, mein Mann fuhr zur See, ich bin arbeiten gegangen, meine Kinder in den Kindergarten, wenn du an der Ekke hinter der Kirche, da sagt sie, wenn du mich dann schon an die Hand faßtest und ich wußte, wir sind gleich soweit, dann hätte ich jedes Mal schon weinen können. Also das hab ich aber nie so empfunden, daß es so war, ich hatte auch gar keine Zeit, morgens das zu empfinden, wie ich meine beiden Kleinen hatte, und ich mußte selber um 7 Uhr anfangen ... sie hat mir gesagt, das hat uns so weh getan, da hab ich schon so oft drüber nachgedacht, ich werde das nie tun mit meinen Kindern. Und wenn man das so richtig überlegt, es war ne Schande, daß wirs getan haben."

Der Konflikt mit ihrer Tochter führt I.Gartemann dazu, über ihr damaliges Leben nachzudenken. Sie hat "damals nicht so empfunden", wie es ihren Kindern ging; ihre rastlose Arbeit hinderte sie an entsprechenden Wahrnehmungen (S.149). Was sie schon damals "nicht so wahrgenommen" hat, an das konnte sie sich später kaum erinnern. Sie erinnert sich jedoch an bestimmte Situationen, in denen sie selbst ein schlechtes Gewissen gegenüber ihren Kindern bekam. Sie erzählt über eine dieser Situationen:

Schlüsselkinder[149]

IG "ja, also meine waren Schlüsselkinder in dem Sinne, wenn Sie es so betrachten, denn meine Arbeitszeitbeendigung lag absolut nicht mit dem Kindergarten zusammen, entweder früher oder später oder was auch immer oder früher weg oder später, also es paßte, die Geschäftszeiten waren damals noch bis 19 Uhr, das war halt so, die Kindergärten gingen nur bis sechs, also kriegten sie n Schlüssel um den Hals, und dieses Schlüssel um den Hals, das seh ich heute noch, und dann war es auch so, sie haben vor der Tür gestanden und haben dann gehampelt und sie hat

---

146 4.2.1988
147 Für C.Wolf war die Beziehung zu ihrer heranwachsenden Tochter ein Hauptgrund, sich an ihre Prägung durch den Nationalsozialismus zu erinnern: C.Wolf 1976: "Kindheitsmuster". Berlin und Weimar; 1979 Darmstadt und Neuwied
148   TI 30.2.048
149   TI 30.2.127

sich den Schlüssel denn vor den Zahn gehauen, den ganzen Zahn abgehauen. Und dieses Schlüsselkinderlebnis, also das werde ich wohl nie vergessen, wie ich nach Hause kam, und der Zahn war weg"

EH   "das war aber dann richtig ne Mahnung an Sie, daß von dem Schlüssel der Zahn ausgehauen wurde"

IG   "Ja, das ist mir ja auch so nahe gegangen, ich kann es auch nicht beschreiben, und ich krieg heute noch n schlechtes Gewissen drum..."

Der ausgeschlagene Zahn ihrer Tochter ging ihr damals nahe und blieb ihr unvergeßlich. Sie akzeptiert E.Hilgers Deutung dieses Erlebnisses als "Mahnung". Dies Warnsignal hatte damals nicht die Kraft, ihren rastlosen Aktivismus zu stoppen und ihre Orientierung an materiellen Werten, die sie sich später vorwirft, nachhaltig zu erschüttern. Vermutlich erschien ihr ihre Lage, besonders ihre wirtschaftliche Lage mit den starren Arbeitszeiten, als unabänderlich. Ihr schlechtes Gewissen führte sie nicht dazu, sich mehr Zeit für ihre Kinder zu nehmen, oder z.B. von ihrem Mann mehr Anwesenheit in der Familie zu verlangen; sondern vielmehr dazu, für die Kinder größere Weihnachtsgeschenke zu kaufen - wofür sie wieder mehr zu arbeiten hatte. Sie nahm sich nicht die Zeit, in sich zu gehen; eben ihre Gewöhnung an rastlose und oft schwere Arbeit hinderte sie daran, zur Ruhe, zu sich selbst zu kommen und die Tragweite dieses Erlebnisses zu erkennen. Erst nach längerer Zeit kam ihr das Bild der Schlüsselkinder so zu Bewußtsein, daß sie es erkennen konnte, daß es ihr zur Erfahrung wurde, daß es seine verändernde Kraft entfalten konnte.

E. I.Gartemanns Veränderung nach dem Auftauchen der unwillkürlichen Erinnerung

Im folgenden möchte ich darstellen, wie das Auftauchen der unwillkürlichen Erinnerung I.Gartemanns Haltung zu den Fremden verändert oder zu dieser Veränderung beigetragen hat. Sechs Jahre später, im Februar 1994, berichtet sie, daß sie oft an die Geschichte mit den Zwangsarbeitern denke. Sie schäme sich, daß sie damals ihnen nicht mehr Brote gegeben habe. Das "Essen", das sie bekamen, würde heute ihr Hund nicht fressen; wenn sie als Lehrling diesen "Fraß" holen mußte, hatte sie nicht den Mut, hinzusehen: "Ich wollte das nicht sehen, ich habe meine Augen einfach zugemacht."[150]

Sie berichtet über praktische Konsequenzen ihrer Erinnerungsarbeit. Zu ihrem jugoslawischen Schwiegersohn habe sie ein gutes Verhältnis gewonnen; er sei inzwischen geschieden, aber besuche sie immer noch. Man könnte bezweifeln, daß zwischen ihrer Erinnerungsarbeit und der Verbesserung der Beziehung zu ihrem Schwiegersohn ein Zusammenhang besteht. An einem ähnlichen Beispiel stellt sie

---

150 s.o. S.149f

selbst aber diesen Zusammenhang ausdrücklich her: Im Februar 1994 erzählt sie davon, daß die Verlobte ihres Sohnes, eine Koreanerin, in einer ostdeutschen Stadt tätlich angegriffen wurde. Auch andere Ausländer, die mit ihrem Sohn bekannt sind, seien dort bedroht und angegriffen worden. Diese Situation bewege ihren Sohn, seine Stellung als Arzt in dieser Stadt aufzugeben. Nach einem längeren Besuch bei ihrem Sohn und seiner Verlobten, in der sie sich intensiv mit diesen Fragen auseinandergesetzt habe, sei sie bereit, die Koreanerin in ihre Wohnung aufzunehmen, bis ihr Sohn eine andere Stellung im Westen gefunden habe. Sie sagt über die Erlebnisse bei diesem Besuch, die sie sehr erregt hatten: "Ich war ja froh, daß ich hier in euren Kreis meine Voreingenommenheit gegen Ausländer abgebaut hatte, sonst hätte ich das jetzt gar nicht bewältigen können."[151]

Daß I.Gartemann ihre Haltung Fremden gegenüber verändert hat, ist als Teil einer umfassenderen Wandlung zu sehen. Dies möchte ich an den Haltungen des rastlosen Aktivismus[152] und des "Mitläufers" bzw. der Mitläuferin[153] skizzieren. Diese beiden Haltungen erschienen oben als Bedingungen des Vergessens. I.Gartemann hat sie - angestoßen durch das Auftauchen der Geschichte von den Zwangsarbeitern - in ihrer Erinnerungsarbeit immer wieder angesprochen und versucht, sie zu überwinden.

Sie sieht selbst die Wurzeln ihres rastlosen Aktivismus in ihrer Prägung durch den BDM, vor allem aber im Kampf um das Überleben am Kriegsende und in den Nachkriegsjahren.[154] Einen weiteren Anstoß zu ihrer Auseinandersetzung mit dieser Haltung gibt ihr die Erfahrung, daß der rastlose Aktivismus wie ein Zwang wirken kann: so leidet sie unter den Folgen ihres Übereifers, z.B. beim Besuch ihrer Kinder und unter mangelnder Fähigkeit zur Muße. Als Erfolg ihrer Auseinandersetzung mit dieser Haltung wertet sie, daß sie im Sommer 1991 (mit 64 Jahren) zum ersten Mal nicht arbeiten gegangen ist. Auf diesem Weg hat sie seitdem weitere Erfolge erreicht.

Wiederholt war die Mitläufer-Haltung Gegenstand der Erinnerungsarbeit im Gesprächskreis. Am 15.1.1992 fragte I.Gartemann sich nach den Gründen dafür, warum sie Mitläuferin war: Vielleicht seien die Mitläufer zu bequem, sich eine eigene Meinung zu bilden, oder es sei zu schwierig; jedenfalls brauche man dafür eine bestimmte Kraft. Seit ein paar Jahren habe sie ihre Eigenverantwortung dabei er-

---

151 13.10.1988; TI 46.2.220
152 Der rastlose Aktivismus kann als eine charakteristische Haltung der HJ- und BDM- Generation angesehen werden. N.Möding (1985) zeigt, daß der im BDM eingeübte Aktivismus eine Voraussetzung für die Bewältigung der Kriegs- und Nachkriegszeit war, und daß die aktivistische Haltung sich bei den meisten Frauen nach dem Zusammenbruch des Nationalsozialismus neue Felder suchte, meist außerhalb der Familie (wie im BDM), aber auch innerhalb der Familie. Ida Gartemann ließe sich dem letztgenannten Muster zuordnen.
153 I.Gartemann verwendet, soviel ich bemerkt habe, die weibliche Form nicht.
154 9.2.1994; TI 106.1.565. - vgl. S.149f. N.Möding stellt die Kontinuität der Haltung des rastlosen Aktivismus in der HJ-Generation als soziales Phänomen dar. A.a.O., besonders S. 279ff

kannt. Diese Eigenverantwortung ist bei ihr seit Beginn ihrer Teilnahme am Gesprächskreis zu spüren; sie ist durch diese Teilnahme nach ihrer Selbstaussage stärker geworden: Am 2.11.1989, als die Frage besprochen wurde, ob der Gesprächskreis weitergeführt werden solle, sagte sie, sie habe in dieser Gruppe gelernt, ihre Meinung frei zu äußern und wolle deswegen in jedem Fall wiederkommen.

Ihre Arbeit an der Mitläufer-Haltung wurde besonders durch den Kontakt mit der fast gleichaltrigen E.Hilger gefördert. Bei ihr lernte I.Gartemann eine Lebenswelt kennen, von der sie bis dahin, und besonders zur Zeit des Nationalsozialismus, abgetrennt war. Sie hielt es nicht für möglich, daß jemand diese Zeit so anders, bewußter, mit anderen Einstellungen erlebt hatte. Durch diesen Kontakt veränderte sich ihr Bild von der Zeit des Nationalsozialismus, aus dem in ihrer Jugend z.B. die Konzentrationslager ausgeblendet waren. An diesem Punkt sieht sie einen besonders großen Unterschied zu E.Hilger, die fast täglich von ihren Eltern daran erinnert wurde, daß diese dorthin kommen könnten. I.Gartemann fragt sich, ob sie diese Zeit anderes hätte erfahren können. Als Beispiel für ihre Auseinandersetzung mit der Mitläufer-Haltung dokumentiere ich einen Ausschnitt aus der Sitzung vom 21.4.1988:

"Wir haben ... die Quittung dafür, warum wir geschwiegen haben"[155]

IG   "Wir haben ja schon die Quittung dafür, warum wir geschwiegen haben,... oder ich hab schon die Quittung dafür, warum haben wir geschwiegen, daß die Misere so ist, unser Leben ist praktisch gelaufen, wir haben den Mund zuwenig aufgemacht, wir haben uns halt zuwenig gekümmert, wenn wir auch mal demonstriert hätten, wär auch vielleicht manches anders, oder wir hätten mal irgendwas gemacht, was auch immer, ist egal, aber Hauptsache, aufmerksam gemacht, daß wir nicht schlafen. Aber wir haben geschlafen, richtig fest geschlafen. Oder ich spreche nur von mir. "
RJ   "na ja, wir beiden haben ja nicht geschlafen, wir haben mitdemonstriert."
H.Paul sagt, I.Gartemann spreche eine Erfahrung aus, die die meisten gemacht haben, aber nicht erkennen.
HP   "Die Erfahrungen sind da, aber sie sind nicht erkannt."
IG   „Die wollen sie auch gar nicht erkennen, die meisten in meiner Generation, die wollen die nicht erkennen, die machen ja die Augen zu, die wollens ja gar nicht "
J.Reese gibt ihr recht; er fragt, warum?
IG   "aus Bequemlichkeit"
JR   "ist es nur Bequemlichkeit?"
IG   "zum größten Teil, ja, und Unwissenheit "
...
IG   "ich hab meine Freundinnen alle gefragt, wollt ihr nicht mitgehen? - ähm, wieder die alten Sachen, davon hab ich genug ... nochmal auffrischen, nein, will gar nicht dran erinnert werden. - Dabei ist es so: "
I.Gartemann erzählt von einer Bekannten, die bei einem Besuch aus Polen entdeckte, daß dieser ihre alte Heimat kannte.
IG   "Da auf einmal war sie helle wach, da auf einmal konnte sie reden."

---

155   TI 29.2.165

I.Gartemann redet in der Wir-Form, doch im Hinblick auf andere TeilnehmerInnen des Gesprächskreises nimmt sie das Wir zurück: "Oder ich spreche nur von mir". R.Jeremias greift diesen Hinweis sofort auf: er und E.Hilger haben „nicht geschlafen", sondern „mitdemonstriert". - Bei der Interpretation dieser Stelle ist also zu fragen, wen I.Gartemann meint, wenn sie "Wir" sagt. Ich nehme an, daß sie von der Mehrheit ihrer Generation spricht, in die sie langjährige Aktivisten der Friedensbewegung nicht einbeziehen kann. Weiter unten sagt sie von dieser Mehrheit, daß sie ihre Erfahrungen nicht erkennen wolle. Ich verstehe dies so, daß die Mehrheit ihrer Generation in ihrer Sicht eben die Haltung fortsetzt, die sie als "Schlafen" bezeichnet.

In ihrem kritischen Rückblick auf ihr Leben legt sie den Schwerpunkt auf die Mitläufer-Haltung; sie benennt diese hier nicht ausdrücklich, aber führt sie inhaltlich aus. Ich möchte bei der Darstellung dieses Rückblickes ihre Rede vom "Schlafen" hervorheben, als Bild eines Lebens, das die Verantwortung anderen überläßt - im Gegensatz zur Eigenverantwortung. Um an einem Beispiel deutlich zu machen, was sie inhaltlich meint, erinnere ich an ihre Erzählung von der SPD-Kundgebung gegen die "Aufrüstung" Anfang der fünfziger Jahre. Sie fand das damalige Eintreten der Sozialdemokraten gegen die Wiederbewaffnung zwar richtig, diese politische Meinung führte bei ihr aber nicht zu eigenen Handlungen. Als dann die Bundeswehr - mit Zustimmung der SPD - durchgesetzt wurde, hat sie "geschwiegen". Darauf läßt sich ihre Aussage beziehen: "Wir haben ... richtig fest geschlafen."

I.Gartemann spricht hier von ihrer Mitläuferinnen-Haltung in der Zeit, in der man demonstrieren konnte. Aus ihren Reflexionen wird etwas Ähnliches deutlich wie bei der "Voreingenommenheit" den Fremden gegenüber und beim rastlosen Aktivismus, daß nämlich diese Haltungen nicht mit der Zeit der nationalsozialistischen Herrschaft vergingen, in der sie geprägt wurden, sondern weitgehend aufrechterhalten wurden. I.Gartemann hat an diesen Haltungen gearbeitet und sich verändert. In dieser Veränderung sieht sie einen Unterschied zu der Mehrheit ihrer Generation, der ihr besonders bewußt wurde, als sie ihre Freundinnen zum Gesprächskreis einlud. Sie spricht die seit ihrer Erinnerungsarbeit entstandene Distanz zu ihren Bekannten an: diese wollen ihre Erfahrungen nicht erkennen, "machen ... die Augen zu", wollen mit anderen Worten in ihrem "Schlaf" nicht gestört werden. Sie zitiert in direkter Rede ablehnende Äußerungen ihrer Freundinnen, wobei sie im Tonfall deren Verlegenheit mitschwingen läßt: "... will gar nicht daran erinnert werden". Doch sie nimmt diese Ablehnung nicht für bare Münze, indem sie aufweist, daß unter dieser Haltung ein tiefer Wunsch nach Erinnerung und Erzählen lebt. Dabei kommt sie selbst auf das Bild von Schlafen und Erwachen zurück: eine Bekannten wurde "auf einmal ... helle wach", als unter günstigen Rahmenbedingungen die Erinnerung an ihrer Heimat in ihr auftauchte.

Ist es Zufall, daß I.Gartemann über eine spontan aufbrechende Erinnerung, über einen lange verhaltenen Erzählfluß bei ihrer Bekannten erzählt - und dies in der Metaphorik von Schlafen und Erwachen?[156] Ich nehme an, daß sie durch ihre eigene unwillkürliche Erinnerung besonders aufmerksam auf solches Erwachen geworden ist und daran arbeitet, eben dies Erwachen bei ihren Freundinnen zu fördern. Sie kennt ihre Freundinnen, ihre Generation so gut, daß sie deren ablehnende Haltung gegenüber der Erinnerung und dem Gesprächskreis nicht als unüberwindbar versteht. Sie fühlt sich gegenüber ihren Freundinnen wach; aber sie glaubt daran, daß diese auch erwachen können und setzt sich dafür ein, daß dies möglich wird.

F. Zwischenergebnis

In diesem Abschnitt fasse ich die Ergebnisse der bisherigen Untersuchung zu I.Gartemann zusammen, indem ich sie auf die Leitfrage des empirischen Teiles beziehe.[157] Nimmt I.Gartemann ihren Anteil an der nationalsozialistischen Vergangenheit an? Sie bekennt sich zu ihrer Begeisterung für den BDM und zu ihrer noch in der Gegenwart spürbaren Faszination durch Hitler. Das Unpolitische ihrer Lebensweise in der Zeit, als es erlaubt war, öffentlich gegen Mißstände zu protestieren, nennt sie Schlaf; dies meint sie nicht im Sinn einer Entlastung von der Verantwortung für ihr Tun und Lassen; vielmehr erkennt sie nachträglich ihre Verantwortung an. Auch für ihr Tun und Lassen während der Zeit des Nationalsozialismus erkennt sie sich zunehmend als verantwortlich; dies wird exemplarisch an der Geschichte von den Zwangsarbeitern deutlich. Über Verluste spricht sie verhältnismäßig wenig. Dagegen arbeitet sie umso intensiver an der Schwierigkeit, sich auf Beziehungen zu Opfern des Nationalsozialismus - und Opfern heutiger Fremdenfeindlichkeit - einzulassen. Die Geschichte von den Zwangsarbeitern dient ihr nicht so sehr als Beleg dafür, daß sie schon während der Zeit des Nationalsozialismus den Mut hatte, die Wahrheit zu sagen, dient ihr also nicht zur Selbstrechtfertigung. Im Gegenteil: Nach dem Auftauchen dieser Erinnerung wächst in ihr über Jahre hinweg die Scham über ihr Wegsehen, ihre Versäumnisse den Zwangsarbeitern gegenüber.[158] Sie erinnert sich an ihre Herkunft, vor allem an die starke Prägung durch ihren Vater und durch den BDM im Sinn des Nationalsozialismus; dabei wird an einigen Stellen ihr Bemühen spürbar, sich von dieser Herkunft zu distanzieren; an anderen Stellen überwiegt die Haltung, ihre Herkunft als unpolitisch hinzunehmen und keinen Zusammenhang des „Unpolitischen" im BDM mit dem herzustellen, was sie am Nationalsozialismus nachträglich ablehnt. Während in den

---

156 Zu der Beziehung zwischen diesem alltagssprachlichen Bild und dem ausgearbeiteten Denkbild von W.Benjamin S. 164
157 vgl. S. 89-91
158 vgl. S. 157

Erzählungen von J.Reese seine Beziehungen zu Frauen nur eine sehr untergeordnete Rolle spielen, spricht I.Gartemann öfter über die Beziehung zu ihrem Mann und zu ihrem Vater, auffallend wenig dagegen über ihre Mutter und ihre eigene weibliche Identität. Das ihr in ihrer Jugend vermittelte Männerbild bekam seinen ersten großen Riß vielleicht während des Bombenangriffs, von dem sie erzählte. In der Nachkriegszeit leistete sie dann Trümmerarbeit an der Seele ihres Mannes (S.154f). Die dominante Rolle, die ihr Mann später in der Familie beanspruchte und der sie sich unterordnete, wurde im Gesprächskreis jedoch zunächst mehr von anderen GesprächspartnerInnen angesprochen und kritisiert als von ihr selbst. - Der Schwerpunkt in den dargestellten Bruchstücken der Gespräche, vor allem in der zentralen Geschichte von den Zwangsarbeitern, liegt auf ihrer Beziehung zu den Fremden. Darum werde ich mich im folgenden Durchgang durch die Aspekte der empirischen Leitfrage auf diese Beziehung konzentrieren.

1. Zwanghafte Wirkung von sozialen Bezugsrahmen der Erinnerung, von psychischen Abwehrmechanismen und die Chance ihrer Überwindung

Warum hat I.Gartemann die für sie so wichtige Geschichte von den Zwangsarbeitern vergessen? Und warum ist sie ihr wieder eingefallen? - Oben habe ich aufgrund von I.Gartemanns Aussagen und aufgrund von Umständen des Gespräches Gründe dargestellt, die das Vergessen und die spätere Wiedererinnerung erklären können. Nun komme ich unter den theoriegeleiteten Gesichtspunkten der zentralen Fragestellung dieses empirischen Teiles auf die Frage zurück. Dabei gehe ich beim ersten Aspekt - der Frage, inwiefern es den dargestellten Personen gelingt, Hindernisse der Erinnerung zu überwinden und sich von der nationalsozialistischen Vergangenheit als der eigenen betreffen zu lassen - zunächst auf den soziologischen Ansatz von M.Halbwachs ein, dann auf die „Geschichte von unten".

a. Soziologischer Erklärungsansatz: Gesprächskreis als neuer sozialer Bezugsrahmen

Wird I.Gartemanns Erinnerung durch die für sie geltenden sozialen Bezugsrahmen strikt begrenzt, oder ist bei ihrer Erinnerung ein Überschreiten dieser Bezugsrahmen wahrzunehmen? Ausgehend von der soziologischen Gedächtnistheorie von M.Halbwachs[159] läßt sich der Vorgang des Vergessens und Wiedererinnerns bei I.Gartemann etwa so rekonstruieren. Die für sie prägenden und bestimmenden sozialen Bezugsrahmen während der Zeit des Nationalsozialismus waren durchweg fremdenfeindlich. Die Erfahrung, daß osteuropäische Zwangsarbeiter sich im Gegensatz zu deutschen Männern als mutig erwiesen, paßte nicht in diese Rahmen; denn eine solche Erfahrung war geeignet, die für die sozialen Bezugsrahmen gel-

---

159 s.o. S. 56

tenden Normen infragezustellen. Genau wegen dieser Unvereinbarkeit blieb I.Gartemanns Erfahrung mit den Zwangsarbeitern nicht in ihrer Erinnerung. Die fremdenfeindlichen Deutungsmuster und Verhaltensweisen überdauerten den Zusammenbruch des Nationalsozialismus; und zwar nicht nur bei I.Gartemann, sondern in den Sozialmilieus, in denen sie sich bewegte, also in der für sie konkret erfahrbaren Gesellschaft. In der Zeit des rastlosen Aktivismus für ihre Familie war ihre alltägliche Wahrnehmung durch das Parieren der Alltagsnöte bestimmt; Wahrnehmungen konnten ganz allgemein kaum zu Erfahrungen werden. Erst recht konnte ein vergessenes Erlebnis unter solchen Bedingungen ihr nur schwer wieder "einfallen", das in seinem Kern ihren gewohnten Deutungsmustern und Verhaltensweisen widersprach.

Die Beziehung zu ihren heranwachsenden und erwachsenen Kindern führte I.Gartemann nicht nur dazu, ihre Einstellungen zu verhärten, sondern auch dazu, ihre Lebensgeschichte zu überdenken und sich neu zu erinnern. Dadurch, daß sie sich mit der Generation ihrer Kinder und deren bewußter Abgrenzung zur nationalsozialistischen Vergangenheit auseinandersetzte, war ein veränderter sozialer Bezugsrahmen entstanden, der auch andere Erinnerungen ermöglichte. Dies war in dem Maße möglich, wie I.Gartemann von der rastlosen Arbeit im gemeinsamen Haushalt der Großfamilie entlastet wurde. Besonders kann aber der Gesprächskreis als neuer sozialer Bezugsrahmen angesehen werden, der die Möglichkeit eröffnete, daß bisher nicht zugelassene Erinnerungen wieder auftauchten, und zwar aus folgenden Gründen:

1. Das produktive Moment der Beziehung zu der Generation ihrer Kinder war weitgehend entlastet von dem Druck, ihre Einstellungen und ihre Lebensgeschichte rechtfertigen zu müssen.

2. Sie fand in mir und anderen Nachgeborenen aufmerksame ZuhörerInnen, die im Gegensatz zu ihren verallgemeinerten Erfahrungen („meine Kinder ... konnten's nicht mehr hören") ausdrücklich an ihren Erzählungen interessiert waren (S.156f).

3. Der Gesprächskreis förderte Gespräche und Beziehungen zwischen Menschen aus verschiedenen Sozialmilieus. Ehemalige Anhänger des Nationalsozialismus wie I.Gartemann hatten z.T. zum ersten Mal Gelegenheit, Menschen kennenzulernen, die unter dem Nationalsozialismus verfolgt wurden, wie E.Hilger.

4. Ältere und jüngere TeilnehmerInnen des Gesprächskreises verfolgten, wenn auch in unterschiedlicher Weise, das Ziel, die Vergangenheit des Nationalsozialismus und der Nachkriegszeit aufzuhellen und zwar im Zusammenhang mit der eigenen Lebenserfahrung; damit war für I.Gartemann ein Wahrheitsanspruch verbunden, der sie in Bewegung setzte.[160]

I.Gartemann spricht nach Jahren rückblickend selbst den Gesprächskreis als Ort an, in dem sie sich verändern konnte: "Ich habe richtig in diesem Kreis meine Ver-

---

160 Der letzte Aspekt wird am Anfang des auf S. 145 dokumentierten Transkriptes deutlich.

gangenheit bewältigt".[161] Man könnte das Überschwengliche dieser Aussage infrage stellen; das Wort "bewältigt" klingt abschließend, ist aber von ihr kaum so gemeint, denn sie arbeitet zum Zeitpunkt dieser Darstellung immer noch an ihrer Vergangenheit, an den durch die Vergangenheit geprägten Deutungsmustern und Verhaltensweisen. - In jedem Fall spricht ihre Aussage dafür, daß der Gesprächskreis als sozialer Bezugsrahmen ihre Bereitschaft fördert, sich zu erinnern - auch spontan.

Im Gesprächskreis fanden - wie zunächst am 4.2.88 auch - viele Debatten statt, in denen feste und fertige Standpunkte gegeneinandergehalten wurden, wobei kaum etwas Neues auftauchen konnte. I.Gartemann hat durch ihre unwillkürliche Erinnerung und durch ihre große Fähigkeit zu spontanen Reaktionen dazu beigetragen, daß immer wieder Gesprächssituationen entstanden, die Spontanität und Veränderung der GesprächspartnerInnen förderten. Sie provozierte nicht, sondern eröffnete gerade durch ihre Art, am Gespräch teilzunehmen, Möglichkeiten der Verständigung. Insofern hat sie selbst einen Anteil daran, daß der Gesprächskreis zu einem Ort wurde, der ihr eine Erinnerungsarbeit ermöglichte, in der sie sich veränderte.

b. Erklärungsansatz im Sinn der „Geschichte von unten"

Über diesen Erklärungsansatz hinaus bietet die „Geschichte von unten" und besonders Benjamins Denkbild des Erwachens wichtige Einsichten zu der Frage, inwiefern es I.Gartemann gelingt, Hindernisse der Erinnerung zu überwinden und sich von der nationalsozialistischen Vergangenheit als der eigenen betreffen zu lassen. Sie hat mehr als einmal ihre Veränderung im Zuge der Erinnerungsarbeit in der Metaphorik von Schlafen und Erwachen ausgedrückt. In dieser Arbeit an sich selbst und in ihrer Veränderung sieht sie einen Unterschied zu der Mehrheit ihrer Generation. Die umgangssprachliche Metapher des Erwachens ist mit dem komplexen Denkbild W.Benjamins nicht gleichzusetzen, aber ihr sachlicher Gehalt kann dadurch erhellt werden: I.Gartemann läßt sich so von ihrer unwillkürlichen Erinnerung betreffen, daß sie geradezu erschrickt. Etwas von ihrem Anteil an der nationalsozialistischen Vergangenheit wird ihr darin bewußt. Die unwillkürliche Erinnerung tauchte nicht schrittweise auf, sondern plötzlich, als komplettes Bild. Im Licht dieser Erinnerung wurde dann ein schrittweises Durcharbeiten möglich.

Im Vergleich zu J.Reese erscheint das Ausmaß der Horizontveränderung bei I.Gartemann geringer. Bei ihr zerspringt in der unwillkürlichen Erinnerung nicht gleich ein ganzes Weltbild, sondern ein wichtiges Deutungsmuster, das sie mit den Menschen ihres Sozialmilieus (und weit darüber hinaus) teilt. Ähnlich ist jedoch die Struktur des Erwachens: der Sinnhorizont erweitert sich plötzlich in der Beziehung zu einer Erfahrung, die vorher unbewußt, verdrängt war. Gleichzeitig wird ihr die eigene Verantwortung für kollektive Deutungsmuster und Verhaltensweisen

---

161 am 15.1.1992; ähnlich äußert sie sich an anderen Stellen.

bewußt, an denen sie teilhat. I.Gartemann erinnert sich an eine menschliche Tat von Fremden, die ganz anders ist als das Bild von dem Fremden in ihrer während des Zeit des Nationalsozialismus geprägten Innenwelt. Dadurch wird ihre Fähigkeit gestärkt, in der Gegenwart schrittweise lebendige Beziehungen zu Fremden aufzunehmen und somit ihren Horizont zu erweitern. Aus meiner Sicht ist die Grenze ihres Sinnhorizontes sechs Jahre nach ihrer unwillkürlichen Erinnerung weniger starr als davor; I.Gartemann ist im ganzen mehr bereit, sich auf Neues, Fremdes, auch auf die Wiederkehr von Verdrängtem einzulassen.

Im Sinn der "Geschichte von unten" ist zu fragen, inwieweit sich von Unterdrückung der Erinnerung an die Zwangsarbeiter reden läßt. Aufgrund von I.Gartemanns Aussage, daß sie wegen der Vorhaltungen ihres Vaters ihr Erlebnis "bewußt verdrängt" habe (S.151), ist es möglich, von Unterdrückung der Erinnerung zu reden, und zwar im sozialen und im psychischen Sinn.[162] Wenn I.Gartemann mit ihrer Einschätzung recht hat, war es weder ihr Vorgesetzter im Betrieb noch die Gestapo, sondern ihr Vater, der ihr gegenüber die Herrschaft repräsentierte - eine Herrschaft, die zu jener Zeit ihre letzten Mittel gegen Unterdrückte einsetzte, die sie infrage stellten. I.Gartemann wollte die Herrschaft der ihr bekannten Herrschenden damals wohl kaum infrage stellen, und ob die Zwangsarbeiter oppositionell gegen den Nationalsozialismus eingestellt waren, ist unbekannt; aber auch unabhängig von ihrer politischen Einstellung konnte ihre Tat unter den damaligen Umständen so wirken, daß die Glaubwürdigkeit der Verantwortlichen im Betrieb erschüttert wurde. Es ging bei der Unterdrückung der Zwangsarbeiter und der Erinnerung an ihre Tat also nicht nur um die Geltung eines sozialen Bezugsrahmens, sondern um die Legitimität von Herrschaft. Die durch I.Gartemanns Vater vermittelte Unterdrückung bewirkte bei ihr die psychische Unterdrückung der Geschichte von den Zwangsarbeitern, das Vergessen.

Hinzu kommt ein weiterer Aspekt: die Unterdrückung der Erinnerung an Schuld. Wie das stolze Selbst des Menschen sich gegen eine solche Erinnerung zu schützen sucht, hat Nietzsche charakterisiert: "'Das habe ich getan', sagt mein Gedächtnis. 'Das kann ich nicht getan haben' - sagt mein Stolz und bleibt unerbittlich. Endlich - gibt das Gedächtnis nach."[163] - I.Gartemann beschreibt ihr Schuldgefühl den Zwangsarbeitern gegenüber und ihren damaligen Willen, das Unrecht nicht zu sehen (S.157). Man kann annehmen, daß sich dieser Wille später so auswirkte, daß sie die Zwangsarbeiter und damit das schmerzhafte Schuldbewußtsein mehr oder weniger vergaß.

I.Gartemanns Erinnerung des Unterdrückten - des Vergessenen - , ihre Erinnerung an die damals Unterdrückten - die Zwangsarbeiter -, konnte lange wirksame Abwehrmechanismen überwinden, lange herrschende Bezugsrahmen überschreiten.

---

162 vgl. S. 85
163 Werke II, S. 625

Wie begrenzt und unscheinbar dies Überschreiten auch erscheinen mag, es bewährt sich daran die Einsicht, daß für diese Art von Erinnerung Diskontinuität konstitutiv ist, im Gegensatz zur Kontinuität in der Erinnerung der Sieger. Mit dieser Diskontinuität ist die Chance verbunden, einen bewußten Bruch mit dem Unterdrückenden in Vergangenheit und Gegenwart zu vollziehen. Je stärker I.Gartemann diesen Bruch vollzieht, desto eher kann sie in einen Dialog mit ihrer Vergangenheit treten, die Spannung zu der Andersheit dieser Vergangenheit aushalten und für ihre Gegenwart fruchtbar werden lassen. Im Gegensatz dazu wiederholte sie in der Zeit des von ihr angesprochenen „Schlafes" mehr oder minder zwanghaft Denkmuster und Verhaltensweisen, die in der Vergangenheit geprägt worden waren, und konnte eben dadurch das wirklich andere in dieser Vergangenheit nicht wahrnehmen. Das Maß ihrer Befreiung von der Beherrschung durch die Vergangenheit zeigt sich darin, wie sie nach ihrer Vergangenheit fragt und wie sie sich durch ihre Vergangenheit betreffen und infragestellen läßt.

2. Monolog oder Dialog

An manchen Tagen wirkt I.Gartemann im Gesprächskreis wie in sich versunken, nimmt an dem allgemeinen Gespräch nur wenig teil. Wenn sie dann etwas sagt, steht es nicht immer in einem deutlichen Zusammenhang zu dem vorausgehenden Gespräch, es wirkt monologisch. Anders verhält sich dies bei der Mehrzahl der von mir dokumentierten Redebeiträge, vor allem bei der Geschichte von den Zwangsarbeitern, in der sie zum einen mit starker Anteilnahme auf andere GesprächspartnerInnen eingeht, zum anderen auf die Gesprächssituation einwirkt, und zwar nicht nur in der betreffenden Sitzung, sondern auch langfristig. Dieser dialogische Charakter ihrer Erzählung entspricht dem dialogischen Charakter der Beziehung zwischen Gegenwart und Vergangenheit in ihrer Erinnerung, in der sie sich als gemeint erkennt. Sie nimmt darin ein Doppeltes wahr: ein Bild der Vergangenheit, das grundlegend anders ist als sie und ihre Gegenwart, das gerade aus dieser Andersheit heraus sie anspricht. Sie erfährt ihre Erinnerung an die Zwangsarbeiter als Aufforderung, ihre fremdenfeindliche Einstellung zu ändern. Und in diesem Gegenüber, aus dessen Perspektive erkennt sie das Eigene in der Vergangenheit, nimmt sie als ihre eigene wahr.[164] Die Erinnerungsarbeit von I.Gartemann bekräftigt die doppelte Einsicht, daß ein gelingendes Gespräch neue Begegnungen von Gegenwart und Vergangenheit eröffnet, und daß Menschen, die sich von ihrer Vergangenheit neu betreffen lassen, offener für ein Gespräch. werden.[165] In dem Gesprächskreis konnte schon in der frühen Phase mit dem lokalgeschichtlichen Schwerpunkt ein solches Gespräch gelingen, in dem eine lange vergessene Erfahrung zur Sprache kam.

---

164 vgl. S. 72
165 vgl. S. 78

Durch die Erfahrung der Wiedererinnerung wurde I.Gartemann nicht nur fähiger, sich dem Gespräch mit Menschen anderer Herkunft zu öffnen, deren Andersheit zu akzeptieren und deren Perspektive kennenzulernen. Außerdem trug sie dazu bei, daß andere Mitglieder des Gesprächskreises mit ihr in einen Dialog traten. Ein Ergebnis dieser Dialoge besteht darin, daß anderen schrittweise immer mehr die Wichtigkeit solcher Erinnerungen bewußt wurde, so daß nach zwei Jahren anstelle der Lokalgeschichte die Erinnerungsarbeit ausgehend von aktuellen Gegenwartsfragen Schwerpunkt der gemeinsamen Arbeit wurde.[166] Auch über den Gesprächskreis hinaus suchte I.Gartemann den Dialog, vor allem mit Menschen aus ihrer Generation, wenn auch mit wenig Erfolg.

3. Bilder der Vergangenheit verschwinden lassen oder festhalten

Aus I.Gartemanns Aussage, daß sie oft an die Geschichte von den Zwangsarbeitern denke und ihrem damit verbundenen Schamgefühl geht hervor, daß sie die spontane Erinnerung vom Februar 1988 nicht wieder vergessen, sondern festgehalten hat. Ich sehe darin einen Grund zu der Deutung, daß diese Erinnerung als Antrieb zur Veränderung ihrer Haltung gegenüber Fremden wirkt. Sie hat die unwillkürliche Erinnerung als Chance ergriffen, das neue Bild der Vergangenheit festgehalten und jahrelang daran gearbeitet. Die TeilnehmerInnen des Gesprächskreises unterstützen sie dabei, indem sie ihr zuhören und die Geschichte so ernstnehmen, daß sie sie wiederholt darauf ansprechen. Noch nach 6 Jahren kommt I.Gartemann - von sich aus - auf diese Geschichte zurück und erweitert sie, indem sie Noch-Nicht-Bewußtes zutage fördert. Sie hatte das Erlebnis mit den Zwangsarbeitern vergessen, insofern war es ihr nicht mehr bewußt. Aber noch nie vorher war ihr der Sinn dieser Erfahrung bewußt, der darin bestand und besteht, ihre Vorurteile gegenüber Fremden infrage zu stellen und ihre Einstellung gegenüber Unterdrückten damals und heute zu ändern. - Hierauf läßt sich P.Ricoeurs Gedanke beziehen, daß die Tatsachen zwar unauslöschlich feststehen, aber ihr Sinn sich ändern kann, durch Interpretation und durch Vergebung. I.Gartemann konnte die damaligen Fremden nicht um Vergebung bitten, wohl aber ihre damalige Haltung bereuen und - als tätige Reue - sich um eine gute Beziehung zu den Fremden in ihrer Nähe bemühen. Wenn der geschiedene jugoslawische Schwiegersohn sie noch besucht, ist das wohl als ein Zeichen dafür zu nehmen, daß er ihr die fremdenfeindliche Vergangenheit nicht nachträgt.

Auf diese Weise betrifft die Veränderung von I.Gartemanns Denk- und Verhaltensweisen ihre Gegenwart und ihre Vergangenheit: indem sie das Bild der Vergangenheit, das ihr eingefallen war, festhielt, veränderte sich ihre Haltung gegenüber den Fremden in der Gegenwart und gleichzeitig ihr bisheriges Bild von den

---

166 vgl. S. 108

Fremden in der nationalsozialistischen Vergangenheit. Wenn I.Gartemann in der vorher nicht bewußten Geschichte von den Zwangsarbeitern ihre Gegenwart erkennt, so erkennt sie die Aufgabe, an der Überwindung der Fremdenfeindlichkeit zu arbeiten.

4. Andauern von Illusionen oder Abschied von ihnen

Inwiefern läßt sich bei I.Gartemann davon sprechen, daß sie Abschied von dem Illusionären ihrer Träume aus der Zeit des Nationalsozialismus genommen hat? Traumartig ist vor allem die Begeisterung für den BDM zu nennen und illusionär daran die in ihrer Jugend von Negativem kaum getrübte Wahrnehmung der NS-Zeit. Eine Ausnahme bilden ihre Erlebnisse von dem fehlenden Heldentum deutscher Männer und der unmenschlichen Behandlung der Zwangsarbeiter. Auf die Bekanntgabe der nationalsozialistischen Verbrechen reagierte sie wie viele andere mit einer Art von Betäubung. Wenn sie selbst vom Schlaf der fünfziger und sechziger Jahre spricht, ist damit auch gemeint, daß in diesen Jahrzehnten weder das Wissen über die nationalsozialistischen Verbrechen noch ihre eigenen - vergleichsweise unscheinbaren - Erlebnisse zum Aufbrechen der damaligen Träume führten.

I.Gartemann hat im Gesprächskreis Gelegenheit, sich zu diesen Träumen zu bekennen, ohne deswegen verurteilt zu werden. Versuche oder Bestrebungen von TeilnehmerInnen, sich von ihr abzugrenzen (wie von R.Jeremias, S. 159), geben nicht den Ton im Kreis an. Dies Bemühen der meisten GesprächspartnerInnen, sie zu verstehen, fördert ihre Bereitschaft, ihre damalige Perspektive auf die Perspektive anderer zu beziehen. Im Gesprächskreis und besonders in der Beziehung zu E.Hilger lernte I.Gartemann die eigene Geschichte mit den Augen von Menschen aus einer anderen Generation bzw. einem anderen Sozialmilieu zu sehen. Dies trug dazu bei, ihr die Augen zu öffnen, so daß sie in ihrer Erinnerungsarbeit sich weitgehend von den Illusionen verabschieden konnte, auf denen ihre fremdenfeindliche Haltung beruhte.

Andererseits nimmt sie die Faszination Hitlers immer noch an sich wahr. Insofern ist der Bann nur zum Teil überwunden, ihr Abschied von den Illusionen nur zum Teil gelungen. Sie stimmt zwar der Deutung zu, daß sie damals Schattenseiten ausblendete. In welchem Maß aber diese Zustimmung nicht nur die Außenperspektive der nachträglichen Deutung des Nationalsozialismus ausdrückt, sondern auch die Innenperspektive ihrer Erinnerung, bleibt unklar. So ist mir kein Redebeitrag bekannt, in dem sie das Negative in ihrer Begeisterung für Hitler *in ihrer Erinnerung* so deutlich und weitgehend aufdeckt wie J.Reese.[167] Insofern sie keinen Zusammenhang des „Unpolitischen" im BDM mit dem herstellt, was sie am Nationalsozialismus nachträglich ablehnt, bleibt ihre Erinnerung noch bestimmt von dama-

---

167 vgl. S. 152, 130. Allerdings zeigt ihr Selbsttest mit Hitler Mut und Ehrlichkeit.

ligen Deutungsmustern.[168] Es ist, als ob dies Bild ihrer Erinnerung von dem Bild ihrer Vergangenheit, das von ihrer Scham bestimmt ist, durch eine Wand getrennt wäre. Oder, anders gesagt, sie hat noch nicht den Schlüssel für alle Räume ihrer nationalsozialistischen Vergangenheit gefunden,[169] so daß ihr waches Gegenwartsbewußtsein mit diesen so in Beziehung treten könnte, wie es bei der Wiedererinnerung der Geschichte von den Zwangsarbeitern geschah. Hier wird eine Grenze ihrer Erinnerungsarbeit sichtbar; sie ist damit nicht fertig, der Kampf um die Grenze geht weiter.

5. Vernichtung oder Läuterung der Träume

Die Gefahr einer vernichtenden Kritik wird bei I.Gartemann in solchen Augenblicken erkennbar, in denen das Schamgefühl sie gleichsam zu überschwemmen droht. So hatte sie nach dem Abbau ihrer Fremdenfeindlichkeit Schwierigkeiten, Ausländer, die ihr unrecht taten, in ihre Schranken zu verweisen.[170] Ansätze von Läuterung sind bei ihr schwerer wahrzunehmen als bei J.Reese; das hängt wohl mit dem oben skizzierten Stand ihrer Erinnerungsarbeit zusammen. Über die bereits dargestellten Veränderungen ihrer Denk- und Verhaltensweisen hinaus möchte ich einen Satz I.Gartemanns anführen, mit dem sie im Oktober 1988 ihre Veränderung zusammenfaßte: "Für mich ist die Erfahrung ... wichtiger als das Geld."[171]

6. Rechtfertigung oder Veränderung der bestehenden Identität

Auch I.Gartemann ist nicht fertig mit ihrer Identität. Das wird an den eben skizzierten Widersprüchen in ihrer Erinnerungsarbeit deutlich. Darin hat sich die Kraft der unterdrückten Erinnerung, die Kraft der Erinnerung an Unterdrückte, erwiesen, einer jahrzehntelang bestehenden Struktur von Denk- und Verhaltensweisen zu

---

168 Die Rede vom unpolitischen Charakter des BDM ist stereotyp, jedenfalls in der HJ-Generation weit verbreitet. N.Möding beobachtet, daß befragte Zeitzeugen aus dieser Generation von sich aus auf den Verdacht eingehen, daß etwas im Zusammenhang mit der Politik des Nationalsozialismus gestanden habe. An Beschreibungen des Lebens im BDM werde betont angehängt, "'aber das war alles unpolitisch.' Der Verdacht, daß es doch politisch war, ist also bekannt und wird in den Erzählungen berücksichtigt. Nichts erscheint angesichts dieses Verdachts mehr unschuldig ..." Diese Haltung gehe einher mit einer Abwehr der Versuche zur Bearbeitung der NS- Erfahrungen. „Da immer nur das Schlechte erzählt werde, geht es einigen Frauen darum, nun einmal das Gute hervorzuheben. 'Gut' und 'Böse' aber werden nur selten zueinander in Beziehung gesetzt..." Stattdessen werden Erinnerungen nostalgisch überbaut. „Unterstützt wird die politische Amnesie von der nationalsozialistischen Konzeption der Erziehung am Erlebnis, das den politischen Gehalt des Vermittelten verdecken sollte. Offensichtlich ist dieses Erziehungskonzept insoweit erfolgreich gewesen. Hartewig diagnostiziert deshalb eine 'programmierte Erinnerungslücke'." N.Möding 1985, S. 258f)
169 vgl. Benjamins Schlüsselmetapher, S. 66
170 Über diese Schwierigkeiten sprach sie im Gesprächskreis vor allem im Jahr 1996.
171 13.10.1988; TI 46.2.170 Im Gespräch ging es um Erkenntnis aus Erfahrung im Unterschied zum Lernen aus Büchern; unmittelbar nach dieser Aussage Ida Gartemanns kam ihre Geschichte von den Zwangsarbeitern zur Sprache.

widersprechen und sie nachhaltig zu erschüttern. In dem Maße, wie es I.Gartemann in der Erinnerungsarbeit gelang, ihren Anteil an der nationalsozialistischen Vergangenheit anzunehmen, hat sich ihre Identität erweitert. Vor allem in Beziehungen zu Fremden ist sie ein anderer Mensch geworden. Diese Veränderung hat zum einen Grenzen, insofern ist I.Gartemann noch die alte. Zum anderen gehört die Einsicht in solche Grenzen[172] zu eben dieser Veränderung, die trotz ihrer durch Alterung und Krankheit geschwächten Konstitution nicht abgeschlossen ist.

7. Überlieferung

Was I.Gartemann an die Nachgeborenen überliefert, ist vor allem Reue - im Sinn von Scham über Versäumnisse und tätiger Reue. Nachdem mir dies bewußt geworden war, erkannte ich die Aufgabe, im Gesprächskreis für die Anerkennung dieser Reue einzutreten und anderen Haltungen eine Grenze zu setzen: „Die Grenze nämlich, daß ein selbstgerechtes Verhalten und Auftreten es den ehemaligen (und noch gegenwärtigen) Anhängern des NS unmöglich macht umzukehren, und, fast noch schlimmer, den Umgekehrten unmöglich macht, Anerkennung zu finden." Diese Tagebuchnotiz vom 21.6.89 zeigt, daß mir im heftigen Streit um die Gestalt der ersten öffentlichen Tradierung des Gesprächskreises, nämlich der Radiosendung, der politisch-theologische Horizont der Erinnerungsarbeit bewußt wurde, den ich später ausgearbeitet habe. Weiter aus dieser Tagebuchnotiz: „Das Wichtigste an der Sendung und vor allem an der Arbeit der ganzen Gruppe ist nicht, das Leiden der 'Gerechten'[173] hervorzuheben, um zu bestätigen, daß sie schon immer im Recht waren und wir uns vor ihren Opfern verneigen sollen. Das Wichtigste für mich ist eben die Umkehr, so wie sie sich in der Lebensgeschichte von I.Gartemann zeigt, sie, die richtungsweisend für viele, Scham empfindet über das Versäumte." Zusammen mit J.Reese habe ich nach dieser Einsicht I.Gartemann ermutigt, an ihren Erinnerungen zu arbeiten. Diese maieutische Unterstützung war umso wichtiger, als den meisten Zeitzeugen des Nationalsozialismus im Gesprächskreis recht bewußt war, was sie tradieren wollten, während I.Gartemanns Erinnerung an die Zwangsarbeiter eben nicht einer Tradierungsabsicht entsprang. Einige Male rückten wir als Gesprächsleiter die Arbeit an dieser Geschichte in den Mittelpunkt der Gespräche, wodurch deren Gewicht auch anderen TeilnehmerInnen bewußter wurde. Andererseits hat I.Gartemann durch ihre Offenheit andere, und auch mich, dazu ermutigt, den eigenen Anteil an der nationalsozialistischen Vergangenheit wahrzunehmen und auszusprechen. Die Wirksamkeit dessen, was I.Gartemann mir überliefert hat, wird schließlich daran deutlich, daß ich den Schwerpunkt meiner For-

---

172   Zur Paradoxie von Annahme der Vergangenheit und Einsicht in ihre Grenzen vgl. S.89
173   Damit spiele ich auf das Gleichnis vom verlorenen Schaf an: „So wird auch Freude im Himmel sein über *einen* Sünder, der Buße tut, mehr als über 99 Gerechte, die der Buße nicht bedürfen." Lukas 15,7

schungsarbeit verlagerte (S.99). Die unverhoffte Chance, wirksame Reue als reale Möglichkeit darzustellen, führte mich zu dem Entschluß, mich darauf zu konzentrieren, zu einer entsprechenden Auswahl der Gesprächsdokumente und zu einem Fragehorizont, der den Blick auf die Bedeutung individueller und historischer Reue öffnet und der es ermöglicht, Biographisches und Geschichtliches mit der Tradition der Unterdrückten in *einem* Bild zu vereinen.

7. Kapitel: Hubert Zoller (1924 geboren)

In diesem Kapitel schreibe ich über den oben schon erwähnten Mann, der mit 18 Jahren sich aus "Idealismus" freiwillig zur Waffen-SS meldete (S.116, 129), H.Zoller. Auch bei ihm sind Veränderungen wahrzunehmen: seit einer Begegnung mit M.Niemöller versteht er sich als Pazifist. Dennoch gehe ich in diesem Kapitel weniger auf diese Veränderung als auf deren Grenzen ein.

H.Zoller kam nur einmal in den Gesprächskreis, nämlich am 19.11.1987. Das war die 5. Sitzung; bis dahin hatten in jeder Sitzung zwei oder drei TeilnehmerInnen sich vorgestellt und etwa eine halbe Stunde lang von sich erzählt. H.Zollers Selbstdarstellung fand von vornherein unter ungünstigen Bedingungen statt: Er kam eine Stunde nach Beginn der Sitzung während einer Erzählung von E.Hilger, über Situationen von Todesangst und äußerster Erschöpfung bei Luftangriffen auf Bielefeld. Das vorgeschlagene Thema war "Umgang mit Fremden"; E.Hilger erzählte diese Geschichte, "um die Einheimischen ein bißchen zu entschuldigen, wie sie sich den Flüchtlingen ... wie wir uns denen gegenüber ablehnend verhalten haben."[174] Als H.Zoller kam, erkundigte er sich danach, worum es gehe, und ich erklärte ihm diesen Rahmen; er nahm die Themenschwerpunkte, die auf einer Wandzeitung zu sehen waren, zur Kenntnis. H.Zoller glaubte E.Hilger zu kennen; sie verwies auf ihr öffentliches Eintreten für den Frieden, gegen Nationalsozialismus und Krieg. Er sagte daraufhin, daß er Nazi war, daß er bei der Waffen-SS war. Während ihrer Erzählung bezog sich E.Hilger auf die in der Gegenwart verbreitete Haltung, auf Minderheiten herabzusehen und sprach H.Zoller an:

EH "Ich bin selber auch ne Minderheit. Ich weiß nicht, wenn Sie das eben ernst gemeint haben, daß Sie Nazi waren und bei der SS und daß Sie stolz darauf sind, dann werden wir noch ein ganz schweres Gefecht miteinander ausfechten."
...
HZ „Ich brauch nur freien Herzens mein Wissen ... kann ich loslegen ...: Weswegen ich das betone? Weil ich ... die allgemeine Tendenz kenne, die darüber herrscht. Wir sind ja nur rumgelaufen mitm Messer im Mund ..."
EH „Ja, Sie persönlich vielleicht nicht ..."[175]

---

174 TI 3.2.050
175 TI 3.2.110

E.Hilger kehrte dann zu ihrer Erzählung zurück und schloß sie nach einer Viertelstunde ab. Danach nahm H.Zoller sofort die Gelegenheit wahr, sich vorzustellen. Die Art, wie er seine frühere Begeisterung für den Nationalsozialismus darstellte, löste eine Konfrontation aus, die zu der Erklärung zweier Teilnehmerinnen führte, entweder sie würden den Gesprächskreis verlassen oder er.

Ich fasse zunächst seine Selbstdarstellung zusammen, die einschließlich der Unterbrechungen über eine halbe Stunde dauert. Anschließend gebe ich eine erste Interpretation unter der Frage nach den Bezugsrahmen seiner Erinnerung. Danach gehe ich auf die Reaktionen der TeilnehmerInnen des Gesprächskreises ein, die z.T. schon in den dokumentierten Auszügen sichtbar werden. Schließlich versuche ich eine zusammenfassende Interpretation unter theoriegeleiteten Hinsichten.

A. H.Zollers Selbstdarstellung am 19.11.1987

Kindheit im Nationalsozialismus "machte Spaß"[176]

HZ: "Ich bin in Schildesche geboren, ... und wir haben da gewohnt. 1931 ... sind wir ausgezogen, weil mein Vater arbeitslos war, und wegen 10 Mark weniger Miete sind wir nach Brake[177] gezogen."

Als Hitler an die Macht kam, habe sein Vater wieder Arbeit gekriegt, und 1935 seien sie nach Bielefeld zurückgezogen, um den Weg zur Arbeit zu sparen. Er sei 1938 aus der Schule entlassen worden.

HZ: "Und muß vorausschicken, daß während der Nazizeit wir Kinder viel Spaß hatten, ... wir haben das ... so mehr als Spiel aufgefaßt, Mitglied der Hitlerjugend zu sein. Wir hatten Uniformen, machten Geländespiele, sangen, trieben Sport, machte Spaß ...."

Er sei schon ziemlich früh dabeigewesen, 1935 habe er sich angemeldet.

HZ: "und so bin ich so immer in dem Regime erzogen worden, was ich ja nicht gewählt hatte, ich war ja 9 Jahre, wie Hitler an die Regierung kam, aber ich bin in dem Regime großgeworden .... Ich wurde dann Jungenschaftsführer, mußte ich Beitrag einkassieren, Anwesenheitsliste führen und ... hat alles Spaß gemacht."

In der Lehre, die er ab 1938 in einem Metallberuf begann, sei er weiter im Sinn des Regimes erzogen worden, jeden Morgen Frühsport, im Trainingsanzug mit dem HJ-Abzeichen auf dem Ärmel. Alles sei sehr diszipliniert gewesen.

Brand der Synagoge[178]

H.Zoller erzählt vom Brand der Bielefelder Synagoge. Er nennt zerstörte jüdische Geschäfte; die anderen TeilnehmerInnen ergänzen. Er wolle sich nicht reha-

---
176 TI 3.2.210
177 Brake liegt etwa 3 km weiter vom Bielefelder Zentrum entfernt als Schildesche.
178 TI 3.2.275

bilitieren, habe aber das Vorgehen gegen die Juden im Unterbewußtsein nicht in Ordnung gefunden.

HZ „Ich war zwar nie daran beteiligt, aber ich hab gesehen, daß die Trümmer da rumlagen, nicht. Und das, das hab ich passiv, passiv wahrgenommen, aber, obwohl es populär war, dagegen [gegen die Juden] zu sein, konnte ich nicht dagegen sein, weil, ich kann das nicht begründen (...) aber im Unterbewußtsein, nicht, fand ich das nicht in Ordnung, auch meine Mutter hat sich dagegen aufgeregt."

"Ich gebe ... zu, daß ich ein begeisterter Pimpf war"[179]

HZ „Das sage ich nur, um unsere politische Einstellung klarzumachen. Ich gebe natürlich zu, daß ich ein begeisterter Pimpf war. Ich wurde Jungenschaftsführer, dann wurd ich Jungzugführer, dann wurd ich Fähnleinführer ... vorher noch kostenlos von der NSV in Bocholt (...) im Jugenderholungsheim. ... Ich fand die Sache hunderprozentig in Ordnung, das Regime war in Ordnung: morgens Flaggen hissen, abends Stubenappell, Betten bauen, aufm Schemel, alles streng, aber fruchtbar. Fruchtbar, weil es eben Erfolg hatte. Was man machte, machte man gemeinsam. ... Dann haben wir jedes Jahr vom Jungvolk Fahrt gemacht, Großfahrt gemacht, ... alle Butterbrote, die man mitnahm, wurden eingesammelt, und dann in einen großen Pott, jeder nahm sich ein Butterbrot raus ... einige hatten Schinkenbutterbrote, andere nur Margarine mit Marmelade drauf, das wurde alles in einen Pott geschmissen und jeder nahm das, was gerade zufällig an seiner Seite war. (...)"

Er habe als Pimpfenführer kostenlos die Gebietsführerschule in Osnabrück besucht und dafür von seiner Firma bezahlten Urlaub bekommen. Diese Firma sei auch nazistisch ausgerichtet gewesen, jedes Jahr habe es Kameradschaftsabende auf dem Johannisberg gegeben, mit Freibier für 10 Mark; er habe mit Kollegen Veranstaltungen, Zirkus, usw. besuchen und zum ersten Mal für 50 Pf ins Theater gehen können. H.Zoller faßt zusammen, wie all dies auf ihn wirkte: „Tatsache ist, daß ich keinen Grund hatte, dagegen zu sein."

Als der Krieg anfing, seien seine Eltern traurig gewesen. Er dagegen sei von der Richtigkeit des Krieges überzeugt gewesen. Er habe der offiziellen Darstellung geglaubt, daß die Polen den Gleiwitzer Sender überfallen hätten. Daß Hitler das Groß-Deutsche Reich gründen wollte, habe er in Ordnung gefunden - wie die meisten Deutschen damals. Doch sieht er sich alleingelassen mit seiner Bereitschaft, seine damalige Haltung zuzugeben:

HZ "Ich freue mich darüber, daß sie das gefilmt haben, sonst glaubt das ja keiner. Waren ja alle dagegen, war ja keiner dafür. ... Alle haben es vorher gewußt, daß Hitler ein Verbrecher war, alle waren sie dagegen (...) Ich kann mich richtig drüber aufregen, über diese Falschheit."

Jedes Jahr habe ein Aufmarsch des Jungvolks von Bielefeld stattgefunden.

HZ Und die ganzen Straßen, die ich jetzt gerade aufgezählt habe, die waren schwarz von Menschen ... dicht an dicht, und alle grüßten sie die Fahnen, wie wir vorbeimarschierten. Heute siehst du keinen wieder".[180]

Dieses Straßenbild habe es auch bei anderen Gelegenheiten gegeben.

---

179 TI 3.2.300
180 TI 3.2.380

Bei der Waffen-SS[181]

HZ „Ich bin ja bekannt, daß ich überall auf Widerstand stoße, wenn ich bloß sage, daß ich bei der Waffen-SS war, dann bin ich gleich einer, der mit'm Messer alles niedergemetzelt hat. Denn ich hab mich ja freiwillig gemeldet, nur um die Juden in den Ofen zu schieben (...) Nachweislich hat die Waffen-SS, beweisbar, den höchsten Blutzoll gezahlt. Wodurch? Daß wir Juden in den Ofen geschoben haben? Mein Ersatztruppenteil war z.B. in Weimar-Buchenwald, also ein KZ, wo auch so viele umgekommen sind. ... Und der Kasernenbereich, auch in Weimar-Buchenwald, war separat vom KZ-Lager, haben wir nichts mit zu tun gehabt."

Er habe dort Geländedienst gemacht, aber nie das Lager gesehen.

HZ „Aber innerhalb des Kasernenbereichs und innerhalb des Geländes im Wald, da war praktisch so Buchenwald, da sahen wir viele KZ-Häftlinge, die da arbeiten mußten. Und hab auch gesehen, wie Kapos darauf rumgeschlagen haben, aber die Bewacher, die durften keinen anpakken (...) „

Auch in der Kaserne haben Häftlinge gearbeitet,

HZ „in der Kantine waren beschäftigt, in der Küche, Essen eingefüllt, haben mir die Haare geschnitten, haben Schuhe besohlt."

Nach dem Krieg haben er und sein Bruder in Passau Juden gesehen, die große Nummern auf dem Arm tätowiert hatten, und deren Gespräche mitgehört.

HZ „Da waren die 6 Jahre in dem KZ, 5 Jahre in dem KZ, 4 Jahre in dem KZ. Ich frage mich, wie haben die das so lange ausgehalten, die haben doch alle durch den Ofen gejagt. Das ist so (...) mein Zweifel. Daß durch den Ofen gejagt worden ist, das steht außer Frage. Nur frage ich, wie manche das so lange ausgehalten haben. (...) Ein Freund von mir hat das KZ Dachau besucht, da wurden Verbrennungsöfen gezeigt. Ich will jetzt nicht rehabilitieren oder auf Unschuld machen, denn die Verbrechen sind Tatsache."

In Dachau seien nach der Darstellung seines Freundes nachträglich Verbrennungsöfen installiert worden. Ein katholischer Priester habe gesagt, da sei überhaupt keiner verbrannt worden.

HZ „ob das stimmt, kann ich nicht behaupten. Ich kann nur wiederholen, was mir mein Freund gesagt hat."

EH „Also an dieser Stelle muß ich einfach zwei Minuten reden dürfen, weil ich sonst platze"

HZ (unverständlich)

EH „Also ich muß jetzt einfach zwei Minuten was sagen können"

HZ (unverständlich)

EH „Also ich bin wirklich ganz und gar beeindruckt davon, was für weiße Unschuldslämmer die SS waren und was für schwarze Schafe die KZler waren."

HP [zu E.Hilger] „Darf ich Sie doch unterbrechen? Ich meine, Herr Zoller will uns noch den Schluß seiner Geschichte erzählen."

HZ „Ja"

HP „und will uns sagen, wie er heute dazu steht."

(Mehrere Stimmen zugleich)

HZ „Ich bin ein gläubiger Christ, nebenbei."

H.Zoller erzählt von verschiedenen Stationen seiner Truppe in Frankreich und Rußland; immer habe sie sich anständig gegenüber den Einheimischen verhalten.

---

181 TI 3.2.414

175

"wir haben den höchsten Blutzoll gezahlt"[182]

HZ (Mit erhobener Stimme) „Und wir haben den höchsten Blutzoll gezahlt, junge 17- und 18-jährige Kameraden habe ich beerdigt, ohne Kranz, ohne Kreuz (...) da kräht kein Huhn danach, werden alle als Verbrecher denunziert, (klopft auf den Tisch) die aus Idealismus gefallen sind."
In Pommern sei sein Panzer abgeschossen worden, er sei verwundet nach Bethel ins Lazarett gekommen. Ohne Entlassungspapiere habe er dies Lazarett am 2.April 1945[183] verlassen, kurz bei seinen Eltern übernachtet, um am nächsten Morgen mit der Bahn zu seiner Truppe zu fahren. Am 17.4.45 habe er die Truppe in Schlesien gefunden und dort eine Auszeichnung für seinen Einsatz im Januar bekommen.

Kriegsende: "Schnotten und Wasser geheult"[184]

GK „Wie ging es denn zuende mit Ihnen?"
H.Zoller erzählt kurz die letzten Stationen seiner Truppe.
HZ „Und da hieß es am 8. Mai abends, hörten wir im Radio, (leise, stockend) Krieg, Kapitulation (Pause) ham wir kapituliert (6 sec Pause) Schnotten und Wasser geheult, Soldbuch verbrannt, ..."
GK „Uniform weg"
HZ „Uniform - die Dinger abgerissen. Hat ja keinen Wert, hat ja niemandem gedient, (...) haben uns alle getarnt."
Er habe das Glück gehabt, schon im Juli als Wehrmachtsangehöriger nach Hause zu kommen.

"Ihr habt (...) dafür gesorgt, daß ich so erzogen werden konnte"[185]

EH „Und wie haben Sie das Ganze nun bewältigt?"
HZ „wie ich das bewältigt habe?"
EH „Ja"
HZ „Traurig. Traurig, und heute, wo ich (...) alles weiß, sag ich, gut daß wir den Krieg verloren haben, nicht, gut, daß es so gekommen ist. Denn was Hitler für ein Verbrecher war, konnten wir aus unserem kleinen Horizont ja nicht beurteilen."
Er habe das Buch "Unternehmen Barbarossa" gelesen.
HZ „Der Hitler hat Rußland ja überfallen, wir hatten ja einen Nichtangriffspakt und nicht umgekehrt. (...) Haben Sie von Pastor Niemöller gehört? Heute bin ich zum Beispiel überzeugter Pazifist. Kann ich doch nichts dazu, daß ich so erzogen wurde. Ich habe Hitler 33 nicht gewählt."
G.Kaufmann fragt, ob er "Mein Kampf" gelesen habe. Das verneint er; sein Bruder habe das Buch gehabt.
HZ „Aber unsere Väter - z.B. bin ich oft angegriffen worden von meinen Arbeitskollegen, (...) daß ich bei der Waffen-SS war. (Lauter) Wer hat denn dafür gesorgt? Ich hab doch mit 9 Jahren noch nicht den Hitler wählen können. Ich bin Jahrgang 24. Ihr habt (...) doch dafür gesorgt, daß ich so erzogen werden konnte."

---

182 TI 3.2.530
183 Zu diesem Zeitpunkt lagen schon amerikanische Truppen vor Bielefeld; am Abend des 4.4.45 wehte die weiße Fahne der Kapitulation über dem Bielefelder Rathaus.
184 TI 3.2.585
185 TI 3.2.630

EH „Damit haben Sie auch recht. Nur (...) irgendwie ist doch auch jeder für das verantwortlich, was er tut, und Sie haben nun so - jetzt noch mit leuchtenden Augen erzählt, wie Sie also das alles mitgemacht haben, Gruppenabende und den Sport und alles. Haben Sie das denn niemals kritisch hinterfragt?"
(Bandwechsel)

"Ich konnte nur gehorchen"[186]

HZ „Ich war Rottenführer, Obergefreiter war ich. Ich hab doch keinen Einfluß gehabt. Ich konnte nur gehorchen, und gehorcht hab ich bis zuletzt (...) (lauter) meinen Eid erfüllt bis zuletzt (...) und andere sind wieder stolz darauf, daß sie sich frühzeitig abgesetzt haben, daß sie die Kameraden im Stich gelassen haben."

B. Der Gesprächskreis als Bezugsrahmen von H.Zollers Erinnerungen

Im Unterschied zu J.Reese und I.Gartemann knüpft H.Zoller bei seiner Erzählung nicht thematisch an das vorausgegangene Gespräch an. Er gibt sich bereits vor seiner ausführlichen Vorstellung als "Nazi" zu erkennen und wird prompt von E.Hilger daraufhin angesprochen. Seine Identität als ehemaliger Nationalsozialist und Waffen-SS-Mann ist das Thema seines Redebeitrages. Hierbei trifft ein Motiv seiner Erzählung mit der - negativen - Erwartungshaltung von E.Hilger zusammen. Äußerungen anderer TeilnehmerInnen sind ihm zu Beginn seiner Selbstdarstellung nicht bekannt. An einer Stelle bekommt er Kontakt zu dem Gesprächskreis als einem lokalgeschichtlichen Forum, nämlich als er zerstörte jüdische Geschäfte nennt und andere TeilnehmerInnen diese Aufzählung ergänzen. Doch dieser Ansatz verschwindet in der Konfrontation, die sich seit den ersten Minuten seiner Anwesenheit abzeichnet.

Von Anfang an bezieht H.Zoller sich auf eine größere Öffentlichkeit, zu der er sich in schroffem Gegensatz sieht: So spricht er von der allgemeinen oder herrschenden Tendenz;[187] er wendet sich gegen "alle", die nach 1945 behaupteten, gegen den Nationalsozialismus gewesen zu sein [188] und klagt die "Falschheit" dieser Menschen an; wenn er nur sage, daß er bei der Waffen-SS war, stoße er "überall" auf Widerstand.[189] Er bringt schon im ersten Wortwechsel mit E.Hilger zum Ausdruck, daß er sich als Teil des Kollektivs der Waffen-SS diffamiert und verfolgt fühlt: "Wir sind ja nur rumgelaufen mitm Messer im Mund". E.Hilger bezeichnet sich zwar als "Minderheit"; aber ihre Ankündigung eines "ganz schweren Gefechtes" mit ihm trägt anscheinend dazu bei, daß er sie in diese "allgemeine Tendenz" einordnet.

---

186 TI 4.1.003
187 TI 3.2.110, noch stärker 3.2.414
188 TI 3.2.370
189 TI 3.2.414

Dieser Bezug auf den Rahmen einer größeren Öffentlichkeit läßt vermuten, daß H.Zoller vorwiegend "Standardgeschichten"[190] von sich erzählt und Argumente vorträgt, die er bereits in vielen Auseinandersetzungen erprobt hat. So nimmt er mögliche Einwände vorweg: er wolle sich "nicht rehabilitieren oder auf Unschuld machen".[191] Er stellt fest, "daß durch den Ofen gejagt worden ist, das steht außer Frage", "die Verbrechen sind Tatsache" - um im nächsten Atemzug Zweifel und Fragen zu diesen Tatsachen vorzutragen. Es sieht so aus, daß er sich diesen Tatsachen nur schwer zu stellen vermag, daß er sie vielmehr an sich abprallen läßt. H.Zoller ist anscheinend nicht frei von jener Realitätsflucht, die Hannah Arendt 1949/50 bei den meisten Deutschen beobachtete; er versucht "die Verwandlung der Realität in bloße Möglichkeit", wo er Raum für Zweifel und Fragen sieht; er geht mit Tatsachen so um, "als handele es sich um bloße Meinungen".[192] Es bleibt fraglich, wieweit er sich von den Verbrechen betroffen fühlt, die er anspricht. Eine persönliche Beteiligung daran weist er jedenfalls zurück; dies wird bei seiner Erzählung von Buchenwald am deutlichsten. Mit dem Konzentrationslager "haben wir nichts zu tun gehabt" - wenn er auch Mißhandlungen von Häftlingen im Wald sah, wenn auch Häftlinge für ihn arbeiteten bis hin zum hautnahen Frisieren.[193] - Hier drängen sich Fragen auf, die ich zunächst unbeantwortet lasse: Waren die Häftlinge, die ihn und seine Kameraden bedienten, so viel besser dran als die Gefolterten und Gequälten? Was hat er empfunden, als er im Wald sah, daß Häftlinge geschlagen wurden? War es hauptsächlich das Gefühl, daß seine Truppe damit nichts zu tun habe? Besagt seine Erzählung von den überlebenden Juden in Passau etwas anderes, als daß er das Entsetzen abwehrt, die Wirklichkeit der Konzentrationslager verharmlost?

H.Zoller unternimmt es seit Beginn seiner Erzählung, sich zu rechtfertigen bzw. nachzuweisen, daß er keine Schuld haben könne: er habe Hitler nicht gewählt;[194] er sei im Sinn des Nationalsozialismus erzogen worden; er habe "nur gehorchen" können.[195] Seine im Gesprächskreis vorgetragenen Erinnerungen tragen ganz überwiegend den Charakter der Selbstrechtfertigung.[196] Situationen der Selbstrechtfertigung gegen eine Überzahl von Kritikern erlebt er seit Jahrzehnten. Er berichtet davon, daß er "oft" von Arbeitskollegen aus der Generation seines Vaters angegriffen worden sei und zitiert seine Verteidigung, seinen Gegenangriff, in direkter Rede: "Ihr habt ... doch dafür gesorgt, daß ich so erzogen werden konnte".[197] Eine persönliche Verantwortung oder Schuld weist er zurück. Auf die von E.Hilger ausgesprochene

---

190 s.o. S. 147
191 TI 3.2.414; ähnlich 3.2.276
192 Hannah Ahrendt, a.a.O, S. 29
193 TI 3.2.414
194 TI 3.2.210, 630
195 TI 4.1.003
196 vgl. S. 116
197 TI 3.2.630

Zumutung, er sei für seine Taten verantwortlich, antwortet er mit beschwörend klingender Stimme: Er habe seinen "Eid erfüllt bis zuletzt".[198] Wie ernst er diesen Eid nahm, läßt sich vielleicht am besten aus seiner Erzählung über das Kriegsende entnehmen: er verließ zwei Tage vor Einmarsch der Amerikaner in Bielefeld das Lazarett ohne Entlassungspapiere, um zu seiner Truppe zurückzukehren. Vielleicht zeigt sich aber an dieser Geschichte auch am deutlichsten - wenn auch von H.Zoller kaum eingestanden - das Moment seiner Eigenverantwortung: niemand gab ihm den Befehl, weiterzukämpfen; ja, er handelte sogar gegen die ärztliche Autorität.

H.Zoller rechtfertigt nicht nur sich persönlich, sondern auch seine damalige Truppe. Er scheint dabei eine größere Öffentlichkeit geradezu anzureden, wenn er mit erhobener Stimme, fast mit feierlichem Ernst für die Männer der Waffen-SS spricht: "Wir haben den höchsten Blutzoll gezahlt".[199] Mit starker Energie, laut auf den Tisch klopfend, tritt er der Entehrung seiner Kameraden entgegen: "... werden alle als Verbrecher denunziert, die aus Idealismus gefallen sind."

Vielleicht ist sein Motiv, der Entehrung seiner Truppe entgegenzutreten, noch stärker als das Motiv, Schuld von sich persönlich abzuwehren. Dafür spricht, daß er mich zwei Tage nach dieser Sitzung in meiner Wohnung aufsuchte und einen Zeitungsausschnitt vom 11.5.1957 mitbrachte, nach dem Sprecher aller Parteien sich dafür einsetzten, "die unterschiedliche Behandlung und damit die Diffamierung der Soldaten der Waffen-SS gegenüber allen anderen ehemaligen Angehörigen der Wehrmacht zu beseitigen." Nach seinem Besuch notierte ich seine Aussage, "er rede deswegen so offen, sage die Wahrheit, um seine gefallenen Kameraden nicht zu verraten, nicht tatenlos zuzulassen, daß sie in den Dreck gezogen werden."

Ein wichtiger Zug seiner Selbstrechtfertigung besteht darin, daß er seine wirklichen oder vermeintlichen Ankläger unglaubwürdig macht, bzw. auf deren eigene Schuld hinweist; dies Muster zeigt sich besonders in bezug auf die Alliierten.[200] Er scheint über weite Strecken in den Siegermächten des 2. Weltkrieges die Urheber der Schuldvorwürfe gegen die Deutschen zu sehen. In diesem Sinn berichtet er von der Zerstörung Dresdens, durch das er am Schluß des Krieges selbst gekommen ist. Bei der Olympiade 1936 haben die Franzosen selbst Hitler gegrüßt, was auf dem Film zu sehen sei. Er hält es für möglich, daß die Öfen in Dachau nachträglich gebaut worden seien. Er karikiert ein Feindbild, nach dem SS-Männer mit dem Messer im Mund herumgelaufen seien und in die SS eingetreten seien, um Juden in den Ofen zu schieben.

---

198 TI 4.1.003
199 TI 3.2.530
200 Dies Muster ist weder individuell noch an soziale Schicht oder Bildungsgrad gebunden. Auf literarischem Niveau verfolgt z.B. E.v.Salomons Bestseller "Der Fragebogen" (Hamburg 1951) das Ziel, die Unglaubwürdigkeit der Sieger darzustellen. In der Tat: militärischer und politischer Sieg bedeutet noch keine moralische Autorität. Nur ist es gefährlich, dies Argument als Ausflucht dafür zu benutzen, daß man sich weigert, die schuldhafte Vergangenheit als die eigene anzunehmen.

Der Gesprächskreis als Bezugsrahmen für H.Zollers lebensgeschichtliche Erinnerungen scheint aus seiner Sicht jener Öffentlichkeit zu gleichen, der er sich seit vielen Jahren gegenüber sieht, von der er sich mißverstanden und diffamiert fühlt. Die Versuche, der Gesprächssituation eine andere Wendung zu geben, scheitern. Gegen das Drängen E.Hilgers auf Redezeit, die vor Empörung über seine Zweifel an den Öfen in Dachau dabei ist zu "platzen", setze ich zwar durch, daß er erzählen kann "wie er heute dazu steht"; G.Kaufmann und E.Hilger stellen anschließend ähnliche Fragen. H.Zoller bezieht sich jedoch weiterhin auf den Rahmen jener Öffentlichkeit, vor der er glaubt, seine damalige Einstellung rechtfertigen zu müssen. Er geht nur "nebenbei" darauf ein, daß er "ein gläubiger Christ" sei; er erzählt nicht, wie er es wurde.[201] Niemand fragt allerdings ausdrücklich danach; darin zeigt sich die Schwäche der Versuche, das Gespräch aus der eskalierenden Konfrontation herauszuführen bzw. überhaupt ein Gespräch zu ermöglichen.

E.Hilgers Frage, wie er "das Ganze nun bewältigt" habe, löst bei ihm keinen Erzählfluß aus.[202] Mit einem Wort, stockend, spricht er seine Trauer an, ähnlich wie er über seine Reaktion auf die Kapitulation am 8.5.1945 berichtet: "Schnotten und Wasser geheult". Es wird nicht deutlich, ob er über mehr "traurig" war - oder noch ist - als über den Verlust, den die militärische Niederlage und der Zusammenbruch des nationalsozialistischen Regimes für ihn bedeuteten. Auch hier bleiben entsprechende Nachfragen aus. Von seinem "traurig" springt er in einen Bericht über Ergebnisse der historischen Umdeutung von Krieg und Nationalsozialismus: "heute, wo ich (...) alles weiß, sag ich, gut daß wir den Krieg verloren haben". Seine heutige, veränderte Sicht der damaligen Zeit, sein heutiges Geschichtsbewußtsein schließt sowohl geschichtliches Wissen ein (Angriffskrieg auf die Sowjetunion) als auch Wertungen (Hitler ist ein Verbrecher; es ist gut, daß der Krieg verlorenging - im Gegensatz zu der Trauer im Mai 1945 und danach).

Die Veränderung seiner Grundeinstellung markiert H.Zoller mit der Aussage, daß er "überzeugter Pazifist" sei; danach nimmt er ohne Übergang den Faden der Rechtfertigung seiner damaligen Einstellung wieder auf: "Kann ich doch nichts dazu, daß ich so erzogen wurde."[203] Er erzählt nicht, wie er Pazifist wurde; der Hinweis auf Niemöller scheint ihm zu genügen.[204] Später macht er seinen pazifistischen Standpunkt daran deutlich, daß sein Sohn, wenn er nicht gestorben wäre, kein Soldat hätte werden sollen.[205]

---

201 TI 3.2.414
202 TI 3.2.630
203 TI 3.2.630
204 Am Vortag, dem Buß- und Bettag 1987, wurde im Fernsehen ein Film über M.Niemöller gezeigt: "Was würde Jesus dazu sagen?" - Dieser Film, den ich nicht gesehen hatte, hätte vielleicht zum Ausgangspunkt für eine Wendung der Gesprächssituation werden können.
205 TI 4.1.218

E.Hilger setzt in ihrer Erwiderung nicht an den vielen ungeklärten Fragen seiner Wandlung zum Pazifisten an, sondern an der Selbstrechtfertigung seiner nationalsozialistischen Einstellung. Sie erinnert H.Zoller an seine Verantwortung. Diese Zumutung der Verantwortung für das eigene Tun in nationalsozialistischen Organisationen hat ihr Vorbild vielleicht in den großen NS-Prozessen, obwohl E.Hilger hier gewiß nicht daran denkt, H.Zoller einer konkreten Tat zu überführen. Seine Reaktion folgt dem bekannten Muster, die eigene Verantwortung mit dem Hinweis auf Befehl und Gehorsam abzulehnen.[206] Daraufhin fordert E.Hilger von ihm immer energischer ein Geständnis.

HZ (leise) „man wird direkt gezwungen zu heucheln (lauter) man hat nichts ... "
EH (eindringlich) „man ist gezwungen zu büßen und man ist gezwungen, wiedergutzumachen und man ist gezwungen (...) einzusehen, aber man ist nicht gezwungen zu heucheln".[207]

Der Zwang, den E.Hilger hier ausspricht und mit ihrer Haltung ein Stück weit ausübt, ist zum Scheitern verurteilt wie der moralische Anspruch der NS-Prozesse und der Entnazifizierung.[208] Wenn jemand einen anderen zur Einsicht zwingen will, stellt er sich über den anderen, macht sich größer als er, beschämt ihn, indem er ihm seine Sicht aufzwingt. E.Hilger will H.Zoller ausdrücklich "ganz klein" sehen: "Sie sollten sich für den Rest Ihres Lebens schämen, und zwar ganz klein sollten Sie werden."[209]

Ein so Angesprochener wird sich dagegen wehren, soweit er nicht darauf vertrauen kann, daß er als Mensch geachtet wird, auch und gerade wenn er seine Fehler eingesteht. Jedenfalls ist ein solches Eingeständnis nur möglich, wenn andere bereit sind, es anzuerkennen. Und genau diese Voraussetzung fehlte bei H.Zoller - und bei vielen anderen - in der Nachkriegszeit und in den fünfziger Jahren, und wie der Streit im Gesprächskreis zeigt, bis in die Gegenwart.

Hannah Arendt schreibt von der "schrecklichen Unschuld ... , die sich in einen Verfolgungswahn verwandelt, wenn sie mit dem Urteil einer moralisch intakten Welt konfrontiert wird".[210] Bezieht man diese Beschreibung auf den Streit im Gesprächskreis 38 Jahre nach Hannah Arendts Besuch in Deutschland, so wird die Kontinuität der in diesem Streit erscheinenden Struktur sichtbar. Immer noch wirkt die von H.Zoller beteuerte Unschuld "schrecklich" auf seine ZuhörerInnen, auch auf mich. Seine Reaktionen auf nicht erhobene Vorwürfe lassen die Empfindlichkeit einer tiefen Verletzung spüren: Wer von den Anwesenden hatte wirklich ein Feindbild von SS-Männern, auf das seine polemische Aussage zuträfe "Denn ich hab mich ja freiwillig gemeldet, nur um die Juden in den Ofen zu schieben"[211]? -

---

206 TI 4.1.003
207 TI 4.1.464
208 Im Gesprächskreis war in der Anfangszeit viel von Entnazifizierung die Rede, mit dem Tenor, man sei nicht streng genug mit den Tätern umgegangen. - Auch Hubert Zoller wird gefragt: „Sind Sie entnazifiziert worden?" (TI 4.1.150) Die Frage geht jedoch in der allgemeinen Erregung unter.
209 TI 4.1.400
210 Hannah Ahrendt, a.a.O. S. 47
211 TI 3.2.414

Weitere Fragen ergeben sich: Ist die "moralisch intakte Welt" ohne Anteil an dieser Verhärtung, an dieser Flucht vor Realität und Verantwortung? Hannah Arendt bringt selbst das Beispiel eines entscheidenden Fehlers in der Art, wie die Amerikaner darangingen, "das Gewissen des deutschen Volkes ... wachzurütteln".[212] Sie erklärten die Deutschen für schuldig, ohne ihnen Gelegenheit zu eigenen Erkenntnissen und zum Umdenken zu geben. Hierin liegt ein wichtiger Unterschied zu der Zeit 40 Jahre danach. Ein weiterer Unterschied liegt in dem Machtgefälle der Befreier gegenüber den Befreiten oder der Sieger gegenüber den Besiegten, das 1945 die Situation beherrschte; von einem derartigen Machtgefälle kann im Gesprächskreis nicht die Rede sein. Und doch ist zu fragen, ob nicht gerade in der Selbstsicherheit, "moralisch intakt" zu sein, die Gefahr einer Überheblichkeit gegenüber den Schuldigen liegt, die es diesen erschwert, ihre Schuld zu erkennen, einzugestehen und zu bereuen.

Buße und Reue als tiefgehende innere Veränderung gehören in jenen Bereich, über den ohne Symbole nicht zu reden ist, der sich zwar denkend erhellen, aber nicht rein immanent begreifen läßt. Erst recht lassen Buße und Reue sich nicht erzwingen. Wer könnte aufgrund dieser Sitzung Aussagen über eine Reue bei H.Zoller machen, die dem Glauben entspräche, zu dem er sich bekennt? Der Gesprächskreis als Bezugsrahmen der Erinnerung hat bei anderen Personen zu Veränderungen, zu tätiger Reue beigetragen; bei H.Zoller hat er eher das Gegenteil bewirkt.

C. Reaktionen der TeilnehmerInnen

Die Reaktion der TeilnehmerInnen auf H.Zollers Selbstdarstellung ist gegensätzlich. Im Vergleich zu den bisher dargestellten kritischen und ablehnenden Stellungnahmen kommen die Stimmen nur wenig zur Geltung, die seine Darstellung begrüßen:

FO „Ich finde das gut, daß Sie das, als Geständnis, nicht verhüllen, daß Sie alles sagen, wie es ist. Und wer macht das heute? Keiner."
(mehrere Stimmen gleichzeitig)
FO "da braucht man nicht empört sein"
GK "nein"
FO „sondern"
GK „er steht dazu"

---

212 a.a.O. S.48. - Dies geschah mit einem Plakat, das ein Foto aus Buchenwald zeigte, mit einem auf den Betrachter deutenden Finger, zu dem der Text gehörte: "Du bist schuldig". H.Arendt schreibt: "Für eine Mehrheit der Bevölkerung waren diese Bilder die erste authentische Kenntnisnahme der Taten, die in ihrem Namen geschehen waren. Wie konnten sich schuldig fühlen, wenn sie es nicht einmal gewußt hatten? Alles, was sie sahen, war der ausgestreckte Zeigefinger, der eindeutig auf die falsche Person zeigte. Aus diesem Irrtum zogen sie den Schluß, daß das ganze Plakat eine Propagandalüge war." (S.48)

FO „er steht zu dem, was er durchgemacht hat, weil er sich freiwillig gemeldet hat, und das rechne ich dem Herrn hoch an."[213]

Der Verlauf der Auseinandersetzung wird im folgenden immer stärker durch die Konfrontation bestimmt. E.Hilger vermißt jegliches Bedauern bei H.Zoller; sie stellt sein Gewissen in Frage; er beteuert dagegen, daß er sich unschuldig fühle.

"ich fühle mich aber da nicht dran schuld"[214]

EH „Dazu werd ich auch noch was sagen dürfen. Das wird ja nun so hingestellt, als wenn man alle Schuld damit tilgen kann, daß man 40 Jahre später erzählt, aber mit Leuchten in den Augen, ich hab Sie die ganze Zeit über beobachtet, und Sie haben gesagt, da stehe ich noch zu, und Sie haben an einer Stelle gesagt, die Öfen in dem einen Konzentrationslager, die sind ja nie benutzt worden. Also man kommt da ja leider auf die Idee"
(mehrere Stimmen)
HZ „das sind ja nicht meine Worte, ich kann das nicht beurteilen, ich hab sie nicht gesehen"
EH „Aber aus Ihrer ganzen Rede kann ich nicht ein bißchen von Bedauern entnehmen. Also es müßte Ihnen doch einfach leid tun, daß Sie auch einer von denen waren, die doch immerhin ihr gerüttelt Maß an Schuld an diesem ganzen Unglück gehabt haben"
HZ (unverständlich)
EH „ganz Europa ist in Schutt und Asche versunken"
HZ „ich fühle mich aber da nicht dran schuld, ich hab nur meine Pflicht erfüllt, und was ich gemacht hab, kann ich jederzeit vor meinem Gewissen verantworten, ich bin ein gottesfürchtiger Mensch"
EH „dann haben Sie aber wirklich ein weites Gewissen"
Später verschärft E.Hilger diese Formulierung noch:
EH "in son normales preußisches Militaristengewissen, da paßt ne ganze Menge rein"[215].

Sie macht klar, daß die Auseinandersetzung mit H.Zoller für sie nicht eine rein politische Angelegenheit ist, sondern sehr viel mit ihrer Lebensgeschichte zu tun hat. Sie erzählt davon, wie ihr Vater ihr im November 1943 seine Sicht der Dinge eröffnete:

"der erste ... nach 40 Jahren"[216]

EH "'Hitler, das ist ein Verbrecher, und der macht ganz Europa kaputt, der macht alles kaputt', und es ist mir eingegangen, ich hab also nicht ne (stark betont) Sekunde daran gezweifelt ... Ich, ich bekenne mich dazu, ich, ich hab immer wieder gesagt, jeder, der sich damals nicht hat erschießen lassen oder selbst sich erschossen, der ist mitverantwortlich dafür, der muß seinen Teil Schuld auf sich nehmen. Aber son alter gestandener SS-Mann, der setzt sich hierhin mit leuchtenden Augen und sagt: (mit Entrüstung) ich fühle mich nicht schuldig. Wissen Sie was, ich hab mal gesagt, Sie sind also der erste Nazi, der mir in dieser Weise gegenübersitzt,"
HZ „sicher?"

---

213   TI 4.1.043
214   TI 4.1.050
215   TI 4.1.241
216   TI 4.1.135

EH „ich habe mal gesagt, na hören Sie mal, Sie sind immer noch einer, ich habe mal gesagt, der erste Nazi, der mir offen ins Gesicht sagt, ich bin Nazi und ich steh dazu und ich find das immer noch toll, dem knall ich eine runter, und zwar richtig voll mitten auf das Zifferblatt. Das hab ich mal gesagt, das müßte ich jetzt eigentlich mit Ihnen machen, Sie sind wirklich der erste, der mir nach 40 Jahren sowas gesagt hat."

E.Hilger steht nun zwar nicht auf, um ihm buchstäblich eine Ohrfeige zu geben;[217] was sie ihm hier und in der folgenden halben Stunde sagt, bis die Sitzung abgebrochen wird, kann man aber als moralische Ohrfeige(n) bezeichnen. Im nächsten Kapitel werde ich ausführlicher auf die Geschichte eingehen, die sie hier erzählt. Ich habe sie an dieser Stelle dokumentiert, weil sie die explosive Heftigkeit ihrer Reaktion auf H.Zoller verständlich machen kann. In zahllosen Auseinandersetzungen mit ehemaligen Mitgliedern der NSDAP während ihrer 40-jährigen politischen Tätigkeit und in ihrem Alltag ist E.Hilger noch nie einem Mann begegnet, der sich so offen zu seiner damaligen Begeisterung bekennt wie H.Zoller. Damit schlägt ihre Erinnerung an die Zeit der äußersten Erschöpfung, der Todesangst vor Luftangriffen und politischer Verfolgung - die sie während ihrer Erzählung durchlebte, als H.Zoller ankam - in die Gegenwart ein. Sein Auftreten löst die Erinnerung an eine Selbstverpflichtung aus der unmittelbaren Nachkriegszeit bei ihr aus: "ich habe mal gesagt, der erste Nazi, der mir offen ins Gesicht sagt, ich bin Nazi und ich steh dazu und ich find das immer noch toll, dem knall ich eine runter..." Es ist so, als wenn eine Falle, die 40 Jahre lang gespannt war, mit einem lauten Knall zuschnappte. Die Situation ist damit nicht nur für H.Zoller, der sich in dieser Falle befindet, festgelegt, sondern auch für E.Hilger selbst und für alle anderen TeilnehmerInnen. Daß H.Zoller sich immer noch zum Nationalsozialismus bekenne, entnimmt sie dem "Leuchten in den Augen", mit dem er erzählt. Für sie ist nicht spürbar, daß und wie er sich von seiner damaligen Begeisterung distanziert.[218] Damit steht für sie fest, daß er immer noch ein "alter Nazi" sei[219] und sich keinesfalls nur mißverständlich ausgedrückt habe. Seine Erwiderung "ich kann doch kein Nazi sein, wo ich doch unter den Nazi am meisten gelitten habe" (er verweist auf seine Kriegserlebnisse) steigert nur noch ihre Erregung.

Ähnlich wie E.Hilger reagiert G.Kaufmann. Sie will - obwohl sie Frau Oppliger in der positiven Bewertung von H.Zollers Darstellung zunächst zustimmt [220] - aus Protest den Raum verlassen; doch E.Hilger, die gerade die Geschichte ihrer Selbstverpflichtung vor 40 Jahren erzählen will, bittet sie, noch zu bleiben. Für G.Kaufmann sind H.Zollers Zweifel an der Tatsächlichkeit von Krematorien in Dachau "bewußte Propaganda".[221] Damit setzt sie ihn mit denen gleich, die nicht

---

217 Man kann dabei an Beate Klarsfeld denken, die Kiesinger ohrfeigte.
218 An einer ähnlichen Schwierigkeit - wenn auch auf anderem Niveau - scheiterte ein Jahr nach dieser Sitzung Ph. Jenninger.
219 TI 4.1.400
220 TI 4.1.043
221 TI 4.1.167

zweifeln, sondern dreist und zielbewußt die Massenmorde und ihre Instrumente leugnen. Sie identifiziert H.Zoller mit ihren politischen Gegnern:

GK   „am Ende ist es nämlich so, alle, die darunter gelitten haben und die keine Nationalsozialisten waren, das sind nämlich die Schuldigen"

EH   „die Opfer sind schuld und die Mörder sind (...) gläubige Christen."

GK   „so wie der Geißler gesagt hat, die Pazifisten haben ein Auschwitz erst möglich gemacht".[222]

Diese Polemik macht es noch schwerer, zu einer sachlichen Diskussion oder gar zu einem Gespräch zu kommen. Ich mache einen letzten Versuch dazu, indem ich auf der Sachebene aus eigener Anschauung von den Krematorien in der Gedenkstätte Buchenwald berichte und auf der Beziehungsebene Verständnis für H.Zollers damalige Begeisterung und seine jetzige Distanz dazu ausspreche; ich versuche zu erreichen, daß auch E.Hilger diese Distanz wahrnimmt:

HP   (zu EH) „ich möchte Ihnen erst mal was sagen, ... ich kann Ihre Gefühle, glaub ich, verstehen, nur, ich habe bei Herrn Zoller auch gehört, daß er traurig ist, er findet es nachträglich gut, daß der Krieg verloren gegangen ist"

EH   „ich hab keine Trauer bemerkt hier heute"

HP   „das ist eine andere Sache, er hat es aber gesagt, er hat es gesagt, und ich denke, ich versuche, es erstmal ernst zu nehmen. (zu HZ) Die Geschichte mit Dachau haben Sie nicht erlebt. Ich würde vorschlagen, solche Dinge in Zukunft wegzulassen".[223]

Doch auch dieser Versuch, eine Veränderung der Situation zu erreichen, scheitert. Die Angriffe auf H.Zoller steigern sich noch:

EH   (sehr laut) „also nen alten Nazi will ich nicht beleidigen, ich will nur, daß er seine Klappe hält für den Rest seines Lebens und nie wieder ein Wort sagt, verstehn Sie das? Ich will Sie nicht beleidigen, ich nehme Sie als Menschen überhaupt nicht zur Kenntnis."[224]

Damit sind Grundregeln menschlicher Kommunikation verletzt, nämlich die Anerkennung des anderen als Menschen und das Recht zu sprechen. E.Hilgers Haltung ist jedoch nur auf den ersten Blick außergewöhnlich; ich sehe in ihr vielmehr die extreme Form einer sehr weit verbreiteten Einstellung: sich von Schuldigen abzugrenzen, sie mit ihrer Schuld zu identifizieren, sie auf diese Schuld festzu-

---

222 TI 4.1.167
223 Leider kam mir nicht das Beispiel von Ernst Wilm, dem ehemaligen Präses der Evangelischen Kirche von Westfalen, in den Sinn, der in Dachau inhaftiert war. Wilm erzählt von den dortigen Krematorien, mit denen er gleich bei seiner Ankunft in Dachau konfrontiert wurde: "So empfing uns die SS. ... Als sie an uns kamen - wir waren zwei Geistliche ... - da riefen sie gleich ganz höhnisch: "Ach, Pfaffen seid ihr?! Ihr kommt hier nie wieder raus! Petrus wartet schon auf euch. Euer Weg aus Dachau geht nur durch den Schornstein!" Und das war nicht nur Hohn, das war zugleich blutiger Ernst. ... Ich merkte und erkannte bald, daß ... es nun einfach galt, sich aufs Sterben zu rüsten und sich damit abzufinden, daß man nie wieder nach Hause kam, sondern daß meiner Frau eines Tages die Urne mit der Asche, die nicht einmal die richtige Asche ist, ins Haus geschickt würde mit einer kurzen kalten Todesmitteilung. ... 1942 waren in Dachau 12000 bis 15000 Häftlinge. Es starben in diesem Jahr 6000 Häftlinge." - E.Wilm: So sind wir nun Botschafter... Bielefeld, 2. Auflage 1979, S. 132f. E.Wilm schrieb den "Bericht an die Gemeinde", der dies Zitat enthält, im Jahr 1948. Das Buch wurde zuerst 1953 veröffentlicht. - Vielleicht wäre dies Zitat für Hubert Zoller glaubwürdiger gewesen als ein Bericht aus heutiger Anschauung oder eine historische Dokumentation.
224 TI 4.1.450

legen, sie nicht von ihrer Schuld zu unterscheiden und damit ihnen die Möglichkeit zur Veränderung zu nehmen. Diese Haltung trägt dazu bei - gegen die Absicht derer, die sie einnehmen - daß diese Menschen und ihre Nachkommen ähnliche Fehler immer wiederholen.

D. Nachdenken über den Streit mit H.Zoller im Gesprächskreis

Ob es im Herbst 1989 eine reale Chance gab, im Gesprächskreis eine Situation zu erreichen, die gegenseitiges Vertrauen hätte entstehen lassen können und damit die Chance einer Veränderung eröffnet hätte, ist unwahrscheinlich. Sehr wahrscheinlich stand dagegen die Existenz des Gesprächskreises auf dem Spiel. Eine Grenze der Gesprächsbereitschaft zwischen ehemaligen Anhängern und Gegnern des Nationalsozialismus war überschritten, die in den folgenden Jahren immer wieder erreicht wurde.

J.Reese, der nach dem Streit mit H.Zoller zum ersten Mal in den Gesprächskreis kam, konnte hier vermitteln, weil er in seiner Lebensgeschichte beides vereinigt: die Begeisterung für den Nationalsozialismus und die Verfolgung durch das NS-Regime. Für seine Lösung von der nationalsozialistischen Prägung war es sehr wichtig, daß es ihm erlaubt war, sich zu seiner Lebensgeschichte zu äußern, seine damalige Begeisterung für Hitler zuzugeben.[225] - H.Zoller sei wie vielen anderen nicht ermöglicht worden, umzudenken. Daß er den Zeitungsausschnitt von 1957 aufbewahrt hat, könnte ein Zeichen dafür sein, daß er damals einen Hoffnungsschimmer sah. Doch diese Gelegenheit sei damals versäumt worden.

J.Reese setzte sich im Gesprächskreis immer wieder dafür ein, über den Streit mit H.Zoller nachzudenken. Er sprach vom "Recht auf Irrtum"[226] und warb um Vertrauen. Nach längerer Zeit teilten die TeilnehmerInnen des Gesprächskreises mehr oder weniger seine Einsicht: je größer das gegenseitige Vertrauen, umso leichter ist es, sich zu öffnen, seine Fehler zu erkennen und einzugestehen; umso eher können die anderen ein Stück von sich selbst in dem Menschen wiedererkennen, der sich ihnen öffnet, umso eher trauen sie ihm - und sich - eine Abkehr von den damaligen Fehlern zu.

Durch solches Nachdenken änderte E.Hilger ihre Meinung, daß jemand wie H.Zoller "für den Rest seines Lebens" schweigen solle. Mit ihrer Zustimmung wurden Ende 1989 Auszüge aus seiner Erzählung in die Rundfunksendung des Gesprächskreises aufgenommen, die die damalige Begeisterung für den Nationalsozialismus verständlich machen sollten.

---

225 vgl. S.136
226 So am 28.1.1988; TI 14.1.425; er weist darauf hin, daß dies Wort von Eugen Kogon stammt.

E. "Idealismus" und Verblendung

Zwei besonders auffallende und befremdende Züge der Selbstdarstellung von H.Zoller sind die Offenheit, in der er über seine Begeisterung für den Nationalsozialismus, über seinen „Idealismus" spricht und andererseits seine „schreckliche Unschuld", der J.Reese als erster im Gesprächskreis den Namen der Verblendung gab. Im folgenden frage ich nach dem Zusammenhang von "Idealismus" und Verblendung bei H.Zoller. Läßt sich bei ihm - wie bei J.Reese - die Blendung in der Art der Ideale erkennen, für die er sich einsetzte?[227]

Zunächst fasse ich zusammen, wofür H.Zoller sich begeistert hat.[228]

1. "Spaß"

Immer wieder, stereotyp wiederholt H.Zoller, daß "es Spaß gemacht" habe: Sport, Geländespiele, Märsche, Appelle, Fahnenhissen, Singen, Gemeinschaft, sogar seine Kontroll- oder Verwaltungsaufgaben als Führer. Einerseits liegen Spaß und Spiel für ihn dicht beieinander; andererseits scheint aber auch die strenge Disziplin ihm Spaß gemacht zu haben, denn "es hatte Erfolg".[229] Vielleicht meint er mit Erfolg das sichtbare Ergebnis: strenge Führung, gemeinsamer Aktivismus, handfestes Ergebnis. - Hat er damals bemerkt, daß der "Spaß" in der HJ auf den Ernst des Militärs vorbereitete, ja schon manche Züge des soldatischen Ernstes enthielt? Was Disziplin und gemeinsame Aktion im Krieg bedeuten würden, konnte er sich als Junge wohl kaum vorstellen.

2. "Gemeinschaft"

Die Gemeinschaft in der HJ und bei der Waffen-SS ist eine weitere Säule seines "Idealismus":
- "Was man machte, machte man gemeinsam".[230]
- Alles sei geteilt worden; er berichtet anschaulich von den Butterbroten.
- Mit seinem Kameraden habe er das letzte Brot, die letzte Zigarette, den letzten Schluck Wasser geteilt;[231] diesen habe er am 20.4.1945 beerdigen müssen.

Wahrscheinlich war für H.Zoller, wie für viele HJ-Führer, die soziale Nivellierung wichtig; er konnte als Arbeitersohn und Facharbeiter Fähnleinführer werden. Er berichtet nicht ausdrücklich über Unterschiede zwischen sozialen Klassen oder

---

227 vgl. S.129ff
228 Die Grundlage dieser Zusammenfassung ist sehr viel schmaler als bei J.Reese und allen anderen Personen, über die ich schreibe; neben der Tonbandaufnahme vom 19.11.1987 kann ich auf ein 8-seitiges Gedächtnisprotokoll vom 21.11.1987 zurückgreifen, vgl. S. 188
229 TI 3.2.300
230 TI 3.2.300
231 TI 3.2.530

Schichten, die in der HJ eingeebnet worden seien. "Beitrag einkassieren, Anwesenheitsliste führen": damit begannen für H.Zoller die Führeraufgaben. Vielleicht steckte ihm die durch die Arbeitslosigkeit des Vaters bedingte Armut und die damit verbundene Verachtung durch andere noch in den Knochen; nun konnte er von anderen - aus welcher Familie auch immer - Beiträge einsammeln. Er bekam ein Stück Macht über andere, war nicht mehr ganz klein und unten, sondern erlebte einen Aufstieg.

Dagegen geht aus seiner Darstellung mehrfach deutlich hervor, daß er die Gemeinschaft in den nationalsozialistischen Organisationen als eingebettet in die „Volksgemeinschaft" erlebte: "Die Straßen waren schwarz von Menschen".[232] Er zitiert anschließend an diese Bielefelder Straßenszenen die Sprechchöre der massenhaften Zustimmung zu Hitler in Wien: "Ein Volk, ein Reich, ein Führer", und zu Goebbels` Rede im Sportpalast: "Wollt ihr den totalen Krieg?" - "Ja!".

H.Zoller spricht seine Enttäuschung darüber aus, daß die meisten von dieser massenhaften Zustimmung nichts mehr wissen wollen. Er läßt aber kaum erkennen, ob ihn nachträglich etwas an dieser gleichgerichteten Gemeinschaft stört - abgesehen von der pauschalen Aussage, daß Hitler ein Verbrecher war. So spricht er das Wort "Gleichschaltung" nicht aus und geht auch inhaltlich auf das Verschwinden des Einzelnen in der Masse nicht ein.

Er spricht davon, daß er das Vorgehen gegen die Juden im November 1938 "im Unterbewußtsein" "nicht in Ordnung" fand.[233] Er habe das "passiv wahrgenommen". Wenn das stimmt, dann befand er sich damals in einer gewissen Distanz zu der "Gemeinschaft" derer, die aktiv an der Verfolgung und Zerstörung teilnahmen oder diese gutheißen. Doch war er damals weit entfernt von der Einsicht, daß die nationalsozialistische Gemeinschaft nur in der feindlichen Abgrenzung und im Angriff gegen "Gemeinschaftsfremde" Bestand haben konnte;[234] würde er diese Einsicht heute nachvollziehen können?

3. Opferbereitschaft

An H.Zollers "Idealismus" sind quasi-religiöse Züge zu erkennen - ähnlich wie bei J.Reese.[235] Anscheinend war die „Volksgemeinschaft", bei deren Darstellung die damalige Begeisterung an seinen leuchtenden Augen zu spüren ist, für H.Zoller nicht eine leere Propagandaphrase, sondern eine Wirklichkeit von überwältigender, quasi religiöser Wucht. Den quasi-religiösen Charakter seines „Idealismus" sehe ich vor allem in seiner Opferbereitschaft, die sich beispielhaft in seinem Verhalten

---

232 TI 3.2.300
233 TI 3.2.275
234 vgl. D.Peukert 1982: Volksgenossen und Gemeinschaftsfremde. Köln
235 s.o. S.127

im April 1945 zeigt, als er freiwillig zu seiner Truppe zurückkehrte.[236] Er war, selbst nach seiner Verwundung, bereit, sein Leben zu opfern, den "Blutzoll" zu zahlen - wie viele seiner Kameraden. Am 21.11.87 führt er noch genauer aus, wofür dieser "Blutzoll" zu zahlen war. "Deutschland muß leben, und wenn wir sterben müssen" - das habe die Generation seines Vaters und seiner Lehrer ihn gelehrt - und er habe die Knochen dafür hingehalten. Er zeigt sich "maßlos enttäuscht" und "schwermütig" über die "Wendigkeit" derer, von denen er dies gelernt hat. Er fühlt sich von ihnen verraten, denn er sieht nun diejenigen nicht mehr, die offen die Verantwortung für die damals gelehrten Ideale übernehmen. Aber an der Losung, die Deutschland vergottet, übt er keine Kritik.

Seine Haltung zu seinem "Idealismus" über 40 Jahre danach ist zwiespältig. Auf der einen Seite bereut er seine Opferbereitschaft in den letzten Kriegstagen für den "Verbrecher" Hitler - wegen ihrer Sinnlosigkeit, nicht weil sie vielleicht moralisch verwerflich wäre, etwa als Beitrag zur Verlängerung des Krieges; denn auf der anderen Seite bildet diese Opferbereitschaft eine, wenn nicht die wichtigste Stütze seiner Selbstrechtfertigung. Er weist öffentliche Beschuldigungen seiner Truppe zurück, daß sie in den besetzten Ländern geplündert und Dienstleistungen erpreßt habe; ebenso weist er an ihn selbst gerichtete Vermutungen zurück, daß er als Führer in der HJ materielle Vorteile gehabt habe, also eigennützig gehandelt habe. Die Opferbereitschaft dient ihm sogar als Argument dafür, sich nicht von seinen Aktivitäten zu distanzieren. E.Hilger berichtet ausführlich von ihrem Mann, der nach dem Krieg bereute, vieles mitgemacht zu haben. H.Zoller erwidert dies mit einem weiteren Beispiel seines "Idealismus": sein Nachfolger im Amt des Fähnleinführers habe ihm Fotokopien von Dienstplänen zugeschickt, die er damals auf einer Schreibmaschine getippt hatte. Er sagt mit erhobener Stimme:
"Hab nur meine Freizeit aus Idealismus für andere geopfert."[237]

Ich deute diese Erwiderung so, daß die Opfer, die er brachte, für ihn als Rechtfertigungsgrund seiner Taten und seines Verhaltens gelten.[238] Er kann sich anscheinend nicht vorstellen, daß eine Tat oder eine Verhaltensweise verwerflich sein kann, auch wenn sie aus "Idealismus" geschah, auch wenn dafür Opfer - bis hin zum Opfer von Gesundheit und Leben gebracht wurden. Daher entsteht der Eindruck, daß er an einem Teil seiner damaligen Ideale festhält: "Deutschland", "Kameradschaftstreue",[239] "Ordnung". E.Hilger nimmt vor allem diesen Aspekt bei ihm wahr.

---

236 TI 3.2.530
237 TI 4.1.100
238 vgl. S.129
239 Erinnert er sich an das Schlagwort: "SS-Mann, deine Ehre heißt Treue"?

4. "Idealismus" und Verblendung bei H.Zoller

Im folgenden möchte ich die These ausführen, daß H.Zollers Verblendung in einem inneren Zusammenhang mit der Art seines "Idealismus" steht. Er brachte seine Opfer für die "Gemeinschaft", für "Deutschland" als Gegenstand seiner quasireligiösen Verehrung. Er stellte strengste Forderungen an sich und seine Ehre. Sein Verhalten im April 1945 wäre für die damalige Soldatenehre mustergültig gewesen. Zu diesem Verhalten würde unter einer Voraussetzung der Spruch passen: "Und handeln sollst du so, als hinge / von dir und deinem Tun allein / das Schicksal ab der deutschen Dinge, / und die Verantwortung wär dein" - unter der Voraussetzung nämlich, daß man das nationalsozialistische Propagandabild von "Deutschland" gleichsetzt mit den "deutschen Dingen". Das nationalsozialistische "Deutschland" war immer ein Kampfbegriff gegen andere Völker, Nationen und "Rassen", gegen politische und weltanschauliche Gegner - vor allem aber gegen das Judentum; die "deutschen Dinge", anders verstanden, schließen dagegen geschwisterliche Beziehungen zu anderen nicht aus, sondern ein. So gesehen hätte dieser Spruch einen universalistischen, menschlichen Sinn; aber durch die Fixierung auf das nationalsozialistische "Deutschland" käme der Sinn dieses Spruches über einen Gruppenegoismus auf Kosten anderer nicht hinaus. Anders gesagt: die "Gemeinschaft", für die H.Zoller Opfer brachte, beruhte auf der Uniformität ihrer Mitglieder und brachte diese hervor, schloß das Anders-Sein der anderen, ja auch der Mitglieder selbst, aus.

Wenn diese Bestimmung der Art von H.Zollers "Idealismus" richtig ist, dann wird eher verständlich, warum er kaum imstande ist, die Perspektive der anderen überhaupt, besonders der Nicht-Mitläufer, der Opfer, der Verfolgten, der Angegriffenen und Unterworfenen des Nationalsozialismus einzunehmen.[240] Diese an Gefühlstaubheit grenzende Unfähigkeit zeigt sich wiederholt in einer Weise, die seine ZuhörerInnen schockiert und empört. Hervorstechende Beispiele sind seine Beschreibung der Häftlinge in Buchenwald und der Juden, die die Konzentrationslager überlebt hatten (3.2.414) sowie die Neigung, die Meinung Andersdenkender für unglaubwürdig zu halten.[241]

5. Abwehr des Anderen in sich selbst

H.Zoller hatte sich der im Nationalsozialismus herrschenden „Gemeinschaft" so sehr angepaßt, daß er noch heute sagen kann: "Tatsache ist, daß ich keinen Grund

---

240 Alfred Schütz sieht in der Fähigkeit, die Perspektive des anderen einzunehmen, eine wesentliche Grundlage nicht nur der Alltagskommunikation, sondern auch der Moral.
241 Diese Abwehr von Wahrnehmungen wird nicht geringer, wenn man sie mit Abwehr bei anderen vergleicht: So hatte Ida Gartemann in den frühen fünfziger Jahren "nicht so wahrgenommen", daß ihre Kinder unter der langen Trennung von den Eltern litten. vgl. S.156

hatte, dagegen zu sein."²⁴² Kurz vorher erzählt er jedoch von etwas, das damals ein Grund für ihn hätte sein können, "dagegen zu sein", nämlich von seiner Wahrnehmung des Pogroms vom November 1938. Aus den Erinnerungen von J.Reese und I.Gartemann ging hervor, daß manche Erlebnisse erst nach Jahren die Kraft entfalteten, die "Tatsachen" der herrschenden Deutungsmuster zu erschüttern; sie wurden abgewehrt, vergessen. H.Zoller sagt, daß seine damalige Wahrnehmungen unterbewußt oder unbewußt blieben. Vielleicht hat er damals mit niemandem außer mit seiner Mutter darüber gesprochen, die sich über die Zerstörungen aufregte. In der HJ ließ er sich wohl kaum anmerken, daß er "das nicht in Ordnung" fand. Auch in sein eigenes Bewußtsein, das sehr stark von der Sicht derer bestimmt war, die das Regime repräsentierten, ließ er seine Wahrnehmung kaum eindringen. Hat er jemals gelernt, auf solche Wahrnehmungen zu achten, die dem herrschenden Bewußtsein, den herrschenden Deutungsmustern widersprechen? Welchen Sinn gibt er diesen Wahrnehmungen im Rahmen seines Selbstverständnisses als Christ und Pazifist? I.Gartemann erschrickt darüber, daß sie ihr Erlebnis mit den Zwangsarbeitern vergessen hatte. Vielleicht - ich stelle Vermutungen an - müßte auch H.Zoller erschrecken, wenn er zuließe, daß die Erinnerung an seine damaligen Wahrnehmungen auftaucht: nämlich darüber, daß auch er Gründe hatte, gegen den Nationalsozialismus zu sein, und über die Eigenverantwortung für sein Tun, von der er noch 40 Jahre danach nichts wissen wollte. Vielleicht würde er dann an jener Stimme in sich zweifeln, die ihm sagt, sein Gewissen sei rein; vielleicht würde er die Einsicht, daß er im Sinn des Nationalsozialismus geprägt wurde, auch auf sein Gewissen beziehen. Vielleicht würde er dann weniger an entsetzlichen Tatsachen zweifeln, sondern vielmehr dies Entsetzen überhaupt erst zulassen. Vielleicht könnte er erkennen, daß gerade das Gefühl seiner Unschuld etwas mit der Absicht der NS-Führer zu tun hat, jede Moral der Menschlichkeit zu zerstören - so wie Himmler vor SS-Offizieren von dem Gefühl sprach, bei namenlosen Verbrechen "anständig geblieben zu sein".²⁴³ Vielleicht würde er dann etwas von der „Schuld falschen Gewissens" ahnen, von der K.Jaspers vier Jahrzehnte vor H.Zollers Auftreten im Gesprächskreis schrieb:

> „Mancher junge Mensch erwacht mit dem schaurigen Bewußtsein: Mein Gewissen hat mich getäuscht - worauf kann ich mich noch verlassen? Ich glaubte, mich für das edelste Ziel zu opfern und das Beste zu wollen. Jeder so Erwachende wird sich prüfen, wo Schuld lag durch Unklarheit, durch Nichtsehenwollen, durch bewußten Abschluß in der Isolierung des eigenen Lebens auf eine 'anständige' Sphäre... Die bedingungslose Identifizierung des faktischen Staates mit der deutschen Nation und der Armee ist eine Schuld falschen Gewissens. ... Dadurch wurde es möglich, daß aus nationaler Gesinnung getan und ertragen wurde, was offenbar böse war. Daher das gute Gewissen im bösen Tun."²⁴⁴

---

242 TI 3.2.276
243 Himmlers Rede in Posen am 4.10.1943, vgl. S. 6
244 K.Jaspers 1987 (1946), S. 43

F. Anstöße

H.Zollers Selbstdarstellung wirkt anstößig; bei seinem Besuch am 21.11.1987 stieß er mich immer wieder buchstäblich mit seinem Zeigefinger an, was mir unangenehm war. Auf der anderen Seite gibt seine Darstellung Anstöße zum Wahrnehmen und Nachdenken. Wenn lebensgeschichtliche Erinnerungen in Konflikt mit den gesellschaftlich vorherrschenden Bezugsrahmen geraten, werden sie gewöhnlich entweder vergessen oder so umgedeutet, daß sie in diese Bezugsrahmen passen. Dies trifft anscheinend bei H.Zoller weniger zu als bei den meisten anderen Menschen; er fühlt sich gerade von der Anpassungsbereitschaft der meisten an die nach 1945 herrschenden Bezugsrahmen für die Deutung des Nationalsozialismus verraten. Anstößig ist H.Zollers Flucht vor der Wirklichkeit der nationalsozialistischen Verbrechen; er gibt aber Anstöße dazu, die Wirklichkeit der Begeisterung für den Nationalsozialismus wahrzunehmen. Ist es möglich, daß die "leuchtenden Augen", mit denen er seine damalige Begeisterung darstellt, auch deswegen so anstößig wirken, weil das Faszinosum[245] des Nationalsozialismus nur schwer den herrschenden Bezugsrahmen zuzuordnen ist? Anstößig wirkt H.Zollers Beteuerung der eigenen Unschuld. Doch zu fragen ist, warum diese Art von Empörung gegen die "schreckliche Unschuld" auftritt - wo diese schon so lange sichtbar ist. Ist diese Empörung nur dadurch zu erklären, daß H.Zoller Tatsachen als bloße Meinungen behandelt?[246] Könnte es sein, daß die Heftigkeit dieser Reaktionen mit eigener Neigung zur Selbstrechtfertigung zusammenhängen?

Anstößig wirkt H.Zollers Unfähigkeit, die Perspektive von anderen einzunehmen, Mitgefühl mit Opfern zu haben. Trägt man dazu bei, ihm einen Ausweg aus seiner Melancholie und seinem Kollektivegoismus zu ermöglichen, wenn man ihm als Menschen kein Verständnis entgegenbringt - ohne seiner Selbstdarstellung als Opfer zuzustimmen und ohne seine Fehler zu entschuldigen?

G. Zwischenergebnis

Im folgenden beziehe ich die bisherigen Ergebnisse der Untersuchung zu H.Zoller ausdrücklich auf die im 3. Kapitel dargelegte Fragestellung. - Nimmt H.Zoller seinen Anteil an der nationalsozialistischen Vergangenheit an? Einerseits bekennt er sich offener als die meisten ZeitzeugInnen des Nationalsozialismus, de-

---

245 vgl. S. 100. Die Schwierigkeit, das Faszinosum des Nationalsozialismus auf die geltenden Bezugsrahmen der Erinnerung zu beziehen, kann zur Erklärung für das Scheitern Jenningers am 10.11.1988 beitragen.
246 vgl. S. 137, das Zitat von H.Arendt. - In bezug auf das fehlende Schuldbewußtsein ähnelt H.Zoller dem Vater einer von P.Sichrovsky befragten Frau (Sichrovsky 1987, S.82ff), die eine Zeitlang in Auschwitz gearbeitet hatte. Er unterscheidet sich aber von diesem dadurch, daß er entgegen seiner eigenen Aussage eben doch die Tatsache der Verbrechen anzweifelt.

ren „Falschheit" er beklagt, zu seiner Begeisterung für den Nationalsozialismus, zu seinem Aktivismus, zu seiner Opferbereitschaft. Andererseits sieht er keinerlei eigene Schuld; er habe nur gehorcht, mit den Verbrechen habe er nichts zu tun gehabt, für seine Erziehung sei er nicht verantwortlich. Daß die Art, in der er seinen Eid erfüllte, sehr wohl eigene Verantwortung einschließt, scheint er kaum wahrzunehmen, es sei denn im Sinn des Stolzes auf die eigene Leistung. Die Schlußfolgerung liegt nahe, daß Abwehrmechanismen bei H.Zoller so stark wirken, daß sie eine Erinnerung an Eigenverantwortung im Sinn von Schuld verhindern, ja daß H.Zollers Selbstdarstellung als eine einzige Abwehr gegen anklagende Schuldvorwürfe verstanden werden kann, denen er sich seit Jahrzehnten und im Gesprächskreis erneut ausgesetzt sieht. Ich möchte bei dieser Schlußfolgerung nicht stehenbleiben und eine Überlegung anstellen, die vielleicht weiterführt. Vielleicht kann H.Zollers Selbstdarstellung als verzweifelter Versuch verstanden werden, gegen Hindernisse anzurennen, die ihm das Annehmen seiner Vergangenheit erschweren, Hindernisse, die er als echte moralische Verurteilung und Diffamierung durch Personen oder Gruppen wahrnimmt, die mehr Verantwortung für den Nationalsozialismus tragen oder trugen als er. Verzweifelt ist dieser Versuch zu nennen, weil er die Hindernisse nur bei anderen sieht und nicht bei sich.[247] Seine Verzweiflung ist so tief, daß er selbst die Tatsachen wie die Existenz der Krematorien in Dachau anzweifelt. Dieser Verzweiflung entspricht die tiefe Depression oder Melancholie, aus der er keinen Ausweg sieht.[248] Trauer ist bei ihm auch zu spüren; er gibt ihr jedoch - jedenfalls in seiner Selbstdarstellung - nur wenig Raum.[249] Er erkennt zwar an, daß der Krieg verloren ist, aber inwieweit ist ihm bewußt, *was* er damit verloren hat? Zeigt seine leidenschaftliche Rede vom Idealismus und vom Blutzoll nicht, wie sehr er noch in der Vorstellungswelt und den Normen gefangen ist, die in seiner Truppe galten? Geht er vom Gefühl her - auch wenn er sich durch M.Niemöller hat ansprechen lassen - nicht immer noch davon aus, daß seine damalige Orientierung am Fahneneid und an der Ehre des SS-Mannes (die nach dem nationalsozialistischen Schlagwort „Treue" hieß) richtig war? Wenn das stimmt, dann gesteht er den Verlust dieser Orientierung nicht ein. Die Tiefe seiner melancholischen Gefangenheit drückt sich auch darin aus, daß er anscheinend unfähig ist, Verluste bei den Opfern der nationalsozialistischen Herrschaft wahrzunehmen und sich auf deren Perspektive einzulassen. Kann von echter Trauer die Rede sein, solange diese Unfähigkeit anhält? Zu seiner Herkunft hat er ein gespaltenes Verhältnis: zum einen

---

247 Nach S.Kierkegaard ist eine Gestalt der Verzweiflung „verzweifelt sich nicht bewußt sein, ein Selbst zu haben". S.Kierkegaard 1962 (1849), S. 13ff
248 Er sagte am 21.11.87 unter Tränen, daß er schwermütig sei, keine Lust am Leben habe. Seitdem habe ich ihn einige Male auf Veranstaltungen oder auf der Straße getroffen. Seine Äußerungen, in denen sich vieles wiederholte, was er 1987 schon gesagt hat, geben mir keinen Anlaß anzunehmen, daß er einen Ausweg aus seiner Melancholie gefunden hat.
249 vgl. S.175. Bezeichnend ist, daß die Wahrnehmung seiner Trauer im Gesprächskreis umstritten war, S. 184.

beharrt er auf nationalsozialistischen Orientierungen, zu denen er erzogen wurde, zu anderen lehnt er es ab, für dies Beharren Verantwortung zu übernehmen. In einem ungeklärten Gegensatz dazu steht seine Aussage, daß sein Sohn, wenn er nicht gestorben wäre, kein Soldat hätte werden sollen. Über seine Rolle als Mann sagt er nichts, über seine Beziehungen zu Frauen sehr wenig; bezeichnenderweise erwähnt er seine Mutter an der Stelle, die damals vielleicht seine größte Chance zur Bewußtwerdung über den Nationalsozialismus darstellte: die Mutter habe sich über die Verfolgung der Juden im November 1938 aufgeregt. Ich halte es für unwahrscheinlich, daß H.Zoller über seine Rolle als Mann im Nationalsozialismus und besonders in der Waffen-SS jemals nachgedacht hat.

1. Abwehrmechanismen

Die Grenze der Sinnstruktur in H.Zollers Selbstdarstellung ist so erstarrt, daß die Abwehrmechanismen kaum etwas ihm bisher Unbewußtes hindurchlassen, das ihn betreffen könnte. Zu dieser Aussage stehe ich auch, wenn ich mein Gespräch mit ihm unter vier Augen in die Betrachtung einbeziehe, in dem ich mich bemühte, seinen Standpunkt zu verstehen. Die wichtigste Veränderung seines Sinnhorizontes sehe ich in seinem christlichen Glauben und seinem Pazifismus. Doch viele Bilder seiner Innenwelt scheinen dadurch noch kaum berührt zu sein. Er spricht von der Enge seines Horizontes während der Zeit des Nationalsozialismus (S.175); doch dieser Verweis steht kaum in einem erkennbaren Zusammenhang mit einem Bemühen, diesen Horizont nachträglich zu erweitern, sondern vielmehr im Zusammenhang einer Strategie der Selbstrechtfertigung, die jede Eigenverantwortung leugnet. Besonders auffällig ist seine Unfähigkeit, die Perspektive der Opfer und Gegner des Nationalsozialismus einzunehmen, als deren Kehrseite eine starke Abwehr des Anderen in sich selbst erscheint (S.189f). Vielleicht geht es ihm wie einem durch den schrillen Ton eines Weckers aufgeschreckten Schläfer, der weiß, daß es Zeit zum Erwachen ist, der aber die Augen nicht öffnet, um noch an seinen Träumen festzuhalten, um nicht Verantwortung für sein Leben als Teil *der* Menschheit übernehmen zu müssen, die sich nicht nur in Worten am Frieden orientiert.

H.Zoller hat teilweise das in der Bundesrepublik herrschende, den Nationalsozialismus verurteilende Geschichtsbewußtsein übernommen; dieses bleibt aber von dem eigenen Anteil weitestgehend getrennt. Es ist als eine Oberfläche anzusehen, unter der H.Zollers nationalsozialistische Träume fortbestehen, mehr oder weniger zur Sprache kommen und jedenfalls ungedeutet bleiben.[250] Die oben gezeigte Stärke

---

250 Für das durchschnittliche oder „normale" Geschichtsbewußtsein in Deutschland ist weithin diese Trennung von der traumartigen Dimension der Geschichtserinnerung kennzeichnend (vgl. S. 76) . Darin sehe ich nicht das Besondere von H.Zoller, sondern eher in der Starrheit dieser Trennung und darin, daß er das „normale" Geschichtsbewußtsein nur teilweise für sich gelten läßt und sogar Fakten bezweifelt.

der Abwehrmechanismen bei H.Zoller hat eine Entsprechung in den sozialen Bezugsrahmen, an denen er sich bei seiner Erinnerung orientiert. Die ihm bekannten Formen der Öffentlichkeit in der Bundesrepublik stellen für ihn zu einem kleinen Teil und nur oberflächlich Bezugsrahmen dar, an deren er sich orientiert, zum größeren Teil grenzt er sich von ihnen ab und polemisiert gegen sie bzw. gegen das Bild, das er von ihnen hat, und das er auch auf den Gesprächskreis überträgt. Dies läßt die Schlußfolgerung zu, daß er sich bei seinen Erinnerungen immer noch hauptsächlich am Kollektiv seiner Truppe orientiert. Als starken Ausdruck dieser Orientierung nenne ich beispielhaft seine Rede vom Blutzoll, den seine Truppe gezahlt habe und sein Eingeständnis, daß er der Entehrung seiner gefallenen Kameraden entgegentreten wolle (S.178). Es ist *dieser* soziale Bezugsrahmen, der seine Erinnerung strikt begrenzt. Darum findet in seinen Erinnerungen auch kein spürbarer Dialog zwischen Vergangenheit und Gegenwart statt, sondern die Vergangenheit seiner Truppe beherrscht seine Gegenwart und läßt ihn zwanghaft Äußerungen wiederholen, die von anderen - die seine Traurigkeit nicht wahrnehmen - geradezu als nationalsozialistische Propaganda aufgefaßt werden können.

2. Monolog - Dialog

H.Zollers Auftreten im Gesprächskreis hat stark den Charakter eines Monologes vor Publikum. Alle Versuche, so etwas wie eine Gesprächssituation herzustellen, scheiterten. Um zu einem Ansatz von Perspektivenwechsel fähig zu werden, bräuchte H.Zoller anscheinend eine derartige Geduld von Zuhörern, die in einem Gesprächskreis kaum vorausgesetzt werden kann, die allenfalls unter befreundeten Menschen oder in einem therapeutischen Rahmen erreichbar wäre.

3. Arbeit am Noch-Nicht-Bewußten

Bei H.Zoller tauchte im Gesprächskreis kein neues Bild der Vergangenheit auf und konnte unter den dargestellten Bedingungen auch kaum auftauchen. Vielleicht hat ihn etwas aus seiner Vergangenheit betroffen, als er sich von M.Niemöller ansprechen ließ und zum „gläubigen Christen", zum „Pazifisten" wurde. Wenn dies der Fall sein sollte, ist zu vermuten, daß es ihm schwerfiel, ein solches Bild in der Erinnerung festzuhalten und daran zu arbeiten, daß er es eher wieder verschwinden ließ. Immerhin gab es im Gesprächskreis die Gelegenheit, davon zu erzählen; er nahm sie aber nicht wahr (S.174). - Zu einer Arbeit am Noch-Nicht-Bewußten seiner Vergangenheit ist er kaum bereit, da er, wie er sagt, jetzt „alles weiß" (S.175). Eine solche Arbeit würde vermutlich die Orientierung an seiner Truppe und an deren Idealen zutiefst erschüttern und seine bisherige Identität infrage stellen.

4. Abschied von Illusionen

H.Zoller bleibt weitgehend im Bann traumartiger Vorstellungen. Er findet es zwar nachträglich „gut, daß wir den Krieg verloren haben", da er Hitler als Verbrecher erkennt, der einen Angriffskrieg geführt hat (S.175). Insofern hat sich sein „kleiner Horizont" erweitert. Daß er sogar Tatsachen wie die Krematorien in Dachau anzweifelt, spricht jedoch für die Energie, mit der er sich dagegen wehrt, das Illusionäre seiner nationalsozialistischen Träume einzusehen und davon Abschied zu nehmen - sowenig er wirklich Abschied von seinen „gefallenen Kameraden" genommen hat.

5. Übertragen von Hoffnungsinhalten

J.Reese hat eine hohe Stufe des Erwachens erreicht, da eine doppelte Aufhebung seines nationalsozialistischen Traumes bei ihm erkennbar ist. Bei H.Zoller dagegen ist die Aufhebung seines Traumes als Negation noch kaum im Ansatz vollzogen. Seine Versuche, diesen Traum zu „retten", bleiben daher hilflos. - Auf der Grundlage dieser Negation wäre an einigen Stellen, an denen er von der Gemeinschaft spricht - wenn auch in pervertierter Form - etwas von einem Hoffnungsinhalt wahrzunehmen, der H.Zoller wie viele aus seiner Generation anzog und derart opferbereit machte: nämlich die Hoffnung der Unterdrückten auf Beseitigung sozialer Ungerechtigkeit. Ich nehme an, daß es gerade diese positive Hoffnung war, aus deren Perversion die Begeisterung H.Zollers und vieler anderer für den Nationalsozialismus sich speiste, und daß ohne eine Lösung dieser Hoffnung aus der Perversion Menschen wie H.Zoller sich nicht von ihren Illusionen verabschieden können.[251]

6. Erweiterung der Identität

Aufgrund der bisherigen Darlegungen liegt die Schlußfolgerung nahe, daß die Erinnerung an den Nationalsozialismus bei H.Zoller nur zu einem kleinen Teil, gewissermaßen oberflächlich, zu einer Veränderung seiner Identität geführt hat. Inwiefern die Ansprache durch M.Niemöller sich bei ihm in der Tiefe ausgewirkt hat oder noch auswirkt, ist nicht auszumachen. Der weitaus überwiegende Teil seiner Erinnerungen an den Nationalsozialismus dient dazu, seine damalige Identität eines opferbereiten Kämpfers seiner Truppe zu festigen und gegen eine Welt von Andersdenkenden zu rechtfertigen. Daß er dabei ein reines Gewissen zur Schau trägt, ist fragwürdig und widerspricht seinem Anspruch, ein gläubiger Christ zu sein.

---

251 vgl. S. 78

Von daher ist die Frage zu stellen, ob und inwiefern eine Darstellung von H.Zollers Erinnerungen im Horizont der Tradition der Unterdrückten möglich ist.[252] - H.Zoller fühlt sich als unterdrückt, und zwar zunächst durch die Sieger des Zweiten Weltkrieges und alle, die sich ihnen angepaßt haben. Er fühlt sich andererseits verraten von denen, die verantwortlich für seine Erziehung waren sowie von Politikern der Bundesrepublik: Strauß, Kiesinger, Scheel und viele andere seien Parteigenossen (nämlich der NSDAP) gewesen, nur eben wendiger und glatt: "Fett schwimmt oben".[253] Er dagegen fühlt sich ganz unten, könne nicht mehr tiefer fallen. Er distanziert sich zwar pauschal von den nationalsozialistischen Führern als Verbrechern; insofern vollzieht er einen "bewußten Bruch"[254] mit der nationalsozialistischen Vergangenheit. In der Erinnerung benennt er jedoch mit Ausnahme seiner Erfahrung im November 1938 nichts, was ihm Grund gegeben habe, "dagegen zu sein". Kann man sagen, daß er sich nachträglich als unterdrückt durch den Nationalsozialismus begreift, daß er an seinen früheren Haltungen und Vorstellungen gearbeitet hat? Oder bestimmen vielmehr seine damaligen Haltungen und Vorstellungen noch seine Erinnerung?

Der Versuch, auch die Erinnerungen von H.Zoller im Horizont der Tradition der Unterdrückten darzustellen, kann sich nur sehr begrenzt auf seine Äußerungen stützen; er kann nur gelingen, wenn es über diese Äußerungen hinaus erlaubt ist, sich vorzustellen, wie ein Erwachen aus dem bösen Traum bei einem Menschen wie H.Zoller aussehen könnte.

7. Überlieferung

Es fällt mir bei H.Zoller besonders schwer zu beschreiben, was er mir überliefert hat. Das liegt zum einen daran, daß die emotionale und geistige Kluft zwischen ihm und mir entschieden größer ist als bei den anderen Personen des Gesprächskreises. Ich sehe aber auch eine mehr objektive Ursache dafür: In dem Maß, wie jemand den eigenen Anteil an der nationalsozialistischen Vergangenheit annimmt, kann er Geschichts*bewußtsein* tradieren. In dem Maß, wie er diesen nicht annimmt, bleibt die Tradierung unbewußt. Die kompakte Abwehr H.Zollers gegen das Benennen seines eigenen Anteils hat bei mir zunächst Distanzierung und Kritik, auch Zorn ausgelöst; verschiedene Muster seiner Rechtfertigung, vor allem seine Selbstdarstellung als unschuldiges Opfer, waren mir immer fragwürdig; insofern konnte H.Zoller mir nichts überliefern. Wenn es trotzdem eine Tradierung gibt, liegt diese in einem anderen Bereich. H.Zoller hat mir eine Möglichkeit meiner selbst bewußt gemacht. Vielleicht wäre ich unter ähnlichen Bedingungen so geworden wie er.

---

252 vgl. S. 85f
253 H.Zoller im Gespräch vom 21.11.87
254 vgl. S. 86, auch zum Zusammenhang der Überlegungen, inwiefern die Erinnerungen H.Zollers im Horizont der Tradition der Unterdrückten darzustellen sind.

Dies bedeutet zwar eine Erweiterung meiner Identität, aber eine, in der ein schwerer Verlust, nämlich an „Menschheitlichkeit"[255] mir bewußt wurde, die Menschen wie H.Zoller in sich abgetötet haben. Dazu gehört Trauer darüber, daß Brücken der Verständigung oder der Erinnerung mit Menschen wie H.Zoller gar nicht oder kaum, d.h. nur unter extremen Bedingungen, möglich sind. Nur unter gänzlich unwahrscheinlichen Bedingungen könnte meine Entzifferung des Hoffnungskernes in der pervertierten und mißbrauchten Begeisterung (S.195) die Zustimmung von H.Zoller finden.

8. Kapitel: Elise Hilger (1925 geboren)

In jedem Kapitel dieses empirischen Teiles war schon von E.Hilger die Rede. Dies ist kein Zufall, sondern hängt damit zusammen, daß sie von Anfang an am Gesprächskreis teilgenommen, fast nie gefehlt und mit am lebhaftesten erzählt und diskutiert hat. Zusätzlich hat sie, vor allem in der Vorbereitung auf die Radiosendung, mehrere Texte geschrieben, in denen sie wichtige Erlebnisse so erzählt, daß Erkenntnisse und Lehren daraus sichtbar werden.[256] Sie stellt ihre Erinnerungen entschieden in den Dienst politischer Orientierung.[257] So erzählt sie von ihrer Arbeit in der unmittelbaren Nachkriegszeit, verallgemeinert ihre Erfahrungen und zieht daraus politische Konsequenzen:

"Die kleinen Leute müssen die Folgen eines jeden Krieges tragen"

"Meinen Beitrag zum Wiederaufbau dieses ausgebrannten und zerstörten Landes leistete ich, indem ich in einer Bielefelder Fabrik Damenwäsche, Kittel, Kleider, Röcke und Blusen nähte. Wir Arbeiterinnen waren sehr pflichtbewußt. Wenn des Morgens die Menschentrauben auf den Trittbrettern des Holzgasomnibusses zu dicht waren und wir keinen Platz mehr darauf fanden, gingen wir in unserem traurigen Schuhwerk die acht Kilometer zu Fuß. Mir haben immer die Füße weh getan, aber ich bin niemals auf die Idee gekommen, einfach nach Hause zu gehen. Unser Lohn bestand vom Zehnpfennigschein bis zum Fünfzigmarkschein ausschließlich aus Makulatur. Ein pfiffiger Schwarzhändler verdiente in einer Stunde mehr als ich im ganzen Monat. ... Wir haben bewußt die Suppe ausgelöffelt, die uns die Nazis eingebrockt hatten. Allerdings hätten wir auch kaum Möglichkeiten gehabt, uns dagegen zu wehren. Die kleinen Leute müssen die Folgen eines jeden Krieges tragen. Leider sind sie fast immer zu dämlich, die Realitäten rechtzeitig zu erkennen. Zuerst freuen sie sich, daß sie Arbeit haben, wenn sie die Gewehre

---

255 J.Rüsen 1997, S.140
256 vgl. S. 111f. - Die schriftlich ausformulierten Texte sind glatter und sprachlich durchgeformter als die transkribierten Äußerungen der TeilnehmerInnen des Gesprächskreises, auch E.Hilgers selbst. Von ihnen sind kaum unwillkürlich auftauchende Erinnerungen zu erwarten, sondern eher „Standardgeschichten". Die Wechselwirkung von Gesprächskreis als Bezugsrahmen und der erzählten Erinnerung sind an solchen Texten nicht zu untersuchen. - E.Hilger ist es gewohnt, sich schriftlich an ein breites Publikum zu wenden; so hat sie jahrzehntelang in lokalen Zeitungen Leserbriefe veröffentlicht.
257 vgl. S.111

zusammenschrauben dürfen. Dann müssen sie sie bezahlen. Schließlich werden sie selber damit totgeschossen. Und die Hinterbliebenen müssen den Schrott beseitigen. Heute erzählt man uns ja auch wieder, daß die Rüstung Arbeitsplätze schafft. Wenn sich doch die Arbeiter auf diesen Plätzen alle in die Sonne setzen und auf der Laute spielen würden. Sie könnten fürstlich entlohnt werden, und es käme immer noch billiger und für die Umwelt wäre es auch gut."[258]

E.Hilger erzählt ihre Erfahrungen so, daß sie zu einem Argument in der gegenwärtigen politischen Auseinandersetzung um Arbeitsplätze werden. Sie sieht sich als Sprecherin der "kleinen Leute". Darum erzählt sie von sich, von ihrem Beitrag zum "Wiederaufbau", von ihren schmerzenden Füßen; gleichzeitig erzählt sie von dem Kollektiv der Arbeiterinnen, mit dem sie sich identifiziert. Sie will aufklären, damit die Menschen, vor allem die "kleinen Leute" "Realitäten rechtzeitig erkennen". Sie sagt zwar, daß die "kleinen Leute" "fast immer zu dämlich" zu solcher Erkenntnis seien. Sie resigniert deswegen aber nicht; eher verstärkt sie ihre Anstrengungen. So schreibt sie viele Zeitungsartikel, in denen sie ähnliche Argumentationen wie die zitierte vorträgt. Ihre Aufklärungsarbeit wird dabei oft zur entlarvenden Kritik an "Militaristen" und "Nazis":

"Menschen hassen sich und werden Feinde, wenn Militaristen sie dazu überreden oder zwingen. ... Wir müssen den Feindbildmalern, Hetzern und Militärkarrieresüchtigen die Masken von den Gesichtern reißen und den jungen Menschen zurufen: Fallt nicht auf diese Figuren herein! ..."[259]

Ihre Aufklärungsarbeit versteht sie als eine nicht nur für sie geltende Norm, die aus der Erkenntnis ihrer Erfahrung folgt: "Wir müssen ...". Das "Wir", dessen Verpflichtung zur Entlarvung von "Militaristen" E.Hilger hier anspricht, verstehe ich als die Gesamtheit derer, die aus ihren Erfahrungen Erkenntnisse gewonnen haben, die den "jungen Menschen" fehlen. In diesem Sinn hat sie ihre 1952 und 1957 geborenen Töchter erzogen. Sie sieht eine Verantwortung der Älteren für die Nachkommen, mit der sie selber ernst macht. So notiert sie:

"1957 zweite Tochter geboren. Ich schreibe und kämpfe für eine friedliche Zukunft unserer Kinder."[260]

In dieser Verantwortung der Älteren für die Nachkommen erkenne ich zwei Hauptaspekte: den eigenen Kampf "für eine friedliche Zukunft" und die Überlieferung, die Erziehung zum Frieden. Damit ist ein wichtiger, wenn nicht der wichtigste Bezugsrahmen für ihre Erinnerungen angedeutet. Wie stark ihr Gefühl der Verpflichtung und Verantwortung für ihre Nachkommen, ja sogar vor ihnen sein kann, wird aus ihrer Aussage am Schluß des Streites mit H.Zoller sichtbar:

EH „ich würde mich hier jetzt sofort in Grund und Boden schämen, wenn ich jemals son alten Nazi verstehen könnte wie Sie das sind"

HZ „denken Sie"

EH „ich würde meinem Enkelkind heute Abend nicht mehr gerade in die Augen gucken können, (...) wenn ich auch nur ein einziges freundliches Gefühl für Sie über hätte, dann würde ich mich vor meinem Enkel schämen heute abend und würde denken: ich habe deine Zukunft jetzt verraten... "[261]

---

258 aus einem Text vom Frühjahr 1989 zur Phase des "Aufbaus" (vgl. S.121); auch zu den Phasen "Vorgeschichte - Zusammenbruch - Chaos" hat Elise Hilger Texte geschrieben.
259 aus einem Text vom Frühjahr 1989
260 Persönliche Zeittafel, Frühjahr 1989
261 TI 4.1.400

Die Härte und Ausschließlichkeit ihrer Sprache verweist auf die Grenze zum religiösen Bereich, zum Unbedingten. Dem unbedingten Ja zu einer friedlichen Zukunft entspricht das unbedingte Nein zu den Mächten, die diese Zukunft gefährden und vernichten. Daß sie H.Zoller in ihr Bild von diesen Mächten einordnet, ihn als Menschen nicht von seiner nationalsozialistischen Prägung und Mitschuld unterscheidet,[262] sehe ich als Verhärtung ihres Nein, das der friedlichen Zukunft, um die es ihr geht, im Wege steht. Darauf werde ich zurückkommen.

Den anderen Aspekt ihrer Verantwortung gegenüber den Nachkommen, den Aspekt der Überlieferung und Erziehung zum Frieden, faßt sie in einem Satz zusammen, den sie im Frühjahr 1989 als Erkenntnis aus ihren Erfahrungen im Krieg und nach dem Krieg formulierte:

"Jede Mutter, die liebevoll ein Kind aufzieht, sollte nicht so sehr darauf achten, daß es "bitte" und "danke" sagen lernt, aber sie sollte darauf bestehen, daß es "nein" sagen lernt, nein zum Krieg."

Viele ihrer Erinnerungen, gerade auch ihre geschriebenen Geschichten, bekommen ihren Sinn in dem Rahmen einer so verstandenen Beziehung zu den jüngeren Generationen, zu den Kindern und Enkeln.

E.Hilgers Haltung des Erzählens, Argumentierens und Kämpfens ist durchdrungen davon, daß sie seit Jahrzehnten politisch bewußt und verantwortlich lebt, und daß sie andere zu einem ähnlich verantwortlichen Leben zu bewegen versucht. Von daher verstehe ich auch ihre Mahnung an H.Zoller, jeder sei "für das verantwortlich, was er tut" (S.176). Die besondere Intensität ihres Verantwortungsbewußtseins wird nicht nur an der Ausdauer, der Ernsthaftigkeit und der Energie sichtbar, mit der sie ihre Aufklärungsarbeit durchhält, sondern besonders daran, daß sie sich mitschuldig am NS-Regime fühlt, weil sie sich nicht habe erschießen lassen (S.116, 182). Diesem Verständnis von Verantwortung widersprechen J.Reese und I.Gartemann (S.118f, 145).

Im folgenden möchte ich drei Fragen nachgehen, die miteinander zusammenhängen:

1. Warum stellt E.Hilger an sich und alle anderen, die damals handlungsfähig waren, einen derart hohen politisch-moralischen Anspruch?

2. Lassen sich Ursprung und Kraftquellen dieses Anspruchs und der Haltung politischer Verantwortlichkeit benennen?

3. Woher kommt die besondere Härte, mit der sie diesen Anspruch H.Zoller gegenüber vertritt? Wie kommt es, daß sie ihn als Menschen nicht von seiner nationalsozialistischen Prägung unterscheidet?

Ich suche Antworten auf diese Fragen vor allem in den Erzählungen über Wendepunkte ihrer Lebensgeschichte.

---

[262] vgl. S. 180, 184

A. Erwachen des politischen Bewußtseins

E.Hilger hat im Gesprächskreis mehrmals von dem Tag erzählt, an dem ihr politisches Bewußtsein erwachte - zuerst in der Auseinandersetzung mit H.Zoller (S.182). Ich dokumentiere zunächst die Version, die sie im März 1989 geschrieben hat:[263]

"Als Hitler an die Macht kam, war ich sieben Jahre ... alt. Zu jung, um wirklich schuldig zu sein, doch zu alt, um der Gnade der späten Geburt teilhaftig zu werden. Zu der Zeit schreckte mein Vater noch schweißgebadet aus dem Schlaf auf, weil er in seinen Träumen jede Nacht in die Hölle von Verdun zurückkehrte. ... Er war Pazifist und Sozialdemokrat, hatte Hitlers Buch gelesen und wußte, was wir alle zu erwarten hatten. Ich war ein gesundes, fröhliches Kind, ging gern zur Schule und hatte viele Freundinnen - bis meine kleine heile Welt langsam aber stetig zerstört wurde. Meine Eltern bekamen ihre Informationen durch das Abhören ausländischer Sender, und ich wurde täglich ermahnt, nirgends etwas von dem zu erzählen, was bei uns zu Hause getan und geredet wurde. Die Angst machte mich stumm. Der Gegensatz zwischen Schule und Elternhaus zerstörte mein seelisches Gleichgewicht. Ich wollte gern sein wie die anderen Kinder, aber ich mußte eine Außenseiterrolle spielen. Dabei entwickelte ich allmählich eine Art Versagermentalität. Als ich zwangsweise beim BDM eingeschrieben wurde, fingen meine Kopfschmerzen an. Kein Arzt konnte mir helfen. Ich habe entsetzlich darunter gelitten, bis zu dem Tage, an dem mein politisches Bewußtsein erwachte. Das war an einem naßkalten Novembertag im Jahre 1943. Mein Vater und ich verrichteten landwirtschaftliche Schwerstarbeit. Mein Onkel, der Erbe der bäuerlichen Besitzung meiner Großeltern, hatte sich im November 1942 in Rußland das Leben genommen, als er zu einem Tötungskommando in Marsch gesetzt wurde.[264] Wir verrichteten nun seine Arbeit. Und an jenem Tage auf dem glitschigen stinkenden Misthaufen erlebte ich die Bewußtseinserweiterung, die mein ganzes weiteres Leben beeinflußt hat. Ich erkannte plötzlich, daß ich eines von vielen armseligen Opfern einer miesen, stinkigen, verbrecherischen Clique von Größenwahnsinnigen war, und ich teilte meinem Vater meine soeben gewonnene Erkenntnis mit. Von da an hatten wir beide viele gute Gespräche. Und weil sich ein Teil meiner permanenten Angst in Wut verwandelte, ertrug ich den Wahnsinn leichter, und die schrecklichen Kopfschmerzen ließen nach."

E.Hilger erzählt hier die Geschichte eines Wendepunktes in ihrem Leben. Dabei werden drei Hauptaspekte einer Veränderung in ihrem Leben erkennbar: das "Erwachen" ihres politischen Bewußtseins, eine "Bewußtseinserweiterung"; eine Verbesserung der Beziehung zu ihrem Vater; und eine Veränderung ihrer Gefühle, indem sich ein Teil ihrer Angst in Wut verwandelte. Sie spannt den Bogen dieser Geschichte von ihrer Kindheit bis in die Gegenwart. Anfang 1989 ging es im Gesprächskreis hauptsächlich um solche Geschichten.[265] Durch die Schriftform ist E.Hilgers Geschichte aber wesentlich unabhängiger von der konkreten Gesprächssituation als die Geschichten von J.Reese und I.Gartemann. Zumal von unwillkürlicher Erinnerung kann hier keine Rede sein; E.Hilger hat diese Geschichte nie vergessen. Sie mußte sie auch nie vergessen, denn sie paßt nicht nur in den Rahmen

---

263 andere Versionen erzählte sie am 23.3.1989, 27.4.1989, 19.5.1993 und 19.1.1994
264 vgl. S.114
265 vgl. S.121

ihres Weltbildes, das sie mit ihrer Familie und den Mitstreitern und Mitstreiterinnen der Friedensbewegung teilt, sondern hat ihr "ganzes weiteres Leben beeinflußt". Wenn sie sich mit Deutungsmustern konfrontiert sieht, die ihrer Erkenntnis vom November 1943 widersprechen, scheut sie kaum vor einer Auseinandersetzung zurück. Mitten in der Wut des "schweren Gefechtes" mit H.Zoller erzählt sie diese Geschichte und gibt damit ihrer Haltung ihm gegenüber das Gewicht selbst erlittener Erfahrung.

1. Verwandlung von Angst in Wut

Mit der Erinnerung an ihre Angst leitet sie am 19.11.1987 ihre Geschichte ein, die die Wut ihres Angriffes auf H.Zoller zum Ausdruck bringt:

"ich ... habe Angst gehabt vor den Nazis, als ich noch n junges Mädchen war".[266]

Die Angst vor den Nazis wurde ihr von ihren Eltern täglich eingeschärft, so daß sie - entgegen ihrem lebhaften Wesen - in der Schule als "schüchtern und zurückhaltend" galt.[267] Sie sei zum Mißtrauen gegen die Nachbarn erzogen worden, und auch sich selbst habe sie mißtraut, um nur nicht ihre Eltern in Gefahr zu bringen. Ihr Vater war bis 1933 Vorsitzender einer SPD-Ortsgruppe gewesen und bewahrte bis 1945 in einem Karton auf dem Dachboden Materialien der Partei auf. Sie habe ständig in der Angst gelebt, daß dieser Karton bei einer Haussuchung gefunden oder bei einem Bombenangriff ans Tageslicht kommen könnte. So wurde im Krieg ihre Angst vor den Nazis durch die Angst vor den Bombenangriffen potenziert. Ihre Angst sei da so tief gewesen, daß sie nur ihre äußere Seite in Worte fassen könne, nicht aber die Angst selbst.[268] Beim Abhören der verbotenen Sender schlossen die Eltern die Fenster, denn der Nachbar war ein aktiver Nazi. Sie ermahnten die Kinder:

"Kindheit vergiftet"[269]

"erzähl ja nichts, wenn ihr das in der Schule sagt, daß wir hier jetzt ausländische Sender hören, dann kommen wir ins Konzertlager, ... dann hacken sie uns den Kopf ab. Sie habens also wirklich drastisch genug gesagt. Das hat mir also meine ganze Kindheit vergiftet."

Der Ton, in dem sie den letzten Satz sagt, enthält viel mehr Wut als Klage oder Trauer; auf das Zurückhalten von Trauer gehe ich später ein.[270]

---

266 TI 4.1.135
267 diese Beurteilung stand in einem Schulzeugnis, wie Elise Hilger am 21.1.1988 erzählt.
268 19.11.1987
269 21.1.1988; TI 13.1.295
270 S. 212

2. Klärung der Spannung zwischen Elternhaus und nationalsozialistischer Umwelt

Bisher bin ich vor allem auf die Verwandlung von Angst in Wut als einen der drei Hauptaspekte ihrer lebensgeschichtlichen Verwandlung eingegangen. Mit dem Zitat von der vergifteten Kindheit leite ich über zu dem Aspekt der Beziehung zu ihren Eltern, besonders zu ihrem Vater.

E.Hilger erzählt den Alptraum ihrer Kindheit, in dem sie ihre Eltern unter dem Fallbeil sah, am 21.1.1988 im Rahmen einer Gegengeschichte zu I.Gartemanns Erzählung von begeisternden Erfahrungen im BDM (S.151f). Ihre eigenen Erfahrungen mit dem BDM sind zwiespältig. Sie "wollte gern sein wie die anderen Kinder", also auch zum BDM gehen; doch die Eltern verboten dies.

Neid auf BDM-Mädchen[271]

„Ich mußte in die Schule gehen am Sonnabend morgen, wenn der Dienst war. Und die andern kamen mir alle entgegen und waren fröhlich und lachten, und ich hab die beneidet, und ich mußte aber in die Schule gehen, mußte irgendwelches dummes Zeug abschreiben."

Diese Situation des Gegensatzes zwischen Schule und BDM auf der einen, dem Elternhaus auf der anderen Seite zerstörte ihr "seelisches Gleichgewicht"; sie schreibt im Frühjahr 1989 von einer "Bewußtseinsspaltung":

Fragen an die Eltern

"Da türmten sich Fragen auf, die entweder gar nicht, oder unzulänglich oder sarkastisch beantwortet wurden. Warum spendet ihr am Eintopfsonntag immer nur 25 Pfennig? Wieso wird mit Heilkräutersammeln das Volk eingelullt? Tee ist doch gesund, oder? Wenn ich schon keine Kletterweste haben kann, warum kauft ihr mir dann nicht wenigstens ein Trachtenjäckchen? Das ist doch keine Uniform, oder? Warum helft ihr mir nicht beim Ausfüllen der Ahnentafel? ... Warum sind wir nicht wie die anderen Leute? ... Nachmittags nähte ich meiner Puppe aus Stoffresten eine Uniform: Schwarzer Rock, weiße Bluse, schwarzes Halstuch und Knoten."

E.Hilger deutet die Kopfschmerzen, die sie vom 12. bis zum 17. Lebensjahr täglich hatte, als Ausdruck dieser Spannungen, die sich mit ihrer zwangsweisen Einschreibung in den BDM nicht auflösten. Zu diesem Zeitpunkt habe sie den BDM nicht mehr attraktiv gefunden. Sie schließt ihre Gegengeschichte zur I.Gartemanns Erzählung:

Kopfschmerzen[272]

„Und dieser ganze BDM-Klamauk, zu dem hatte ich überhaupt keine innere Beziehung. Ich mußte da hingehen, ... ich war aber manchmal so krank und hatte gerade an den Tagen, wenn dieser Dienst war, so furchtbare Kopfschmerzen, daß die mir das dann sogar geglaubt haben, daß ich dann so elend aussah. ... Ich durfte dann also wirklich auch mal zuhause bleiben. Es war also nicht nur Begeisterung und es war nicht nur Befreiung, es war auch manchmal ganz verdammter Zwang ... ich habs als Knute empfunden, ganz schlimm."

---

271 21.1.1988; TI 13.1.330
272 21.1.1988; TI 13.1.370

In dieser Situation der ungelösten Spannungen zwischen ihrer Familie und der nationalsozialistisch beherrschten Umwelt erlebte sie die entscheidende "Bewußtseinserweiterung". In den anderen Versionen dieser Geschichte macht E.Hilger die Rolle ihres Vaters deutlicher, z.B. am 19.11.1987:

"das war im November, es war grau und kalt und es war naß und dreckig, dann auf einmal, mein Vater hat mir also das dann so erklärt, und hat gesagt, weißt du, der Hitler, das ist ein Verbrecher. Er hat das da erst zu mir gesagt, weil er vorher sich auch nicht so getraut hat, denn Kinder plappern was raus, und das war gefährlich (...) ich war 17 Jahre, (...) er hat gemeint, ich bin jetzt erwachsen, und er kann mir das jetzt sagen..."[273]

Er habe ihr die Lage der Arbeiter erklärt, die immer die Dummen blieben, wenn sie glücklich über Arbeitsplätze in der Rüstung seien,[274] und ihr ein Buch gegeben, in dem das "Kapital" von K.Marx zusammengefaßt war.

„Da hab ich mich eigentlich so mein Leben lang dran orientiert."[275]

Nach den mündlichen Versionen dieser Geschichte hat ihr Vater sie aufgeklärt, brachte Licht in die Schwere und das Dunkel ihres Lebens, für das ihre Beschreibung jenes Novembertages als Bild gelten darf. Wenn sie sagt, daß ihr Vater ein Leuchtturm für sie war,[276] trifft dies besonders für diesen Tag zu. Das Bild des Leuchtturms vereinigt das Erwachen zu einer bewußten und klaren politischen Orientierung mit dem Erwachen eines unbedingten Vertrauens zu ihrem Vater, in dem die Erinnerung an das frühkindliche Vertrauensverhältnis zu ihrem Vater die Alpträume der Verunsicherung dieses Vertrauens durch die nationalsozialistische Umwelt überwand.

Ihr Vater hielt sie im November 1943 für erwachsen, für vertrauenswürdig genug, um ihr seine Weltanschauung zu offenbaren. Daß er das durch den nationalsozialistischen Terror erzwungene Schweigen überwinden und sich seiner Tochter anvertrauen konnte, ist keinesfalls selbstverständlich. In vielen, wenn nicht den meisten anderen sozialdemokratischen Familien mit einer ähnlichen Konstellation der Generationen blieb es während der NS-Zeit bei dem erzwungenen Schweigen.[277] E.Hilger deutet ihren Anteil an dem Umschlag in der Beziehung zu ihrem Vater an:

Vater und Tochter auf dem Misthaufen[278]

„Aber an dem Tag, da waren wir beide so irgendwo auch verzweifelt. Wir standen da wie so kleine Wichte bei dieser Schwerstarbeit und dann hab ich wahrscheinlich den Ausschlag gege-

---

273 TI 4.1.135
274 27.4.1989. - Elise Hilger wiederholt dies Argument in dem zu Beginn dieses Abschnitts zitierten Text.
275 19.1.1994
276 so am 4.12.1991
277 Dies geht aus zahlreichen Äußerungen von Bielefelder Zeitzeugen hervor, die ich befragt habe.
278 19.1.1994; TI 104.1.400

ben, indem ich dann so gesagt habe, was ist das eigentlich, warum muß man das nun machen, und dieser verdammte Krieg und so. Und dann ist er da voll drauf eingegangen, und ... das war also richtig son Einvernehmen."

Aus dieser Schilderung entnehme ich, daß Vater und Tochter unter der gemeinsamen Situation litten: Verzweiflung über die Schwerstarbeit, die Ohnmacht, die Gefahr, das Dunkel, die Sinnlosigkeit. Vielleicht öffnete ihr Vater sich ihr nicht einfach aufgrund ihres Alters, sondern weil er aus ihren Äußerungen spürte, daß sie die Situation ähnlich wahrnahm wie er.

3. Neue Welterkenntnis und Selbsterkenntnis

Aus den mündlichen Versionen der Misthaufengeschichte entnehme ich, daß E.Hilgers Vater Vertrauen zu ihr faßte und ihr sein politisches Weltbild eröffnete, wodurch sie wirtschaftliche und politische Zusammenhänge neu verstand und durchschaute, die Welt neu erkannte. In der schriftlichen Version ist der zentrale Punkt ihres Erwachens aber die Selbsterkenntnis: "Ich erkannte plötzlich, daß ich eines von vielen armseligen Opfern einer miesen, stinkigen, verbrecherischen Clique von Größenwahnsinnigen war". In diesem Satz sind drei Momente ihrer Erkenntnis miteinander verknüpft:

- Sie erkannte die NS-Führung als verbrecherisch und größenwahnsinnig; diese Erkenntnis geht nach allen mündlichen Versionen der Geschichte auf ihren Vater zurück.
- Sie erkannte sich als Opfer.
- Sie erkannte, daß sie sich in der gleichen Lage befand wie viele Menschen.

Die letzten beiden Momente, die ihre Selbsterkenntnis betreffen, konnte sie nicht vom Vater lernen, so sehr sie auch mit ihrer Orientierung an ihm und seinem Weltbild verknüpft sind.

4. Vorläufige Thesen zu E.Hilgers politisch-moralischem Anspruch

Ich möchte die bisherigen Ergebnisse meiner Untersuchung als vorläufige Thesen zu den drei am Eingang dieses Kapitels gestellten Fragen zusammenfassen:

1. Die Höhe ihres politisch-moralischen Anspruchs ist ein Versuch, dem Grad des Verbrechertums und des Größenwahnsinns zu entsprechen, das sie in der NS-Führung konzentriert sieht. Sie stellt diesen Anspruch an alle, die sich in der gleichen Lage wie sie befanden oder befinden.

2. Als Ursprung ihrer Haltung politischer Verantwortlichkeit läßt sich die Tradition benennen, in der ihr Vater steht und die er ihr überliefert. Diese Tradition besteht nicht in einer schlichten Bewahrung von Deutungsmustern und Verhaltensweisen; vielmehr ist diese Tradition auf das Äußerste gefährdet durch Angst vor politischer Verfolgung und durch Sogwirkungen der nationalsozialistisch beherrschten Gesellschaft. Das Gelingen der Überlieferung in der Beziehung zwi-

schen den Generationen ist sowenig selbstverständlich wie das Durchbrechen tiefer Dunkelheit durch das Aufblitzen eines Leuchtturmes.[279] - Die Beziehung zu ihrem Vater ist aber offenbar nicht die einzige Kraftquelle ihrer Haltung. Sie mobilisiert eigene Kräfte, indem sie Angst in Wut verwandelt und indem sie sich selbst erkennt - und zwar als solidarisch mit vielen anderen.

3. E.Hilger richtet die Energie der Wut, die aus ihrer Angst vor "den Nazis" und ihrem Leiden unter ihnen kommt, gegen H.Zoller oder vielmehr gegen das Bild, das sie von ihm hat; denn sie nimmt ihn "als Menschen nicht zur Kenntnis" (S.184). Sie ordnet ihn in das Bild von den Verbrechern ein, unter denen sie gelitten hat. Seine Aussage, daß er selber auch unter dem Krieg gelitten habe, weist sie empört zurück, indem sie seiner freiwilligen Meldung zur Waffen-SS die Unfreiwilligkeit anderen Leidens gegenüberstellt. Der Grund für die Ausschließlichkeit ihrer Wahrnehmung ist nach der bisherigen Untersuchung in der Tiefe der Verletzungen zu suchen, die sie durch NS-Herrschaft und Krieg erlitten hat. Ihre Weigerung, H.Zoller als Menschen zur Kenntnis zu nehmen und ihn von seiner nationalsozialistischen Prägung zu unterscheiden, ist Ausdruck der Kluft zwischen dem Leiden der Täter und dem Leiden der unschuldigen Opfer, Ausdruck auch ihres Kampfes gegen die Bestrebungen zur Verschüttung oder Verleugnung dieser Kluft in der herrschenden politischen Kultur. Hat E.Hilger Angst, diese Kluft zu verleugnen, wenn sie auf deren anderer Seite einen Menschen wahrnähme, ihm vielleicht über die Kluft hinweg etwas zuriefe? Oder würde es sie zu sehr schmerzen, wenn sie dies versuchte? Müßte sie einen solchen Versuch sogar ihr Leben lang als Verrat gegenüber der friedlichen Zukunft ihrer Nachkommen verstehen?[280]

B. Erinnerung an den entscheidenden Wendepunkt in ihrem Leben

E.Hilger hat eine Geschichte erzählt, die weiteren Aufschluß vor allem zu der letzten Frage gibt, die aber auch weitere Aussagen zu den beiden ersten ermöglicht. Daher möchte ich diese Geschichte im folgenden dokumentieren. - Über den Augenblick ihrer Selbsterkenntnis erzählt E.Hilger zum ersten Mal am 19.5.1993. An diesem Tag verteilte ich im Gesprächskreis einen Text über die Auseinandersetzung mit H.Zoller im November 1987. Das Papier enthielt die Abschrift von Teilen der damaligen Diskussion. Im Verlauf der Sitzung sprach ich E.Hilger auf ihren Entschluß an, dem ersten eine Ohrfeige zu geben, der ihr ins Gesicht sagt, wie schön das alles war (S.182f).

---

279 Auf das Durchbrechen solchen Dunkels ist das Zitat von W.Benjamin über die Tradition als Diskontinuum des Gewesnen zu beziehen, GS I, S. 1236, vgl. oben S.85.
280 vgl. S.198

Im Spiegel zum ersten Mal das eigene Gesicht erkannt[281]

HP „wann hast du so einen Entschluß gefaßt?"

EH „ganz schnell nachm Krieg."

HP „aha"

EH „oder auch vielleicht sogar im Krieg will ich nicht sagen, ich hab ja dieses Erlebnis glaub ich, mal erzählt, ... weiß ich nicht, wie ich vor meinem Bett zusammen - nicht zusammengebrochen, sondern so hingesunken bin und bitterlich geheult habe und habe gedacht, wo mir das alles so richtig zum Bewußtsein gekommen ist, ich hab ja diese Geschichte erzählt, wo ich mit meinem Vater diese Drecksarbeit machen mußte und wie der mir dann praktisch so seine politischen Ansichten mir so offenbart hat, was er vorher nie getan hat, ... ja, und dann weiß ich noch, daß ich ... einmal in meinem Zimmer gestanden habe und habe so in'n Spiegel geguckt und da kam mir so zum Bewußtsein, ich bin jung, ich war da so 20 Jahre alt, daß ich eigentlich mein Gesicht da zum ersten Mal erkannt habe im Spiegel so. Daß ich also wahrscheinlich vorher nie so richtig in'n Spiegel - so im Spiegel die Haare glatt gekämmt, ja, aber nie im Spiegel mein Gesicht so beobachtet, und wie ich dann so gedacht habe, ich bin jung, und ich bin gesund, und ich bin auch nicht direkt dämlich, und ich werde gezwungen, von außen gezwungen, so - zu was, was ich überhaupt nicht will und auch für ne ganz falsche Sache, und ich hab eigentlich überhaupt kein Mitbestimmungsrecht über mein eigenes Leben, und die andern haben das ja auch nicht, und die zwingen uns - ich muß Angst haben, weil gleich wieder son eiserner Heinrich über uns kreist, und ich muß Angst haben, daß da hier ne Bombe knallt, ich werde zu allerhand Unsinn gezwungen, und ich werde in son Unsinn reingesetzt, den ich überhaupt nicht will und ich will eigentlich ganz anders leben, und ich will auch, daß die andern anders leben. Also son richtiges inneres Aufbegehren. Und da hab ich so gedacht, also wenn ich - da wäre ich also zu so'm politischen Mord fähig gewesen, wolln mal sagen, zu so'm Attentat, da wär ich n Attentäter gewesen, wenn mir da einer gesagt hätte, also paß mal auf, wenn du jetzt bereit bist, einen hier umzubringen, irgend nen verantwortlichen Nazi umzubringen und damit kannst du was ändern, dann hätte ich das gemacht, ich hätte die Courage dafür gehabt und ich hätte auch das also das mit meinem Gewissen dann verantwortet. ... da war ich richtig fanatisch an dem Abend, da hab ich gedacht, das ist alles verkehrt, was die hier machen, und wir lassen uns das alles gefallen, und ich will mir das aber eigentlich gar nicht gefallen lassen."

Auf Nachfrage von J.Reese erklärt E.Hilger, daß dies Ende 1943 oder Anfang 1944 war, jedenfalls einige Zeit nach der Erkenntnis vom November 1943.

Hoffnung und Angst[282]

EH „das Ende des Krieges, das war dann wieder ganz anders, da hab ich ... so viel Hoffnung gehabt, das ist ja nun bald vorbei, da war eigentlich nur die größte Angst, daß man das gar nicht erleben konnte, weil sie einen inzwischen abgemurkst hatten"

JR „... also die Perspektive muß ja da sichtbar gewesen sein für dich, daß eventuell nämlich irgendeinmal die Chance auftritt, daß du einen Nazi triffst, der dann sagt, das war alles gut."

EH „Ich nehme an, das ist nicht grad da gewesen, ... da wäre ich bereit gewesen, nen hohen Nazi umzubringen, wenn ich dadurch hätte was verändern können. ... Aber dies mit dem, mit den Nazis, das kam dann glaub ich doch erst später, und zwar war ja auch das Kriegsende da ganz ausschlaggebend..."

---

281   19.5.1993; TI 92.1.322
282   19.5.1993; TI 92.1.380

Im folgenden erzählt E.Hilger das Beispiel von Herrn Weiße, einem überzeugten Nationalsozialisten in ihrem Stadtteil, der die Amerikaner mit der weißen Fahne als Befreier begrüßt und gesagt habe: "auf euch haben wir 12 Jahre lang gewartet". Danach erzählt sie die Geschichte von zwei Ortsgruppenleitern der NSDAP, die ein polnisches Mädchen terrorisierten.

"Das hat ... so'n pauschalen Haß in mir erzeugt"[283]

EH „Das hat natürlich wirklich son pauschalen Haß in mir erzeugt ... So zum Ende des Krieges hab ich gesagt, wenn einer kommt, der mir mitten ins Gesicht sagt, er war Nazi und das war doch alles sehr schön und gut und er hats voll Überzeugung mitgetragen, dann latsch ich dem eine und zwar mitten rein, mitten ins Gesicht. (4 Sekunden Pause) Und er war der erste, Herr Zoller, ... er saß mir so vis à vis ..."

1. Bezugsrahmen der Erinnerung an die Selbsterkenntnis vor dem Spiegel

Handelt es sich bei der Misthaufengeschichte anscheinend um eine Standardgeschichte, die E.Hilger bei vielen Gelegenheiten erzählen kann, so sagt sie auf Nachfrage, daß sie die Geschichte ihrer Selbsterkenntnis vor dem Spiegel bisher noch nie erzählt habe, außer vielleicht ihrem Mann. Dies gibt der Frage nach den Bezugsrahmen dieser Erinnerung ein besonderes Gewicht.

In der Sitzung am 19.5.1993 geht es im Gesprächskreis zunächst um H.Zoller, aber vor allem um E.Hilgers Reaktion auf ihn. Nach dem ersten Lesen des Transkriptes bestätigt sie ihre damalige Reaktion:

"Da hat sich noch nichts geändert"[284]

EH „ja ja, das ist doch schon so ganz in Ordnung, das würde ich heute noch genauso sagen. Da hat sich noch nichts geändert in den letzten sechs Jahren. Aber dann kommt einem das so richtig wieder ins Gedächtnis, diese Situation, wenn ich das hier so lese, nicht, ganz genau, ich würde wieder genauso unter der Decke gehen, also ich weiß das noch wie wie das eben grad gewesen wäre."

Diese Stellungnahme muß auf diejenigen TeilnehmerInnen des Gesprächskreises als Überraschung wirken, die in den vergangenen Jahren immer wieder sich dafür eingesetzt haben, sich anders gegenüber Menschen wie H.Zoller zu verhalten.[285] E.Hilgers Stellungnahme "da hat sich noch nichts geändert" scheint die Vergeblichkeit dieser Gespräche anzuzeigen - im Unterschied zu früheren Äußerungen, daß sie im Gesprächskreis toleranter geworden sei:

"Ich habe z.B. gelernt in der Zeit ganz viel Toleranz, die ich vielleicht sonst nicht hätte, geb ich ja zu, oder auch mich in andre Leute hineinzuversetzen ..."[286]

---

283 19.5.1993; TI 92.1.436
284 19.5.1993; TI 92.1.203
285 vgl. S. 185
286 27.10.1988; TI 49.2.125

Am 16.12.1992 sagt sie, daß sie nun H.Zoller zuhören und mit ihm diskutieren könnte. Ich suche den Grund für die Unterschiede in diesen Stellungnahmen zunächst in den unterschiedlichen Gesprächssituationen. Das Neue am 19.5.1993 gegenüber allen früheren Gesprächen liegt darin, daß E.Hilger mit der Abschrift der explosiven Sitzung vom 19.11.1987 konfrontiert ist. Die Lektüre dieser Transkription ruft ihr die damalige Situation "so richtig wieder ins Gedächtnis", während bei früheren Gesprächen die Erinnerung daran blasser gewesen sein mag. Ihre Stellungnahme "da hat sich noch nichts geändert" verstehe ich rückblickend als Hinweis darauf, wie wenig zufällig ihr damaliges Verhalten war, wie sehr die Situation in ihren Augen festgelegt war.[287] Darüberhinaus sehe ich in dieser Stellungnahme selbst - wenn auch wesentlich schwächer im Vergleich zu ihrem damaligen Verhalten - etwas von der Mechanik einer zuschnappenden Falle.

Meine Überraschung über diese Stellungnahme bringe ich nicht direkt zum Ausdruck; ich frage, wann sie den Entschluß gefaßt habe, an den sie H.Zoller am 19.11.1987 erinnerte. Sie sagt zunächst, "ganz schnell nach dem Krieg". Doch was sie dann erzählt, hat sich nicht in der Nachkriegszeit ereignet, sondern während des Krieges. Das Bild der Erinnerung, das meine Frage in ihr auslöst, ist offenbar mehrschichtig. Die wichtigste Schicht dieses Erinnerungsbildes sehe ich in der Geschichte ihrer Selbsterkenntnis vor dem Spiegel, die sie auf Ende 1943 oder Anfang 1944 datiert. Die Vorgeschichte dieser Spiegelgeschichte besteht in ihrer gesamten Erfahrung mit dem Nationalsozialismus, auf die die Offenbarung ihres Vaters auf dem Misthaufen im November 1943 blitzartig ein neues Licht warf. Die Nachgeschichte reicht bis in die Gegenwart.[288]

J.Reese erinnert E.Hilger an die Frage, auf die sie ihre Geschichte erzählt. Das führt E.Hilger dazu, die Zeitschicht der Spiegelgeschichte von der Zeitschicht des Kriegsendes zu unterscheiden. Anfang 1944 wäre sie zu einem Attentat auf einen "hohen Nazi" bereit gewesen; Erlebnisse von bodenlosem Opprtunismus und grausamer Niedertracht örtlicher Nationalsozialisten am Ende des Krieges haben einen derart "pauschalen Haß" in ihr erzeugt, daß sie den Entschluß faßte, einen nachträglich noch überzeugten Nazi zu ohrfeigen. Die Bereitschaft zu dieser Ohrfeige verstehe ich aus dem Zusammenhang ihrer Erzählung als veränderte Fortsetzung ihrer Bereitschaft zu einem Attentat: die Bedingungen, die ein Attentat hätten sinnvoll erscheinen lassen, waren nach dem Ende des Krieges nicht mehr gegeben; aber der innere Antrieb dazu war noch da und suchte sich ein anderes Objekt.

---

287 vgl. S. 182f
288 Damit wird an dieser Geschichte eine Monadenstruktur erkennbar; vgl. das Zitat von W.Benjamin Anm. 123, S. 144

2. Spuren der Veränderung

Zur Deutung der Spiegelgeschichte ziehe ich die Sitzung des Gesprächskreises vom 19.1.1994 heran, in dem das Transkript dieser Geschichte besprochen wurde. Während des Gespräches an diesem Tag bestätigte sie, daß die Selbsterkenntnis vor dem Spiegel ein, ja der Wendepunkt in ihrem Leben sei.

Ich finde Spuren der tiefgehenden Veränderung, die sie damals erlebte, in ihrer Stimme. An der Stelle: "ich bin jung" und den folgenden Beobachtungen im Spiegel, bzw. ihren Erinnerungen daran klingt ihre Stimme fragend, verwundert oder staunend. In dem Ton ihrer Stimme ist zu spüren, daß ihr das Bild im Spiegel Träume von Lebensmöglichkeiten erscheinen ließ, wie sie ein 18-jähriges, gutaussehendes und intelligentes Mädchen haben kann: "ich will eigentlich ganz anders leben, und ich will auch, daß die andern anders leben". Nach den Worten "und ich werde gezwungen" geht dieser Ton in eine Klangfarbe der Empörung über oder mischt sich mit ihr. Bei "den ich überhaupt nicht will" klingt ihre Stimme entschieden.

Im Ton ihrer Stimme schwingt etwas von ihrem Gefühl mit, das ihre damalige Erkenntnis begleitete: Empörung und Zorn darüber, daß die Lebensweise, zu der sie gezwungen war - z.B. Schwerstarbeit im Pflichtjahr - Lebensmöglichkeiten zunichte machte, die ihrer Jugend und ihren Fähigkeiten entsprochen hätten. Sie begehrte auf gegen den Zwang, der ihr Leben und das Leben unzähliger anderer zerstörte; gegen die "falsche Sache", für die dieser Zwang ausgeübt wurde; gegen die Sinnlosigkeit von Angst, Opfern und Zerstörungen. In diesem Aufbegehren fühlte sie sich solidarisch mit allen, die dem gleichen Zwang unterlagen.

Am Schluß der Spiegelgeschichte spricht sie eine Kehrseite dieser Solidarität an: "wir lassen uns das alles gefallen". Hier richtet sich ihr Aufbegehren nicht nur gegen einen äußeren Zwang, auch nicht nur gegen Verhaltensweisen der Gezwungenen, sondern gegen etwas in sich selbst: "ich will mir das aber eigentlich gar nicht gefallen lassen". Im Spiegel erkennt sie ihre eigene Bereitschaft zur Anpassung an Sogwirkungen des Nationalsozialismus, die sie überwiegend als Zwang, früher auch als Verlockung erlebte. Sie begehrt dagegen auf, daß sie durch diese Bereitschaft sich von sich selbst entfernt, daß sie dadurch ihr Gesicht verliert oder gar nicht erst ausbilden kann. Das Erkennen des eigenen Gesichtes selbst wird so zur Auflehnung gegen die Mächte, die die Menschen unter ihrem Zwang und in ihrem Bann gesichtslos machen. Daß sie sich als Frau erkennt und daß die gesichtslos machenden Mächte männlich bestimmt sind, spricht sie nicht aus; dieser Aspekt ist jedoch deutlich wahrzunehmen.

Dies Aufbegehren bleibt kein Aufwallen des Gefühls, auch nicht nur eine schmerzhafte Selbsterkenntnis, der keine Taten folgen sollten, sondern drängt sie zum Entschluß, etwas zu tun. Diese Wendung ist im entschiedenen Klang ihrer Stimme wahrzunehmen. Ein extremer Ausdruck dieser Entschlossenheit ist ihre

Bereitschaft zu einem politischen Mord. Diese Bereitschaft wäre vor dem Erwachen ihres politischen Bewußtseins im November 1943 kaum denkbar gewesen. Allerdings ist fraglich, ob ihr Vater als Pazifist und als Sozialist einer solchen Aktion zugestimmt hätte. E.Hilger sagt, sie hätte eine solche Tat mit ihrem Gewissen verantwortet. Der Rechtfertigungsgrund, den sie andeutet, ist darin zu suchen, daß sie durch eine solche Tat hätte "was ändern" können; mit anderen Worten, daß dadurch eine Befreiung von dem verbrecherischen Zwang der NS-Führung hätte bewirkt oder beschleunigt werden können, daß dadurch weitere unschuldige Opfer hätten vermieden werden können. Daß eine solche Tat nur mit dem Mut und der Bereitschaft ausgeführt werden könnte, das eigene Leben einzusetzen, muß ihr klar gewesen sein.

3. Fanatische Entschlossenheit und Todesangst

E.Hilger nennt rückblickend ihre Entschlossenheit "fanatisch". Widerspricht oder entspricht der Fanatismus dieser Entschlossenheit ihren Gefühlen von Ohnmacht, Wut und Verzweiflung, mit denen sie vor ihrem Bett hinsank und "bitterlich heulte"? (Dies geschah an demselben Abend, an dem sie vor dem Spiegel stand, wie sie auf meine Nachfrage am 19.1.1994 sagte.) Über den Zusammenhang von Fanatismus und Verzweiflung kann der Rahmen der Spiegelgeschichte Aufschluß geben, den sie am 19.1.1994 ergänzt: Sie sei im Dunkeln mit ihrem Vater nach Hause gegangen; wegen des Luftkrieges brannten keine Straßenlampen; wieder habe sie ihre Verzweiflung über das Dunkel und die Kriegsverhältnisse geäußert. Zu Hause habe sie Todesangst überfallen: Sie habe überlegt, ob auf dem Nachbargrundstück jemand hinter den Büschen gestanden und ihre nicht einmal besonders politischen Worte gehört habe. Da sei sie vor Verzweiflung zusammengesunken und habe geheult. - Hierdurch wird deutlich, daß die Situation, in der ihr die Selbsterkenntnis kam, von Terror beherrscht war. Angst vor Denunziation, Verhaftung und eigenem Tod löste die Erkenntnis aus, unabhängig davon, wie real die Bedrohung an diesem Tag war. Im Zentrum ihrer Selbsterkenntnis steht der Gegensatz zwischen ihren Lebensmöglichkeiten und der Zerstörung, zwischen ihrem lebendigen Selbst und der Gefahr erzwungener Gesichtslosigkeit; darin zeigt sich der Bezug ihrer Erkenntnis zu der Situation, die sie hervorruft.

Gleichzeitig mit dieser Selbsterkenntnis verwandelten sich ihre Gefühle: ein Teil der Angst schlug um in Wut, Empörung und Zorn. Läßt sich sagen, daß die Verzweiflung ihrer Ohnmacht umschlug in eine Verzweiflung fanatischer Entschlossenheit? Oder verwandelte sich ihre Verzweiflung in Hoffnung? E.Hilgers Bemerkung über Zeiten der Angst und der Hoffnung [289] legt die Deutung nahe, daß der Fanatismus ihrer Entschlossenheit Züge ihrer Todesangst, Ohnmacht und Verzweiflung trägt. Ich werde auf diese Deutung zurückkommen.

---

289 TI 92.1.380

C. Pauschaler Haß und die Möglichkeit seiner Überwindung

E.Hilger nennt als Motiv ihres Entschlusses, einen nachträglich noch überzeugten Nazi zu ohrfeigen, einen "pauschalen Haß". Es liegt nahe, gerade das Pauschale dieses Hasses als Ausdruck des verzweifelten Fanatismus zu verstehen; die innere Verbindung dieses Entschlusses mit ihrer Bereitschaft zu einem Attentat habe ich oben aufgezeigt. Ebenso nahe liegt es, das Motiv ihres Verhaltens gegenüber H.Zoller als pauschalen Haß zu bezeichnen, denn sie sieht im "Gefecht" mit ihm von dem ab, was nicht in das pauschale Feindbild "Alter Nazi" passen könnte.

Obwohl sie am 19.5.1993 ihre Reaktion auf H.Zoller im November 1987 bestätigte, ist es möglich, in ihrer Formulierung vom pauschalen Haß den Ansatz einer Distanzierung von diesem Motiv oder dieser Haltung zu sehen. Für eine solche Sicht spricht zunächst, daß das Pauschale für sie selbst und für viele TeilnehmerInnen des Gesprächskreises meistens kritikwürdig ist; im Gesprächskreis wurde seit langem die Pauschalierung in Feindbildern kritisiert. Vor allem aber kann der Verlauf des Gespräches am 19.1.1994 diese Sicht stützen, in dem sie sich von dieser Formulierung selbst distanzierte. Ich fragte E.Hilger an diesem Tag, gegen wen sich ihr "pauschaler Haß" richte. Sie sagte zunächst, "gegen die Nazis". Im Verlauf ihrer Erzählungen und des Gespräches rückte sie zum einen immer mehr von dieser pauschalen Formulierung ab: Menschen wie Herrn Weiße habe sie verachtet, aber nicht gehaßt; die Nazis seien nicht alle böse gewesen, z.B. einer, der Denunziationen nicht entgegennahm; sie habe nicht nur Haß gegen ihre Generation, von der bis auf wenige Ausnahmen alle Mitläufer gewesen seien, sondern sehe viele Milderungspunkte; sie habe Mitleid mit den unpolitischen Leuten, die sich im Hurra-Patriotismus mehr wert fühlten. Zum anderen erzählte sie von Trauer: mit einer Frau habe sie neulich noch gemeinsam geweint; der Krieg sei noch nicht vorbei. Schließlich sprach sie von Grenzen ihrer Bereitschaft zum Widerstand: wenn es um Leib und Leben ihrer Familie gehe, sei sie eher feige. Als darauf andere TeilnehmerInnen auf der antifaschistischen Tradition als fester Orientierung beharrten, sagte sie, ganz im Gegensatz zu einem durch Haß bestimmten Fanatismus, daß sie immer im Zweifel sei und nie sage, daß sie recht habe.

In dieser Phase des Gespräches ist deutlich eine Veränderung bei E.Hilger wahrzunehmen, die auf die Möglichkeit einer weiteren Veränderung verweist. Indem sie ihre Formulierung vom "pauschalen Haß" zurückzieht, werden im Inkognito des Feindbildes von den "Nazis" Umrisse menschlicher Gesichter erkennbar. Damit verkleinert sie ein wichtiges Hindernis für die Möglichkeit, auf der anderen Seite der Kluft zwischen Opfern und Tätern auch in H.Zoller einen Menschen zu sehen, der unter den Verbrechen der NS-Führung zu leiden hatte und hat - allerdings einen Menschen, der von sich aus für sein "Ideal" zu leiden bereit war, und erst nachträglich damit konfrontiert wurde, daß er verführt, verblendet und mißbraucht wurde.

Läßt sich sagen, daß Erinnerung zu dieser Veränderung beitrug oder diese Veränderung ermöglichte - nämlich die Erinnerung daran, daß sie sich "das alles gefallen ließ" und daß sie gegen die Gefahr erzwungener Gesichtslosigkeit aufbegehrte? Die Kehrseite dieser Annahme wäre, daß Menschen wie H.Zoller umso mehr im Inkognito ihres Feindbildes bleiben müßten, je weniger sie sich an ihre eigene Anpassungsbereitschaft, ihr eigenes Inkognito erinnert.

1. Trauer und Veränderung

Ein Gefühl, das die verändernde Erinnerung begleitet, ist bei E.Hilger an diesem Tag deutlicher zu spüren als an vielen anderen Tagen: Trauer. Ich sprach sie darauf an, daß sie in der Spiegelgeschichte ihr „bitterliches" Heulen nur kurz erwähne und gleich danach in eine frühere Zeitebene übergehe. Danach ging sie auf Trauer ein, Trauer über Verluste durch den Krieg, die noch in der Gegenwart schmerzen. Ich nehme in ihrer Spiegelgeschichte Trauer über ungelebte Jugend wahr, Trauer über ein erzwungenes Inkognito, Trauer über den Verlust menschlicher Möglichkeiten, von Möglichkeiten zu einem besseren Mensch-Sein. Doch ich nehme auch wahr, daß solche Trauer abbricht. Trägt das, was in ihrer Trauer nicht zum Fließen kommt, zu der Verhärtung, zur Erstarrung mancher Deutungsmuster und Verhaltensweisen bei? E.Hilger macht mir Mut zu einer solchen Deutung, wenn sie schreibt:

"Seht sie Euch mal an, die Fünfundvierzig- bis Fünfundneunzigjährigen: Alle kriegsversehrt, *jeder auf seine Weise* . Die Macken, für die es keine Renten gibt, sind oft genau so quälend wie die rentenmäßig anerkannten. Krieg zerfetzt direkt und zerstört schleichend." [290]

Die Hervorhebung im Text von E.Hilger (von ihr selbst) möchte ich so deuten, daß Trauer nicht pauschal, nicht im allgemeinen möglich ist. Daher können Zahlen und Begriffe keine Trauer ausdrücken und hervorrufen, sondern nur Geschichten von den Verletzungen und Verlusten, die "jeder auf seine Weise" und jede auf ihre Weise erlitten hat.

2. Zusammenfassende Thesen zu E.Hilgers politisch-moralischem Anspruch

Die Thesen zu den drei eingangs gestellten Fragen (S.199) lassen sich nun konkretisieren:

1. E.Hilger stellt an sich und andere einen hohen politisch-moralischen Anspruch, weil sie nicht nur die nationalsozialistische Herrschaft als verbrecherisch erkennt, sondern in der Anpassungsbereitschaft der meisten Menschen, einschließlich ihrer eigenen, eine Bedingung für das Funktionieren dieser Herrschaft sieht.

---

290 Aus einem Text zum Thema "Trümmerbeseitigung" vom Frühjahr 1989. Elise Hilger meint die bis 1944 Geborenen, und zwar in einem wörtlichen Sinn: sie erzählt von körperlichen und seelischen Verletzungen auch der Säuglinge.

2. In der Selbsterkenntnis "wir lassen uns das alles gefallen" ist die Wurzel für das Bekenntnis zu ihrer Mitschuld zu suchen, das sie in der Aussage verallgemeinert, jeder müsse seinen Teil Schuld auf sich nehmen, der sich nicht habe erschießen lassen oder der sich nicht selbst erschossen habe.[291]
3. Manche Verallgemeinerungen in E.Hilgers Denken, manche Gefühle und manche Entschlüsse und Verhaltensweisen tragen Züge eines Fanatismus, an dem die Narben von Todesangst und Verzweiflung wahrzunehmen sind. In dem Maße, in dem sie sich an die Geschichte dieses Fanatismus erinnert und Trauer zuläßt, entsteht die Möglichkeit, sich von Pauschalierungen im Denken, Fühlen und Verhalten zu lösen.

D. Veränderung und Beharrung

In diesem Abschnitt möchte ich auf die Spannung zwischen Veränderung und Beharrung eingehen, die sich in E.Hilgers Erzählungen und in ihrem Verhalten abzeichnet. Sie bestätigt nach fünfeinhalb Jahren ihre Reaktion auf H.Zoller (S.207); doch das Aufgeben ihrer Formulierung vom "pauschalen Haß" verweist auf eine Veränderung im Zuge der wiederholten Erinnerung. Sie kann von dem Wendepunkt ihres Lebens erzählen, als hätte sich danach keine nennenswerte Veränderung ihres Lebens mehr ereignet; doch ist wahrzunehmen, daß die Erinnerung an diesen Wendepunkt auch in der Gegenwart noch Kräfte zur Veränderung freisetzen kann.

Ich möchte diese Spannung zwischen Beharrung und Veränderung an zwei Beispielen untersuchen. Bei der Wiederholung der Offenbarung ihres Vaters auf dem Misthaufen sagt E.Hilger:

"Ich hab mich überhaupt kein bißchen verändert"[292]

"Da hab ich mich eigentlich so mein Leben lang dran orientiert. Ich hab mich manchmal so gefragt, ob das richtig ist. Goethe hat mal gesagt: 'Nur wer sich wandelt, bleibt mit mir verwandt.' Und ich hab immer so gedacht: Ich hab mich überhaupt kein bißchen verändert, ich könnte jetzt noch genauso weiterreden, wie ich mit 17 Jahren damals geredet habe. Ich weiß nicht, obs richtig ist, aber ich könnte das nicht mehr anders machen, auch jetzt nicht. "

Sie findet erstaunlich weitgehende Formulierungen für ihre Beharrung. Dabei läßt sie den Ton des Stolzes zurücktreten, der ähnliche Aussagen in anderen Zusammenhängen begleitet, und gibt dem Zweifel Raum, "ob das richtig ist". Sie zitiert - vermutlich aus der kulturellen Überlieferung ihres Vaters als eines gebildeten Sozialisten - ein Wort von Goethe, das zur Wandlung aufruft. Doch sie bekennt, daß sie "das nicht mehr anders machen" könnte. Hier sehe ich die Gefahr, daß sie

---

291 Sie nimmt damit Bezug auf ihren Onkel, der sich angesichts des Befehls, Zivilisten zu ermorden, selber tötete. Vgl. S. 200, S. 219
292 9.1.1994; TI 104.1.420

die Tradition, an der sie sich orientiert, aufgibt; denn diese Tradition erweist ihre Kraft gerade darin, daß sie erstarrte und bedrückende Zustände durchbricht, erhellt und verändert.[293]

Ihrer Selbstaussage, daß sie sich nicht ändern könne, stelle ich nun die äußerst energische Aufforderung an H.Zoller gegenüber, sich zu verändern, sogar in einem in den religiösen Bereich gehenden Sinn: "... man ist gezwungen zu büßen ..." (S.180). Die Kluft zwischen Opfern und Tätern wird damit vertieft; dieser Ruf nach Veränderung bewirkte bei H.Zoller eher das Gegenteil, nämlich weitere Verhärtung und trotzige Selbstrechtfertigung. Mir geht es nicht darum, diese Kluft zu verwischen, sondern um Möglichkeiten der Verständigung zwischen Menschen, die durch diese Kluft getrennt sind. Daher frage ich: Hat die Art von E.Hilgers Erregung über H.Zollers Starrheit etwas damit zu tun, daß sie selbst zwar unter eigener Erstarrung leidet, aber nicht die Kraft fühlt, sich daraus zu lösen? Wäre ihr moralischer Anspruch an H.Zoller bescheidener und mehr auf ihn als Menschen bezogen, wenn sie selbst bereiter wäre, sich zu wandeln?

1. Hoffnung und Gewißheit

Das zweite Beispiel, an dem ich die Spannung zwischen Beharrung und Veränderung untersuchen möchte, kommt aus einer Erinnerung an die Nachkriegszeit, also an die Zeit, in der E.Hilger praktisch ohne Lohn für den "Wiederaufbau" arbeitete (S.197), an die Zeit, in der die überzeugten Nazis sich verbargen und sich mehr oder weniger oberflächlich an die veränderten Bedingungen anpaßten, an die Zeit, in der sie den Entschluß faßte, einen jetzt noch offen überzeugten Nazi zu ohrfeigen. Am 21.1.1988 ging es im Gesprächskreis um die Hoffnungen, die die Menschen in dieser Zeit hatten; die meisten sagten, sie hätten damals nur wenig gehofft. E.Hilger sagt, daß sie das Kriegsende in ihrem Stadtteil erlebt habe.

"der Friede, der war einfach ne sichere Sache"[294]

EH „und ich hab mal so drüber nachgedacht, daß nun immer Frieden sein würde, das haben wir nicht gehofft, das haben wir einfach erwartet. Das war keine Hoffnung, sondern das stand fix und fertig und fest. Ich glaube, wenn ich damals auch nur ein bißchen daran hätte zweifeln müssen, hätte ich mich aufgehängt"

GK (Lachansatz)

EH „Sie stutzen da so, das ... sage ich nicht einfach nur so dahin. Ich hab also das als derart schrecklich empfunden das ganze, ... da ging so ein Aufatmen, nicht nur ich, sondern unsere ganze Familie, und das war einfach jetzt so fix und fertig in meinem Kopf, ... daß es nie mehr Krieg und Soldaten geben würde und nie mehr Aufrüstung und keine Bomben mehr und gar nichts. Wenn ich das hätte nur hoffen müssen, das wär also zu Anfang gleich ganz schrecklich gewesen."

---

293 vgl. den Hinweis auf Tradition als Diskontinuum des Gewesnen, Anm. 279, S. 205
294 TI 13.1.035

EH „der Friede, der war einfach ne sichere Sache. Da hab ich also selber und auch mein Vater und überhaupt unsere ganze Familie nicht ne Sekunde dran gezweifelt - am Anfang, aber nur für kurze Zeit, denn ... das hat sich ja ganz schnell verändert. Der erste Zweifel kam dann ja schon mit der Atombombe in Hiroshima"
Damals habe man die Amerikaner noch entschuldigen können.
EH „Wir wollten doch aber auch diese Entschuldigung haben, wir wollten doch nicht gleich zweifeln müssen."

Im Frühjahr 1989 schreibt sie:
"Der 8. Mai 1945 war der Tag, an dem eine neue Zeitrechnung begann. Die Sonne schien an dem Tag merklich leuchtender und goldener als an den 4481 Tagen davor. ... Das herrliche Gefühl der Freiheit gab uns Kraft und Lebensfreude. Wir wußten, daß wir die Schulden des Nazi-Regimes bezahlen mußten, daß wir entbehren und Lasten tragen mußten. Wir lebten aber in der Gewißheit, daß niemals wieder Menschen von Faschisten gequält würden, daß niemals wieder ein Krieg so unsägliches Leid über die Menschheit bringen würde. Die Arbeiterklasse hatte bitteres Lehrgeld bezahlen müssen. Sie würde niemals wieder einem Rattenfänger nachlaufen. Wir wollten aufräumen, aufbauen und eine bessere Welt schaffen. Wir würden Kinder haben und sie zu verantwortungsvollen Menschen erziehen, die ihr Leben ohne Angst gestalten sollten."

E.Hilger beschreibt mündlich und schriftlich den Neubeginn am 8. Mai 1945, wie sie und ihre Familie ihn erlebte. Ich konzentriere mich bei der Interpretation auf das Verhältnis von Hoffnung und Gewißheit.

Hoffnung ist für sie etwas, dessen Gelingen nicht gewiß ist. Sie beschreibt im Anschluß an beide zitierten Stellen solche Hoffnungen: an erster Stelle die Hoffnung zu überleben, Hoffnung auf ausreichende Nahrung und Kleidung, ein Dach über dem Kopf, auf eine Lehrstelle. Wie bescheiden diese Hoffnungen waren, zeigt sich daran, daß sie auch gegen den Morgenthau-Plan nichts einzuwenden gehabt hätte. Im Gegensatz dazu steht die unbedingte Gewißheit des Friedens. Rückblickend glaubt sie, daß ein Zweifel am Gelingen des Frieden für sie so unerträglich gewesen wäre, daß sie sich aufgehängt hätte. Daher kam ihr ein solcher Zweifel nicht ins Bewußtsein; der Frieden war für sie und die anderen Familienangehörigen eine feste Tatsache.

Woher kommt das Illusionäre und Starre dieser Gewißheit? E.Hilgers Hinweis auf den Selbstmord legt die Deutung nahe, daß diese realitätsblinde Art von Gewißheit die Kehrseite von überwältigender Sinnlosigkeit, Todesangst und ohnmächtiger Verzweiflung war, die sie im Krieg erlitten hatte. Die bloße Vorstellung, daß der Frieden scheitern könnte, hätte sie in den Abgrund gestürzt. Vielleicht läßt sich die Starre dieser Gewißheit mit dem starren Anklammern eines Schiffbrüchigen an einen Balken vergleichen.

E.Hilgers Perspektive des Aufbaues einer besseren Welt mit verantwortungsvollen Nachkommen, "die ihr Leben ohne Angst gestalten", bezeichnet einen Hoffnungsinhalt, der nicht an die blinde Gewißheit der ersten Nachkriegszeit gebunden ist. Diese Perspektive gibt Grund zu der Annahme, daß in der Spannung zwischen

Hoffnung und Gewißheit in ihrer Lebensgeschichte die lebendige, auf Wirklichkeit beziehbare und Ungewißheit ertragende Hoffnung stärker war und ist: sie hat sich immer wieder an dieser Hoffnungsperspektive orientiert und sich - nach eigener Einschätzung mit Erfolg - bemüht, sie ihren Kindern zu überliefern. Die Orientierung an ihrem Vater trat gegenüber der Orientierung an diesem Hoffnungsinhalt zurück, als sie mit 30 Jahren wegen deren Haltung zur Wiederaufrüstung nicht der SPD beitrat. Diese Fähigkeit zur Kritik und zum Bezug auf die Wirklichkeit verstehe ich als Zeichen für das Lebendige, nicht Starre ihrer Hoffnung.

2. Gewißheit und "Idealismus"

Läßt sich E.Hilgers Gewißheit des Friedens in der ersten Nachkriegszeit mit J.Reeses Idealismus in der Vorkriegszeit vergleichen (S.129f)? Man mag vor einem solchen Vergleich zurückschrecken, denn zunächst ist die Kluft zwischen der Sache des Nationalsozialismus und der Sache des Friedens zu sehen, auch die Kluft zwischen Hitler, der den Krieg auslöste und den Alliierten, die ihn durch den Sieg über Hitler und seine Verbündeten beendeten. Aber läßt sich der Eindruck abweisen, daß bei J.Reese wie bei E.Hilger zur jeweiligen Zeit Wahrnehmungen verdrängt wurden, die zur Erschütterung des Ideals hätten führen können; daß bei beiden Zweifel ausgeblendet wurden; daß bei beiden die Wirklichkeit gespalten wurde, um an dem Ideal bzw. an der Gewißheit festhalten zu können? Der Grund für diese Ähnlichkeit ist vielleicht darin zu suchen, daß in einem Kampf auf Leben und Tod die Gefahr besteht, sich dem Gegner anzugleichen; diesen Zusammenhang spricht J.Reese mit dem oft gebrauchten Widerspruch an, daß manche "mit *aller Gewalt* für den Frieden *kämpfen*".

E. "Mildernde Umstände"

Wenn im Gesprächskreis E.Hilgers Starre zur Sprache kommt, Züge von Fanatismus und die Neigung, einen Menschen mit seiner Schuld zu identifizieren, gesteht sie dies wohl ein, aber weist auf "mildernde Umstände" hin. Der Bezug dieses Ausdruckes auf die Situation einer Gerichtsverhandlung ist kaum zufällig. Sie sieht sich ständig in einer Situation der Rechtfertigung: früher vor ihren Eltern, deren Leben sie als Kind hätte gefährden können; vor ihrem Vater, der ihr die Orientierung ihres Denkens gab; vor ihrer Generation, der gegenüber sie sich als Außenseiterin fühlte und noch fühlt; vor den Nachgeborenen, deren Zukunft sie nicht verraten will. Vieles von ihren Erzählungen verstehe ich als Werbung um Verständnis für Schwächen und Fehler,[295] ähnlich wie B.Brecht in seinem Gedicht "An die

---

295 vgl. besonders S.212, E.Hilgers Wort von den „Macken" der Zeitzeugen

Nachgeborenen" schreibt: "Gedenkt unsrer mit Nachsicht".[296] Solches Gedenken schließt die Bereitschaft ein, sich an die "finsteren Zeiten" zu erinnern und erinnern zu lassen, denen man selbst entronnen ist; und es schließt Trauer darüber ein, daß auch der Haß gegen das größte Unrecht die Züge verzerrt. Solches Gedenken bleibt nicht starr an den Verzerrungen hängen, sondern versucht, durch sie hindurch das menschliche Gesicht wahrzunehmen.

F. Zwischenergebnis

Im folgenden beziehe ich, wie in den vorigen drei Kapiteln, die Ergebnisse der bisherigen Untersuchung auf die im 3. Kapitel dargelegte Fragestellung. Dies ist aus dem Grund schwieriger als bei den drei anderen Personen, weil das Opfer-Sein in E.Hilgers Lebensgeschichte ein größeres Gewicht hat als bei den anderen; meine Fragestellung ist jedoch im wesentlichen auf TäterInnen bezogen. - Nimmt E.Hilger ihren Anteil an der nationalsozialistischen Vergangenheit an? Sie bekennt sich, obwohl sie sich als Opfer des Nationalsozialismus versteht, in einem erstaunlichen Ausmaß zu ihrer Mitschuld, da sie sich nicht habe erschießen lassen. Das habe sie - anscheinend auch in der Öffentlichkeit - „immer wieder gesagt" (S.182). Mit noch größerer Leidenschaft beklagt sie Verluste, ihre „vergiftete Kindheit", ihre andauernde Todesangst. Sie kann gemeinsam mit anderen weinen; jedoch ist ein großer Teil ihrer Trauer noch nicht zum Fließen gekommen. Sie fühlt sich mit den anderen Opfern des Nationalsozialismus solidarisch und hat jahrzehntelang unermüdlich antifaschistische Solidarität praktiziert. Mit ihrer Herkunft identifiziert sie sich weitgehend; die von den Eltern unbeantworteten Fragen ihrer Kindheit quälten sie nicht mehr, seitdem ihr Vater ihr mit seiner Weltanschauung die Grundorientierung gab, an die sie sich noch heute hält; ihr Verständnis dieser Weltanschauung hielt sie davon ab, ihrem Vater in die Sozialdemokratische Partei zu folgen. Ihre Mutter spielt dagegen in ihren Erzählungen kaum eine Rolle. Ihre weibliche Identität spricht sie ausdrücklich kaum an. In der Geschichte ihrer Selbsterkenntnis vor dem Spiegel wird davon eine Menge spürbar; und es ist ziemlich klar, daß ein gemeinsames Weinen von Männern über Verluste noch entschieden seltener ist als eines von Frauen. - Als Schwerpunkte in E.Hilgers Erinnerungen sehe ich zum einen die Schwierigkeit, den eigenen Schuldanteil weder zu überschätzen noch zu unterschätzen; zum anderen die Schwierigkeit, Verluste zu betrauern, die viele Zeitgenossen und erst recht Nachgeborene sich kaum vorstellen können. E.Hilger ist sich der Schwierigkeiten der Erinnerung zunehmend bewußt geworden.

---

296 B.Brecht, Gesammelte Werke Bd. 9, Frankfurt 1967, S. 725. Vgl. oben S. 24

Seit der Nachkriegszeit hat sie bewußt Haftung für die Folgen der nationalsozialistischen Herrschaft übernommen, in materieller, moralischer und politischer Hinsicht (S.197). Die Verallgemeinerung ihres Schuldbekenntnisses auf alle Überlebenden erregt den Widerspruch anderer GesprächspartnerInnen (S.118f und 145). Über ein Jahr nach dieser Auseinandersetzung relativiert sie die moralische Härte ihres Ausspruches für ihren Geburtsjahrgang 1925: „Zu jung, um wirklich schuldig zu sein, doch zu alt, um der Gnade der späten Geburt teilhaftig zu werden." (S.200) Aus einer Phase gewachsenen Vertrauens zwischen den GesprächspartnerInnen stammt ihr Wort von den „mildernden Umständen", in dem sich ihr gestiegenes Bewußtsein von den Schwierigkeiten der Erinnerung ausdrückt. In dieser Phase spricht sie offener als zu Beginn des Gesprächskreises über ihre Anpassung an den Nationalsozialismus, die nicht nur in Feigheit oder einem Mangel an Widerstand gegen den Terror bestand, sondern in ihrer Kindheit und Jugend auch in der Verlockung, so zu sein wie die anderen BDM-Mädchen.

Die Orientierung am Nationalsozialismus war bei E.Hilger von der Stärke des Gefühls und von der Dauer her entschieden geringer als bei der Mehrheit ihrer Generation; dennoch hat sie in ihrer Kindheit und im ersten Teil ihrer Jugend bestanden. Als deutliches Zeichen dafür ist nicht nur ihr Neid auf die BDM-Mädchen zu sehen, sondern auch ihr Leiden unter der Spaltung zwischen Elternhaus und der Mehrheit. Ohne einen inneren Anteil an dieser Mehrheit hätte sie nicht unter dieser Spaltung derart „entsetzlich" gelitten; sondern dann wäre ihr Leiden ausschließlich das einer Bedrohten und Verfolgten gewesen. - Was geschah mit diesem inneren Anteil nach jenem Tag auf dem Misthaufen, an dem ihr neues Bewußtsein erwachte? Die täglichen starken Kopfschmerzen als Ausdruck ihrer "Bewußtseinsspaltung" verschwanden. Aber konnte sie sich von den Orientierungen, die sie nun als verfehlt erkannte und scharf moralisch verurteilte, wirklich lösen, ohne deren Verlust in schrittweiser Trauer anzuerkennen?[297] Spricht vielleicht ihr Fanatismus, ihr pauschaler Haß gegen Menschen und Verhältnisse, die ihre "Kindheit vergiftet" haben, dafür, daß hier noch ein Stück Trauer aussteht?

An ihrem pauschalen Ausspruch von der Feigheit aller Überlebenden, mit dem andere und sie selbst sich auseinandergesetzt haben, wird noch ein anderer Aspekt der Schwierigkeit deutlich, das eigene Subjekt-Sein in bezug auf die nationalsozialistische Vergangenheit angemessen zu bestimmen und anzunehmen. Die anderen bisher dargestellten Personen - wie die Mehrheit der ZeitzeugInnen des Nationalsozialismus - hatten und haben mit der Schwierigkeit zu tun, die Verantwortung für die eigenen Taten anzuerkennen, angesichts von Bedingungen, die ihre Freiheit in einem mehr oder minder hohen Maß einschränkten. Vor dieser Schwierigkeit steht, wenn die Zusammenfassung im vorigen Absatz richtig ist, auch E.Hilger. Jedoch sehe ich sie auch vor der umgekehrten Schwierigkeit, nämlich der Gefahr, ihre Ver-

---

297 vgl. die Paradoxie von Trauer und moralischem Urteil S. 31

antwortlichkeit für das, was damals geschah, zu überschätzen.[298] Wie Überschätzung und Unterschätzung der eigenen Verantwortlichkeit ineinander übergehen können, geht aus folgender Beobachtung hervor: Während J.Reese zum ersten Mal von seiner Desertion erzählte, um ihr zu widersprechen, machte E.Hilger einen Versuch, ihren pauschalen Ausspruch von der Feigheit aller Überlebenden aufrechtzuerhalten.[299] In den folgenden Jahren hat J.Reese mehrere Male von seiner Desertion erzählt. Dabei ist mir zunehmend bewußt geworden, daß diese Erzählungen eine Spannung zu E.Hilger hervorriefen, auch wenn sie nicht besonders an sie adressiert waren. Für die Untersuchung ist an dieser Stelle weniger wichtig, daß diese Spannungen nach Jahren weniger heftig waren als am Anfang.[300] Den wichtigsten Grund für E.Hilgers Anspannung sehe ich darin, daß J.Reese durch seine Desertion zeigt, was ein junger Soldat damals tun konnte; dadurch wird - gewollt oder nicht - das Verhalten der anderen, die in einer ähnlichen Lage waren wie er, infrage gestellt. In E.Hilgers Familie ist niemand desertiert; ihr Onkel hat sich das Leben genommen, weil er nicht zum Mörder werden wollte. Diese Familienerfahrung verallgemeinert sie in dem Satz: "Da gabs nur eine Alternative dazu: entweder die Meinung sagen und tot und weiterleben und sich ... durchmogeln" (S.116), ein anderes Wort für Feigheit oder moralische Mitschuld. J.Reeses Geschichte stellt zwar diese Alternative infrage. Aber spricht sie wirklich gegen die Feigheit derer, die nicht desertierten? Läge es - wenn schon von der Feigheit der Überlebenden die Rede ist - nicht näher, J.Reeses Geschichte als Beleg für die Feigheit derer zu verstehen, die nicht desertierten? Eine solche Deutung würde E.Hilgers Ausspruch, wenn auch nicht mehr pauschal, unterstützen; etwas bei ihr sträubt sich jedoch dagegen. Ich nehme an, daß diese Schwierigkeit mit der doppelten Gefahr im Umgang mit dem Bösen zusammenhängt:[301] einerseits sehe ich bei E.Hilger die Gefahr, die Feigheit *der* Zeitgenossen, und auch ihre eigene Feigheit, zu überschätzen. Denn ihre Bereitschaft zu einem politischen Mord halte ich für glaubwürdig; es fehlte jedoch an einer Gelegenheit. Wenn das stimmt, würde damit ein Teil jener Härte verständlich, mit der sie dem nationalsozialistischen Bösen in Vergangenheit und Gegenwart entgegentrat. Auf der anderen Seite könnte ihre Reaktion auf J.Reeses Desertion ein Zeichen einer Unterschätzung ihres Anteils am Nationalsozialismus sein, der vielleicht weniger in dem unterlassenen Widerstand besteht, sondern eher in ihrer inneren Beteiligung am BDM.

---

298 Die Höhe und Härte ihres politisch-moralischen Anspruchs sehe ich als Ausdruk dieser Verantwortlichkeit (vgl. S. 204f). Ist nicht jedes individuelle Subjekt überfordert mit dem Anspruch, aus eigener Kraft das in der NS-Führung konzentrierte Böse besiegen zu müssen?
299 EH „konnten Sie aber auch nur machen, weil Sie keine Familie hatten, keine Frau und keine Kinder" S. 119
300 ich komme darauf zurück, S. 248ff
301 vgl. S. 51

1. Sich betreffen lassen

Es kann der Eindruck entstehen, daß alles am Nationalsozialismus E.Hilger betrifft - wie im Traum.[302] Entsprechend ihrer Solidarität mit den Unterdrückten folgert und fordert sie Ähnliches für alle anderen: ihr Satz von der Feigheit aller Überlebenden soll, so gesehen, diese Art der Betroffenheit bei den anderen auslösen. Das Pauschale an diesem Satz bildet aber gerade ein Hindernis dafür, daß sie ihren eigenen Anteil an der nationalsozialistischen Vergangenheit konkreter und bescheidener wahrnimmt.

E.Hilger spricht vom Erwachen ihres politischen Bewußtseins, das mit der Bereitschaft verbunden ist, weitreichende Verantwortung zu übernehmen. Doch nach dieser Erweiterung ihres Sinnhorizontes scheint dessen Grenze erstarrt zu sein. Diese Erstarrung zeigt sich zum einen in ihrer Selbstaussage, daß sie sich nicht verändert habe, zum anderen in der Schwierigkeit, die Perspektivenwechsel ihr bereiten. So sieht sie in H.Zoller nur ein Feindbild, also einen Teil ihrer Innenwelt; ihn als Anderen, als Menschen, der von diesem Bild sich unterscheidet, nimmt sie "nicht zur Kenntnis" (S.184). - In der Begegnung mit H.Zoller schlug ihre Erinnerung an die Zeit der größten Verzweiflung unerwartet in die Gegenwart ein. Ich versuche, diese Art des Einschlags mit dem Auftauchen der Erinnerung bei I.Gartemann zu vergleichen. Beide Frauen werden von ihrer Vergangenheit betroffen. E.Hilger hatte ihren Vorsatz von damals, einen immer noch begeisterten Nazi zu ohrfeigen, im Unterschied zu I.Gartemann jedoch nie vergessen. Insofern wiederholt sie ein altes, lange festgelegtes Muster des Verhaltens. Während die Erinnerung bei I.Gartemann die Situation öffnet, geschieht im Augenblick des Einschlags bei E.Hilger das Gegenteil. Die offene oder kaum verheilte Wunde ihres Opfer-Seins ist getroffen. Der Schmerz löst eine verstärkte Abwehr der Wahrnehmung des Menschen H.Zoller und der Selbstwahrnehmung aus, so daß ihre eigene innere Anteilnahme am Nationalsozialismus inkognito bleibt. Der Abwehrmechanismus erscheint konzentriert in der Gestalt der Pauschalaussage über die Feigheit aller Überlebenden und in dem pauschalen Feindbild, von dem sie den konkreten Menschen nicht mehr unterscheidet. Dennoch gibt es eine Ähnlichkeit in der Erinnerungsarbeit der beiden Frauen, nämlich in der Andauer der nachträglichen Arbeit an den aufgetauchten Erinnerungen. Auch E.Hilger hat sich in den Jahren der Erinnerungsarbeit von dem alten Muster entfernt; vielleicht ist der Beginn dieser Entfernung schon darin zu sehen, daß sie H.Zoller eben nicht buchstäblich ohrfeigt, sondern über ihren damaligen Vorsatz *spricht*.

Im Unterschied zu der direkten Auseinandersetzung mit H.Zoller wird E.Hilgers jahrelange Erinnerungsarbeit zu dieser Geschichte zunehmend weniger von der Vergangenheit beherrscht. Dies gilt besonders für die Geschichte ihrer Selbster-

---

302 vgl. S. 76

kenntnis vor dem Spiegel, die sie fünfeinhalb Jahre später im Rahmen eben dieser Erinnerungsarbeit erzählt. Hier kann von zwanghafter Wiederholung der Vergangenheit kaum noch die Rede sein, eher von einem Dialog zwischen Gegenwart und Vergangenheit. Für die Gegenwart fruchtbar wird besonders der weite Horizont ihrer damaligen Selbsterkenntnis als eines von vielen Opfern und gleichzeitig als eines Menschen, der zur Anpassung an Zwang und Verlockung bereit war. In der Erinnerung an diese Geschichte weitet sich ihr Horizont in der Gegenwart: sie gibt im Verlauf ihrer Erzählungen im Anschluß an ihre Spiegelgeschichte ihre Formulierung vom pauschalen Haß "gegen die Nazis" mehr und mehr auf (S.211).

2. Monolog - Dialog

E.Hilgers direkte Reaktion auf H.Zoller ist von einer monologischen Struktur beherrscht, die ihren stärksten Ausdruck darin findet, daß sie ihn „als Menschen nicht zur Kenntnis" nimmt und damit als Dialogpartner verneint. In der Geschichte ihrer Selbsterkenntnis vor dem Spiegel ist dagegen eine Hinwendung zum Dialog zu sehen: sie erzählt und entfaltet diese Geschichte im Gespräch. In diesem Gespräch ist allerdings kein Teilnehmer anwesend, der sie so hätte reizen können wie damals. Dennoch läßt sich sagen, daß sie im Verlauf der Jahre im Gesprächskreis an Dialogfähigkeit und - bereitschaft zugenommen hat. Jedenfalls halte ich es für unwahrscheinlich, daß sie die Spiegelgeschichte schon im ersten Jahr des Gesprächskreises hätte erzählen können. Ihr Vertrauen zu den anderen TeilnehmerInnen ist langsam gewachsen; dies ist wichtig vor dem Hintergrund, daß sie zum Mißtrauen erzogen wurde, auch gegen sich selbst (S.201). Auf der anderen Seite darf gesagt werden, daß die von J.Reese und mir gestellten Fragen an E.Hilger sich als fruchtbar erwiesen haben - vielleicht auch als fruchtbarer im Vergleich zu der Anfangszeit des Gesprächskreises. Dabei hat J.Reese - wie in anderen Fällen - stärker als ich ausdrücklich die Perspektive der Gesprächspartnerin übernommen.[303] Jedenfalls hat sich E.Hilger über das Erwartbare hinaus diesen Fragen geöffnet und damit entscheidend zum Gelingen des Dialogs beigetragen.

3. Festhalten von Bildern der Vergangenheit

An dem Bild des Nationalsozialismus, das E.Hilger in den großen Augenblicken ihres Erwachens gewann, hat sie energisch festgehalten und sich Zeit ihres Lebens daran orientiert. Dies gilt jedoch nicht in gleichem Maß für alle Aspekte dieses Bildes. Ihre Selbsterkenntnis als eines von vielen Opfern der verbrecherischen NS-Herrschaft war der vorherrschende Aspekt des damaligen Bildes; in zweiter Linie erkannte sie ihre Anpassungsbereitschaft. Vielleicht um des antifaschistischen Kampfes oder der Solidarität mit den anderen Opfern des Nationalsozialismus wil-

---

303 zu J.Reeses Nachfrage vgl. S. 206, zu meiner Zurückhaltung beim Fragen vgl. S. 208

len hielt sie an diesem zweiten Aspekt nicht mit gleicher Energie fest, so daß er in der Auseinandersetzung mit H.Zoller nahezu ganz verschwinden konnte. In der darauf folgenden Erinnerungsarbeit erwies sich dann die Kraft des Noch-Nicht-Bewußten in dem damaligen Bild, ihren Horizont in der Gegenwart zu erweitern.

4. Abschied von Illusionen

Der Bann traumartiger Vorstellungen, die E.Hilger während ihrer Kindheit und Jugend vom Nationalsozialismus hatte, wurde entscheidend im Augenblick ihres politischen Erwachens durchbrochen. Sie sah damals das Illusionäre dieser Träume ein und verabschiedete sich von ihnen in Wut und Haß. Vielleicht bleibt ihr eben deswegen noch ein Stück Trauerarbeit übrig. - Auf einer anderen Ebene liegt die Illusion ihrer Friedensgewißheit in der Nachkriegszeit. Von dieser Illusion konnte sie sich in dem Maß verabschieden, in dem sie eine lebendige, auf Wirklichkeit beziehbare und Ungewißheit ertragende Hoffnung lebte und lebt.

5. Übertragen von Hoffnungsinhalten

E.Hilgers Haß gegen die nationalsozialistischen Verbrecher zeigt seine Energie darin, daß sie mit ihrer Kritik an den Illusionen auch ihre Träume selbst vernichtete, die sie z.B. mit dem BDM verband. In gleichem Sinn wirkt das Gefühl ihrer Mitschuld. Ich sehe kaum ein Anzeichen dafür, daß sie einen positiven Hoffnungsinhalt in diesen Träumen ihrer Kindheit und Jugend von dem Illusionären unterscheidet. Die Haltung der vernichtenden Kritik bestimmte ihre Reaktion auf H.Zoller; ihre jahrelange Erinnerungsarbeit daran zeigt jedoch, daß sie zur Veränderung dieser Haltung imstande ist.

6. Erweiterung der Identität

Ganz überwiegend festigt E.Hilgers Erinnerung an den Nationalsozialismus ihre bestehende Identität als Antifaschistin und Friedenskämpferin; zu einem geringen Teil führt die Erinnerungsarbeit jedoch zu einer Erweiterung ihrer Identität. Sie spricht vom Erwachen ihres politischen Bewußtseins; damals erfuhr sie die entscheidende Veränderung ihrer Identität. Es ist deutlich geworden, daß dies mit einem Erwachen von Gefühlen und Willensenergie einherging. Doch sie gibt selbst einen Hinweis darauf, daß das Erwachen ihrer Gefühle weniger umfassend war als das ihres politischen Bewußtseins: sie habe einen Teil ihrer Angst in Wut verwandelt. Der andere - vielleicht der größere - Teil ihrer Angst ist demnach unverwandelt geblieben. Ein ähnliches Muster zeigt sich bei ihrer Trauer, deren verändernde Kraft weitgehend noch im Zustand der Starre gefangen ist. Ich habe den Eindruck, daß sie gefühlsmäßig noch stark an ihre Alpträume aus der Zeit des Nationalsozialismus gefesselt ist. Wenn diese Beobachtungen richtig sind, wird dadurch verständlicher, warum sie nach ihrer Selbstaussage sich in den letzten Jahrzehnten so wenig geändert hat. Ich vermute, daß E.Hilgers Pauschalierungen im Bekenntnis der Kollektivschuld der Überlebenden und in ihrem Feindbild von den Nazis in dem Maß zurücktreten können, wie sie konkrete Trauer zuläßt.

Ihre Arbeit an der Überlieferung, an der Erziehung zum Frieden auch noch ihrer Enkel ist fester Bestandteil dieser Identität, bis in die Gegenwart hinein. Diese Beständigkeit führt zu der Frage, ob E.Hilger die Tradition der Unterdrückten als Kontinuität des Bewährten versteht, an dem sie sich orientiert hat wie ihr Vater, oder ob auch für ihr Leben der Begriff der Tradition als Diskontinuum des Gewesnen zutrifft. Für das erste sprechen ihre Selbstaussagen der Art, daß sie jetzt noch genauso weiterreden könnte wie mit damals 17 Jahren (S.213). Für das zweite spricht zum einen ihre eigene Erfahrung von damals, in der der Traumhorizont ihrer Befangenheit durch den Nationalsozialismus aufgebrochen wurde; zum anderen ihre Einsicht, daß die "friedliche Zukunft unserer Kinder" nur dadurch zu erreichen ist, daß die Kontinuität der Kriege und der Kriegsbereitschaft in der Gegenwart durchbrochen wird. Vielleicht kann die Erinnerung an die Erfahrung der Diskontinuität in ihrem politisches Erwachen noch dazu beitragen, daß sie - wenn auch in Grenzen - Narben des Krieges überwindet, die sie an sich trägt: können pauschale Feindbilder, vernichtende Kritik an Teilen des eigenen Lebens und überhaupt dualistische Denkformen dem Frieden dienen?

7. Überlieferung

E.Hilger hat mir durch ihre Erzählungen nicht nur viel Einsicht in die Perspektive von Opfern des Nationalsozialismus überliefert, sondern auch Zuversicht, Mut und Unentwegtheit. Dadurch hat sie mich nicht nur ermutigt, die politischpädagogische Arbeit fortzusetzen, sondern auch die wissenschaftliche Arbeit durchzuhalten. Ihre Unentwegtheit zeigt sich schon darin, daß sie in den 10 Jahren des Gesprächskreises am wenigsten gefehlt hat. Mit dieser Haltung hat sie mir langen Atem[304] überliefert. Ihr Mut wirkt sich nicht nur in ihrer Bereitschaft zur politischen Auseinandersetzung aus, sondern auch in ihrer Bereitschaft, sich immer wieder schmerzhaften Erinnerungen zu nähern. Zu meiner Darstellung der Erinnerungsarbeit im Gesprächskreis sagte sie, diese sei wahr und ungeschönt. Sie schrieb mir im Sommer 1998 nach der wiederholten Lektüre: „Die Konfrontation schmerzt - immer noch. Bald wird sich niemand mehr erinnern können." Sie findet den Gedanken tröstlich, daß meine Arbeit „ein Sandkorn im Getriebe des Zerstörerischen sein könnte." Damit hat sie konzentriert etwas ausgedrückt, was sie mir überliefert hat: die Bereitschaft, um der Wahrheit willen, um des Zeugnisses willen, das die Generation der Zeitzeugen abzulegen hat, schmerzhafte Erinnerungen zu ertragen.

---

304 vgl. unten S. 254

Diese Bereitschaft wird von einer Hoffnung genährt, die sie nicht nur ihren Kindern überliefert hat, sondern auch mir. Diese Hoffnung hat dazu beigetragen, daß ich gestärkt aus den meisten Sitzungen des Gesprächskreises herauskam und nicht ermüdet, und daß ich etwas schreiben konnte, das Menschen wie E.Hilger Hoffnung gibt.

9. Kapitel:
Fördernde und hemmende Bedingungen der Erinnerungsarbeit

In den vorigen Kapiteln kam es darauf an, die Erinnerungen weniger Menschen gerade in ihrer Einzigartigkeit zu beschreiben. Im folgenden geht es um eine Zusammenfassung dieser Erinnerungen, die auf Verallgemeinerung zielt. Dabei ist die Frage der Repräsentativität dieser Erinnerungen noch schwieriger als in der Oral History.[305] Die Verallgemeinerung, um die es mir geht, folgt der Einsicht W.Benjamins, daß der Begriff vom Extrem ausgeht und nicht vom Durchschnitt.[306] Extreme Fälle oder Ausnahmefälle sind die Lebensgeschichte von J.Reese, das Zusammentreffen von E.Hilger und H.Zoller und die dokumentierte Erinnerungsarbeit von I.Gartemann, durch die sie aufhörte, eine durchschnittliche Repräsentantin ihrer Generation zu sein. Aufgrund der Erfahrungen und Erzählungen im Gesprächskreis läßt sich vermuten, daß die Mehrheit der HJ-Generation sich entschieden we-

---

305 L.Niethammer hat klargestellt, daß „Oral History über keine praktische Möglichkeit zum Erweis der statistischen Repräsentativität ihrer Befunde verfügt". (L.Niethammer 1985, S. 409). Dennoch vermittele „eine historische Auswertung von Erinnerungsinterviews ... in einer Abfolge von methodischen Arbeitsschritten zwischen dem Text des Einzelfalles und dem historischen Kontext. Einerseits können diese Arbeitsschritte Interpretationsangebote zu den einzelnen Geschichten erbringen, die ihren Text über seine offensichtliche Mitteilung hinaus für neue, vertiefte Lesarten öffnen, und ihnen Bedeutung im Rahmen größerer historischer Zusammenhänge geben; andererseits erlauben sie aufgrund wahrgenommener Differenz in nachvollziehbarer Weise Verallgemeinerungen oder strukturelle Aussagen. Diese Interpretationen und Verallgemeinerungen sind aber Deutungsangebote, die auf die Wahrnehmungsvoraussetzungen des Interpreten zurückverweisen." (a.a.O. S.415)
- Oral History kann schon insofern eher Verallgemeinerungen erreichen, als mit vergleichbaren Fragebögen gearbeitet wird (wenn auch nicht in den ersten Phasen des Erinnerungsinterviews), was in einem Gesprächskreis kaum als sinnvoll erscheint.

306 „Das Allgemeine als ein Durchschnittliches darlegen zu wollen, ist verkehrt. Das Allgemeine ist die Idee. Das Empirische dagegen wird umso tiefer durchdrungen, je genauer es als ein Extremes eingesehen werden kann. Vom Extremen geht der Begriff aus. Wie die Mutter aus voller Kraft sichtlich erst da zu leben beginnt, wo der Kreis ihrer Kinder aus dem Gefühl ihrer Nähe sich um sie schließt, so treten die Ideen ins Leben erst, wo die Extreme sich um sie versammeln." Benjamin, Ursprung des deutschen Trauerspiels, GS 1, S. 215 - Die Vorstellung, daß der Begriff vom Extrem ausgeht, liegt auch Zygmunt Baumanns Argumentation zum Verhältnis von Entscheidungsverfügbarkeit und Schuld zugrunde: *"Es spielt keine Rolle, wie viele Menschen moralische Verantwortung über die Rationalität der Selbsterhaltung stellten - wichtig ist, daß einige es taten. Die Tatsache, daß einige wenige widerstanden, entkräftet die Logik der Selbsterhaltung und beweist, daß es immer Entscheidungsmöglichkeiten gibt. Die Frage ist, wie viele sich der Logik des Bösen widersetzen müssen, um sie zu zerstören."* Z.Baumann 1992, Dialektik der Ordnung. Die Moderne und der Holocaust, 1992 S. 221; Hervorhebung im Original; zitiert nach L.Gravenhorst 1997, S.48.

niger verändert hat als I.Gartemann.³⁰⁷ Mit dieser Mehrheit hat I.Gartemann allerdings viele Erfahrungen, Denk- und Verhaltensweisen aus der Zeit des Nationalsozialismus und der Nachkriegsjahrzehnte gemeinsam, und ähnlich wie diese Mehrheit kam sie auch wenig mit der Wissenschaft in Berührung, so daß sich deren kritische Funktion bei ihr kaum auswirken konnte.

Die Erkenntnis, die an solchen Ausnahmefällen möglich ist, bezieht sich auf die Bedingungen ihrer Möglichkeit. Unter welchen Bedingungen war es möglich, daß I.Gartemann, J.Reese und E.Hilger je auf ihre Weise und in ihrem Maß sich so an den Nationalsozialismus erinnerten, daß sich ihre Identität erweiterte, daß ihre Fähigkeit zur Verständigung mit Menschen anderer Herkunft und zur anamnetischen Verantwortung stieg? Welche Bedingungen erschwerten eine solche Art der Erinnerung vor allem bei H.Zoller, aber auch bei den anderen, je auf ihre Weise? In der Darstellung folge ich den im 3. Kapitel dazu aufgestellten Hypothesen (S.91ff). Dabei sehe ich durch die Untersuchung der vorigen Kapitel die Grundannahme bestätigt, daß identitätserweiternde Erinnerung eine vorwiegend dialogische Struktur aufweist, die andere Art der Erinnerung, die bestehende Identitäten stabilisiert, jedoch eine vorwiegend monologische Struktur.

A. Individuell-psychische Bedingungen

Die Verarmung an mitteilbarer Erfahrung, die Benjamin nach dem Ersten Weltkrieg beobachtete, war nach dem Zweiten Weltkrieg nicht geringer, sondern stärker. Der Kurs der Erfahrung ist „weiter ins Bodenlose" gefallen.³⁰⁸ Die Schwierigkeiten der Deutschen, die Vergangenheit als ihre Geschichte anzunehmen, führten weithin zum Verstummen der ZeitzeugInnen des Nationalsozialismus oder zu einer weitgehenden Einschränkung dessen, was sie bereit waren zu erzählen.³⁰⁹ Unter diesen Bedingungen ist das jahrelange Bestehen des Bielefelder Gesprächskreises als Ausnahme anzusehen. Die Menschen, die sich hier zu einer gemeinsamen Erin-

---

307 So spricht N.Möding von „unauflöslichen Amalgamen" von Einstellungen in der HJ-Generation. Das Beispiel von I.Gartemann sehe ich als seltenes Gegenbeispiel, wenn auch nicht als das einzige. I.Gartemann spricht selbst an, daß nur eine Minderheit aus ihrer Generation sich verändert hat; sie ist insofern aus dem sozialen Bezugsrahmen ihrer Generation herausgetreten. - Zur Frage der Veränderung der HJ-Generation hat M.Broszat behauptet, „daß sich die Mehrheit dieser HJ-Generation nach 1945 die einst von den Nazis denunzierten Werte mit Verve zu eigen machte" und daß „aus dieser Generation ... besonders viele engagierte Demokraten hervorgegangen" seien (S.26). Vielleicht hatte M.Broszat bei seiner These eher die Mehrheit der Generation im Auge, insofern sie in der großen politischen und kulturellen Öffentlichkeit in Erscheinung getreten ist, als die in dieser Öffentlichkeit „schweigende" Mehrheit, auf deren Erinnerungsarbeit sich meine praktische und empirische Arbeit konzentriert.
308 vgl. das Zitat von Benjamin, S.83
309 vgl. S. 11. - Die seit Mitte der achtziger Jahre einsetzende Erinnerungsarbeit, die sich z.B. in der angestiegene Flut der Memoirenliteratur ausdrückt, hat hier eine Veränderung bewirkt, aber das Problem bei weitem noch nicht gelöst.

nerungsarbeit getroffen und zusammengefunden haben, waren von Beginn an vielleicht im Vergleich zur Mehrheit ihrer Generation weniger arm an mitteilbaren Erfahrungen - das gilt vor allem für J.Reese und E.Hilger. Oder sie haben in der gemeinsamen Erinnerungsarbeit etwas gefunden, das sie mitteilen konnten - das gilt vor allem für I.Gartemann. H.Zoller unterscheidet sich von der Mehrheit seiner Generation dadurch, daß er offen von seiner nationalsozialistischen Vergangenheit redet; doch es gelingt ihm kaum, etwas mitzuteilen, er bleibt weitestgehend in einer starren monologischen Sinnstruktur befangen. Daß bereits durch das einmalige Auftreten H.Zollers im Gesprächskreis dessen Bestand gefährdet war, zeigt deutlich die Armut an mitteilbarer Erfahrung: hauptsächlich bei ihm selbst, aber auch bei anderen im Gesprächskreis.

Aufgrund der Darstellung in den vorigen Kapiteln erweist sich auf der Täterseite vor allem unerkannte oder nicht zugegebene Schuld als Hindernis einer dialogischen Erinnerung. Daß H.Zoller gemäß seiner Äußerung sich nicht schuldig fühlt, vielleicht aufgrund seines mit seiner Truppe geteilten Ehrgefühls oder seines Stolzes sich nicht schuldig fühlen darf, sehe ich als Bedingung dafür, daß sein Gedächtnis „nachgibt"[310] und seine Eigenverantwortlichkeit vor ihm selbst in einem dunklen Raum verbirgt. Bei I.Gartemann ergab die Untersuchung, daß ihr Schuldbewußtsein gegenüber den Zwangsarbeitern zum Vergessen ihrer Erfahrung mit ihnen beitrug (S.165f). - Wenn die Überlegungen zu H.Zollers Melancholie (S.192) richtig sind, sprechen sie dafür, daß ungelebte Trauer eine dialogische Erinnerung erschwert. Über die allgemeine Einsicht hinaus, daß in der Melancholie nicht bewußt wird, *was* verloren wurde, läßt sich am Beispiel von H.Zoller noch etwas über den nationalsozialistischen Gegenstand seiner Begeisterung erkennen, dessen Verlust er sich nicht eingesteht: Der Grad der (früheren) Begeisterung für den Nationalsozialismus kann als individuell-psychische Bedingung für die Ver-formung des Gedächtnisses und der Erinnerung im Sinn der nationalsozialistischen Mnemotechnik gelten.[311] Deren Schlagwörter und Muster des Denkens, Fühlens und Verhaltens konnten umso wirksamer ins Gedächtnis gehämmert werden, je mehr das seelische „Material"[312] in der Begeisterung glühte. Dies ergibt sich aus dem Vergleich der hier dargestellten Personen. H.Zoller ist von allen derjenige, der sich am leidenschaftlichsten für den Nationalsozialismus begeisterte, und auch vielleicht derjenige, der die geringsten Möglichkeiten hatte, dieser Begeisterung zu der damaligen Zeit und danach etwas entgegenzusetzen. Darin verbinden sich individuell-psychische, soziale und politisch-theologische Bedingungen der Erinnerung. Die Erstarrung der Erinnerung bei H.Zoller aufgrund der gewaltsamen Gleichschaltung, der er sich in seiner Begeisterung aussetzte, mußte im Sinn der monologischen

---

310 vgl. das Zitat von Nietzsche, s.o. S. 165
311 vgl. die entsprechende Vermutung S. 81
312 Ich zitiere absichtlich das bei den Nationalsozialisten - aber nicht nur bei ihnen - gebräuchliche verdinglichende Unwort „Menschenmaterial".

Struktur wirken und dialogische Momente ausschließen, wie an seiner Unfähigkeit zum Perspektivenwechsel und an seiner Abwehr des Anderen in sich selbst deutlich wurde (S.189ff).

Die Hypothese, daß auf der Opferseite traumatische Erlebnisse, Angst, Abscheu, Haß und Vergeltungsgefühle eine dialogische Erinnerung erschweren, kann durch diese Untersuchung nur sehr eingeschränkt bestätigt oder konkretisiert werden. Denn von den dargestellten Personen ist niemand mit den Opfern zu vergleichen, die schon aufgrund ihrer Volks- oder Religionszugehörigkeit als „Gemeinschaftsfremde" verfolgt wurden, und von denen nur eine kleine Minderheit überlebt hat. E.Hilgers Eltern waren zwar aufgrund ihrer politischen Orientierung ständig bedroht, und sie selbst lebte während der nationalsozialistischen Herrschaft deswegen in Angst. Aber sie waren als „Volksgenossen" anerkannt, und es gab eine Zeit, in der E.Hilger sich dem BDM und der „Volksgemeinschaft" zugehörig fühlen wollte. - E.Hilger benennt in der Erzählung traumatischer Erlebnisse eine Grenze (S.201), die aber - im Unterschied z.B. zu vielen Opfern, die in Vernichtungslagern waren, sie nicht völlig verstummen oder vergessen läßt. Jedoch bewirkt der Stoß, den H.Zollers Auftritt ihrer Verwundung versetzt, eine Verstärkung der monologischen Struktur ihrer Erinnerung als „eines von vielen armseligen Opfern" des Nationalsozialismus.[313] Das Andere in ihrer Vergangenheit, nämlich der Anteil ihrer Zustimmung zum Nationalsozialismus, an den sie sich unter anderen sozialen Bedingungen erinnern konnte, ist anscheinend in ihrer Reaktion auf H.Zoller ganz verschwunden; sie ist fixiert auf dessen „leuchtende Augen", in denen sie immer noch Zustimmung zum Nationalsozialismus, ja Begeisterung sieht.

J.Reese hat in Dänemark vor allem bei Kommunisten die Erfahrung gemacht, daß er von seiner Vergangenheit ohne Sanktionen erzählen konnte. Der Gesprächskreis gab I.Gartemann die Gelegenheit, Gefühle wie Trauer und Scham ohne die Sanktionen zu äußern, mit denen sie in ihrem sozialen Umfeld sonst zu rechnen hätte. Diese Gelegenheit hat, wenn die Argumentation im 6. Kapitel zutrifft (S.163), zur Förderung ihrer dialogischen Erinnerungsarbeit beigetragen. Dagegen war es im Gesprächskreis nicht möglich, H.Zoller eine derartige Gelegenheit zu geben. Die dafür nötige Zurückhaltung, Geduld und Selbstkontrolle wäre allenfalls unter befreundeten Menschen oder in einem therapeutischen Rahmen erreichbar (S.194). Die Aufforderung zu büßen und sich zu schämen (S.180) bewirkte bei H.Zoller eher das Gegenteil, nämlich eine weitere trotzige Verhärtung. Denn dieser Aufforderung fehlte der Vertrauen weckende Verzicht darauf, die Scham über die eigene Vergangenheit mit Abscheu oder Mißachtung zu sanktionieren.

---

313 S. 200. Das Zitat stammt aus der schriftlichen Version der Geschichte ihres politischen Erwachens.

B. Soziale Bedingungen

Die Grundannahme, daß soziale Bedingungen eine dialogische Erinnerung umso mehr fördern, je mehr sie selbst dialogisch strukturiert sind, sehe ich bereits durch den Schluß des vorigen Abschnittes bestätigt. Denn Gelegenheiten zu einer nicht sanktionierten Äußerung von Gefühlen wie Scham und Trauer beruhen auf der Dialogfähigkeit derer, vor denen diese Gefühle geäußert werden.

Insofern jede Erfahrung die Wahrnehmung eines Anderen einschließt, läßt sich die Verarmung an Erfahrung als Abnahme von Dialogfähigkeit beschreiben; zu dieser gehört nämlich die Fähigkeit und Bereitschaft, das Anderssein von anderen wahrzunehmen und anzunehmen. Der Abnahme der Dialogfähigkeit entspricht eine Abnahme der Fähigkeit und Bereitschaft, sich zu verändern oder verändern zu lassen. Denn im anderen kann ein Mensch wie in einem Spiegel eine eigene verborgene Geschichte oder eine verborgene Möglichkeit seiner selbst erkennen oder spüren. Die Chance einer solchen Selbsterkenntnis und Selbstveränderung verwirklichte sich besonders in der Beziehung zwischen I.Gartemann und E.Hilger (S.168); versäumt wurde sie besonders in dem Zusammentreffen von H.Zoller und E.Hilger.

1. Beziehungen zwischen den Generationen

Das wichtigste Ergebnis der Darstellung in Kapitel 4 - 8 sehe ich in bezug auf die im ersten Teil dargestellte Schwierigkeit, die eigene Herkunft anzuerkennen,[314] darin, daß im Gesprächskreis die Fragen, die von einer Generation an die andere gerichtet wurden, im Verlauf der Erinnerungsarbeit den Charakter gegenseitiger Vorwürfe verloren. Wäre dies nicht der Fall gewesen, hätten die gegenseitigen Vorwürfe sich sogar dauernd verschärft, so hätte der Gesprächskreis als eine auf Freiwilligkeit beruhende Gruppe wohl nicht ein Jahrzehnt lang bestanden. Während der ersten Hälfte der achtziger Jahre, in der ich Oral-History-Interviews mit ZeitzeugInnen des Nationalsozialismus führte, habe ich immer wieder erlebt, daß GesprächspartnerInnen anfingen, sich zu rechtfertigen, noch bevor ich eine Frage an sie gestellt hatte. Diese Reaktion war anscheinend von einem festen Bild meiner Generation bestimmt, das durch die Auseinandersetzungen in den späten sechziger und den siebziger Jahren entstanden war. Im Gesprächskreis war allenfalls in den ersten Sitzungen noch etwas von einer derartigen Reaktion zu spüren. Im Verlauf der Jahre wurden die festen Vorstellungen über die jeweils andere Generation nach und nach abgebaut, stattdessen wuchsen gegenseitiges Vertrauen und Offenheit. Ich kann sagen, daß die ZeitzeugInnen des Nationalsozialismus im Gesprächskreis mir das Annehmen meines eigenen Anteils an der nationalsozialistischen Vergangenheit erleichtert haben. Nachdem ich lange Zeit das Schweigen der Zeitzeugengene-

---

314   vgl. besonders S. 26

rationen über die Schattenseiten ihrer Erfahrungen in Nationalsozialismus und Krieg erlebt hatte, das durch die Vorwurfshaltung meiner Generation eher noch verstärkt worden war, konnte ich nun ein Jahrzehnt lang gegenteilige Erfahrungen machen. Die Bedingungen, die diese positiven Erfahrungen ermöglicht haben, sind gewiß in dem gewachsenen Abstand zu der damaligen Zeit zu suchen, aber vielleicht auch - im Sinn meiner Hypothese - darin, daß die VertreterInnen der Nachkriegsgenerationen im Gesprächskreis sich aus innerer Freiheit den ZeitzeugInnen des Nationalsozialismus zuwenden und ihnen zuhören konnten. Wären die Jüngeren nicht von sich aus bereit gewesen, den Älteren zuzuhören, hätten sie wahrscheinlich nicht ihre Freizeit für diesen Gesprächskreis eingesetzt. Auf der anderen Seite haben die ZeitzeugInnen selbst diese positiven Erfahrungen ermöglicht, indem sie eine in ihrer Generation verbreitete resignative Auffassung weitgehend überwanden, daß die Nachgeborenen ihre Erfahrungen ohnehin nicht verstehen könnten. Die Beziehung zu einer anderen, vor allem einer jüngeren Generation eröffnet grundsätzlich die Möglichkeit, sich neu an die eigenen Lebenserfahrungen zu erinnern und die Lebensgeschichte anders zu entwerfen. Wie groß diese Chance ist, hängt davon ab, wie sehr die Kommunikation zwischen den Generationen durch festgelegte Sinnstrukturen bestimmt wird und wie groß die Bereitschaft auf beiden Seiten ist, den eigenen Sinnhorizont durch die Perspektive der jeweils anderen Generation zu erweitern. Die im empirischen Teil dargestellten Erfahrungen sprechen dafür, daß es im Gesprächskreis möglich war, Kommunikationssperren zwischen den Generationen ein Stück weit abzubauen und den Sinnhorizont der TeilnehmerInnen entsprechend zu erweitern.

Das Gespräch zwischen den Generationen lebt davon, daß die GesprächspartnerInnen Unterschiede als Chancen der Verständigung und der Horizonterweiterung wahrnehmen. Ein solches Gespräch setzt voraus, daß die Beteiligten sich als grundsätzlich gleichgestellte Partner anerkennen. In dieser Gleichstellung ist das Gespräch zwischen den Generationen einer Debatte mündiger BürgerInnen ähnlich. Es unterscheidet sich aber von einer Debatte vor allem dadurch, daß die Gleichheit nicht abstrakt bleibt, sondern die Anerkennung von Unterschieden einschließt, die in den unterschiedlichen Lebenserfahrungen und Sinnhorizonten der Generationen wurzeln. Es wird umso lebendiger und fruchtbarer, je mehr diese unterschiedlichen Lebenserfahrungen aufeinander bezogen werden. Die Gleichstellung der PartnerInnen im Generationengespräch wird oft erst durch eine für beide Seiten schmerzhaften Phase der Ablösung erreicht. Von den Kämpfen dieser Phase wird im Gesprächskreis immer wieder erzählt.[315] Dabei wird erkennbar, daß die Wahrnehmung in dieser Phase sich auf das Negative beim anderen konzentriert, während ein Perspektivenwechsel schwerfällt. Das partnerschaftliche Gespräch lebt dagegen vom Perspektivenwechsel. Das heißt, daß die PartnerInnen den eigenen Standpunkt nicht

---

315 vgl. S. 156f (Ida Gartemann); S.175 (Hubert Zoller); S.202f (Elise Hilger)

absolut setzen, sondern ihn schon dadurch verändern, daß sie in eine lebendige Beziehung zueinander treten. Das heißt, daß sie das Andere, das Negative auch bei sich selbst offener aussprechen können; denn sie brauchen keine Angst mehr zu haben, dadurch die eigene Autorität und damit die Erziehung zu gefährden, oder sich im Streit ein Blöße zu geben, die sofort ausgenutzt würde. Das heißt nicht, daß ein partnerschaftliches Gespräch Streit ausschließt; es eröffnet im Gegenteil die Möglichkeit, starre Abwehrmechanismen zu überwinden und macht dadurch einen Streit erst fruchtbar, so daß er nicht zur Verhärtung von Standpunkten führt, sondern zu einer Veränderung im Sinn einer Horizonterweiterung.

An dieser Idee des partnerschaftlichen Gesprächs orientiert sich vor allem J.Reese (S.113f). I.Gartemanns Gespräch mit ihrer Tochter verweist auf die Überwindung der Ablösungsphase durch Partnerschaft (S.156). Ihre Aussage, daß sie sich im Gesprächskreis verändert habe, ist zu einem guten Teil auf partnerschaftliche Gespräche zurückzuführen. E.Hilgers Abkehr vom "pauschalen Haß" wurde durch ein solches Gespräch gefördert (S.207). Die wichtigste Bedingung dafür, daß der Gesprächskreis ein Jahrzehnt lang bestehen konnte, sehe ich darin, daß partnerschaftliche Gespräche zwischen den Generationen immer wieder gelungen sind.

Die ältere Generation hat eine umso größere Chance, ihre Erfahrungen mit dem Nationalsozialismus im Sinn der Tradition der Unterdrückten mitzuteilen, je mehr sie der jüngeren Generation ihren eigenen Zugang zum Nationalsozialismus zugesteht. Diese Hypothese sehe ich durch die Erfahrung des Gesprächskreises im wesentlichen bestätigt. In der Situation der Überlieferung geht die Initiative gewöhnlich von denen aus, die etwas überliefern wollen. Jedoch hat sich im Gesprächskreis auch der gegenteilige Aspekt als fruchtbar für die Überlieferung erwiesen, daß die Jüngeren durch ihre beharrlichen Fragen "dem Weisen seine Weisheit erst entreißen" müssen.[316] - Der Wunsch, etwas von den eigenen Lebenserfahrungen an die Nachgeborenen weiterzugeben, ist bei allen hier dargestellten Personen erkennbar; manche beklagten sich, vor allem in der Anfangszeit des Gesprächskreises, darüber, daß die Jüngeren davon kaum etwas wissen wollen. Doch das Was und das Wie der Überlieferung sind verschieden. E.Hilger überliefert Geschichten, Lehren, Werte und Normen des Pazifismus und Antifaschismus, deren Grundstock sie von ihrem Vater übernommen hat. Ihre Überlieferung hat einen stark erzieherischen Charakter.[317] E.Hilger stellt, geprägt durch die Beziehung zu ihrem Vater, an sich den Anspruch, als Vorbild zu wirken. Dabei kann der Eindruck entstehen, daß sie den jüngeren Generationen zuwenig einen eigenen Zugang zum Nationalsozialismus zugesteht. Sie liebt jedoch den Streit der Auffassungen, solange sie die Geltung ihrer Grundposition nicht in Gefahr sieht, und sie ist bereit, sich auf kritische Fragen von Jüngeren einzulassen. - J.Reese will dagegen weniger inhaltliche Lehren über-

---

316 B.Brecht: Legende über die Entstehung des Buches Taoteking auf dem Weg des Laotse in die Emigration. In: GW 9, Frankfurt 1967, S.663. - B.Brecht schrieb dies Gedicht während seiner Emigration in Dänemark.
317 vgl. S.215, S. 222f

liefern als "Kritikfähigkeit" (S.113f, S. 137); daher bekommen die Geschichten seiner Irrtümer ein anderes Gewicht als bei E.Hilger. Das in einem Erziehungsverhältnis gegebene Übergewicht der älteren Generation tritt bei ihm zurück, um eher partnerschaftlichen Beziehungen zu den Jüngeren Raum zu geben. Er gesteht den Jüngeren nicht nur ihren eigenen Zugang zum Nationalsozialismus zu, sondern trägt durch seinen Erwartungshorizont aktiv dazu bei, daß sie ihn finden. - Was I.Gartemann überliefern möchte, läßt sich vielleicht in dem Satz zusammenfassen: "Lernt aus unseren Fehlern!" Im Gegensatz zu der belehrenden Haltung ihres Mannes (S.155f) wirkt sie sehr bescheiden; so fordert sie ihre Tochter zur Kritik an ihr auf (S.156), und damit auch zu einem eigenen Zugang zum Nationalsozialismus. - Was H.Zoller überliefern will, erscheint gespalten: auf der einen Seite will er sich für Pazifismus einsetzen (S.171, 175); auf der anderen Seite wehrt er Kritik an seiner Truppe mit der Botschaft ab: "Wir waren Idealisten und keine Verbrecher." An beiden Seiten dieses gespaltenen Überlieferungswillens fällt deren Starre oder Autoritarismus auf. Von einer Bereitschaft, sich auf den Horizont der Jüngeren einzustellen, ist bei H.Zoller kaum etwas zu spüren. Diese Starre und vor allem der Versuch der Ehrenrettung seiner Truppe läßt sich auf den Horizont der Tradition der Unterdrückten nur im negativen Sinn beziehen, so wie ein Traum erst durchbrochen werden muß, um bei Tageslicht gedeutet werden zu können. - In welchem Ausmaß es den dargestellten Personen gelungen ist zu überliefern, was sie überliefern wollten, ist unterschiedlich in bezug auf die unterschiedlichen Adressaten ihrer Überlieferung in Familie, Sozialmilieu und Gesprächskreis. I.Gartemann hat wahrscheinlich im Gesprächskreis mehr Gehör für ihre Überlieferung gefunden als in ihrer Familie, während E.Hilger anscheinend auch in ihrer Familie damit weitgehend Erfolg hatte. Insofern ich von J.Reese im Gesprächskreis am meisten gelernt habe, wird meine Hypothese voll bestätigt, daß die Bereitschaft der älteren Generation, ihre Erfahrungen mitzuteilen, der jüngeren Generation ein Verstehen und damit ein Annehmen ihrer Herkunft erleichtert. Dieser Hypothese entspricht auch, daß H.Zoller anscheinend von allen dargestellten Personen den größten Mißerfolg bei seiner Überlieferung hat.

Der Vergleich der vier Personen läßt sich in einer weiteren These zusammenfassen: Die Möglichkeit der Veränderung der Überliefernden im Vollzug der Überlieferung ist umso größer, je weniger sie davon ausgehen, daß ihr Sinnhorizont auch für die Nachgeborenen gelten müsse, und je mehr sie bereit sind, Distanzen zwischen den Generationen als Möglichkeit der Horizonterweiterung wahrzunehmen. Die Möglichkeit der Veränderung im Vollzug der Überlieferung ist umso größer, je weniger die Überlieferung den Charakter der Fortsetzung eines Standpunktes und je mehr sie den Charakter eines Weges hat.[318]

---

318 Die Paradoxie von Kontinuität und Diskontinuität der Überlieferung oder die Paradoxie von Verbindlichkeit der Überlieferung und der Aufhebung ihres Geltungsanspruches in einer bestimmten Form erscheint in hoher Prägnanz im Gleichnis vom Weizenkorn: „Wenn das Weizenkorn nicht in die Erde fällt und erstirbt, bleibt es allein; wenn es aber erstirbt, bringt es viel Frucht." (Johannes 12,24)

2. Beziehungen zwischen den Geschlechtern

Für die Annahme, daß Frauen im allgemeinen eher bereit sind als Männer, ihren Anteil an der nationalsozialistischen Vergangenheit wahrzunehmen, spricht der Befund, daß in allen Jahren seines Bestehens im Gesprächskreis Frauen weitaus in der Mehrzahl waren. In manchen Sitzungen waren J.Reese und ich die einzigen Männer. Für diese Annahme spricht auch, daß es eine Frau war, die sich in diesen Jahren am meisten auf unwillkürliche Erinnerung eingelassen und dadurch sich am stärksten verändert hat. Vielleicht ist es kein Zufall, daß von den dargestellten ZeitzeugInnen diejenige Person, die ihren Anteil an der nationalsozialistischen Vergangenheit am wenigsten annehmen konnte, ein Mann ist und die Person, die ihren Anteil an dieser Vergangenheit z.T. eher überschätzt, eine Frau. Für die Hypothese, daß Frauen die Bereitschaft von Männern fördern können, ihren - vermutlich größeren - Anteil wahrzunehmen, spricht, daß es vor allem die Erinnerungsarbeit einer Frau war (I.Gartemann), die zur Veränderung der Schwerpunktsetzung des Gesprächskreises hin zur Erinnerungsarbeit führte.[319] Das Beispiel von J.Reese zeigt, daß auch Männer die Erinnerungsarbeit von Frauen fördern können. Wenn es stimmt, daß die TeilnehmerInnen des Gesprächskreises Ausnahmen darstellen, so gilt dies in meiner Sicht noch mehr für J.Reese als Mann als für die Frauen im Gesprächskreis. Er thematisiert zwar kaum seine Rolle als Mann. Trotzdem finde ich, daß er von allen TeilnehmerInnen des Gesprächskreises seinen Anteil am Nationalsozialismus am weitestgehenden angenommen hat, und daß durch dies Annehmen sein Leben seit über einem halben Jahrhundert entscheidend bestimmt wurde. Ohne seine gerade bei Männern seltene Fähigkeit, sowohl die Perspektive der Täter als auch die der Opfer aufgrund seiner eigenen Lebensgeschichte einzunehmen, und ohne sein maieutisches Geschick hätte der Gesprächskreis wohl nicht so lange bestanden.

Die größere Fähigkeit von Frauen, Schwierigkeiten in der Kommunikation zwischen den Geschlechtern wahrzunehmen und zu thematisieren, wird durch die Darstellung in den vorigen Kapiteln schon dadurch bestätigt, daß die Frauen von ihren Beziehungen zu Vätern und Männern sprechen, die Männer hingegen so gut wie nicht von ihren Beziehungen zu Müttern und Frauen. Sowohl I.Gartemann als auch E.Hilger haben in der Nachkriegszeit seelische „Trümmerarbeit" an ihren Männern geleistet; beide waren Soldaten auf U-Booten. Besonders charakteristisch ist die Aussage von I.Gartemann, daß sie ein Jahr gebraucht habe, um ihren Mann "darüber zu beruhigen", daß der Krieg verloren war. Diese Aussage spricht nicht dafür, daß ihr Mann zu etwas Ähnlichem ihr gegenüber fähig gewesen wäre. - E.Hilgers Reaktion auf H.Zoller kann die Hypothese nicht stützen. Das kann damit zusammenhängen, daß hier der Aspekt der Geschlechterbeziehung in den Hintergrund tritt gegenüber der Beziehung zwischen Täter und Opfer.

---

319 vgl. S. 108, 167

3. Beziehungen zwischen Tätern und Opfern des Nationalsozialismus

Die Hypothesen, die die Beziehungen zwischen Tätern und Opfern des Nationalsozialismus betreffen, können aufgrund der empirischen Untersuchung in den vorhergehenden Kapiteln nur bedingt diskutiert werden.[320] In bezug auf die extremste Beziehung, nämlich die zwischen H.Zoller und E.Hilger, kann von einer Überwindung des monologischen, die Menschen aus den Kollektiven der Täter und Opfer voneinander trennenden, Charakters der Erinnerung an die eigenen Verluste weniger die Rede sein als von den Schwierigkeiten, die einer solchen Überwindung entgegenstehen. Eine Bedingung dafür, daß H.Zoller den monologischen Charakter seiner Erinnerung nicht überwinden kann, liegt darin, daß er elementare Tatsachen in der besonderen Geschichte der Opfer anzweifelt und sich für diese Geschichte anscheinend nur insofern interessiert, als er sie zu seiner eigenen Rechtfertigung braucht. Er ist weit davon entfernt, das Zusammentreffen mit E.Hilger als Chance zu einem Brückenschlag aufzufassen. Die Untersuchung der Erinnerungsarbeit von E.Hilger kann die Hypothese mindestens ansatzweise bestätigen, daß Menschen aus dem Kollektiv der Opfer ehemaligen Tätern die Annahme ihrer Vergangenheit erleichtern können. Jedenfalls widerspricht dieser Hypothese ihre Reaktion nicht, durch die sie H.Zoller die Annahme seiner Vergangenheit eben nicht erleichtert hat, indem sie ihren Haß nicht zurückhielt. Erst im Verlauf ihrer jahrelangen Erinnerungsarbeit ausgehend von dem Zusammentreffen mit H.Zoller zeichnete sich ihre Bereitschaft ab, ihn als Menschen nicht mit seiner Täterschaft zu identifizieren (S.211). In ihrer Beziehung zu I.Gartemann ist diese Bereitschaft jedoch von Anfang an spürbar; und diese Bereitschaft, die bis zur Freundschaft wuchs, ist als wichtige Bedingung dafür anzusehen, daß I.Gartemann sich in ihrer Erinnerungsarbeit verändern konnte. Auf der anderen Seite hat I.Gartemann zu dem Brückenschlag beigetragen, indem sie sich auf die Perspektive der Opfer einließ.

C. Politisch-theologische und kulturelle Bedingungen

In der eingangs dargestellten Sitzung des Gesprächskreises wurde ein religiöser Bezugsrahmen der Erinnerungen deutlich (S.115). Einige TeilnehmerInnen lehnten es ab, sich auf einen solchen Rahmen zu beziehen. Diese Ablehnung mag mit der Starre zusammenhängen, in der R.Jeremias diesen Rahmen und seinen Bezug zu ihm vorstellte. Dagegen fällt auf, daß bei keiner der dargestellten Personen die religiöse Dimension fehlt. J.Reese erinnert sich kritisch an seine Vergottung Hitlers und nähert sich tastend dem christlichen Glauben.[321] - I.Gartemanns Scham über das Versäumte, ihr Erschrecken über sich selbst, ihre tätige Reue berühren den Bereich

---

320 Der wichtigste Grund dafür ist darin zu sehen, daß die dargestellen Personen nur in einem eingeschränkten Sinn als Opfer des Nationalsozialismus anzusehen sind; vgl. S. 227.
321 Vgl. S.123f, 135f

der Beichte und Buße,[322] vielleicht vergleichbar mit der Art, in der das Bild ihrer unwillkürlichen Erinnerung den Bereich christlichen Glaubens berührt.[323] - Bei H.Zoller erweist sich das Festhalten an seinem damaligen "Idealismus", an seiner Opferbereitschaft als Hindernis der Veränderung, die mit seiner Hinwendung zum christlichen Glauben begonnen hat. - Religiöse Überhöhungen ihres Standpunktes führen E.Hilger nicht nur in einen Zwang zur Selbstrechtfertigung, sondern auch dazu, an H.Zoller etwas wie eine moralische Gerichtsverhandlung zu vollziehen.[324] Beides steht einer Veränderung entgegen.

In diesem Abschnitt geht es darum, die in der bisherigen Darstellung erkennbaren religiösen Bezugsrahmen und in der Religion wurzelnden Vorstellungen daraufhin zu untersuchen, inwieweit sie einer dialogischen, die Identität und die anamnetische Verantwortung erweiternden Erinnerungsarbeit dienen oder sie behindern.

1. Gegenseitige Anerkennung der Menschenwürde

Daß die gegenseitige Anerkennung der Menschenwürde Grundlage einer dialogischen Erinnerung ist, wird besonders an dem negativen Beispiel der Auseinandersetzung zwischen H.Zoller und E.Hilger deutlich. E.Hilger sah - zu recht - die Würde der Opfer des Nationalsozialismus mißachtet durch die Art, wie H.Zoller von ihnen sprach; und sie selbst nahm „ihn als Menschen nicht zur Kenntnis". Beide sehen sich als unterdrückt, wenn auch in einem unterschiedlichen, ja gegensätzlichen Sinn und mit sehr unterschiedlicher Berechtigung. Jedoch formen sich beide die Wirklichkeit des Anderen zwanghaft, quasi mechanisch nach ihrem Bild[325] und blenden das diesem Bild Widersprechende aus ihrer Wahrnehmung aus. Diese Abwehr der Wahrnehmung ist umso wirksamer, je mehr der Sinnhorizont quasi religiös begrenzt oder überhöht wird. In den Reaktionen beider zeigt sich die Schwäche, die Entstellung oder das Fehlen der Tradition der Unterdrückten als Grund des Mißlingens gegenseitiger Anerkennung und dialogischer Erinnerung. - Um diese These näher auszuführen, fasse ich im folgenden Absatz in einem kurzen Exkurs Aussagen biblischer Theologie zur menschlichen Würde zusammen, die ich als lebendiges Zentrum der Tradition der Unterdrückten sehe.

Exkurs: Aussagen zur Würde des Menschen in biblischer Tradition

Die Würde des Menschen gründet, von der biblischen Theologie her gesehen, darin, daß er als Ebenbild Gottes erschaffen wurde - und zwar als Mann und

---

322 vgl. S. 153, 167
323 vgl. die Anmerkung 126 zum barmherzigen Samariter, S. 147
324 vgl. S. 180f
325 vgl. S. 72 in bezug auf die Gegner des Benjaminschen Schachspielers

Frau.³²⁶ Damit wird den Auffassungen widersprochen, nach denen diese Würde nur den Repräsentanten der Herrschaft oder nur besonderen Gruppen von Menschen zukomme, seien diese Gruppen durch ihr Geschlecht, ihr Volk, ihre Klasse, ihre Religion, ihre Geschichte oder sonstige Merkmale bestimmt. Somit ist von der biblischen Theologie her jeder politischer Religion zu widersprechen, die Herrschaft und Heil identifiziert, und jedem kulturellen Denk- und Verhaltensmuster, das Menschen aus dem Menschheitshorizont ausgrenzt, die sich nicht an dieses Muster halten. Dualistische Muster aller Art kommen ohne eine solche Ausgrenzung nicht aus. Christliche Theologie spricht das Nein, das all diesen Mustern widerspricht, im Bekenntnis zu dem Gekreuzigten aus, der von den Vertretern politischer Religionen und dualistischer Freund-Feindbilder bis zur letzten Konsequenz ausgegrenzt wurde. Sie bleibt aber nicht bei diesem Nein stehen, sondern gründet sich auf das Ja der Hoffnung, daß die heillos in verschiedene Gruppen getrennte und verfeindete Menschheit an der Auferweckung Jesu Christi teilhat und in seinem Geist die Strukturen überwinden kann, die zur Verletzung von Menschenwürde geführt haben und immer wieder führen.³²⁷ Das Erwachen in dem Geist, der in Wahrheit den Horizont der ganzen Menschheit eröffnet und nicht nur davon träumt, setzt das Sterben der monologischen Strukturen voraus, die bisher den Bestand der individuellen und kollektiven Egoismen gesichert haben. - Die Anerkennung der Andersheit der GesprächspartnerInnen ist denen möglich, deren Andersheit, Einmaligkeit anerkannt wird, und die sich daher selbst annehmen können. Der christliche Glaube bekennt, daß vor Christus alle Menschen gleichzeitig werden und einander als "unmittelbar zu Gott" anerkennen können. Im Unterschied zu Ranke heißt dies aber nicht Auslöschung des Selbst im Versuch, den anderen in seiner historischen Größe zu verstehen, sondern die Bereitschaft, gerade in einem anderen, das aus der Herrscherperspektive die Auslöschung durch Vergessen verdiente, sich als gemeint zu erkennen. Mit einer solchen Selbsterkenntnis wächst die Einsicht, daß der andere die Würde eigener Erfahrung hat, daß er recht haben könnte in bezug auf eine gemeinsame Sache.

---

326 Genesis 1, 27
327 vgl. das Wunder der Verständigung (Apostelgeschichte 2), die Versöhnung zwischen Juden und Nicht-Juden (Epheser 2,11-18). Allerdings ist die Kirchengeschichte voll von Verletzungen der Menschenwürde, für die hier als Beispiel der kirchliche Antisemitismus genügen soll. Die Kirche hat sich in ihrer Geschichte immer wieder zum Werkzeug der Herrschenden machen lassen und selbst Herrschaft ausgeübt. Die Tradition der Unterdrückten im Sinn der biblischen Tradition kann also nur als Diskontinuum, als Bruch mit dieser Geschichte der Verbindung von Thron und Altar bzw. Kapital und Altar wirksam werden. Denn „in jeder Epoche muß versucht werden, die Überlieferung von neuem dem Konformismus abzugewinnen, der im Begriff steht, sie zu überwältigen." W.Benjamin GS 1, S. 695; vgl. Anmerkung 27 auf S.96

Schwierigkeiten mit der gegenseitigen Anerkennung der Menschenwürde

H.Zollers Art, über die Opfer des Nationalsozialismus zu sprechen, zeigt, wie sehr seine Identität noch an dem damaligen Traum hängt, in einem „idealistischen" Sinn nur das Gute zu wollen und zu tun - und zwar, wie entsetzlich die Verblendung dieses Traums auch denen erscheint, die ihn nicht teilen, das für die ganze Menschheit Gute.[328] Er sieht zwar Hitler als Verbrecher, aber er sieht nicht ein, daß der nationalsozialistische „Idealismus" selbst, an dem er teilhatte und in dem er noch befangen ist, in einer Weise gegen die Würde eines großen Teils der Menschheit gerichtet war, ohne die die Verbrechen nicht hätten ausgeführt werden können. Weil er sich gegen das Sterben dieses Traumes als einer Hauptstütze seiner Identität sträubt, kann er das Böse nicht zugeben, an dem auch er Anteil hatte; und daher schlägt er den Opfern - vielleicht ohne Absicht und ohne es zu bemerken - erneut ins Gesicht. - E.Hilger bekennt sich zu einer Tradition, die auf weltweiten Frieden abzielt. Sieht sie die Gefahr, im Sinne einer bestimmten Gestalt der marxistischen Tradition einem Teil der Menschheit - z.B. den „Klassenfeinden" - die Würde abzusprechen? Hatten jene Verbrecher, zu deren Ermordung sie nach eigener Aussage fähig war, in ihren Augen die Menschenwürde verwirkt? War ihre Reaktion auf H.Zoller nur dadurch bedingt, daß sie an ihrer wunden Stelle getroffen war, oder auch durch die Gestalt der Tradition, für deren Überlieferung sie sich einsetzt? Der Marxismus, an dem E.Hilger sich seit dem Erwachen ihres politischen Bewußtseins orientiert, beansprucht, für die Unterdrückten auf der ganzen Welt zu sprechen. Insofern aber die konkrete Gestalt dieses Marxismus dualistische Züge trägt, läßt sich der Anspruch nicht aufrechterhalten. Die „Tradition der Unterdrückten" widerspricht jedem Dualismus - auch dem Dualismus in den entstellten Formen der biblischen Überlieferung und ihren säkularisierten Formen.

Das wiederholte Nachdenken über die Auseinandersetzung zwischen H.Zoller und E.Hilger spricht dafür, daß die Tradition der Unterdrückten im Gesprächskreis langsam an Boden gewinnen konnte, und mit ihr gegenseitiges Vertrauen und die Bereitschaft, eigene Fehler einzugestehen und anderen die Abkehr von ihren Fehlern zuzutrauen.[329] Hierin sehe ich einen Grund dafür, daß die Erinnerungsarbeit im Gesprächskreis Früchte getragen hat und noch weiter trägt.

---

328 Schon lange vor dem Nationalsozialismus wurde in deutschen Schulen gelehrt: „Am deutschen Wesen soll die Welt genesen." H.Zoller zitiert diesen Satz zwar nicht; dennoch halte ich es für wahrscheinlich, daß er ihn gelernt und für wahr gehalten hat. Bei seiner Beschreibung der Olympiade in Berlin 1936 hebt er hervor, wie stark die Zustimmung zu Hitler von den Vertretern anderer Länder gewesen sei.
329 vgl. S. 211

2. Anerkennung der Menschenwürde von Tätern

Eine wichtige Bedingung dafür, daß ein Mensch in der Erinnerungsarbeit seine Identität erweitern kann, ist die Bereitschaft der anderen, ihn nicht auf seine Vergangenheit mit ihren negativen Seiten festzulegen, ihn nicht mit seiner Schuld zu identifizieren.[330] In theologischer Sprache heißt dies: Die Bereitschaft zur Vergebung eröffnet die Chance eines Neubeginns, ohne die Schuld zu vergessen oder zu verharmlosen. In der Beziehung zu I.Gartemann fiel es den anderen leicht, eine solche Haltung einzunehmen, ihre Scham über das Versäumte anzunehmen; bei H.Zoller fiel es dagegen schwer, da er seine Schuld (noch) nicht einsieht. I.Gartemann konnte sich im Gesprächskreis verändern, während H.Zollers Haltung sich noch verhärtete.

Im Horizont biblischer Theologie wird zwischen dem Täter als Täter und als Menschen unterschieden. Beim Propheten Hesekiel steht die unüberholte Frage an alle, die Schwierigkeiten mit dieser Unterscheidung haben: „Meinst du, daß ich Gefallen habe am Tode des Gottlosen, spricht Gott der HERR, und nicht vielmehr daran, daß er sich bekehrt von seinen Wegen und am Leben bleibt?"[331] Damit wird der Täter als Mensch anerkannt; ihm wird Würde zugestanden, nämlich die Freiheit, sich zu seiner Tat zu bekennen, diese zu bereuen und die schuldhaften Verhaltensweisen nicht mehr zu wiederholen. - E.Hilgers Reaktion auf H.Zoller, eine extreme Form einer sehr weit verbreiteten Einstellung,[332] zeigt die Schwierigkeit, den Täter nicht auf seine Täterschaft festzulegen, aber auch die Chance, diese Schwierigkeit zu überwinden. Daß der Gesprächskreis insgesamt nicht dazu beitrug, daß H.Zoller sich zu seinen Taten bekennen konnte, liegt nicht daran, daß die Aufforderung zu bereuen gefehlt hätte, sondern daß es an der Bereitschaft fehlte, ihn trotz seiner uneingestandenen Taten und seiner Verblendung als Menschen anzuerkennen.

Möglicherweise liegt ein ähnlicher Mangel der Verhärtung von R.Jeremias zugrunde. Er, als ein über die lokale Öffentlichkeit hinaus Unbekannter, fordert seine Zeitgenossen mit eindringlichem moralischem, letztlich religiösem Gestus dazu auf, sich zu ihrer Tätergeschichte zu bekennen. Er befindet sich im Widerspruch zu seinen Zeitgenossen, ja er vertieft diesen Widerspruch und erklärt ihn, ebenfalls religiös, als „Verstockung".[333] Angesichts der im 1. Kapitel dargelegten Schwierigkeiten der Deutschen, ihre Tätervergangenheit anzuerkennen, finde ich den Mann mutig; er spürt das Gewicht der von der Mehrheit verdrängten Vergangenheit und stellt den größten Teil seiner Energie in den Dienst der Botschaft, die weiterzusa-

---

330 vgl. S.43
331 Hes 18,23; Übersetzung von M.Luther. Zu diesem 18. Kapitel des Propheten Hesekiel vgl. die Ausführungen von J.Taubes, Anm.231 auf S.71
332 vgl. S. 184f
333 vgl. Jesaja 6,10 (Apostelgeschichte 28,27); Jeremia 7,24 und 9,13.

gen er sich berufen fühlt. Hängt seine weitgehende Erstarrung im Monolog damit zusammen, daß bei ihm wenig von einer Bereitschaft zu spüren ist, die Menschen, die er ansprechen will, trotz ihrer „Verstockung" als Menschen anzuerkennen? Fehlt denen, die in der Weise wie R.Jeremias - und E.Hilger gegenüber H.Zoller - ein Bekenntnis zur Täterschaft und Reue fordern, etwas von der Einsicht in die Schwierigkeiten und Grenzen solchen Bekennens?[334]

Die Tradition der Unterdrückten ermöglicht ehemaligen Tätern eine Annahme des eigenen Anteils an der nationalsozialistischen Vergangenheit und damit eine Lösung aus dem Bann von Wiederholungszwängen. Wenn es Menschen gelingt, ihren Anteil anzunehmen, dann aktualisiert sich darin die Tradition der Unterdrückten als Diskontinuum des Gewesenen: Sie werden frei von dem Bann der Vergangenheit. Die Selbstwahrnehmung des eigenen Anteils an der nationalsozialistischen Vergangenheit alleine - losgelöst von der Annahme als Mensch, losgelöst von Vergebung - kann auch Resignation, Verzweiflung, Fanatismus oder das Gefühl der Ohnmacht vor dem Absurden bewirken. Damit scheitert das Annehmen seiner selbst. Erst die Erinnerung als Erwachen öffnet den Horizont, in dem diese Selbstannahme zur Lösung von dem Bann der Vergangenheit führt und dadurch letztlich erst gelingen kann.[335] - Insofern geschichtliche Erfahrung das Annehmen der Erfahrung als der eigenen einschließt, bestätigen diese Überlegungen die Auffassung W.Benjamins, daß politische Theologie Voraussetzung geschichtlicher Erfahrung ist (S.72ff).

Im Anschluß an S.Friedländers Plädoyer für eine tiefere Selbstreflexion (S.47) ist die Frage zu stellen, ob durch Selbstreflexion allein die Struktur der Selbstrechtfertigung, die ein not-wendiges Schuldbekenntnis abwehrt, in den Blick kommen kann. Abwehrmechanismen gegen ein Schuldbekenntnis sind nicht nur eine psychische Wirklichkeit, die der Selbstreflexion zugänglich ist; ohne die theologische Dimension lassen sie sich nicht umfassend verstehen und überwinden. Solange ein Mensch nicht bereit ist, sich dieser Dimension zu öffnen, in diesem Sinn zu erwachen, bleibt er in einer entscheidenden Hinsicht blind für Schuld und die Abwehr eines heilsamen Schuldbekenntnisses. Denn es ist die Macht der Vergebung, die eine heilsame Reue, als paradoxes Annehmen der gesamten Vergangenheit des Selbst, erst ermöglicht.

---

334 vgl. die Paradoxie beim Annehmen des eigenen Anteils an der nationalsozialistischen Vergangenheit, S. 89

335 In Psalm 78,7f ist zu lesen, daß die Überlieferung von JHWHs Zeugnissen und Weisungen von Generation zu Generation weitergegeben werden soll, „daß auf Gott sie ihre Zuversicht setzen / und nicht vergessen des Handelns der Gottheit / und ihre Gebote wahren / und nicht werden wie ihre Väter / ein störriges und widerspenstiges Geschlecht, / ein Geschlecht, das nicht festigt sein Herz / und nicht treu ist mit der Gottheit sein Geist." (in der Übersetzung von M.Buber). In diesem Zusammenhang erscheint die Kraft der Überlieferung als rettendes Wunder, als Zeichen, das wendet: diejenigen, die diese Überlieferung erzählen und weitererzählen, sind dieselben, die ihr Herz nicht festigten, deren Geist Gott nicht treu war. Diese Einsicht bewirkt aber nicht Resignation oder Trotz in dem Sinn, daß die Menschen sich ja doch nicht ändern können, auch nicht fanatischen Eifer gegenüber den „Verstockten". Die Erinnerung an die Geschichte Gottes mit den früheren Generationen soll und kann eine Befreiung von dem Zwang bewirken, deren Verrat zu wiederholen.

Erlaubnis, über den Verlust verfehlter Orientierungen zu trauern

P.Schulz-Hageleit hat die politisch-kulturelle Dimension der Unfähigkeit zu trauern angesprochen, insbesondere das Verbot, sich dem Verlorenen in liebender Trauer zuzuwenden, wodurch ein echter Abschied von verfehlten Orientierungen unmöglich wurde und wird (S.12ff). Etwas von diesem Verbot ist in E.Hilgers Reaktion auf H.Zoller zu spüren. Ist für ihn ein Ausweg aus seiner Verblendung denkbar, ohne daß er seine Täterschaft bereut, *und* ohne daß er über die verlorenen Kameraden und seine verlorenen Ideale trauern darf? Kann es für R.Jeremias einen Ausweg aus seiner Verhärtung geben, wenn er sich nicht nur als Täter anklagt, sondern sich als Mensch Trauer über seine Irrtümer und Verluste zugesteht? Konnte sich I.Gartemann nicht gerade deswegen von falschen Orientierungen verabschieden, weil ihre Trauer darüber im Gesprächskreis ihren Raum bekam, weil sie von anderen akzeptiert und begleitet wurde? Die bisherige Untersuchung spricht für die Hypothese, daß die Unterscheidung zwischen dem Täter als Täter und als Menschen diesem einen echten Abschied von verfehlten Orientierungen eröffnet. Dieser Abschied, als Lösung von der Kontinuität des Gewesenen, wird eben nicht durch „verpflichtende Melancholie" ermöglicht, sondern durch eine Reue und eine Trauer, die den Blick auf die Verluste der Opfer erst frei macht.

3. Tätige Reue

Die Hypothese, daß vor allem tätige Reue die Verständigung zwischen Tätern und Opfern fördert, kann aufgrund der Darstellung in Kapitel 4-8 nur bedingt bestätigt werden. Denn es ist im Gesprächskreis oder durch die Arbeit des Gesprächskreises nur sehr begrenzt eine solche Verständigung gelungen; als wichtigstes Beispiel nenne ich die Verständigung zwischen I.Gartemann und E.Hilger.[336] Tätige Reue konnte I.Gartemann nicht an den Zwangsarbeitern erweisen, an denen sie schuldig wurde, sondern an Fremden in der Gegenwart. Gewiß hat diese tätige Reue die Verständigung mit E.Hilger gestärkt und dazu beigetragen, daß zwischen beiden Frauen in langen Jahren eine Freundschaft wuchs. Auf der anderen Seite hat das Fehlen von Reue, vor allem im Sinn tätiger Reue, in der Selbstdarstellung H.Zollers die Verständigung mit E.Hilger sehr erschwert. – Ein Aspekt tätiger Reue ist die Bereitschaft, Schuldbekenntnisse anderer anzunehmen. Diese Bereitschaft erscheint bei J.Reese als besonders groß; gleichzeitig ist er derjenige im Gesprächskreis, der den eigenen Anteil an der nationalsozialistischen Vergangenheit am konkretesten sieht und zugibt. Wenn dies Zusammentreffen nicht zufällig ist, sondern wenn sich darin der Zusammenhang tätiger Reue erweist, dann spricht dies für die Hypothese.

---

[336] vgl. S.159, S. 168

4. Dualistische Deutungsmuster

Am Beispiel von J.Reese wurde deutlich, wie sein früheres dualistisches Weltbild die Wahrnehmung von Schattenseiten in seiner Erfahrung behinderte. Im Gegensatz zu J.Reese ist H.Zoller in seinem Denken und Verhalten anscheinend noch weitgehend in einem vom Nationalsozialismus geprägten Dualismus steckengeblieben. Daß seine Bereitschaft, seinen Anteil an der nationalsozialistischen Vergangenheit anzunehmen, besonders gering ist, entspricht der Hypothese, daß dualistische Deutungsmuster eine dialogische Erinnerung behindern. Auch der Mechanismus der Projektion von Schattenseiten, die er bei sich nicht wahrnimmt, ist bei ihm erkennbar. Die Untersuchung zu E.Hilger läßt sich so zusammenfassen, daß die dualistischen Züge in ihren Denk- und Verhaltensweisen das Annehmen ihrer Zustimmung zum BDM behindert und die einseitige Reaktion auf H.Zoller gefördert haben. War diese Reaktion frei von Projektionen? Dies soll als Frage stehenbleiben; in diesem Abschnitt geht es nicht in erster Linie um die psychischen Abwehrmechanismen, sondern um den Zusammenhang von Fähigkeit zur Selbstwahrnehmung und Dualismus bzw. Tradition der Unterdrückten.

Der nationalsozialistische Dualismus, wie er an J.Reese und an H.Zoller sichtbar wurde, entspricht der Selbstherrlichkeit von Herrschenden, die ihre Herrschaft mit dem Heil identifizieren und diese Identifikation von ihren Untergebenen erwarten. Als eine unausweichliche Kehrseite dieser Identifikation wurde die Ausschließung des Anders-Seins der anderen und der sich Identifizierenden deutlich. Das Nicht-Identische mußte daher als feindlich verfolgt werden; die Konsequenz dieser Verfolgung ging bis zur physischen Vernichtung. Diesem Dualismus widerspricht die Tradition der Unterdrückten. Sie lehrt, in der Begegnung mit Unterdrückten nicht die Herrscherperspektive einzunehmen, sondern in einem Akt der Erinnerung das eigene Unterdrückt-Sein wahrzunehmen. Diesen Aspekt möchte ich in dem folgenden Exkurs ausführen.

Exkurs: Erinnerung als Perspektivenwechsel in der biblischen Überlieferung

J.Reeses Bemühen, die Perspektive der "unschuldigen" Deutschen einzunehmen, löste die unwillkürliche Erinnerung an eine ihm bekannte jüdische Familie aus (S.136f). - Es ist in diesem Zusammenhang eigenartig, daß Perspektivenwechsel durch bewußtes Sich-Erinnern zur jüdischen Überlieferung gehört: "Die Fremdlinge sollt ihr nicht unterdrücken; denn ihr wisset um der Fremdlinge Herz, weil ihr auch Fremdlinge in Ägyptenland gewesen seid." (Exodus 23,9)

C.Hardmeier schreibt über die wiederholten Aufforderungen im Deuteronomium, sich an das Sklavendasein in Ägypten zu erinnern:

> "Der geforderte Erinnerungsakt macht für die Angesprochenen das einstige Sklavenschicksal als Teil ihrer "eigenen", zugleich kollektiven Biographie im Heute präsent und läßt es unwillkürlich aktuell als eigene Erfahrung nachvollziehbar werden. Im An-

schluß an die sozialkaritativen Gebote, die heute Land- und/oder Familienlosen bzw. den eben freigelassenen Sklaven fürsorglich zu berücksichtigen, bekommen somit die Erinnerungsmahnungen an dieses "eigene" Schicksal der rechtlosen Unterprivilegierung in Ägypten die Funktion, einen Perspektivenwechsel zu vollziehen. Qua Erinnerung sollen sich die Angesprochenen in die Lage derer versetzen, für die in den voraufgehenden Weisungen die Solidarität im Heute gefordert wird." [337]

An diese Ausführungen möchte ich einige Gedanken anknüpfen, die sich auf den Zusammenhang meiner Untersuchung beziehen:
- Erinnerung als Perspektivenwechsel in der Hebräischen Bibel zielt auf die Überwindung von Egoismus und Gruppenegoismus, auf die Annahme des Anderen durch die Annahme des Anderen in sich selbst.
- Der biblische Glaube widerspricht der Idealisierung und Selbstvergottung von Teilen der Menschheit und deren Kehrseite, der Abspaltung, Ausgrenzung und Verteufelung anderer Teile. Er ermöglicht die Überwindung von Spaltungen und die Öffnung von Gruppenhorizonten zu einer solidarischen Menschheit hin.
- Wem es darum geht, daß (ehemalige) Täter lernen, die Perspektive ihrer Opfer einzunehmen, der scheitert, wenn er nicht bereit ist, die Erinnerung an eigene Schuld zuzulassen und seinerseits die Perspektive derer einzunehmen, von denen er den Perspektivenwechsel erwartet.

Mit den Rechtlosen seit der Zeit des Alten Testamentes lassen sich die schuldig gewordenen Deutschen nicht umstandslos vergleichen. Kaum jemand würde behaupten, daß in erster Linie sie es sind, die heute die Solidarität ihrer Mitmenschen brauchen, einschließlich der Bereitschaft, sich durch Erinnerung in ihre Lage hineinzuversetzen. Gegen eine solche Auffassung spräche vor allem, daß die meisten von ihnen sehr wohl verstanden, sich Rechte und Positionen in der Gesellschaft zu sichern, und daß sie in mancher Hinsicht nicht aufhörten, Täter zu sein, unter denen andre zu leiden hatten und haben. Doch in einer Hinsicht finde ich einen Vergleich sinnvoll, so daß nicht nur Unterschiede sichtbar werden, sondern auch Ähnlichkeit: diese Menschen, die an ihrer Schuld und Mitschuld haften und sie im Extremfall gar nicht wahrnehmen, befinden sich in einer seelischen und geistigen Gefangenschaft, aus der sie nicht aus eigener Kraft sich befreien können. Dazu brauchen sie Hilfe anderer. J.Reese ist zu solcher Hilfe bereit: er versucht, sich in ihre Lage hineinzuversetzen. Die Erinnerung an seine eigenen Erlebnisse und seine eigene Haltung im nationalsozialistischen Deutschland bedeutet einen Perspektivenwechsel, der ihn zur Solidarität mit den Schuldigen bereit machte und ihn befähigte, ihnen bei der Erkenntnis ihrer Schuld zu helfen.

---

337 C. Hardmeier: Die Erinnerung an die Knechtschaft in Ägypten. In: F.Crüsemann, C.Hardmeier und R.Kessler (Hg) 1992: Was ist der Mensch ...? Festschrift für H.W.Wolff, München, S.149 . - C. Hardmeier verweist u.a. auf Dtn 15,12-15; 24,17f und für den Perspektivenwechsel vor allem auf Ex 23,9.

Ich fasse diese Überlegungen zusammen: Die Tradition der Unterdrückten fördert das Annehmen von Schattenseiten im eigenen Leben, aber sie wirkt auch einer unheilvollen Übertreibung oder Verallgemeinerung dieses dunklen Anteils entgegen. Ist eine solche Verallgemeinerung frei von einer Herrscherperspektive, wenn auch zunächst nur gegenüber sich selbst? Besteht nicht - wenn auch nur für eine Minderheit, für Menschen wie R.Jeremias - die Gefahr einer Selbstrechtfertigung gerade durch die Übertreibung und Zurschaustellung der eigenen Schuld? Die Tradition der Unterdrückten leitet dazu an, sich an die eigene Schuld nicht nur mit dem verurteilenden Blick von außen oder oben, sondern von innen, aus der Perspektive des damaligen Täters zu erinnern. Vergebung ermöglicht wahre Umkehr, die im Innersten beginnt;[338] sie befreit von der Last der Schuld; und sie fördert eine bescheidene und realistische Selbsterkenntnis.

5. Instrumentalisierung von Erinnerungen

Die Instrumentalisierung von Erinnerung ist mehrfach angesprochen worden; sie wird zunehmend öffentlich diskutiert und kritisiert.[339] In diesem Abschnitt möchte ich zum einen aufgrund der Darstellung in Kapitel 4-8 zusammenfassen, in welcher Weise Instrumentalisierung von Erinnerung echte Trauer, echte Reue, echtes Eingedenken behindert, verhindert oder verschlingt. Zum anderen möchte ich Bedingungen skizzieren, unter denen solche Hindernisse überwunden werden können.

Am stärksten erscheint die Erinnerung bei H.Zoller instrumentalisiert, und zwar für die Ehre seiner Truppe. Er kann, unter diesem Gesichtspunkt, sich deswegen nicht an eigene Schuld erinnern, weil dadurch in seinen Augen die - ohnehin in der Öffentlichkeit verneinte - Ehre oder der Ruhm seiner Truppe gefährdet würde. Die Selbstdarstellung seines „Idealismus" mit all seinen - massenhaft bekannten - Einzelheiten läßt sich so als Verherrlichung, religiöse Überhöhung oder Apotheose eines Gruppenegoismus bestimmen. Je mehr sein Sinnhorizont durch diese Apotheose verengt wird, die für ihn den Namen "Deutschland" trägt, umso höher wird der Anspruch, ihm zu genügen ("Blutzoll") ; umso stärker wird der Druck, alles abzuwehren und abzuspalten, was dem Ideal nicht entspricht. Je mehr der fanatische Glaube an das "Ideal" den Charakter einer Blendung annimmt, desto weniger wird eigene Verantwortung und eigene Schuld sichtbar, umso stärker wird der Zwang zur Selbstrechtfertigung, umso mehr wird Schuld in wahnhafter Weise auf andere projiziert.[340] Damit wird ein Teufelskreis erkennbar: Das Andere der Menschheit, auch das Andere in sich wird im Dienst des Gruppenegoismus aus dem Sinnhorizont ausgegrenzt; das Eigene wird idealisiert und vergottet; man gerät

---

338 Das hebräische Wort, das mit Buße oder Reue übersetzt wird, teschuwa, bedeutet wörtlich Umkehr; das griechische Wort für teschuwa, $\mu\varepsilon\tau\alpha\nu o\iota\alpha$, bedeutet wörtlich Sinnesänderung.
339 vgl. S. 23f, 71f, 94f
340 vgl. S. 36, S. 180f

in den Zwang, diesem Ideal zu genügen; man bringt diesem Ideal immer mehr von der Wirklichkeit und von sich selbst zum Opfer. Zur Zeit des Nationalsozialismus wurde H.Zollers Bereitschaft, sein Leben zu opfern, von einem Mann benutzt, den er nachträglich als Verbrecher bezeichnet. Über vierzig Jahre später dient nicht mehr sein „Blutzoll", aber seine Erinnerung und seine öffentliche Darstellung dieser Erinnerung der Aufrechterhaltung eines Ideals, dessen Verlust er nicht zugeben will. - H.Zoller sehe ich als einen der vielen, bei denen der Mythos der Herrschaft über die Gleichgeschalteten an die Stelle der lebendigen individuellen Erinnerung trat.[341] Wenn Gebäude wie Ruhmestempel oder Feldherrnhalle als Sinnbild des auf diese Weise mythisierten kollektiven Gedächtnisses gelten dürfen, dann zeigt sich die Analogie zwischen kollektivem und individuellem Gedächtnis darin, daß H.Zollers Gedächtnis einem zerstörten Ruhmestempel ähnelt. Im Sinn des nationalsozialistischen Mythos würden seine Erinnerungen zu den Steinen gehören, aus denen dies Gebäude errichtet werden und seine Dauer beziehen sollte.[342] Im Gegensatz zu diesem Mythos sehe ich seine Erinnerungen aber nicht darauf festgelegt, auf ewig Werkzeug oder Baustein einer Perversion des Heiligen zu sein. Es ist - so möchte ich an der Grenze des Darstellbaren den Sinn der Bildlichkeit wenden - als ob seine Erinnerungskraft wie ein einsamer, verletzter Vogel in den zertrümmerten Gewölben des Ruhmestempels haust, unfähig, die Zerstörung des gesamten Gebäudes wahrzunehmen. Sollte es undenkbar sein, daß ein vorsichtiger, aber entschlossener Eingriff in die Trümmer diesem gefangenen Wesen Licht und Ausweg eröffnete? Sollte es ihm unmöglich sein, bei Tageslicht seine traumartigen Vorstellungen als Bestandteile oder Trümmer des Mythos vom „Dritten Reich" zu erkennen und sich von ihnen zugunsten eigener, individueller Erinnerungen und lebendiger Erinnerungen anderer zu verabschieden?

E.Hilger stößt sich mit der Empfindlichkeit der Verwundeten an der Starre bei H.Zoller, an der Unbeweglichkeit seines Sinnhorizonts, an seiner Unfähigkeit zum Perspektivenwechsel. Läßt sich sagen, daß ihre Erinnerung frei von Instrumentalisierung wäre, etwa im Sinn einer antifaschistischen Politik? Sie will ihre Erinnerungsarbeit in den Dienst des Friedens stellen; doch wurde bei ihr die Gefahr sichtbar, bestimmte Gruppen aus dem Menschheitshorizont auszuschließen. Sie kann sich zwar an die Anziehungskraft erinnern, die der BDM auf sie ausübte (S.202).

---

341 vgl. S. 80ff
342 vgl. den Sprechchor „... dann mauert uns in die Altäre ein", S.81. Auch an diesem Bild ist die Perversion des Heiligen erkennbar; Paulus nennt die Gemeinde Jesu Christi einen „Tempel Gottes" (1. Korinther 3,16f, 2.Korinther 6,16), und in bezeichnender Analogie auch den Leib der einzelnen Gläubigen einen „Tempel des Heiligen Geistes" (1, Korinther 6,19). In der Pfingstgeschichte hebt Lukas stark hervor, daß der Geist sich „auf eine jeden" (zu ergänzen wäre „und eine jede") von ihnen setzte (Apostelgeschichte 2,3). In dieser Bildlichkeit wird das Individuum nicht vom Kollektiv verschlungen, der Geist des einzelnen Menschen verschwindet nicht in der Begeisterung einer Masse. Kollektiv und Individuum verhalten sich analog *und* komplementär zueinander (vgl. die Diskussion über das Verhältnis von Ich-Identität und Gruppenidentität, S. 35).

Doch wehrt sie sich entschieden dagegen, die Perspektive eines Mannes einzunehmen, der im Unterschied zu ihr in seinem Elternhaus kein Gegengewicht gegen diese Anziehungskraft finden konnte. Das Starre, Mechanische ihrer Abwehr wird moralisch, quasi-religiös in den Bereich des Unbedingten hinein überhöht: sie scheut vor dem Perspektivenwechsel als vor einem Verrat an der Zukunft ihrer Nachkommen zurück (S.198). Sie fühlt sich zwar mitschuldig an der nationalsozialistischen Herrschaft; doch weigert sie sich, einen als Menschen zu akzeptieren, der seinen Anteil an dieser Schuld nicht erkennt. Ihr Gedanke der Kollektivschuld aller überlebenden Deutschen beinhaltet demnach nicht die Solidarität der Schuldigen, sondern eher die Solidarität der bewußten Antifaschisten. - Auch bei E.Hilger ist das Wirken eines Teufelskreises erkennbar, wenn auch mit anderem Vorzeichen und weniger stark als bei H.Zoller: Sie grenzt "alte Nazis" aus dem Menschheitshorizont aus; sie idealisiert die Gruppe der Antifaschisten und Pazifisten und gerät so in die Gefahr der Selbstüberhebung; der Druck, dem Ideal des antifaschistischen Kämpfers zu genügen, wirkt sich in einem andauernden Zwang zur Selbstrechtfertigung aus; sie stellt einen Perspektivenwechsel unter Tabu, so daß sie einen Teil ihrer Erinnerung unterdrückt.

Man kann sich - wieder an der Grenze des Darstellbaren - die Möglichkeit vorstellen, daß E.Hilger sich aus diesem Teufelskreis löst und die Perspektive eines immer noch Verblendeten einzunehmen versucht, vielleicht indem sie sich mehr auf die Erinnerung an die Faszination einläßt, die der BDM früher auch auf sie ausübte. Würde sie dann ihr Gesicht verlieren? Würde sie sich vor Scham nicht mehr im Spiegel der Augen ihres Enkels wiedererkennen (S.198)? Oder könnte, ähnlich wie bei J.Reese, gerade das Gegenteil eintreten (S.142): daß sie mehr zu sich selbst kommt, indem sie ein Stück der Angst überwindet, die sie erstarren läßt und zur Abspaltung eines Teils von sich selbst und eines Teiles der Menschheit zwingt? Würde nicht gerade dadurch die Tradition der Unterdrückten ihre Kraft erweisen, Erstarrung und Dunkelheit zu durchbrechen,[343] würde nicht gerade dadurch sich ihr Sinnhorizont zur Menschheit hin öffnen?

J.Reeses Erfahrungen der Instrumentalisierung durch den Nationalsozialismus lassen sich so zusammenfassen: Je tiefer die Wirklichkeit im Dienst des herrschenden Ideals durch Abwehrmechanismen gespalten wurde, desto wichtiger wurden quasi-religiöse Überhöhungen für die Aufrechterhaltung seines Sinnhorizontes; und je mehr sein Standpunkt sich durch solche Überhöhungen oder Apotheosen rechtfertigte, umso starrer wurde die Grenze seines Horizontes; umso mehr wurden die Erinnerungen an seine Erfahrungen entweder zum Bestandteil der Mauer, die seinen Horizont einengte oder sie wurden in den Bereich jenseits der Mauer verbannt. - Läßt sich diese an J.Reeses Erfahrung gewonnene Einsicht über den Zusammenhang von quasi-religiöser Spaltung der Wirklichkeit und Instrumentalisierung der

---

343 vgl. die Leuchtturm-Metapher S. 203

Erinnerung auf E.Hilger übertragen? Ihre Erzählung von der Gewißheit des Friedens, an die sie sich in der unmittelbaren Nachkriegszeit hielt, steht dieser Einsicht zumindest nicht entgegen. Ihre Erinnerung daran, wozu Menschen während der vergangenen Jahre fähig gewesen waren, hätte sie auch zu der Einschätzung führen können, daß Menschen in Zukunft zu etwas Ähnlichem fähig sein würden wie in der Vergangenheit, und daß es Aufgabe verantwortlichen Handelns sei, dieser Möglichkeit entgegenzuwirken. Ihr politischer Sinnhorizont ließ damals aber diese Art der Erinnerung nicht zu, da sie die quasi metaphysische Friedensgewißheit erschüttert hätte.

Die Erfahrung von I.Gartemann zeigt, daß ein Sinnhorizont, der jahrzehntelang Erinnerungen im Sinn seiner Kontinuierung instrumentalisierte, durch eine unwillkürlich auftauchende Erinnerung infragegestellt und erweitert werden kann. Die verändernde Kraft einer solchen Erinnerung läßt sich aber nicht instrumentalisieren, denn sie verweigert sich dem bewußten Zugriff. Vielleicht fällt von daher ein Licht auf die Unfruchtbarkeit der Bußforderungen von R.Jeremias und E.Hilger. Die Berührung durch das, was uns in der Erinnerung „heimsucht", geht von dem Unverfügbaren aus, auch wenn es nach einer solchen Berührung gilt, mit aller Kraft des Willens und Handelns in anamnetischer Verantwortung dem neuen Bild der Vergangenheit zu entsprechen. Die Veränderung, die dadurch mit den Menschen und ihren - das Leben entstellenden und ihre Erinnerung instrumentalisierenden - Bezugsrahmen geschieht, ist umwälzend, aber so, wie Benjamin es in seinem Aufsatz über Kafka ausdrückt: Das bucklicht Männlein aus dem Volkslied "ist der Insasse des entstellten Lebens; es wird verschwinden, wenn der Messias kommt, von dem ein großer Rabbi gesagt hat, daß er nicht mit Gewalt die Welt verändern wolle, sondern nur um ein Geringes sie zurechtstellen werde." [344]

6. Kritische Intervention der Geschichte

In meiner Untersuchung habe ich, im Sinn der „kritischen Intervention der Geschichte", zwischen wiederholendem Gedächtnis und kritischer Erinnerungsarbeit unterschieden.[345] Diese Unterscheidung habe ich im Hinblick auf den Gegenstand meiner empirischen Untersuchung durch das Begriffspaar von der monologischen und dialogischen Erinnerung konkretisiert. Dadurch hoffe ich, zu einer Erinnerung an den Nationalsozialismus beizutragen, die eine Erweiterung der Identität, der Verständigung und der anamnetischen Verantwortung ermöglicht. - Im folgenden möchte ich der Frage nachgehen, ob und inwiefern nicht nur auf der Ebene der wissenschaftlichen Darstellung, sondern auch in der alltäglichen Praxis der Erinnerungsarbeit selbst die kritische Intervention der Geschichte zum Tragen kommt.

---

344 GS 2, S.432
345 vgl. P.Ricoeur, S. 52ff

P.Ricoeur bettet die Kritik der Geschichtswissenschaft in die in den Alltagserinnerungen enthaltene Kritik ein und hebt sie von ihnen aufgrund ihres methodischen Charakters ab, der sich auf Faktenerstellung, Erklärung und große Überblicksdarstellungen bezieht. Grundlegend ist seine Einsicht, daß Gedächtnis, Erinnerung und Geschichte das sprachliche Medium der Erzählung gemeinsam haben. - Im Gesprächskreis werden Erinnerungen erzählt. Das kritische Moment darin erscheint zum einen in den Erzählungen selbst, als selbstkritische Darstellung eigener Lebenserfahrungen und als Kritik an gängigen Mustern, die Vergangenheit und die Gegenwart zu deuten. Die selbstkritischen Erzählungen J.Reeses tragen zur Erklärung bei, überwiegend zur Erklärung von Beweggründen wie der Begeisterung für den Nationalsozialismus und den Gründen für das Verleugnen der eigenen Anteilnahme; aber auch zur Erklärung von Ursachen z.B. für die Schwäche der Demokratie gegenüber dem Nationalsozialismus.[346] Auch der Aspekt der Faktenerstellung ist in seinen Erzählungen enthalten, z.B. in bezug auf die Frage, was Deutsche aus seiner Generation und aus einem ähnlichen Sozialmilieu von der Verfolgung der Juden wußten und wissen konnten. Vor allem läßt sich sagen, daß er von sich aus zwischen verschiedenen Arten der Erinnerung unterscheidet; auf seine Unterscheidung von Verblendung und Sehend-Werden lassen sie die Begriffspaare Wiederholungszwang und Erinnerungsarbeit bzw. monologische und dialogische Erinnerung gut beziehen. Durch seine Kritik trägt er zur Auflösung von Deutungsmustern bei, die damalige MitläuferInnen von ihrer Verantwortung pauschal entlasten, oder die alle Überlebenden pauschal belasten. Zum anderen erscheint das kritische Moment in den Alltagserinnerungen in der Haltung der ZuhörerInnen der autobiographischen Erzählungen, die zum Durcharbeiten beiträgt. Mehrere GesprächspartnerInnen förderten durch ihre Kritik oder besser ihre Art zu fragen die Entbindung einer neuen Erinnerung, einer neuen Sicht der Vergangenheit und der Gegenwart. Davon zu unterscheiden sind haßerfüllte Angriffe auf andere GesprächspartnerInnen, die kaum als Kritik, sondern eher als Ausdruck von Wiederholungszwängen zu sehen sind.

All diese Aspekte von lebensweltlicher Kritik in den Erzählungen und in den Gesprächen bzw. den Debatten über diese Erzählungen konnten gelegentlich durch historische Kritik verstärkt werden. Dies geschah jedoch meist nur sehr bruchstückhaft, als Hinweis auf Fakten, als Erklärung in gedrängter Form, als Widerspruch gegen Mythen eines kollektiven Gedächtnisses, die sich im Licht historischer Kritik als Illusionen erweisen, als Hilfe zu einer dialogischen Erinnerungsarbeit. So vielfältig historische Kritik in die Praxis der Erinnerungsarbeit einging, so wenig war es möglich, sie dort methodisch zu reflektieren und als wissenschaftliche

---

346 zu J.Reeses eigener Begeisterung vgl. S.123f, zu den Abwehrmechanismen bei sich S. 128ff, zu den Abwehrmechanismen in der Nachkriegszeit S. 136f. J.Reeses Argumentationen zur Schwäche der Demokratie sind in den dargestellten Bruchstücken kaum ansatzweise enthalten; daher weise ich hier nur auf seinen Videofilm hin, S. 122.

Kritik zu thematisieren. In der Anfangszeit des Gesprächskreises sah ich die kritische Funktion der Geschichtswissenschaft gegenüber den Erinnerungen auf den Ebenen der Faktenerstellung und der Erklärung, vor allem im Sinn der Aufklärung von Beweggründen.[347] Jedoch plante ich zu keinem Zeitpunkt, in den Gesprächen über die Erinnerungen in erster Linie eine spezifisch historische und also methodisierte Kritik einzubringen. Mit einem solchen Konzept hätte der Gesprächskreis wohl nicht lange bestanden. Eher erwartete ich von den Erinnerungen auch kritische Fragen an die Geschichtswissenschaft.[348] - Während der Jahre seines Bestehens habe ich im Gesprächskreis zu bestimmten Themen Fragestellungen und Ergebnisse aus der Geschichtswissenschaft referiert, z.B. über den Holocaust und Erinnerungen an ihn. Den Verlauf der Gespräche zu untersuchen, die sich an diese Referate anschlossen, wäre eine Aufgabe, die den Rahmen dieser Arbeit überstige. Mein Eindruck ist, daß durch diese Referate zwar in den Erinnerungen der ZeitzeugInnen manche Zusammenhänge geklärt, auf der Ebene der Fakten manches richtiggestellt und manche Frage an die eigene Erinnerung aufgeworfen wurde. Zu einem Auftauchen unwillkürlicher Erinnerung oder zur nachträglichen Arbeit an neuen Bildern der Vergangenheit haben sie jedoch, soviel mir bekannt ist, nicht beigetragen. In diesen Gesprächen war ein Abstand zwischen der Perspektive der Geschichtswissenschaft und der Erfahrungsperspektive der GesprächspartnerInnen zu spüren, der nicht leicht zu überbrücken war. Am ehesten gelang dies wohl im Frühjahr 1995, als ich im Gesprächskreis aus C.Meiers Buch „Vierzig Jahre nach Auschwitz" die zentrale Fragestellung und einige Thesen referierte. Diese Gedanken erwiesen im Gesprächskreis dadurch ihre Nähe zur Erfahrung der GesprächspartnerInnen, daß sie zum Nachdenken anregten.

Insofern die Erinnerungsarbeit im Gesprächskreis fruchtbar genannt werden kann, ist dies nicht direkt von der kritischen Intervention der Geschichte abzuleiten; allenfalls trug die historische Kritik vermittelt durch die historische Bildung mehrerer TeilnehmerInnen dazu bei. Aus meiner Sicht hat ein weniger mit der Geschichtswissenschaft zusammenhängender Faktor ein größeres Gewicht für die fruchtbare Erinnerungsarbeit, daß nämlich der Gesprächskreis als in sich vielfältiger sozialer Bezugsrahmen das Auftauchen von Erinnerungen wie der von I.Gartemann und die nachträgliche Arbeit daran förderte. Die Situation des Gesprächs regte in nahezu jeder Sitzung durch die vielschichtigen Kontroversen, die sich aus dem Zusammentreffen von VertreterInnen verschiedener kollektiver Gedächtnisse ergaben, die eigene Erinnerung an.[349] Ich habe in der Zusammenfassung der Bedingungen der Erinnerungsarbeit besonders die Verschiedenheit der Generationen, der Geschlechter und die von Opfern und Tätern benannt. Hinzu kommt,

---
347 vgl. S. 53; zur Faktenerstellung das Beispiel auf S. 112, Anmerkung 61
348 vgl. das entsprechende Konzept in der Oral History, auf das L.Niethammers Titel „Fragen - Antworten - Fragen" verweist; L.Niethammer 1985
349 vgl. S. 153

daß die GesprächspartnerInnen mit ihren individuellen Erinnerungen sich mit den kollektiven Erinnerungen ihrer eigenen Generation auseinandersetzen konnten; sie konnten gegenüber diesen an Kritikfähigkeit gewinnen, weil sie im Gesprächskreis eine über ihre sonstigen sozialen Bezugsrahmen hinausgehende Möglichkeit der Verarbeitung bekamen und so an Sicherheit gewannen. - Im übrigen zeigt das Beispiel von I.Gartemann, daß sie weniger - wie P.Ricoeur das Ergebnis der „therapeutischen" Arbeit an den Erinnerungen beschreibt - zu einem ursprünglichen Projekt zurückkehrte, als daß ihr etwas Neues bewußt wurde, das ihr noch nie bewußt war.

Die Schwierigkeit, die kritische Funktion der Geschichtswissenschaft in einer Kleingruppe wie dem Gesprächskreis zur Geltung zu bringen, hängt vielleicht auch damit zusammen, daß die Geschichtswissenschaft überwiegend „große" Gegenstände untersucht und darstellt. Die Tradition der Unterdrückten lehrt dagegen, sich auch und gerade in unscheinbaren Erfahrungen und Menschen als gemeint zu erkennen.

D. Methodische Bedingungen

In den früheren Phasen des Gesprächskreises hatten die Erinnerungen und Erzählungen häufiger den Charakter von Monologen vor Publikum. Dieser Charakter ist im Gesprächskreis bei weitem nicht verschwunden, aber aus meiner Sicht hat die Bereitschaft und die Fähigkeit zum Dialog untereinander und zur dialogischen Erinnerung zugenommen. Diese Veränderung bei den Einzelnen hängt mit dem Charakter des Gesprächskreises als einem sozialem Bezugsrahmen zusammen, in dem unterschiedliche, ja gegensätzliche kollektive Gedächtnisse zusammentreffen. Der Gesprächskreis ist der wichtigste, aber nicht der einzige Bezugsrahmen der dargestellten Erinnerungen. Mehrfach wurde in der Darstellung in den Kapiteln 4-8 auf der einen Seite der Bezug zur politisch-kulturellen Öffentlichkeit sichtbar, auf der anderen Seite zu den Familien und Sozialmilieus der TeilnehmerInnen. Der Gesprächskreis nimmt Elemente von beiden Seiten in sich auf: Er ist zum einen Teil der politisch-kulturellen Öffentlichkeit, und zwar in der Anfangszeit als Forum für Fragen der Lokalgeschichte sowie für Debatten über allgemeine Fragen der Geschichte und Gegenwart; im Mai 1995 war der Gesprächskreis Initiator und gemeinsam mit anderen politisch-kulturellen Gruppen in Bielefeld Träger einer öffentlichen Gedenkveranstaltung zum 50. Jahrestag des Kriegsendes. Zum anderen nimmt der Gesprächskreis auch Elemente der Familien und Sozialmilieus in sich auf, indem deren besondere Erfahrungen besprochen werden, und vor allem indem das Gespräch zwischen den Generationen zum leitenden Gesichtspunkt der gesamten Arbeit wird (S.108f). Schließlich sind in all diesen Bezügen häufig religiöse Bezugsrahmen bemerkbar, auf die sich die Erinnerungen manchmal auch ausdrücklich beziehen. Damit ist eine Fülle unterschiedlicher Gesichtspunkte angedeutet, die sich im Gesprächskreis überlagern, ergänzen und miteinander in Konflikt treten. Eben dadurch wird den GesprächspartnerInnen die Möglichkeiten eröffnet, die eigene Erinnerung aus anderen Perspektiven zu sehen und so den Horizont zu erweitern. In welchem Maß diese Möglichkeit verwirklicht wird, hängt von der Fähigkeit und Bereitschaft ab, sich auf diese anderen Perspektiven einzulassen, also von der Fähigkeit zum Dialog.

In diesem Abschnitt geht es um die Frage, inwieweit dieser Charakter des Gesprächskreises methodisch gefördert und für die Erinnerungsarbeit der Einzelnen fruchtbar gemacht werden konnte. - Man könnte annehmen, daß die Stärkung der dialogischen Kultur im Gesprächskreis gewissermaßen naturwüchsig zustande kam. Gegen eine solche Annahme spricht die Erfahrung, daß der Bestand des Gesprächskreises nach der Auseinandersetzung mit H.Zoller äußerst gefährdet war. Es war damals und in einigen anderen Situationen nötig, die Schwierigkeiten in dem Kreis und deren Ursachen zu benennen, um die Arbeit überhaupt fortsetzen zu können. Mein Gesprächspartner bei der Reflexion und Planung der Arbeit war seit der Sitzung mit H.Zoller J.Reese, der daraufhin dem Gesprächskreis beitrat und zwei Jahre später auch formell mit mir gemeinsam Gesprächsleiter wurde. - Im folgenden gehe ich im einzelnen auf die im 3. Kapitel aufgestellten Hypothesen zu den methodischen Bedingungen ein.

a. Die Chancen, eine dialogische Erinnerung fördern, haben sich vergrößert, seitdem der Gesprächskreis gemeinsam von J.Reese und mir geleitet wurde (S.108). Daß uns in der Vor-und Nachbesprechung vieler Sitzungen ein Dialog zwischen den Generationen gelang, erwies sich als hilfreich für die Gesprächsleitung. Bei jedem von uns weckten diese Dialoge die Aufmerksamkeit für die Komplexität der zu besprechenden Themen und für Besonderheiten der Erinnerungen, an denen unsere GesprächspartnerInnen arbeiteten; damit weckten sie auch unsere Fähigkeit, zur Entbindung neuer Erinnerungen beizutragen. Das Spannungsfeld zwischen den Generationen, das sich in der Beziehung zwischen uns konzentrierte, ermöglichte weitere Kommunikation, gab den VertreterInnen jeder Generation die Chance, sich neu an ihre Erfahrung zu erinnern und diese zu erzählen.

Nach dem Dialog zwischen uns beiden als Gesprächsleiter möchte ich auf den inneren Dialog bei jedem von uns als Bedingung eingehen, die zur Stärkung der dialogischen Erinnerung bei den GesprächspartnerInnen beigetragen hat. In einigen Fällen hat vor allem J.Reese den Fortgang der Kommunikation ermöglicht; das war so nach der Auseinandersetzung mit H.Zoller, als es sich für den Bestand oder vielmehr für den Neubeginn der Gespräche als entscheidend erwies, daß er in seiner Lebensgeschichte die Extreme der Begeisterung für Hitler und den Widerstand vereinte und in einer dialogischen Erinnerungsarbeit aufeinander beziehen konnte. In anderen Fällen erwies sich der Bezug auf mich als Zuhörenden und Fragenden aus der Generation der Nachgeborenen als besonders wichtig für den Zusammenhalt des Kreises. Die Extreme verschiedener Erfahrungen und Erinnerungen an den Nationalsozialismus werden aufeinander beziehbar durch die Aufmerksamkeit von Nachgeborenen. Nicht, daß Nachgeborene überparteilich sein könnten - wer seine Herkunft verleugnet oder idealisiert, könnte diese Beziehung stiftende Aufmerksamkeit kaum entwickeln. Ich habe im Gesprächskreis die Fähigkeit geübt, aufgrund meiner Lebensgeschichte und meiner eigenen Erinnerungsarbeit - wenn auch auf andere Weise als J.Reese - sowohl mit Erinnerungen von ehemals Begeisterten wie auch von Verfolgten in eine dialogische Beziehung zu treten.

b. J.Reese war eher als ich bereit, das Auftauchen unwillkürlicher Erinnerung zuzulassen und hat dadurch die Erinnerungsarbeit vor allem von I.Gartemann entscheidend gefördert. Als deren unwillkürliche Erinnerung auftauchte, habe ich sie zwar nicht unterbrochen, aber doch eher unter dem Gesichtspunkt wahrgenommen, was sie für die damals im Gesprächskreis vereinbarte lokalgeschichtliche Fragestellung beitragen könnte. Wenn ich damals entschieden hätte, daß ihre Erinnerung nicht zum Thema gehöre, dann hätte I.Gartemann vielleicht geschwiegen und ihre Chance, sich positiv zu verändern, wäre vermindert worden. Erst später erkannte ich die Tragweite der unwillkürlichen Erinnerung und stellte den lokalgeschichtlichen Schwerpunkt zugunsten von Erinnerungsarbeit zurück.

c. Die Leitlinie, erfahrungsbezogenen Erinnerungen Vorrang gegenüber Themen und Debatten einzuräumen, die von Erfahrungen abgelöst sind, hat sich als günstige Bedingung für eine dialogische Erinnerung bewährt. In der Praxis kann dies heißen, durch Fragen und das Beispiel eigener Erzählungen einen entsprechenden Erwartungshorizont zu eröffnen und dann geduldig zuzuhören. Es kann aber auch, wie mein Eingreifen gegenüber R.Jeremias zeigt, heißen, debattenartige Beiträge nicht zuzulassen (S.124f). Bei den von Lebenserfahrungen abgelösten Debatten über Fragen der Geschichte und Gegenwart wurden zumeist fertige Standpunkte gegeneinander gehalten. Dabei war das Ziel öfter die gegenseitige Abgrenzung voneinander als die Suche nach Verständigung.[350] Ich habe im Gesprächskreis kaum erlebt, daß bei solchen Debatten das bessere Argument eines Andersdenkenden offen akzeptiert wurde, so daß man wie bei einem echten Dialog von einer Veränderung der Meinung oder des Standpunktes sprechen könnte. Eher wurden triftige Argumente stillschweigend hingenommen. Öfter wirkte die Struktur der Debatte jedoch in Richtung auf eine schärfere Abgrenzung der Standpunkte voneinander, wobei die Grenze in dem Maß erstarrte, wie unbewußte Abwehrmechanismen und damit monologische Strukturen durch die Debattensituation aktiviert wurden.

Den Sinn erschließenden und ausschließenden Doppelcharakter der Erwartungshorizonte zu handhaben, ist ein unaufhörlicher Balanceakt, bei dem Fehler kaum zu vermeiden sind. Dabei ist es von großem Gewicht für das Gelingen der Balance, solche Fragen zu stellen, die nach Möglichkeit alle GesprächspartnerInnen betref-

---

350 vgl. z.B. S.124ff

fen und die sie zu ihrer eigenen Frage machen können. Dies wird dadurch erleichtert, daß derjenige, der die Frage stellt, den anderen mitteilt, inwiefern sie ihn selbst betrifft. Jedoch können auch Befragungen Einzelner sich als fruchtbar für dialogische Erinnerungsarbeit erweisen. - Im Gesprächskreis kommt es immer wieder zu Situationen, in denen vor allem Jüngere die Älteren nach ihren Lebenserfahrungen befragen. Diese Befragungen dienten in der Anfangszeit der Erkundung der Lokalgeschichte durch die Erinnerung von "Zeitzeugen", seit 1990 vor allem dem Dialog, der Verständigung zwischen den Generationen. Befragungen im Gesprächskreis können Veränderungen fördern, wenn sie auf Erfahrungen zielen, an denen die Befragten selbst noch arbeiten, mit deren Deutung sie noch nicht fertig sind. Eine solche Situation war durch die Frage nach einer Geschichte vom Zerbrechen des Führerbildes gegeben (S.122f). Ob die befragte Person, wie J.Reese in dem genannten Beispiel, die Chance zum Neu-Erzählen wahrnimmt, hängt einerseits damit zusammen, ob der Horizont der Frage eine solche Veränderung zuläßt, andererseits mit der Bereitschaft der befragten Person, sich auf den Horizont der Frage zu beziehen und damit den eigenen Horizont zu erweitern. Beziehen sich die Fragen der Jüngeren dagegen auf Erfahrungen, deren Deutung feststeht oder die nicht deutungsbedürftig sind, so sind keine Veränderungen zu erwarten.

Neben der öffnenden Kraft von treffenden Fragen und als deren Ergänzung kann die Mitteilung von Erfahrungen zur Entbindung von Erinnerungen beitragen, die aufgrund starrer Grenzen von Sinnhorizonten noch nicht bewußt werden konnten. Die Fähigkeit, Erfahrungen in dieser Weise mitzuteilen, ist selten geworden,[351] verdient also umso größere Aufmerksamkeit. Ich gehe unter diesem Gesichtspunkt noch einmal auf J.Reeses Erzählung und ihre Wirkung bei I.Gartemann und E.Hilger ein.[352] Ich nehme an, daß die Desertionsgeschichte von J.Reese dazu beitrug, daß die unwillkürliche Erinnerung bei I.Gartemann auftauchen konnte.[353] Die Erinnerungsarbeit von I.Gartemann wiederum hat einen kaum zu unterschätzenden Beitrag zur dialogischen Erinnerung im Gesprächskreis geleistet. Schwieriger ist es, die Wirkung von J.Reeses Erzählung auf E.Hilger zu bestimmen. Das Starre in der Grenze ihres Sinnhorizontes zeigt sich in ihrer Neigung zu Verallgemeinerungen, die nicht mehr offen für Erfahrung und damit für Veränderung sind. Diese Starre sehe ich vor allem bedingt durch traumatische Erfahrungen, in zweiter Linie durch dualistische Züge in ihrem Weltbild. J.Reese widerspricht dem Deutungsmuster von der Feigheit aller Überlebenden mit der Geschichte seiner Desertion, in der er eine konkrete Erfahrung mitteilt, die geeignet ist, starre Deutungsmuster aufzuweichen und Horizonte zu öffnen. Dadurch gelingen ihm Verallgemeinerungen, die offen sind für unterschiedliche Konkretisierungen, für andersartige Erfahrungen.

---

351 vgl. S. 102, 225
352 vgl. S. 219
353 vgl. S. 152. Gewiß ist dies nur eine von mehreren Bedingungen, die das Auftauchen der Erinnerung bei I.Gartemann förderten, aber immerhin eine.

E.Hilgers Reaktion zeigt, daß sie gerade das in J.Reeses Erzählung abwehrt, was ihr Deutungsmuster infrage stellt.[354] Diese Abwehr, die jahrelang zu spüren war, aber im Zuge der wiederholten Erinnerungsarbeit abgenommen hat, spricht vielleicht nicht so sehr gegen die maieutische Kraft von J.Reeses Erfahrung, sondern vielmehr für die tiefen psychischen Wurzeln dieser Abwehr.

d. Die Gesprächsleitung konnte die dialogische Erinnerung im Gesprächskreis fördern, indem sie neue Einsichten in der Erinnerung wiederholt zum Thema machte und ein gemeinsames Nachdenken darüber anstieß. Diese der schrittweisen Trauerarbeit, dem „Durcharbeiten", und dem „Festhalten" eines neuen Bildes der Vergangenheit entsprechende Einsicht[355] wird besonders durch die Veränderung von I.Gartemann bestätigt, aber auch durch die Erinnerungsarbeit von E.Hilger. Bei beiden dauerte es einige Jahre, bis eine nachhaltige Veränderung im Denken und Verhalten zutage trat. Dies Ergebnis zeigt nicht nur, daß Ausnahmen von der „Unfähigkeit zu trauern" möglich sind, und daß der Begriff der „Schwierigkeit zu trauern" der Sache vielleicht angemessener ist. Es zeigt, daß diese Schwierigkeit nicht nur „von besonders starken Persönlichkeiten überwindbar"[356] ist; ich sehe keinen Grund, I.Gartemann eine besonders starke Persönlichkeit zu nennen. Diese Ausnahmen[357] sprechen eher dafür, daß die Schwierigkeit zu trauern, zu bereuen und anamnetische Verantwortung zu übernehmen unter solchen Bedingungen überwindbar ist, wie sie im Gesprächskreis gegeben waren: der Bereitschaft, unwillkürliche Erinnerung zuzulassen und der Fähigkeit, diese festzuhalten und immer wieder gemeinsam daran zu arbeiten.

Die Methode der wiederholten Thematisierung wurde in den letzten Jahres des Gesprächskreises dadurch ausgebaut, daß Transkripte früherer Sitzungen besprochen wurden. Besonders an der Erinnerungsarbeit von E.Hilger wird die Fruchtbarkeit dieser Methode erkennbar: die Konfrontation mit der Dokumentation der explosiven Sitzung vom 19.11.87 (S.207ff) hat dazu beigetragen, daß sie die zentrale Geschichte ihrer Selbsterkenntnis vor dem Spiegel erzählen konnte. Auch das Transkript dieser Geschichte löste, verbunden mit gezielten Nachfragen, Erinnerungen an Noch-Nicht-Bewußtes aus, und zwar im Sinn von Trauerarbeit (S.212).[358]

---

354 vgl. S.118
355 Zur schrittweisen Trauer vgl. S.9f, S.31 , zum Durcharbeiten S.53f, zum Festhalten S.77f
356 P.Schulz-Hageleit, vgl. das Zitat S.12
357 Hiermit konkretisiere ich den Satz, daß der Begriff vom Extrem ausgeht, S. 224
358 An der ersten Erzählung der Spiegelgeschichte läßt sich vielleicht besonders gut ablesen, was die Art des Nachfragens zum Fortschritt in der Erinnerungsarbeit beitragen kann. (vgl. die Interpretation S.221, Zusammenfassung über Fragen S.250f). Hätte ich sofort meine Überraschung über E.Hilgers Aussage ausgedrückt, daß sich in ihrer Reaktion auf H.Zoller in den letzten 6 Jahren noch nichts geändert habe, hätte ich ihr vielleicht widersprochen und ihr anderslautende Selbstaussagen vorgehalten, dann hätte sie diese wichtige Geschichte vielleicht nicht erzählt. Nicht Aufforderungen zur Rechtfertigung erweisen sich als fruchtbar für die Erinnerungsarbeit, sondern Fragen, die sich auf die Perspektive der sich Erinnernden einlassen, z.B. „wann hast du so einen Entschluß gefaßt?" (S.206, 208).

e. Im allgemeinen trat die Gesprächsleitung für Verständigung zwischen allen ein und war bereit, die Perspektive aller GesprächspartnerInnen zu übernehmen. Besonders J.Reese setzte sich im Gesprächskreis dafür ein, die Unterschiedlichkeit der verschiedenen TeilnehmerInnen zu akzeptieren; das zeigt sich besonders an seinem Umgang mit Unterschieden der Generation und der politischen Herkunft bzw. Unterschieden zwischen Opfern und Tätern des Nationalsozialismus. Dies heißt jedoch nicht, daß allein dadurch schon das dialogische Klima im Gesprächskreis erreicht wurde. Denn der Gesamtcharakter des Gesprächskreises als Bezugsrahmen war oft umstritten, und nicht immer gelang es der Gesprächsleitung, für ihren Erwartungshorizont die nötige Unterstützung zu finden. Insbesondere gelang es nicht, die Situation der moralischen Gerichtsverhandlung gegen H.Zoller zu überwinden. Überhaupt hat sich der Umgang mit religiösen Bezugsrahmen als besonders schwierig erwiesen, die Abspaltungen und Ausgrenzungen idealisieren, anstatt sie zu überwinden. Dagegen gelang es öfter, unfruchtbare Debattensituationen in Befragungen oder Gespräche umzuwandeln.[359] Das Einüben von fruchtbaren Debatten wäre möglich; der Schwerpunkt des Gesprächskreises liegt jedoch auf dem Gespräch zwischen den Generationen. Im Verlauf der Jahre haben die TeilnehmerInnen durchweg ihre Fähigkeit zum Perspektivenwechsel erhöht. Daher sind öfter als früher partnerschaftliche Gespräche möglich.

Die Bereitschaft, für die Verständigung zwischen allen einzutreten, weist über den Gesprächskreis als feste Kleingruppe hinaus. Während andere GesprächspartnerInnen das bestehende Meinungsspektrum im Gesprächskreis ausreichend fanden, bemühten J.Reese und ich uns immer wieder darum, weitere Andersdenkende für den Gesprächskreis zu gewinnen - allerdings mit beschränktem Erfolg. Dies Bemühen war getragen von der Einsicht, daß gerade die Vielfalt der Perspektiven sich als förderlich für eine dialogische Erinnerungsarbeit erwiesen hat.

---

[359] vgl. S.124ff

Schluß

10. Kapitel: Perspektiven der Erinnerungsarbeit

In diesem Schlußteil geht es mir darum, Perspektiven der Erinnerungsarbeit aufzuweisen und vorzuschlagen. Dabei gehe ich im besonderen auf die Fragerichtung ein, die sich auf die Praxis der Erinnerungsarbeit, auf ihre Ziele und Methoden bezieht (S.91). - Die Gedanken in diesem Kapitel haben nicht so sehr den Charakter von Schlußfolgerungen, die sich argumentativ nach möglichst vielen Seiten systematisch absichern. Der von mir dargestellten Sache entspricht eher das Wagnis, Gedanken auch ungeschützt auszusprechen.

A. Ziele der Erinnerungsarbeit

Welchen Zielen dient die Erinnerungsarbeit? Im Hinblick auf die Generationen der Nachgeborenen, die gegenwärtig den größten Teil der Erinnerungsarbeit tragen und nach dem Verschwinden der letzten ZeitzeugInnengeneration ganz zu tragen haben, halte ich für das wichtigste Ziel die Bereitschaft, Erinnerungsverantwortung zu übernehmen. In diesem Sinn erinnere ich noch einmal an Adornos Satz: „Die Forderung, daß Auschwitz nicht noch einmal sei, ist die allererste an Erziehung".[1] Die Menschen, die sich dem darin ausgedrückten Erinnerungsgebot stellen, und zwar nicht nur in der Erziehung, sondern in der Politik und in ihrer gesamten gesellschaftlichen Praxis, brauchen einen langen Atem. Die moralische und spirituelle Kraft einer Generation reicht nicht aus, um diese Forderung ein für allemal zu erfüllen. Daher wird die Frage nach der über eine Generation hinausreichenden Bereitschaft zentral, Erinnerungsverantwortung zu übernehmen;[2] damit aber auch die Frage nach den Quellen der Kraft, aus denen diese Bereitschaft sich speist; die Frage danach, woraus der die Generationen übergreifende Atem dieser Bereitschaft sich erneuern kann. Aus dieser Sicht läßt sich die Bereitschaft zur Erinnerungsverantwortung als ein Doppeltes bestimmen: Zum einen als Bereitschaft, den eigenen Anteil an der nationalsozialistischen Vergangenheit in konkreter Erinnerung wahrzunehmen und anzuerkennen. Dies schließt vor allem die Bereitschaft ein, diesen Anteil als "negatives Eigentum in Anspruch nehmen".[3] Zum anderen heißt Bereit-

---

[1] Adorno, Erziehung nach Auschwitz. Vgl. S. 14
[2] vgl. S. 87. - In der Sprache der Bibel kann "Atem", "Wind" und "Geist" durch dasselbe Wort ausgedrückt werden: hebräisch ruach (z.B. Genesis 2,7); griechisch $\pi\nu\varepsilon\upsilon\mu\alpha$ (z.B. Johannes 3,8)
[3] J.Améry, vgl. das Zitat auf S.19f

schaft zur Erinnerungsverantwortung, sich für die Tradition der Unterdrückten zu öffnen und an ihr teilzunehmen. Solche Teilnahme besteht darin, menschliche Stimmen zu vernehmen, die durch den Nationalsozialismus und andere in Kontinuität mit ihm stehende Mächte unterdrückt wurden und werden; sich in solchen Stimmen als gemeint zu erkennen und so sich durch sie wecken zu lassen; das Noch-Nicht-Bewußte an solchen Stimmen in der Erinnerung zutage zu fördern; die spirituelle Kraft der Unterdrückten und ihrer Tradition, vor allem ihrer biblischen Ursprünge, von ihren durch Instrumentalisierung entstellten Formen zu unterscheiden und sie nach Kräften aus den Gefahren der Instrumentalisierung zu befreien. Diese Aspekte, in denen sich die Paradoxie der Tradition der Unterdrückten als Diskontinuum des Gewesenen erweist, werde ich weiter unten ausführen. Zunächst jedoch wende ich mich der Paradoxie der Aufgabe zu, den eigenen - negativen - Anteil an der nationalsozialistischen Vergangenheit in der Erinnerung anzunehmen.

1. Paradoxie von Erinnerungsgebot und Freiheit anamnetischer Verantwortung

Die Schwierigkeit, sich konkret an den eigenen Anteil an der nationalsozialistischen Vergangenheit zu erinnern und damit anamnetische Verantwortung zu übernehmen, konzentriert sich in der Paradoxie von Erinnerungsgebot und Freiheit dieser Erinnerung. Freiheit verstehe ich in diesem Zusammenhang zum einen als Autonomie, die sich aus Vernunftgründen dazu entschließen kann, dem Erinnerungsgebot zu entsprechen. Zum anderen beschränkt Freiheit sich nicht auf den selbstbestimmten Willen, in der Erinnerung sich der Vergangenheit zuzuwenden, sondern läßt den unwillkürlichen Umschlag zu, in dem die Erinnerung aus der Vergangenheit in die Gegenwart „einfällt". Freiheit zur Übernahme von Erinnerungsverantwortung schließlich umfaßt Freiwilligkeit und innere Bereitschaft, das Unwillkürliche zuzulassen; sie zieht daraus praktische Konsequenzen für die Veränderung von Vergangenheit und Gegenwart.

Die Sichtweise, die Paradoxie von Erinnerungsgebot und Freiheit ins Zentrum der Schwierigkeiten des Umgangs mit der nationalsozialistischen Vergangenheit zu setzen und diese Schwierigkeiten von dort her aufzuhellen, läßt sich an einem kurzen Durchgang durch die aufgezeigten Paradoxien der Geschichtserinnerung erörtern;[4] ich konzentriere mich dabei auf die Generationenthematik. - Die Mehrheit der ZeitzeugInnen des Nationalsozialismus beruft sich - ganz im Sinn des Tradierungstyps „Rechtfertigung"[5] - auf Bedingungen, die ihre Freiheit in einem mehr oder minder hohen Maß einschränkten, um so die Verantwortung für die eigenen Taten zu vermindern oder ganz zu leugnen, wie es H.Zoller tut. Viele aus der Gruppe der Opfer betonen jedoch die Verantwortlichkeit der TäterInnen für ihre

---

4 vgl. S. 31f, 37, 89
5 vgl. S. 105f

Taten, indem sie prinzipiell auf deren Freiheit und im einzelnen auf deren Handlungsspielraum hinweisen.[6] Ähnliches gilt für viele aus den Generationen der Nachgeborenen - wobei bei den eigenen Verwandten, bei der eigenen Herkunft, oft eine Ausnahme gemacht wird. Die moralische Zumutung der Verantwortlichkeit löst bei der Mehrheit der ZeitzeugInnen eine Abwehr im Sinn einer Selbstrechtfertigung aus. Dabei kehrt die bezeichnende Wendung immer wieder, daß die Nachgeborenen sich die damalige Zeit nicht vorstellen können, mithin die Bedingungen, unter denen die ZeitzeugInnen zu handeln hatten, nicht richtig einschätzen können. ZeitzeugInnen werden weniger in das Verhaltens- und Denkmuster der Selbstrechtfertigung hineingedrängt, wenn bei der Zumutung der Verantwortung der moralische Ton durch die eigene Anteilnahme der Zumutenden gedämpft wird, anstatt durch deren Selbstgerechtigkeit schrill in den Ohren zu klingen. Damit wird die unverlierbare Freiheit der ZeitzeugInnen nicht wegdiskutiert, sich so oder so zu der Zumutung der Verantwortung zu verhalten. Jedoch gibt es auch die Freiheit der Zumutenden, die Chance der ZeitzeugInnen zu vergrößern, ihre Verantwortung einzusehen und in Erzählungen darzustellen.

Auf der anderen Seite ruft die Verpflichtung der Nachgeborenen, Erinnerungsverantwortung für die nationalsozialistische Vergangenheit zu übernehmen, oft

---

6   Jonathan Magonet zitiert im Zusammenhang einer Betrachtung zur Geschichte von Kain und Abel das Beispiel von Viktor E.Frankl: "Wer von denen, die das Konzentrationslager erlebt haben, wüßte nicht von jenen Menschengestalten zu erzählen, die da über die Appellplätze oder durch die Baracken des Lagers gewandelt sind, hier ein gutes Wort, dort einen letzten Bissen Brot spendend? Und mögen es auch nur wenige gewesen sein - sie haben Beweiskraft dafür, daß man dem Menschen im Konzentrationslager alles nehmen kann, nur nicht: die letzte menschliche Freiheit, sich zu den gegebenen Verhältnissen so oder so einzustellen. Und es gab ein 'So oder so'! Und jeder Tag und jede Stunde im Lager gab tausendfältige Gelegenheit, diese innere Entscheidung zu vollziehen, die eine Entscheidung des Menschen für oder gegen den Verfall an jene Mächte der Umwelt darstellt, die dem Menschen sein Eigentliches zu rauben droht - seine innere Freiheit - und ihn dazu verführen, unter Verzicht auf Freiheit und Würde zum bloßen Spielball und Objekt der äußeren Bedingungen zu werden und sich von ihnen zum 'typischen' Lagerhäftling umprägen zu lassen." (Viktor E.Frankl: ... trotzdem Ja zum Leben sagen. München 1977, S. 108 ; J.Magonet 1994, S. 163) J.Magonet fährt in seinem Text fort: „Ich bedaure es, hier die düsteren Bilder aus den Konzentrationslagern heraufbeschwören zu müssen. Aber Kain, der erste Mörder, und Abel, das erste Opfer, sind Prototypen der Entscheidung, vor die jeder von uns im Angesicht seines persönlichen Schicksals, im Angesicht des Scheiterns, des Leidens gestellt ist. Die Prüfung, die Kain zu bestehen hat, wird zum Modell aller späteren Prüfungen in der hebräischen Bibel, in denen unsere Vorannahmen über Gott, die Gewißheiten, die wir um den Ewigen herum aufgebaut haben, in Frage gestellt werden." (ebda) - J.Magonet hat seinen Text so angelegt, daß er durchsichtig wird für die Erfahrungen der Täter in den Lagern und anderswo. Auch für sie gilt der Satz "daß man dem Menschen im Konzentrationslager alles nehmen kann, nur nicht: die letzte menschliche Freiheit, sich zu den gegebenen Verhältnissen so oder so einzustellen". Wenn dieser Satz für die Opfer gilt, dann beschämt er jene Täter und ihre Nachkommen, die behaupten, sie hätten - als Täter - keine Wahl gehabt. Ich denke, daß die Art dieser Betrachtung vielleicht eher geeignet ist, Täter und ihre Nachkommen zur Anerkennung ihrer Verantwortung bzw. zur Übernahme von Erinnerungsverantwortung zu bewegen als etwa die Art des Buches von D.J.Goldhagen, dem der Perspektivenwechsel fehlt (vgl. S.5), und in dem es darum geht - einer juristischen Argumentation vergleichbar - die Schuld der Schuldigen nachzuweisen.

deren Widerstreben hervor. Die Bereitschaft von Nachgeborenen, Erinnerungsverantwortung zu übernehmen, beruht ebenso auf Freiheit und bleibt daher ebenso unverfügbar wie die Bereitschaft von ZeitzeugInnen, Verantwortung für die eigenen Taten zu übernehmen. Sie kann zwar erwartet, ja mit allem moralischem Nachdruck gefordert werden; aber solche Forderungen allein rufen oft weniger Freiwilligkeit hervor als eine trotzige Abwehr gegen sie. Sie werden dann weniger als Chance zur Verständigung, zur Horizonterweiterung oder gar zum Erwachen aus einem Alptraum wahrgenommen, sondern eher als Angriff auf die Identität oder die Ehre, der abgewehrt werden muß.[7] Aufgrund solcher unbeabsichtigter Reaktionen wird das Erinnerungsgebot nicht illegitim oder wirkungslos. Aber es kann - wie der Vergleich von J.Reese und H.Zoller zeigt (S.227f) - seine beabsichtigte Wirkung eher dann entfalten, wenn es getragen wird von einer freiwilligen Zuwendung: von der Anerkennung des anderen in seiner Würde als Mensch; von der Bereitschaft, sich selbst unter das Erinnerungsgebot zu stellen und seine Erfahrungen mit diesem Gebot mitzuteilen; von geduldigem Vertrauen in die Fähigkeit und Bereitschaft des anderen, sich zu öffnen und zu seiner Vergangenheit zu bekennen; von der Bereitschaft, einen Menschen nicht mit seinen bösen Taten zu identifizieren; von der Bereitschaft zu vergeben. - Verpflichtende Erinnerung über die Generationen hinweg ist nur zu erreichen, wenn die Überliefernden trotz des unbedingten Anspruchs auf anamnetische Solidarität die Geltung ihrer Sinnhorizonte bei den Nachgeborenen nicht erzwingen wollen. Sie können guten Gewissens nur in dem Vertrauen auf solchen Zwang verzichten, daß die Nachgeborenen ihren eigenen Zugang zur nationalsozialistischen Vergangenheit finden und Erinnerungsverantwortung übernehmen. Dies Vertrauen wird durch die Bereitschaft gestärkt, den eigenen Zugang der Nachgeborenen als Chance zum Dialog und zur Erweiterung der eigenen Sicht zu verstehen.

Die Paradoxie von Erinnerungsgebot und Freiheit der Erinnerung zeigt sich auf verschiedenen Ebenen, die miteinander verknüpft sind und ineinander übergehen: in der Erinnerungsarbeit von Einzelnen, von gesellschaftlichen Gruppen und von Brücken, die Einzelne bzw. Gruppen übergreifen. Die gesellschaftlichen Gruppen, auf deren Erinnerungsarbeit ich in dieser Untersuchung eingegangen bin, habe ich als Generationen, Geschlechter und Gruppen von Opfern und Tätern sowie ihren Nachkommen begriffen. Dabei bin ich mir bewußt, daß auch die Thematisierung der Erinnerungsarbeit von gesellschaftlichen Klassen und Schichten, von sozialen und kulturellen Milieus, von politischen, wirtschaftlichen, kulturellen und religiö-

---

7 So weigert sich - wie ich im Umgang mit meinen Schüler/innen immer wieder erfahre - ein Teil der jungen Deutschen, sich auf die Entdeckung ihres Anteils an der nationalsozialistischen Vergangenheit einzulassen, indem sie auf Verbrechen hinweisen, an die andere Völker sich erinnern sollten: die Ausrottung der Indianer, der Mord an den Armeniern usw. Eine solche Reaktion kann nicht einfach durch die Erklärung entkräftet werden, daß jedes Volk die Verantwortung für seine Geschichte zu tragen habe.

sen Institutionen, von Orten, Regionen und ganzen Nationen sinnvoll ist, ja notwendig sein kann.[8] Die moralische Forderung, sich an den Nationalsozialismus zu erinnern und das Eigene darin wahrzunehmen und anzunehmen, wird von verschiedenen Menschen und Gruppen gestellt, und zwar an sich selbst und an andere: Von Opfern und ihren Nachkommen; weniger und auf andere Weise von TäterInnen und ihren Nachkommen; von Frauen und - bisher kaum geschlechtsspezifisch - von Männern; von ZeitzeugInnen und auf andere Weise von Nachgeborenen. Es würde sich lohnen, systematisch zu untersuchen, wer die Forderung sich zu erinnern an wen stellt; ob die Forderung im Sinn einer Einbahnstraße gestellt wird oder auch den Fordernden selbst meint; in welchem Ton die Forderung gestellt wird; worin der Inhalt der Forderung genau besteht; ob sie einen unbedingten Anspruch enthält; was mit der Forderung erreicht werden soll; wie die AdressatInnen der Forderung mit ihr umgehen; was mit der Forderung tatsächlich erreicht wird; ob und in welcher Hinsicht die AdressatInnen auf Forderung und Anspruch antworten, indem sie Erinnerungsverantwortung übernehmen.

Durch das Erinnerungsgebot werden - auch ein halbes Jahrhundert nach der Katastrophe - materielle Interessen verschiedener Art berührt; ich nenne als Beispiele hier nur die Frage der Entschädigung von Überlebenden der Vernichtungslager, von ZwangsarbeiterInnen, von Deserteuren; die Frage der Annullierung der nationalsozialistischen Un-Rechtssprechung und der Rehabilitation ihrer Opfer; die Frage der Legitimität heutiger Kriegsdienstverweigerung angesichts einer wachsenden weltpolitischen Rolle Deutschlands; die Frage der Legitimität der Beschränkung des Grundrechtes auf Asyl. Die mit diesen Fragen verbundenen Interessen sind ohne politischen Kampf nicht durchzusetzen, und bei der Durchsetzung kann es als eine zweitrangige Frage erscheinen, ob die AdressatInnen der Forderungen diese freiwillig oder unfreiwillig erfüllen. Die Paradoxie von Erinnerungsgebot und Freiheit der Erinnerung kommt nicht so sehr auf diesem Gebiet zum Tragen, sondern vielmehr dort, wo der unbedingte Anspruch des Erinnerungsgebotes einerseits und die unabdingbare Freiheit derer, die sich erinnern sollen, aus dem Problem nicht herausgehalten werden kann. Das Unbedingte in beider Gestalt ist besonders dort erfahrbar, wo es um die Identität von Personen und Gruppen, um Verständigung verfeindeter Gruppen, um anamnetische Solidarität mit den Opfern geht. Und zwar ist es erfahrbar nicht nur in dem Bereich des Moralischen selbst, sondern erst recht in dem spirituellen Bereich; nämlich zum einen in der Macht des Bösen - denn dem

---

8 Der Sinn der Erinnerungsarbeit z.B. in einem Konzern wie Siemens verweist auf eine praktische (moralische und politische) Notwendigkeit, nämlich endlich in angemessener Form die noch lebenden ZwangsarbeiterInnen zu entlohnen. Anläßlich des 150. Firmenjubiläums im Oktober 1997 hat der Vorstandsvorsitzende H.v.Pierer gesagt: „Die Frage nach der Beteiligung an einem Entschädigungsfonds" für ZwangsarbeiterInnen während des Nationalsozialismus „stellt sich nicht". (taz vom 13.10.97) - Der Sinn der Erinnerungsarbeit in den Kirchen verweist u.a. auf die Aufgabe, den Antisemitismus in der Kirchengeschichte „als negatives Eigentum in Anspruch zu nehmen."

Menschen ist die Freiheit so radikal gegeben, daß er das radikal Böse tun und die grundlegendsten Gebote mißachten kann. Zum anderen ist es erfahrbar in der transzendenten Macht, in der Gebote und Freiheit wurzeln, aus deren Perversion auch die Macht des Bösen sich speist, und die das Böse überwinden kann. - Ich möchte in diesem Horizont der Paradoxie der Erinnerungsverantwortung eine These vertreten: Wer eine Seite der paradoxen Beziehung von Erinnerungsgebot und Freiheit nicht beachtet oder nicht als unbedingt achtet, verstrickt sich in unlösbare Widersprüche und gefährdet die eigene moralische Grundlage. Diese These möchte ich an zwei Beispielen ausführen.

1. E.Hilger, im politischen Kampf gegen bedrohliche Kontinuitäten zwischen Nationalsozialismus und Gegenwart erprobt, stellte an H.Zoller die Forderung zu büßen, einzusehen, sich zu schämen und wiedergutzumachen in einem Ton moralischer Empörung, der das Unbedingte spüren läßt: „man ist gezwungen zu büßen ..." (S.180). - Für die eben aufgestellte These spricht, daß E.Hilger zwar an H.Zollers Verantwortung appelliert, aber - vielleicht mitbedingt durch die gewohnte Haltung der politischen Kämpferin - seine Freiwilligkeit nicht akzeptiert. Damit wird für H.Zoller das Problem seiner gespaltenen Identität erschwert, anstatt eine Überwindung der Spaltung zu erleichtern. E.Hilgers moralischer Forderung fehlt nicht der Bezug auf das Unbedingte, aber in diesem Bezug ist die Tradition der Unterdrückten, in der die Unbedingtheit des Erinnerungsgebotes wurzelt, entstellt. Die Entstellung zeigt sich in ihrer Unfähigkeit zum Perspektivenwechsel, in der quasi religiösen Überhöhung ihres begrenzten Sinnhorizontes und der daraus folgenden Ausschließung von Menschen wie H.Zoller aus dem Menschheitshorizont (S.234ff).

2. Die Forderung, Erinnerungsverantwortung zu übernehmen, scheitert, wenn sie die Freiheit des Adressaten nicht als unbedingte achtet, d.h. wenn sie in seiner Freiheit - etwa entsprechend der Logik des Interessenkampfes - nur eine Bedingung unter anderen sieht. Umgekehrt verstrickt sich die Freiheit der Erinnerung in unlösbare Widersprüche, wenn sie die Unbedingtheit des Erinnerungsgebotes nicht achtet. Als ein Beispiel hierfür läßt sich die von Birgit Rommelspacher dargestellte Einstellung einer 27-jährigen Lehrerin, „B.S.", interpretieren, die zwischen Verantwortung aus Schuldgefühl und Verantwortung „aus freien Stücken" unterscheidet.

"...unter Schuldgefühl kann halt zweierlei passieren, entweder es verstärkt die Verantwortung, oder es kann auch dagegenhauen. Aber ich denk' doch eher, daß Schuldgefühl einen zu verantwortungsbewußtem Handeln zwingt ... Wenn es so erzwungen ist, ist es auch wieder nicht echt. Also wenn das Schuldgefühl nicht mehr da ist, dann ist auch die Verantwortung nicht mehr da. Die hält sich nicht von alleine. Wenn ich von mir aus Verantwortung übernehme, dann tu' ich das aus freien Stücken, weil ich dich mag oder du mir wichtig bist. Sonst bin ich nur an die Schuld oder das Schuldgefühl gebunden, aber nicht an den Menschen."[9]

---

9 B.Rommelspacher 1994 „Schuldlos - schuldig? Wie sich junge Frauen mit dem Antisemitismus auseinandersetzen" , S. 119. - B.Rommelspacher beschreibt die Auswahl der in ihrer Untersuchung

B.Rommelspacher arbeitet an den Aussagen von B.S. heraus, daß sie das Problem von Freiwilligkeit und Zwang bei der Übernahme von Verantwortung thematisiere. Erzwungene Verantwortung verliere ihre moralische Substanz. Nicht die Schuld der Vorfahren aus der Zeit des Nationalsozialismus könne und dürfe übernommen werden, sondern die Verantwortung für diese Schuld, d.h. für das Fortwirken der Vergangenheit in der Gegenwart. - Das Dilemma von Freiwilligkeit und Zwang bei der Übernahme dieser Verantwortung wird bei B.S. dadurch erschwert, daß sie unter einem unbegriffenen und als ungerechtfertigt empfundenen Schuldgefühl leidet. B.Rommelspacher argumentiert weiter:

„B.S. findet einen Ausweg aus dem Dilemma, indem sie der pflichtorientierten Moral die beziehungsorientierte Moral gegenüberstellt, als eine eigentlich freiwillige und selbstverantwortete Moral. Sie kritisiert zu Recht, daß eine Moral, in der das Motiv zur Mitmenschlichkeit nicht durchscheint, für einen selbst und für die anderen wenig Bedeutung haben kann." Trotzdem bleibe B.S. „in einer falschen Polarisierung von Schuld als Zwang einerseits und Verantwortung als Mitmenschlichkeit andererseits befangen. Diese Polarisierung kann sie nicht überwinden, weil sie in dieser Schuld die Beziehung zu den anderen nicht sehen kann oder will. Dies wird begünstigt durch einen Schuldbegriff, der nicht unbedingt einen Bezug zur Tat herstellt. Aber diese Polarisierung ist auch dadurch motiviert, daß B.S. mit ihrem Begriff einer mitmenschlichen Moral die ganze Schuldfrage von sich weisen und die Vergangenheit insgesamt von sich abspalten kann. ... Schuld hat ihrer Meinung nach zuviel Geschichte, wohingegen Verantwortung, die sich am anderen Menschen orientiert, nur im Hier und Jetzt gilt. Wenn sich so die Moral dann nur auf den näheren Umkreis bezieht, dann setzen die Kinder genau die Tradition ihrer Eltern fort, die angeblich auch nur den ihnen 'Zugehörigen' Bedeutung beimaßen." „Gerade der Nationalsozialismus hat eine solche Moral ad absurdum geführt, indem es gelang, daß Millionen von Menschen zu solchen gemacht wurden, die keinem mehr wichtig waren. Sie wurden aus dem Verbund derer, für die man sich verantwortlich fühlte, ausgeschlossen. Sie gehörten nicht mehr zu denjenigen, denen die christliche Nächstenliebe galt. So hieß etwa ein Motto des Winterhilfswerks: 'Keiner soll hungern, keiner soll frieren, aber die Juden, die sollen krepieren.' Das heißt, die Moral der Fürsorge bedarf unbedingt der Moral der Gerechtigkeit, die alle Menschen als gleichwertig betrachtet."[10]

---

befragten Frauen: „Die von uns befragten Frauen lassen sich ... in das Drittel der Bevölkerung einordnen, das laut repräsentativen Untersuchungen (Bergmann/Erb 1991) keinen Schlußstrich unter die Vergangenheit ziehen will und für verstärkte Aufarbeitung plädiert. Das sind vor allem jüngere Menschen mit relativ guter Bildung und einem kritisch-politischen Selbstverständnis." a.a.O. S. 11. - Ich habe dies und das folgende, für den Schlußteil verhältnismäßig lange, Zitat nicht nur deswegen aufgenommen, weil es gut in meinen Gedankengang hineinpaßt, sondern auch aus folgenden Gründen. Zum einen soll es etwas von den Schwierigkeiten der zweiten Nachkriegsgeneration mit der Erinnerung an den Nationalsozialismus zeigen, die in meinem Text bisher nicht zur Sprache kam, die aber einen wachsenden Teil der Erinnerungsverantwortung zu tragen hat. Zum anderen soll es den Vorsprung belegen, den Frauen gegenüber Männern mit der Thematisierung geschlechtsspezifischer Erinnerung an den Nationalsozialismus haben; keinesfalls sollte der Eindruck entstehen, antisemitische Einstellungen gäbe es bei Männern dieser Generation nicht; vermutlich sind sie eher stärker. Schließlich möchte ich im nächsten Abschnitt auf einen Aspekt der Position von B.Rommelspacher im Zusammenhang der Tradition der Unterdrückten zurückkommen.
10 a.a.O. S.124, 122

Diese Argumentation erweist ziemlich genau den Punkt, auf den es mir in diesem Abschnitt ankommt. B.Rommelspacher schließt an sie die Darstellung antisemititischer Äußerungen von B.S. an: „Sie projiziert so die Ursache ihrer eigenen Schuldgefühle ungebremst auf die Juden, die anscheinend *immer Schuldabgleichung fordern*, anstatt sie in der Beziehung zu ihren Eltern zu suchen."[11] Die Auffassung von Freiwilligkeit, die der Einstellung von B.S. zugrundeliegt, versucht, dem unbedingten Anspruch der Moral der Gerechtigkeit und, so läßt sich hinzufügen, des Erinnerungsgebotes zu entgehen. Das Erinnerungsgebot wird in der Einstellung von B.S. dadurch zu einem bedingten verzerrt, daß seine Herkunft auf Juden mit ihrer „Rach- oder Geltungssucht"[12] verlagert wird. Eben dadurch wird die moralische Substanz dieser Einstellung fragwürdig. Weder die unbedingte Freiheit der Erinnerungsverantwortung noch die Unbedingtheit des Erinnerungsgebotes kann mißachtet werden, ohne die moralische Grundlage der eigenen Einstellung zu gefährden.

Das Beispiel von I.Gartemann zeigt, daß das Dilemma von Freiwilligkeit und Zwang lösbar ist. In ihrer Erinnerungsarbeit erweist sich die Geschichte als ein Geschehen, das die Gegenwart verändert. Gleichzeitig wird die Vergangenheit verändert, wird aus einem Faktum zur verändernden Kraft. Diese Kraft entfaltet sich, indem I.Gartemann in der vorher unerkannten Vergangenheit sich erkennt, sich als gemeint erkennt. Eine solche Erkenntnis zielt auf praktische Veränderung: Wenn I.Gartemann in der vorher nicht bewußten Geschichte mit den Zwangsarbeitern ihre Gegenwart erkennt, so erkennt sie die Aufgabe, die Fremdenfeindlichkeit zu überwinden. Gleichzeitig steht ihr diese Aufgabe nicht als abstraktes Sollen gegenüber, sondern durch den Akt der Erinnerung wird sie innerlich bereit dazu. Ohne daß die Vergangenheit, für die die Geschichte mit den Zwangsarbeitern steht, mit der Gegenwart, in der sie mit anderen Fremden zu tun hat, in ihrer Erinnerung in eine Konstellation traten, wäre es ihr wohl nicht möglich gewesen, diese Aufgabe in Wahrheit zu erkennen, für sich als existentielle Aufgabe anzuerkennen. Erst recht wäre die innere Bereitschaft zu dieser Aufgabe wohl kaum entstanden. Und diese innere Bereitschaft kann, wie ich im nächsten Abschnitt ausführen möchte, als das Zeichen wirksamer Sühne angesehen werden.

2. Paradoxie der Tradition der Unterdrückten als Diskontinuum des Gewesenen

Im Horizont der Tradition der Unterdrückten läßt sich die Paradoxie von Erinnerungsgebot und Freiheit verstehen als Paradoxie von Tradition als Diskontinuum des Gewesenen. Denn das Gebot zielt auf Kontinuität, auf langen Atem. Aber eben dieser Atem kann nur lange dauern, wenn er sich immer wieder erneuert; wenn er

---

11 a.a.O. S. 125. Die - wie im Original - kursiv gesetzten Wörter sind ein Zitat von B.S.
12 ebda

das Alte, Verbrauchte abstößt; wenn er die lebensgeschichtlich und geschichtlich gewordenen Gestalten der Tradition von den Schlacken der Instrumentalisierungen befreit; wenn er mit Verhältnissen bricht, die - vielleicht trotz ihrer im Namen dieser Tradition erklärten guten Absichten - das Lebendige dieser Tradition unterdrücken.[13] Kann diese kontinuierliche Diskontinuität gelingen ohne die widersprüchliche Einheit von unwillkürlicher Erinnerung und Technik oder Methodik des Erwachens, ohne die widersprüchliche Einheit von Transzendenz und Immanenz?

Die moralische Forderung, sich zu erinnern, wird oft lautstark erhoben - zu recht. Die Ohren der AdressatInnen haben sich dieser Forderung nicht immer geöffnet, viele sind eher abgestumpft. Menschen wie R.Jeremias ziehen daraus den Schluß, die Stimme des Erinnerungsgebotes müsse lauter und immer lauter ertönen, um die Ohren der inneren Bereitschaft noch zu erreichen. Die Stimme der Unterdrückten und ihrer Tradition, die darauf wartet, von Nachgeborenen gehört zu werden, beginnt jedoch oft ganz leise.[14] Daher könnte es für die Bereitschaft zur Erinnerungsverantwortung wichtiger sein, die Aufmerksamkeit für die leisen Stimmen zu üben als die Techniken der Lautstärke. - Was von der Generation der ZeitzeugInnen mitgeteilt wird, verdient unter mehreren Aspekten die besondere Aufmerksamkeit der Nachgeborenen. Ich möchte zum einen besonders die Armut an mitteilbaren Erfahrungen hervorheben. Zum anderen bezieht anamnetische Verantwortung eine ihrer stärksten Kräfte aus solchen Mitteilungen. Auf die Bereitschaft und die Methode, unterdrückte menschliche Stimmen vernehmen, sich in solchen Stimmen als gemeint zu erkennen und das Noch-Nicht-Bewußte an solchen Stimmen zutage fördern, gehe ich im Abschnitt über die Methoden der Erinnerungsarbeit näher ein.

Im folgenden wende ich mich der Frage zu, was es heißt, die spirituelle Kraft der Tradition der Unterdrückten von ihren durch Instrumentalisierung entstellten Formen zu unterscheiden. Dabei konzentriere ich mich auf die miteinander zusammenhängenden Fragen der Schuld, der Reue und der Vergebung. Diese Fragen ge-

---

13 Solche Unterdrückung geschieht immer dann, wenn Einzelne oder Gruppen Erinnerung und Geschichte für eine bestehende Gestalt ihrer Identität vereinnahmen. Erinnerung wird monologisch, wenn sie für politische Bedürfnisse der herrschenden Gruppe zugerichtet wird; wenn sie als ästhetische Projektion der eigenen Weltsicht in die Vergangenheit bzw. als modisches Zitat der Vergangenheit präsentiert wird; wenn sie auf empirische Untermauerung von Theorien beschränkt wird, die die ohnehin geltenden Orientierungen bestätigen. All dem widerspricht Erinnerungsverantwortung: zum einen dadurch, daß die Erinnerung von Menschen aus einer Generation in eine moralische Beziehung zu Menschen anderer Generationen tritt, die vor ihnen gelebt haben. Zum anderen sucht Erinnerungsverantwortung ihre Bilder der Geschichte so zu entwerfen, daß sie offen werden für einen Dialog mit nachfolgenden Generationen. In beiden Richtungen oder in beiden Hinsichten erweist sich die Tradition der Unterdrückten als Diskontinuum des Gewesenen. Denn die Erinnerungsverantwortung gegenüber den Menschen früherer Generationen schließt ein, aus deren Träumen zu erwachen. Und die Überlieferungsverantwortung gegenüber den Menschen späterer Generationen schließt die Bereitschaft ein, die eigenen, generationsbedingten Wahrnehmungs- und Denkhorizonte nicht unbedingt auf sie verlängern zu wollen.
14 vgl. Benjamins 2. These über den Begriff der Geschichte; siehe das Zitat auf S. 23

hören zum Kern der Bibel, der jüdischen und der christlichen Überlieferung. Sie gehören, wie im ersten und zweiten Teil dieser Arbeit gezeigt, ebenfalls zum Kern der Schwierigkeiten der Erinnerung an den Nationalsozialismus. Mehrfach wurde die Entstellung der Tradition der Unterdrückten in diesen Fragen erkennbar.[15] Diese Entstellung ist so gewöhnlich geworden, daß sie meistens gar nicht mehr als solche auffällt. Dies zeigt schon ein Blick auf die alltagssprachliche Wendung „Entschuldigung". Wer glaubt, mit einem derartigen Wort „sich entschuldigen" zu können, dem ist das Bewußtsein verlorengegangen, daß es eben nicht möglich ist, sich selbst zu entschuldigen, sondern daß nur der, an dem er schuldig geworden ist, die Schuld verzeihen kann. Wegen dieser ganz normalen Entstellung in der herrschenden Kultur - nicht nur der Alltagskultur - ist die biblische Rede von Schuld, Reue und Vergebung selbst in Mißkredit geraten. Nur eine Minderheit von PublizistInnen und besonders WissenschaftlerInnen bringt angesichts dieser Lage den Mut und das Geschick auf, sich in einem positiven Sinn auf diese Tradition zu beziehen, ohne selbst in unkritischer Weise an der Entstellung mitzuwirken.[16]

Es würde sich lohnen, den Beitrag genauer zu untersuchen, den besonders die christlichen Kirchen an diesem Zustand haben. Der Beitrag der Kirchen zu dem, was sich mit Ralph Giordano als zweite Schuld benennen läßt, wurde auch im Bielefelder Gesprächskreis mehrfach diskutiert und von den meisten TeilnehmerInnen als hoch eingeschätzt. So wiesen einige angesichts des Bekenntnisses von H.Zoller zum Christentum vielen darauf hin, daß die christlichen Kirchen vielfach die konkrete Schuld von NS-Tätern „mit dem Mantel der Liebe zugedeckt" und diesen so eine konkrete Auseinandersetzung mit dieser Schuld erspart haben.[17] Dabei wurden Ausnahmen wie Martin Niemöller oder örtlich bekannte Christinnen und Christen, die im Sinn tätiger Reue wirken, respektiert. Diese Ausnahmen wurden aber eher als solche angesehen, die die Regel bestätigen und weniger als solche, von denen eine orientierende und die Regel verändernde Kraft ausgeht.

---

15 So in M.Broszats unklarer Rede von Vergebung (S. 43f); in H.Zollers Aussage, er sei ein gläubiger Christ (S.174, 179, 195); in E.Hilgers Aufforderung zu büßen (S.180, 214, 227).
16 An dieser Stelle möchte ich vor allem P.Ricoeur hervorheben; vgl.besonders S. 54. - In der Wissenschaft ist die Zurückhaltung gegenüber der biblischen Tradition natürlich zunächst durch deren säkulares Selbstverständnis motiviert. Max Weber bezeichnete die Wissenschaft als "die spezifisch gottfremde Macht". (Vom inneren Beruf zur Wissenschaft, a.a.O. S. 322) Wäre es jedoch rational begründbar, diese Aussage zu einem unbezweifelbaren Dogma zu erheben, das eine - wie auch immer gespannte - Brücke von der immanenten Welterkenntnis zur Theologie prinzipiell ausschlösse? Eine Konsequenz aus einer solchen Position wäre, Denker wie W.Benjamin von vornherein als unwissenschaftlich zu bezeichnen.
17 So G.Kaufmann im Anschluß an ihre S. 184 dokumentierte Äußerung. - Ich habe die Frage nach der „Zweiten Schuld" der Kirchen, über die ich eine mit Diskussionen und Erinnerungen dicht dokumentierte Untersuchung schreiben könnte, aus dem empirischen Teil herausgelassen. Hier verweise ich nur auf die Äußerungen von R.Jeremias zum Versagen der Kirchen (S.125), die inhaltlich auf breite Zustimmung im Gesprächskreis stießen.

Ich möchte die Frage, was es heißt, die spirituelle Kraft der Tradition der Unterdrückten von ihren entstellten Formen zu unterscheiden, um ihre Befreiung aus der Instrumentalisierung zu fördern, nun am Beispiel B.Rommelspachers diskutieren, die in ihrer oben zitierten Untersuchung sich mit dem Christentum und besonders dem christlichen Antisemitismus als prägender Kraft unserer Kultur und Gesellschaft auseinandersetzt. Ihr Argument, eine Polarisierung der Moralen führe zur Unmenschlichkeit, sehe ich als Bestätigung meiner These: eine Polarisierung von Freiwilligkeit in der anamnetischen Verantwortung und Erinnerungsgebot bedroht die moralische Grundlage und damit die Menschlichkeit der Erinnerung. B.Rommelspacher untersucht nun Bedingungen, die zu einer solchen Polarisierung beitragen. Als eine solche Bedingung nennt sie, wie oben in der Darstellung der Einstellung von B.S. zitiert, „einen Schuldbegriff, der nicht unbedingt einen Bezug zur Tat herstellt". Dieser Schuldbegriff lasse sich - neben anderen Faktoren -

„aus dem in unserer Gesellschaft herrschenden christlichen Verständnis von Schuld erklären. Schuld im christlichen Sinn ist immer eine Verfehlung gegenüber Gott und seinen Geboten. Die Entlastung von Schuld wird in der Buße gesucht. Der Schuldiggewordene hat in erste Linie seine Bußfertigkeit gegenüber Gott unter Beweis zu stellen und muß sich keineswegs notwendig mit der Tat selbst und den durch sie Geschädigten auseinandersetzen. Eine dem Tatzusammenhang fremde 'Gegenleistung' kann also die Schuld abgleichen. Das macht verständlich, daß viele Deutsche die Not und das Elend der Kriegs- und Nachkriegsjahre als Buße und Entlastung für die NS-Verbrechen an Juden und Jüdinnen und anderen 'rassisch' Verfolgten interpretieren können. Damit haben sie gewissermaßen ihr Soll an Leiden erfüllt. Sie sind genug bestraft." [18]

Was ist mit dem „in unserer Gesellschaft herrschenden christlichen Verständnis von Schuld" gemeint? Ist das in unserer Gesellschaft herrschende Verständnis von Schuld ein christliches? Oder ist das in unserer Gesellschaft herrschende „christliche" Verständnis von Schuld von einem unterdrückten, wahrhaft christlichen Verständnis von Schuld zu unterscheiden? Gehört das hier kritisierte Verständnis von Schuld mit anderen Worten einer herrschenden Form von "Christentum" an, das mit der biblischen Tradition nicht viel mehr zu tun hat, als daß es diese für ihre Zwecke instrumentalisiert, und dem von der Tradition der Unterdrückten her zu widersprechen ist? Schon an dieser Interpretationsfrage wird die Unterscheidung erkennbar, auf die es mir in diesem Abschnitt ankommt. Doch nun zur Sache selbst.

Ja, „Schuld im christlichen Sinn ist immer eine Verfehlung gegenüber Gott und seinen Geboten". Das heißt aber nicht, daß darüber im christlichen Sinn die Schuld am Mitmenschen vergessen werden dürfte. Schon gar nicht heißt es, daß die Beziehung zu Gott als Ersatz für die Beziehung zum Mitmenschen genommen werden

---

18 a.a.O. S. 109f

dürfte. Schon die Propheten klagten eine solche Haltung an: Jeremia in seiner Tempelrede (Jr. 7), Amos in seiner Kritik am Kult (Amos 5,21ff). Jesus wendete sich nach der Überlieferung von Matthäus in dramatischer Form dagegen in der Bergpredigt (Mt 5,23f). Er forderte den Menschen, der Versöhnung mit Gott sucht, auf, sogar das Ritual des Gottesdienstes zu unterbrechen, wenn ihm in den Sinn kommt, daß sein Bruder etwas gegen ihn hat: „*So laß dort vor dem Altar deine Gabe und geh zuerst hin und versöhne dich mit deinem Bruder und dann komm und opfere deine Gabe.*" Die Tradition, die in diesen Bibelstellen sich darstellt, widerspricht also zutiefst einem Verständnis von Christentum, wie es B.Rommelspacher nicht ohne Grund als herrschendes darstellt.

Ähnlich gegensätzlich sehe ich die Beziehung zwischen dem von B.Rommelspacher kritisierten Verständnis von Buße und dem der Bibel. Wer gegenüber Gott Buße tut, der *muß* sich nach biblischem Verständnis „notwendig mit der Tat selbst und den durch sie Geschädigten auseinandersetzen". In der Bibel werden viele Geschichten überliefert, die genau dazu dienen und anleiten, sich mit den eigenen Taten auseinanderzusetzen. Warum sollten sonst etwa die für das ganze Volk Israel peinlichen Geschichten ihrer Stammväter und -mütter überliefert worden sein, wie z.B. die Geschichte von der listigen Aneignung des Erbes durch Jakob mit Hilfe seiner Mutter (Genesis 27; vgl. die Geschichte der Begegnung mit Esau Gn 32f)? Warum die für den berühmten und geliebten König David peinliche Geschichte seines Ehebruches und Mordes? Warum sollten sonst die Israeliten immer wieder an die für sie peinlichen Geschichten der Wüstenwanderung denken (Deuteronomium 9)? Und zwar nicht im Sinne eines abstrakten, diffusen Schuldgefühls, sondern so, als wären sie dabeigewesen? Die Bibel ist auch z.T. sehr konkret in der Frage, wie die Schuldigen sich den Geschädigten gegenüber zu verhalten haben (Exodus 21f). Oft ist die Rede von einer zweifachen Erstattung (Ex 2,3.6). Jesus verlangt in der Erzählung des Lukas (19,1-10) von dem Zöllner Zachäus eine solche Erstattung nicht ausdrücklich; er kehrt bei ihm ein. Und von sich aus, freiwillig, als Antwort auf diese grundlose, unverdiente Zuwendung, kommt Zachäus zu einer tätigen Reue: „*Siehe, Herr, die Hälfte von meinem Besitz gebe ich den Armen, und wenn ich jemanden betrogen habe, so gebe ich es vierfach zurück.*" - Die Befreiung von der Last der Schuld wird nach biblischen Verständnis nicht verdient, sondern geschenkt. Umso größer ist die Bereitschaft der wahrhaft von dieser Last Befreiten, das wiedergutzumachen, was wiedergutzumachen ist.

Kann eine dem Tatzusammenhang fremde "Gegenleistung" die Schuld abgleichen? In der Geschichte von Zachäus ist in der Tat etwas dem *Tatzusammenhang fremd*: nämlich die Zuwendung Jesu zu einem, der an vielen Menschen schuldig geworden ist. Es wäre jedoch verfehlt, diese Zuwendung als *Gegenleistung* zu bezeichnen. Daß B.Rommelspacher dies Wort in Anführungszeichen setzt, verstehe ich als ironische Wendung gegen die Auffassung, daß *eine dem Tatzusammenhang fremde "Gegenleistung" Schuld abgleichen* könne. Aber trifft diese Ironie wirklich das, was die Bibel mit Vergebung aussagt? Jesus vergibt Zachäus als exemplarisch Schuldigem. Damit aktualisiert er das Bekenntnis der hebräischen Bibel: „Nicht nach unseren Sünden wirkt er an uns".[19] Damit durchbricht er den Wiederholungszwang der Schuld - ein wahres „Diskontinuum des Gewesenen". Diese Eröffnung eines Neuanfangs ist nicht die "Abgleichung" der Schuld gegenüber den Mitmenschen. Aber durch sie wird Zachäus innerlich bereit zur Sinnesänderung (die wörtliche Bedeutung des griechischen Wortes für Buße), zur Umkehr mit praktischen Folgen. Dies ist das Gegenteil der Auffassung, durch einen einmaligen Akt der "Entschuldigung" könne Schuld aus der Welt geschafft werden. Das göttliche Gedenken und Handeln erweist seine Transzendenz darin, daß es den menschlichen Tatzusammenhang *übersteigt,* den Schuldzusammenhang durchbricht. Doch diese Befreiung wirkt nicht abgelöst von den zwischenmenschlichen Beziehungen oder jenseits von ihnen, sondern gerade *in* ihnen. So verbinden sich Transzendenz und Immanenz zu einer widersprüchlichen Einheit.

Was für die Geschichte von Zachäus gilt, gilt auch für das Leiden Christi insgesamt, das B.Rommelspacher anführt, um die religiösen Wurzeln der von ihr kritisierten Auffassung bloßzulegen.[20] Es wirkt nicht gewissermaßen magisch als Tilgung sämtlicher Schuld durch ein Opfer, das mit dem Tatzusammenhang nichts zu tun hat, sondern durch den Glauben, d.h. durch Sinnesänderung und tätige Reue. Wenn also „viele Deutsche die Not und das Elend der Kriegs- und Nachkriegsjahre als Buße und Entlastung für die NS-Verbrechen an Juden und Jüdinnen und anderen 'rassisch' Verfolgten interpretieren können",[21] dann hat diese Art der Interpretation mit biblischer, einschließlich wahrhaft christlicher, Überlieferung kaum mehr zu tun, als daß diese für greifbare Interessen instrumentalisiert wird. Allenfalls könnte die Erfahrung eigener Not Teil einer Erinnerung werden, die von dem eigenen Elend aus einen Perspektivenwechsel zu dem Elend der Verfolgten versucht.[22] Dies ist aber ein anderer Gesichtspunkt, der in der kritisierten Auffassung selbst noch nicht enthalten ist.

An einem letzten Beispiel möchte ich zeigen, was es heißt, die spirituelle Kraft der biblischen Überlieferung von ihren Entstellungen zu unterscheiden: an der

---

19   Psalm 103,10. Das heißt, Gott handelt nicht gemäß dem menschlichen Handeln, er „gleicht nicht ab" im menschlichen Sinn. In diesem Psalm wird das Diskontinuum des Gewesenen - des Schuldzusammenhangs - in dem Bild des Abstand zwischen Himmel und Erde, zwischen Osten und Westen ausgedrückt. (V.11f). Es ist die Barmherzigkeit (V.8) und das *Gedenken* Gottes (V.14, hebräisch sachur), das die Menschen aus der Kontinuität ihrer Schuld und Not befreit. - Vgl. zum Gedenken Gottes als Urbild der Erinnerung beim späten Benjamin S.62 .
20   a.a.O. S. 110
21   An der Gültigkeit dieses empirischen Befundes zweifle ich nicht. Die Haltung von H.Zoller ist ein Beispiel dafür. Bei ihm bleibt die Erinnerung an den Nationalsozialismus auch am diffusesten. Die anderen TeilnehmerInnen erinnern sich an Geschädigte, so J.Reese an Familie Rosenbaum; I.Gartemann an die Zwangsarbeiter. Und gerade indem ihre Erinnerung so konkret wird, entfaltet sie ihre verändernde Kraft.
22   vgl. R.Klügers Gedanken zum Perspektivenwechsel als Brücke, S. 18f

Nächstenliebe. B.Rommelspachers hat an der „Moral der Fürsorge" von B.S. eindrucksvoll die weitgehend unbewußte Kontinuität einer Tradition aufgewiesen, in der Millionen von Menschen aus dem Verbund derer ausgeschlossen wurden, denen die christliche Nächstenliebe galt. B.Rommelspacher zieht allerdings nicht die Folgerung, daß in der Kontinuität dieser Tradition auch *die christliche Nächstenliebe selbst* ausgeschlossen wurde aus dem Bereich dessen, was den Menschen wichtig war und ist. Denn die Nächstenliebe gilt nach biblischem, auch nach christlichem Verständnis dem Nächsten - unabhängig von seiner Gruppenzugehörigkeit.[23] Die Tradition, die der Nächstenliebe den Universalismus nimmt und sie gleichzeitig noch christlich nennt, unterdrückt also wahre christliche Nächstenliebe; auch dadurch wird deren Zugehörigkeit zur Tradition der Unterdrückten erwiesen.

B.Rommelspacher zeichnet ein Bild vom Christentum, das seine weitverbreitete, konventionelle oder herrschende Gestalt nicht unterscheidet von der biblischen Überlieferung als lebendigem Kern, von dem her Männer und Frauen in der Geschichte des Christentums immer wieder dessen herrschenden Gestalten widersprochen haben. Der Sache, um die es ihr geht, dürfte durch den Verzicht auf diese Unterscheidung wenig gedient sein; vielmehr würde ihr gedient durch eine Religionskritik und eine Aufklärung, die eben diese Unterscheidung ins Zentrum ihrer Aufmerksamkeit rückt, um die Tradition der Unterdrückten aus ihrer Instrumentalisierung zu lösen. - Darüber hinaus läßt sich fragen, ob eine Position, die die spirituelle Kraft dieser Tradition ignoriert oder auf sie verzichtet, den moralischen Paradoxien der Geschichtserinnerung und der Erinnerungsverantwortung gewachsen ist. Am Beispiel von J.Habermas wurden Grenzen einer Position sichtbar, die sich diesen Paradoxien im Horizont eines säkularen Denkens stellt. B.Rommelspacher kritisiert zwar die "Ideologie der Säkularisierung" von Menschen, die sich selbst nicht für religiös halten, Religion für sich ablehnen und Religion bei Juden und Muslimen kritisieren.[24] Doch ist zu fragen, wie von ihrer Position aus, die die moralische

---

23 vgl. die Beispielgeschichte vom barmherzigen Samariter, Lukas 10, 25-37. Die Gruppenzugehörigkeit des Hilfsbedürftigen wird nicht genannt; bewußt allgemein heißt es „ein Mensch" (V.30). Der Helfer gehört zu einer religiös und sozial ausgegrenzten Gruppe. - Die Geschichte ist übrigens ein Musterbeispiel dafür, daß Jesus sich in die Kontinuität der hebräischen Bibel stellt; vgl. auch Matthäus 5,17ff. Demgegenüber gibt B.Rommelspacher nur die - kirchengeschichtlich allerdings sehr wirksame - Auffassung wieder, daß „Christus gekommen (war) als der neue Moses, der den neuen Bund schließen sollte und der an die Stelle des Alten das Neue Testament setzte." a.a.O. S.146.
24 Es ist wohl erlaubt, diesen Aspekt einer Untersuchung über Frauen geschlechtsübergreifend zu verallgemeinern. - Das Argument von B.Rommelspacher lautet: „Dem liegen zwei Fehlschlüsse zugrunde: zum einen, daß bei den einen Kultur und Religion identisch sei; und zum anderen, daß sich bei uns Religion und Kultur scharf voneinander trennen ließen, so daß man hier alles Religion ablehnen und gleichzeitig die Kultur befürworten kann. Dies ist eine Täuschung über sich selbst. Eine Täuschung, die einem das Recht zu verleihen scheint, die anderen insgesamt ablehnen zu können. Die Konstruktion des anderen als das Religiöse und des eigenen als das Säkulare negiert die Prägung unserer Gesellschaft durch die christliche Religion und damit auch deren Dominanz gegenüber den anderen Religionen." (a.a.O., S. 154)

Paradoxie der Erinnerungsverantwortung scharf ins Auge faßt, das Problem der Unwillkürlichkeit der Erinnerung einschließlich der daraus folgenden Praxis zu lösen ist.[25] Ich möchte mit einem Gedanken von M.Buber auf den spirituellen Kern dieses Problems hinweisen. Nach M.Buber ist bei der Sühne nur das unwillkürliche Tun wirksam, das aus dem Wesen heraus entspringt, nicht das vorsätzlich, willkürlich um der Sühne willen Getane. Dies Letztere bliebe unter dem Zwang der Schuld, sklavisch gegenüber dem Gesetz als etwas Äußerem.[26] Diese Auffassung sehe ich im Kern einer der „Erzählungen der Chassidim":

> "'Woran erkennen wir wohl', fragte Rabbi Bunam seine Schüler, 'in diesem Zeitalter ohne Propheten, wann uns eine Sünde vergeben ist?' Die Schüler gaben mancherlei Antwort, aber keine gefiel dem Rabbi. 'Wir erkennen es', sagte er, 'daran, daß wir die Sünde nicht mehr tun.'"[27]

Es ist, denke ich, nicht das willentliche „Nicht Mehr", sondern eben das unwillkürliche, an dem die Wirkung der Vergebung sich zeigt. Mit anderen Worten wird durch Vergebung ein Mensch frei von dem *Zwang* des Gebotes - nicht von seinem Inhalt. Wie ist diese Freiheit zu erreichen, wenn das moralische Bewußtsein sich auf den säkularen Horizont beschränkt? Diese Frage läßt sich im Hinblick auf die Erinnerungsverantwortung der Deutschen noch konkreter stellen: das „Nicht Mehr", das „Nie Wieder" des Erinnerungsgebotes wurde millionenfach ausgesprochen, in der Öffentlichkeit ausgerufen, von gutwilligen und über den Nationalsozialismus erschrockenen Menschen akzeptiert und zur eigenen Sache gemacht.[28] Aber wie steht es mit der befreienden Kraft unwillkürlicher Erinnerung und einer daraus folgenden zwanglosen Selbstverständlichkeit eines Tuns, in dem die Kontinuität dieser „finsteren Zeiten" mit ihren Wiederholungszwängen wirklich abge-

---

25 vgl. die Diskussion dieses Aspektes bei J.Habermas, S. 37, und den zweiten von mir benannten Aspekt der Freiheit, S. 255
26 M.Buber, Schuld und Schuldgefühle. In: Werke I, S. 475-502. Sühne „meint hier zunächst, daß ich dem Menschen, an dem ich schuldig wurde, im Licht meiner Selbsterhellung gegenübertrete - wofern ich ihn noch auf Erden erreichen kann - , mich ihm gegenüber zu meiner Existentialschuld bekenne und ihm nach Vermögen helfe, die Folgen meiner Schuldhandlung zu überwinde; als Sühne kann solches Tun aber hier nur dann gelten, wenn es nicht aus gefaßtem Vorsatz, sondern im willkürlosen Wirken meiner errungenen Existenz getan wird." a.a.O. S. 502
27 M.Buber, Die Erzählungen der Chassidim, S. 751
28 H.Kellner weist auf die Spannung zwischen dem Erinnerungsgebot im Dekalog (Deuteronomium 5,15) und dem "Nie Wieder" der Erinnerung an den Holocaust hin, also auf die Spannung zwischen Erinnerung an die Heilsgeschichte und der Erinnerung an die Unheilsgeschichte Israels. (H.Kellner 1994: „Nie wieder" ist heute) - Das Pathos des menschlichen „Nie wieder" konnte nicht verhindern, daß in der Gegenwart Völkermorde stattfinden. Das beweist nicht, daß der Ruf „Nie wieder" falsch sei. Gescheitert ist nur die Erwartung oder Norm, daß Menschen allein durch ihre Willensanstrengung dazu fähig seien, das „Nie Wieder" zu garantieren. Das Problem bei diesem Scheitern ist die Gefahr, daß die apodiktische Forderung des Erinnerungsgebotes in Resignation umschlägt. Damit wird die Frage nach den spirituellen Quellen verschärft, aus denen die Kraft kommt, angesichts menschlichen Versagens und menschlicher Schuld, auch der „Zweiten Schuld", die Forderung des Gebotes nicht sinken zu lassen.

brochen ist?[29] Und weiter: kann die Mehrheit der Deutschen, die einen „Schlußstrich unter die Vergangenheit ziehen" will,[30] eher durch Menschen dazu bewegt werden, das Erinnerungsgebot zu akzeptieren, die sich selber zwingen, es zu erfüllen, oder eher durch solche Menschen, die ungezwungen diesem Gebot entsprechend leben?

3. Aufdeckung des Bösen im Nationalsozialismus

W.Benjamin hat die Spannung zwischen dem säkularen Horizont und dem spirituellen Kern der Tradition der Unterdrückten in der Allegorie des Engels der Geschichte ausgedrückt. L.Niethammer schreibt dazu, die „Dynamik von Fortschritt und Vernunft, die seit der Aufklärung zu einem einheitlichen Geschichtsprozeß verwachsen ist und die religiösen Hoffnungen durch säkulare Evolution einzulösen verspricht, macht es dem Engel unmöglich, seine Erlösungsbotschaft einzubringen."[31] Die Aufklärung hat mit den traditionalen Geltungsansprüchen der Tradition gebrochen und nur noch Vernunftgründe zugelassen. Was ist dabei mit den - weithin unabgegoltenen - Hoffnungen und in der Theologie aufbewahrten Erwartungen der Menschen geschehen? Ein Teil von ihnen ging mehr oder weniger in die Zukunftsperspektiven der Aufklärung, in ihre Ideale ein. Nicht immer wurden die Ideale jedoch als regulative Ideen angesehen, sondern zu quasi-religiösen Kultbildern verdinglicht. Wurde schon durch die Verherrlichung oder Sakralisierung von Fortschritt, Nation, Klasse und Rasse der freiheitliche Impuls der Aufklärung pervertiert, so erreichte diese Perversion mit der Vergötzung Hitlers als Kultbild ihren Tiefpunkt.

Die nationalsozialistischen Bilder vom „Führer", von Deutschland, vom deutschen Menschen, vom Arbeiter, vom Soldaten, wurden als ewig und heilig dargestellt. Über ihre Entstehung schwiegen die Macher dieser Bilder nach Möglichkeit. Die Aufgabe, diesen Mythos mit den Mitteln rationaler Kritik zu entzaubern, ist weitgehend gelöst. Demgegenüber besteht - immer noch - die schwierigere Aufgabe, das Machwerk der politischen Religion des Nationalsozialismus aufzudecken als Perversion des Heiligen. Aber noch schwieriger, als an den Objektivationen des Mythos diese Arbeit zu leisten, ist es, in den Erinnerungen die Perversion des Heiligen aufzudecken, d.h. dem eigenen Anteil am nationalsozialistischen Bösen ins Gesicht zu sehen. So ist J.Reeses Erinnerung an die eigene Verblendung mehr als die Erkenntnis einer Täuschung und als die Aufdeckung einer perversen politischen Religion. Er hat, mit stockenden Worten, mit dem eigenen Anteil am nationalso-

---

29 Damit erinnere ich an die Hoffnung, die B.Brecht in seinem Gedicht „An die Nachgeborenen" ausdrückt. Diese Hoffnung bezieht sich auf das Gedenken derer, die den finsteren Zeiten so „entronnen" sind, daß „der Mensch dem Menschen ein Helfer ist". Vgl. zu diesem Gedicht S.24
30 vgl. die von B.Rommelspacher zitierte Untersuchung von Bergmann/Erb 1991, s.o. Anm. 9 auf S. 260
31 L.Niethammer 1989, S. 131

zialistischen „Idealismus" etwas von dem ausgesprochen, was es den meisten Deutschen so schwer macht, ihren Anteil an der gemeinsamen Geschichte wahrzunehmen; dazu gehört sein Anteil am Bösen, das sich im Wegsehen, in der Zerstörung der Erinnerung zeigt.[32]

Als ein Ergebnis der dargestellten Erinnerungsarbeit läßt sich zusammenfassen: In dem Maße, wie der eigene Anteil am nationalsozialistischen Bösen nicht in der Erinnerung benannt und ausgesprochen werden kann, bleibt die Erinnerung bestimmt von mythischen Formen. Diese These möchte ich in den Zusammenhang einer Betrachtung von J.Taubes stellen. In der Geschichte Adams sei das Böse „kein Resultat mythischer Götterkämpfe. Die biblische Erzählung streicht allen 'vorgeschichtlichen' Mythos aus und läßt Adam allein die Last des Bösen tragen." Diese Geschichte bleibe in den biblischen Büchern verborgen, werde nicht zitiert. „Erst die messianische Reflexion des Paulus über den 'zweiten Adam' macht die Erzählung der Genesis zitierbar... Erst vom 'zweiten Adam' her wird die Geschichte des 'ersten Adam' belichtet."[33] - „Allein die Last des Bösen tragen" - welcher Mensch oder welche Gruppen von Menschen könnte das in bezug auf den Nationalsozialismus auf sich nehmen? Der Wucht dieser Zumutung wird ausgewichen: „Erklärungen", die nicht den handelnden Menschen, sondern den Verhältnissen in verschiedenen Gestalten die Schuld zuschreiben, sind in Umlauf und bestimmen das öffentliche Bewußtsein. Die Botschaft aus dem Römerbrief wird wenig gehört, weil in der kirchlichen Praxis die Vergebung oder vielmehr das, was so genannt wird, oft gerade nicht die „Geschichte des 'ersten Adam' belichtet", sondern „mit dem Mantel der Liebe", wie es heißt, bedeckt wird und damit verdeckt bleibt. Weder durch „Erklärung" noch durch Verdeckung wird die in der Gegenwart spürbare Wirksamkeit des nationalsozialistischen Bösen überwunden.

Ich behaupte, daß dies auch für den wissenschaftlichen Umgang mit dem nationalsozialistischen Bösen zutrifft. Wer den Nationalsozialismus als notwendig erklärt, etwa aus der Gesellschaftsstruktur oder aus dem deutschen Volkscharakter oder aus einer geschichtlichen Besonderheit der Deutschen, gerät in die Gefahr der Überschätzung und damit der Vergötzung des Bösen. Wer das Böse hingegen als - leicht verzeihlichen - Mangel des Guten zu begreifen sucht, übersieht die objektive Gestalt und Macht, die es im Nationalsozialismus annahm und gerät damit in die Gefahr seiner Unterschätzung.

Das nationalsozialistische Böse ist unabhängig von den damaligen Antrieben und Entscheidungen der Menschen in ihren damaligen strukturbedingten Situationen nicht aufzudecken, aber auch nicht unabhängig von der Art ihrer Erinnerung. Beide Momente sind wohl zu unterscheiden wie „Geschäfte" und „Geschichte",

---

32 vgl. das Zitat von Adorno, Anm.271 auf S.81
33 Zur Konjunktur des Polytheismus, a.a.O., S. 468. Taubes bezieht sich besonders auf das 5. Kapitel des Römerbriefes, in dem Christus als der zweite Adam benannt wird.

aber hängen ebenso miteinander zusammen, was sich in dem Doppelsinn von „Geschichte" ausdrückt. Das Böse in den Antrieben zeigt sich als Verlockung und als Bedrohung. Das Böse in der Erinnerung zeigt sich als Verharmlosung oder Selbstrechtfertigung einerseits - hier entsteht die Gefahr seiner Unterschätzung; es zeigt sich als erbarmungslose Anklage oder Selbstanklage andererseits - hier entsteht die Gefahr seiner Überschätzung.

Das Böse in seinen verschiedenen Erscheinungsformen wirkt sich so aus, daß die Menschen ihre eigene - individuelle und kollektive - Vergangenheit nicht oder nur teilweise annehmen können. Je mehr das Böse durch Erinnerung, Vergebung und tätige Reue in anamnetischer Verantwortung überwunden wird, desto mehr ist den Menschen ihre Vergangenheit als ihre eigene zitierbar.[34] In dem Maße, wie dies gelingt, verliert ihr Geschichtsbewußtseins den Charakter des Verordneten und Zwanghaften, der Derealisierung des Nationalsozialismus, der Spaltung von Biographie und Geschichte.

Die Brücken des Dialogs zwischen nationalsozialistischer Vergangenheit und Gegenwart und des Dialogs zwischen einander aufgrund dieser Vergangenheit Fremden oder Verfeindeten führen über schlammige Abgründe. Es gibt immer noch und immer wieder einerseits die „schreckliche Unschuld" der damaligen und der heutigen Täter; andererseits den Trotz der Täter, sich zu ihren Taten zu bekennen und noch stolz auf sie zu sein - auch wenn dies "Ruhmesblatt" nie geschrieben wird und werden soll.[35] Das Böse zeigt sich einerseits darin, daß es sich versteckt und harmlos tut, andererseits darin, daß es die Opfer braucht, um sich - und anderen das eigene Sein zu demonstrieren. Damit ist der Versuch angesprochen, das Sein, die Identität der eigenen Gruppe auf die Erinnerung an die Opfer der bösen Taten dieser Gruppe zu gründen. Das Gedenken in der Tradition der Unterdrückten deckt dagegen die Nichtigkeit der bösen Taten auf, ihre Wahnhaftigkeit, die Haltlosigkeit einer Haltung, die in den Opfern nur Ausbeute, Schlachtvieh oder Material für eigene Taten sieht. So entzieht Jeremia die Opfer den Feinden, indem er erkennt und bekennt, daß es Gott war, der sie siegen ließ (Klagelieder 2,17; 3,37f). Damit tritt er den Größenphantasien der Feinde, den Illusionen ihrer Ruhmesblätter und Triumphzüge entgegen.

Ich denke, daß Benjamin in seiner 7. These über den Begriff der Geschichte diese Tradition aktualisiert: "Wer immer bis zu diesem Tage den Sieg davontrug, der marschiert mit in dem Triumphzug, der die heute Herrschenden über die dahinführt, die heute am Boden liegen. Die Beute wird, wie das immer so üblich war, im

---

34 vgl. W.Benjamins 3. These über den Begriff der Geschichte
35 Damit zitiere ich eine Wendung aus Himmlers Posener Rede am 4.10.1943. - Zum Trotz vgl. die Ausführungen von K.Jaspers: „Man verwandelt den Sinn der Notwendigkeit, das Geschehene zu übernehmen. Eine wilde Neigung, 'sich zu unserer Geschichte zu bekennen', erlaubt es, das Böse verborgen zu bejahen, am Bösen das Gute zu finden ..." a.a.O. S. 74.

Triumphzug mitgeführt."[36] Die Interpretation dieses Zitates, daß die triumphierende Selbstsicherheit der Sieger trotz aller Realität des Sieges illusionär ist, weil sie sich die Wirklichkeit nach ihrem Bild formen (S.73), möchte ich anhand von zwei Beispielen weiterführen. Die Worte "der marschiert mit" lösen die Erinnerung an den Triumphzug der Nazis aus, unter dessen Eindruck W.Benjamin seine Thesen schrieb. In dem Kultlied der nationalsozialistischen Bewegung, dem "Horst-Wessel-Lied", heißt es: "Kam'raden, die Rotfront und Reaktion erschossen / marschiern im Geist in unsern Reihen mit". Der Tod der Kameraden gab den Kolonnen, die dies Lied aus vollem Hals sangen (wenn hier noch von Gesang die Rede sein kann), keinen Anlaß zur Trauer. Im Gegenteil: die Melodie beginnt gerade an dieser Stelle mit der Gestalt einer Siegesfanfare (zu den Worten: "Kam'raden, die Rotfront"). Die erschossenen Kameraden werden dadurch mit der Glorie von Siegern umgeben. Nicht umsonst wurde gerade dieser Teil der Melodie im Rundfunk und in den Wochenschauen vor die Siegesmeldungen der Wehrmacht montiert. Die Siegesfanfare übertönte die Trauer der Erinnerung an Verluste (wenn sie überhaupt aufkam), sogar über eigene, erst recht über Verluste der „Feinde", über die man triumphierte. Trauer wurde in Siegesstolz umgefälscht. Der illusionäre und lügenhafte Charakter nationalsozialistischer Selbstglorifizierung läßt sich an dieser Zeile des Kultliedes ablesen.

Das zweite Beispiel aus den Abgründen, über die die Brücken des Dialogs führen: Die bekannten Losungen der nationalsozialistischen Propaganda "Arbeit adelt" und "Arbeit macht frei" sind in einer Konstellation zu sehen, nämlich in der des Triumphzuges. Die zu "Herrenmenschen" geadelten "Arbeiter der Stirn und der Faust" marschierten mit in diesem Triumphzug, in dem die Besiegten mitgeführt, mitgeschleift und zu Tode geschleift wurden: Gefangen mitgeführt und entstellt wurde das Ethos des Bürgertums, "durch die Arbeit ... zu sich selbst" zu kommen,[37] mitgeschleift wurde die Arbeiterbewegung, die ihre Losung "Es gilt die Arbeit zu befreien" in der Teilhabe am Herrenmenschentum vergessen sollte; zu Tode geschleift wurden diejenigen, die hinter den Toren mit der Aufschrift "Arbeit macht frei" entmenscht und ermordet wurden. Als Sieger genossen SS-Leute den Aufmarsch der zur Vernichtung durch Arbeit bestimmten Häftlinge, der morgens und abends nach Musik stattzufinden hatte. P.Levi beschreibt die Märsche in Auschwitz-Monowitz, die morgens und abends gespielt wurden:

> "Märsche und Volkslieder, die jedem Deutschen lieb und teuer sind. Sie haben sich in unsere Köpfe eingegraben und sie werden das letzte sein, was wir vom Lager vergessen sollen: des Lagers Stimme sind sie, der wahrnehmbare Ausdruck seines geometrisch konzipierten Irrsinns und eines fremden Willens, uns zunächst als Menschen zu vernichten, um uns dann einen langen Tod zu bereiten. Wenn diese Musik ertönt,

---

36 GS I, 696
37 Hegel, Phänomenologie des Geistes, Kapitel Herrschaft und Knechtschaft, S. 148

wissen wir, daß sich die Kameraden draußen im Nebel wie Automaten in Marsch setzen. Tot sind ihre Seelen und die Musik treibt sie dahin wie der Wind das welke Laub und ersetzt ihren Willen. ... Beim Ausrücken und Einrücken fehlt nie die SS. Wer könnte ihr auch das Recht weigern, diesem von ihr gewollten Tanz beizuwohnen, der Sarabande der erloschenen Menschen, Kolonne um Kolonne, aus dem Nebel in den Nebel? Wo gäbe es einen augenscheinlicheren Beweis für ihren Sieg?" [38]

Das Bild dieses zynischen, ja um mit P.Levi zu sprechen, infernalischen Triumphzuges hat keinen Platz in der Ruhmeshalle des deutschen Volkes. Der Platz, an dem es stand, ist leer. Doch fehlt es deshalb nicht an Versuchen, diesen Platz wieder mit einem - wie immer modifizierten - Bild zu besetzen. C.Meier hat einen solchen Versuch beobachtet. Er schreibt in den nachträglichen Bemerkungen zu seinem Essay "Vierzig Jahre nach Auschwitz" zu einem Wort von F.J.Strauß: "'Ein Volk, das diese wirtschaftlichen Leistungen erbracht hat, hat ein Recht darauf, von Auschwitz nichts mehr hören zu wollen.' So - laut ZEIT vom 7.10.88 - Franz Josef Strauß im Jahre 1969. Offenbar macht Arbeit immer noch frei." [39] In C.Meiers Kommentar nehme ich bittere, mit Scham getränkte Ironie wahr. Strauß spricht nicht mehr vom "Adel der Arbeit"; aber er drückt einen kollektiven Stolz auf "diese wirtschaftlichen Leistungen" aus. Die Besiegten werden in dem Wort von Strauß nicht mehr körperlich mitgeführt oder geschleift, sondern sollen vergessen werden. Das Vergessen aber beginnt mit der Entstellung und Entwürdigung der Besiegten; es endet mit der gänzlichen Auslöschung ihres Namens und der Erinnerung an sie. Die Erinnerung an die Schlußsätze von W.Benjamins 6. These über den Begriff der Geschichte liegt nahe: "auch die Toten werden vor dem Feind, wenn er siegt, nicht sicher sein. Und dieser Feind hat zu siegen nicht aufgehört." [40]

Der Zusammenhang von monologischer Selbstsicherheit der Sieger und Scheitern an der nach ihrem Bild verformten Wirklichkeit konzentriert sich in der Vergötzung Hitlers und der begeisterten Gleichschaltung derer, die ihn vergötzten. In der Erinnerung an Psalm 115,8 wird eine furchtbare Wahrheit über diese Vergötzung und ihre Konsequenzen offenbar: "Die solche Götzen machen, sind ihnen gleich, alle, die auf sie hoffen." (Übersetzung von M.Luther) "Ihnen gleich werden, die sie machten, alles, was sich sichert an ihnen" (Übersetzung von M.Buber). Je mehr die Menschen auf Hitler hofften, sich an ihm sicherten, umso mehr verloren sie ihre Menschlichkeit, umso mehr starben sie ab, umso mehr rissen sie andere und sich selbst in die Katastrophe, indem sie ihm gleich wurden.

---

38 P.Levi 1992, S. 58f
39 C. Meier (2) 1990, S. 129
40 GS 1,695

B. Methoden der Erinnerungsarbeit

In einer Zeit wachsender Armut an mitteilbaren Erfahrungen und verschwindenden Vermögens, Erfahrungen mitzuteilen wird die Arbeit an konkreten Erfahrungen und Erinnerungen von ZeitzeugInnen des Nationalsozialismus umso wichtiger und die Mitteilung solcher Erfahrungen umso kostbarer. Diese Kostbarkeit ist jedoch nicht auf den ersten - an Werbewirksamkeit gewöhnten - Blick erkennbar. Zu den Verlusten aus der Zeit des Nationalsozialismus, die wir zu betrauern haben, gehört zentral der Verlust von Erfahrung selbst, und damit die Schwierigkeit, die Verluste überhaupt wahrzunehmen. Darum ist es so wichtig, das Noch-Nicht-Bewußte an den Erfahrungen und Erinnerungen zutage zu fördern. Moralische Ziele in Geschichte und Geschichtsdidaktik sind umso stärker auf die Förderung dieses Noch-Nicht-Bewußten und dessen Mitteilung angewiesen, je mehr die Fähigkeit zur Erfahrung verloren geht. Denn die Fähigkeit zur Freiheit, mithin zur Moral, hängt von der Fähigkeit ab, eigene Erfahrungen zu machen, Erfahrungen anderer im Gespräch und in der Überlieferung aufzunehmen und Erfahrungen mitzuteilen.

Die für diese Arbeit grundlegende Methode der Erinnerungsarbeit habe ich ausgehend von W.Benjamins Denkbild des Erwachens im 1. Teil in drei Schritten zusammengefaßt: Sich von der Vergangenheit als der eigenen betreffen lassen; unwillkürlich auftauchende Bilder der Vergangenheit festhalten und das Noch-Nicht-Bewußte an ihnen zutage fördern; die traumhafte Vergangenheit im doppelten Sinn aufheben. Diese drei Schritte habe ich zur Untersuchung und Darstellung der Erinnerungsarbeit im 2. Teil weiter untergliedert und konkretisiert. Die Anwendung dieser Methode in dem empirischen Teil zeigt nach meiner Ansicht, daß sie in doppelter Hinsicht brauchbar ist. Ihr *heuristischer* Wert zeigt sich darin, daß durch sie die konkreten Schwierigkeiten und Schritte des Erwachens und dadurch die Erinnerungen der darzustellenden Personen selber klarer werden. Damit ist gleichzeitig auch ein *praktischer* Wert dieser Methode gegeben; sie kann die Wahrnehmung dessen fördern, worauf es in der Erinnerungsarbeit jeweils ankommt, und dadurch zur Entbindung der Erinnerung beitragen. Denn es ist für ein maieutisches Gespräch - aber auch für die Selbstreflexion der Erinnerung - nicht gleichgültig, bei welchem Schritt der Erinnerungsarbeit die hauptsächlichen Schwierigkeiten auftreten. Darum verstehe ich die Schritte des Erwachens als Beitrag zu einer Maieutik oder Didaktik der Erinnerung. - Im folgenden möchte ich einige Erfahrungen mit dieser Methode zusammenfassen und einige weitergehende Überlegungen anstellen.

1. Sich von der Vergangenheit als der eigenen betreffen lassen

Zunächst kommt es auf die Bereitschaft an, in der Erinnerung unterdrückte menschliche Stimmen und Bilder zu vernehmen, sich in solchen Stimmen und

Bildern als gemeint zu erkennen.⁴¹ Solche Stimmen und Bilder können in der eigenen Erinnerung begegnen - wie bei I.Gartemann. Oder es kann sein, daß die Erinnerung anderer plötzlich durchsichtig wird für das Eigene. Es kann nicht die Rede davon sein, daß diese Art der Erinnerungsbereitschaft problemlos gegeben wäre; vielmehr wird sie systematisch durch Abwehrmechanismen verschiedener Art behindert oder unterdrückt. Wem es darum geht, die Bereitschaft zu unwillkürlicher Erinnerung zu üben und befreiende Erinnerung bei sich oder anderen zu entbinden, der oder die tut also gut daran, zum einen die Quellen dieser Bereitschaft zu fördern; zum anderen die Abwehrmechanismen konkret zu untersuchen, um ihre Überwindung zu erleichtern. Viele alltägliche Bewußtseinsformen, Einstellungen, wirtschaftliche, soziale, kulturelle und politische Bedingungen funktionieren weitgehend unbewußt im Sinn der Abwehr dessen, was in der Erinnerung plötzlich begegnen könnte. Wie die Darstellung vor allem von I.Gartemanns Erinnerungsarbeit gezeigt hat, lassen sich aus der Perspektive unterschiedlicher wissenschaftlicher Ansätze zum einen verschiedene Arten von Abwehrmechanismen untersuchen, zum anderen aber auch Bedingungen aufzeigen, unter denen die Wirksamkeit dieser Abwehrmechanismen zurücktreten kann.⁴² Erinnerungsbereitschaft kann, um einige Ergebnisse knapp zusammenzufassen, gefördert werden durch Entlastung von Arbeitsroutinen, die keine Zeit zur Besinnung lassen; durch soziale Bezugsrahmen, die die Menschen nicht auf ihre bekannte Identität festlegen, sondern die in sich vielfältig und offen für neue Gedanken und für Dialog sind; durch die Bereitschaft anderer, Erinnerungen an traumatische Erfahrungen entgegenzunehmen, ohne diese gleich in gängige Deutungsmuster einzuordnen oder sie gar zu sanktionieren; durch die Bereitschaft, herrschende Muster des Verhaltens und Denkens infragezustellen und auch bei sich infragestellen zu lassen.

Als besonders wichtig für den konkreten Fortschritt der Erinnerungsarbeit hat die Untersuchung solche Erinnerungen erwiesen, die die Kraft entfalten, geltende oder herrschende soziale Bezugsrahmen infragezustellen und zu verändern. Auch solche Bezugsrahmen, die Erinnerungen z.T. auf lange Zeit unterdrückt haben, können plötzlich durch Erfahrung oder unwillkürliche Erinnerung durchbrochen werden. - Die Erinnerungsarbeit besonders von J.Reese und I.Gartemann zeigt, daß

---

41 Die Dinge sich in dieser Weise gegenwärtig zu machen, ist zunächst nicht dasselbe, wie sie als Eigentum in Anspruch zu nehmen, wie ihre Aneignung. Aber Aneignung ohne Vergegenwärtigung gäbe keinen rechten Sinn. Im Begriff der Aneignung liegt ein Vorrang des Aktiven, des Sich-Aneignens. Bei Benjamin hat zunächst aber das Berührt-Werden den Vorrang. Das geschichtliche - auch das negative - Eigentum wäre demnach zunächst das, was uns berührt oder betrifft, und erst unter dieser Voraussetzung das, was wir durch unsere Aktivität berühren und ergreifen. Hier liegt eine widersprüchliche Beziehung von Sich-Betreffen-Lassen und Aneignen. Wird der Vorrang dessen, was uns unwillkürlich betrifft, nicht gewahrt, so entsteht trotz aller guten Absichten die Gefahr der Instrumentalisierung von Erinnerung.
42 Das Verhältnis der verschiedenen Ansätze untereinander sehe ich weniger als Konkurrenz, sondern eher als Chance zum Dialog, zur gegenseitigen Ergänzung oder auch als Chance, dem blinden Fleck eines Ansatzes nicht ausgeliefert zu sein.

durch das Auftauchen unwillkürlicher Erinnerungen die Chance eröffnet wird, in einen Dialog zu dem Anderen in der Vergangenheit zu treten, das durch Abwehrmechanismen bisher aus dem Bewußtsein ausgeblendet war. Mehrfach hat sich gezeigt, daß Dialog mit dem Anderen in der eigenen Vergangenheit einerseits und Dialog mit GesprächspartnerInnen in der Gegenwart sich gegenseitig fördern. Entscheidend für das Gelingen des Dialogs ist der Perspektivenwechsel, und zwar in doppelter Hinsicht: im Anderen in der Vergangenheit sich selbst zu erkennen, und sich auf die Perspektive des Gesprächspartners oder der Gesprächspartnerin einzulassen, auch wenn deren Andersheit befremdet oder gar erschreckt. Es hat sich gezeigt, daß besonders die Tradition der Unterdrückten die Bereitschaft zu einem solchen Perspektivenwechsel fördert. Die Bereitschaft zum Perspektivenwechsel hat Benjamin so radikal gefaßt, daß geschichtliche Erfahrung überhaupt erst durch eine Aufsprengung der geltenden Bezugsrahmen des Kollektivs möglich wird, das sich in einer Art Traumzustand befindet. Daraus ergibt sich für die praktische Erinnerungsarbeit die paradoxe Aufgabe, soziale Bezugsrahmen der Erinnerung so zu konstruieren, daß ihre Konstruktion durchbrochen werden kann.[43]

Im folgenden möchte ich der Frage nachgehen, wie monologische Strukturen überwunden werden können, die sich offenbar als entscheidendes Hindernis für die Bereitschaft erweisen, das unterdrückte Menschliche in der Erinnerung zu vernehmen und sich davon ansprechen zu lassen. Dabei konzentriere ich mich auf die spirituelle Dimension, die psychische, soziale, kulturelle und politische Abwehrmechanismen überlagert und sich in ihnen verstärkend auswirkt. Wie kommen Menschen oder Gruppen zu der Bereitschaft, monologische Sinnstrukturen aufzugeben, auf die sie bisher ihre Identität stützten und für deren Aufrechterhaltung sie bereit waren, viel zu opfern - bis hin zum eigenen Leben? - Habermas hat darauf aufmerksam gemacht, daß es im Historikerstreit weniger um die Verpflichtung ging, sich an die Opfer zu erinnern, sondern um „die eher narzißtische Frage, wie wir uns - um unserer selbst willen - zu den eigenen Traditionen stellen sollen".[44] Dieser Befund verweist darauf, daß die Bereitschaft, sich an die Leiden der Opfer zu erinnern, die Bereitschaft, ihre Trauer wahrzunehmen und ihre schmerzhaften Geschichten anzuhören, noch überdeckt oder blockiert wird von einer Selbstabschließung, die vor allem durch Schuld bewirkt wird. Eine in diesem Sinn monologische Haltung oder ein Narzißmus in bezug auf Schuld aus der Zeit des Nationalsozialismus zeigt sich bereits in dem von H.Arendt beschriebenen Selbstmitleid der Deutschen, die unfähig waren, jüdische Besucher in der Nachkriegszeit nach ihren Erfahrungen zu fragen und stattdessen von ihrer eigenen Leidensgeschichte

---

43 Die Konstruktion des Gesprächskreises als Forum der Lokalgeschichte wurde durch die Dynamik der Erinnerungen durchbrochen. Rückblickend ist die Folgerung zu ziehen, daß die Konstruktion von Gesprächssituationen gerade auf solches Durchbrechen anzulegen ist.
44 J.Habermas 1986, Vom öffentlichen Gebrauch der Historie, a.a.O. S. 248.

erzählten.⁴⁵ In meiner Untersuchung kommt eine derartige Haltung vor allem in der Selbstdarstellung H.Zollers zum Ausdruck. Hier wird unerkannte oder nicht zugegebene Schuld als ein Grund - ich denke, als Hauptgrund - für eine monologische Struktur der Erinnerung erkennbar, die den Schuldigen immer tiefer in Melancholie verstrickt.⁴⁶

Erinnerung an Schuld - das ist der nicht immer eingestandene Kern vieler Gedenkfeiern und Gedenktage. Vielleicht kann eine Einsicht aus der deutschen Literatur über ein Jahrhundert vor der Katastrophe erhellen, um was er hier geht. Wenn schon die Erinnerungen des "Blonden Eckbert" in der Erzählung von Tieck⁴⁷ mit der Schwerkraft der Schwermut sich zu dem Ort bewegen, an dem der Hund begraben liegt - das Lebewesen, an dem Eckberts Frau schuldig wurde, dessen Namen sie vergaß, und an dem Eckbert dann durch Mitwisserschaft und Teilhabe an ihrem Reichtum mitschuldig wurde - , um wieviel mehr gravitieren wohl viele Erinnerungen an den Nationalsozialismus zu den Orten vergessener, uneingestandener oder nur oberflächlich eingestandener Schuld?!⁴⁸ Man entkommt der drückenden Schwere und Unklarheit dieser Schuld weder, indem man sie in aufklärerischer Manier wegzuerklären versucht; noch indem man sie verdeckt durch eine zur Schau getragene moralische Gleichgültigkeit, vielleicht als Teil einer modischen Alltagsästhetik, oder durch einen trotzigen Stolz, Deutscher zu sein; noch indem man sich der Schwerkraft der Melancholie überläßt - und sei es einer „verpflichtenden Melancholie". Diese Wege führen nicht aus der Selbstabschließung, dem Selbstmitleid oder allgemein gesagt, dem Narzißmus heraus, sondern nur tiefer hinein.⁴⁹

Dagegen wirkt die Tradition der Unterdrückten in der Weise, monologische Strukturen aufzubrechen, durchlässig zu machen, damit Beziehungen zwischen den durch Schuld getrennten Individuen und Gruppen neu entstehen können, damit Erfahrungen mitgeteilt werden können, für die bisher die Aufmerksamkeit der ande-

---

45 H.Arendt 1993 (1950), S. 25
46 Ähnlich auch in der Geschichte „Die Hoffnungsvolle", P.Sichrovsky 1987. Das Erwachen der Tochter des NS-Täters in dieser Geschichte ist zunächst ein böses; die Generationen geraten aneinander. Aber indem die von Sichrovsky interviewte Frau sich im Verlauf des Streites der Wahrheit stellt, ergibt sich für sie und die Beziehung zu ihrem Sohn eine neue Hoffnung.
47 Diese Erzählung war für W.Benjamin der „locus classicus der Theorie des Vergessens", Brief an Adorno vom 7.5.1940, Briefe S. 849. - Den Hinweis auf diese Stelle verdanke ich H.Folkers.
48 Hier bleibt eben - im Gegensatz zur Erinnerung als Erwachen - Vergangenheit mit ihrer ungeheuren Schwere das Zentrum, um das die Gegenwart gravitiert. s.o. S.64
49 Auch auf der Seite der Opfer gibt es die Gefahr der Selbstbespiegelung, allerdings nicht bedingt durch die Last der Schuld. Als ein Beispiel dafür darf wohl gelten, was R.Klüger über die Museumskultur am Ort der ehemaligen Lager schreibt: „Es liegt dieser Museumskultur ein tiefer Aberglaube zugrunde, nämlich daß die Gespenster gerade dort zu fassen seien, wo sie als Lebende aufhörten zu sein. ... verleiten diese renovierten Überbleibsel alter Schrecken nicht zur Sentimentalität, das heißt, führen sie nicht weg von dem Gegenstand, auf den sie die Aufmerksamkeit nur scheinbar gelenkt haben, und hin zur Selbstbespiegelung der Gefühle?" R.Klüger 1994, S. 76

ren fehlte.⁵⁰ Dies Aufbrechen geschieht in einem doppelten methodischen Zugang: Von außen her kann die monologische Struktur und ihre Wirkungsweise aufgedeckt werden. Entscheidend ist aber der Zugang von innen her, in dem ein Mensch verstanden und angenommen wird und so bereit wird, sich selbst zu verstehen und seine Vergangenheit einschließlich des Bösen darin als seine Geschichte anzunehmen und gleichzeitig seinen Anteil an diesem Bösen zu verurteilen und zu bereuen. Dadurch wird er bereit zu einem Überschreiten seines bisherigen Sinnhorizontes, zum Perspektivenwechsel im Dialog mit dem anderen. In der echten Reue wird dem Narzißmus die Grundlage entzogen, der sich als Selbstrechtfertigung durch eigene Leistung, als Selbstgefälligkeit, als Selbstabschließung gegenüber anderen zeigt. Echte Reue entzieht auch jener Haltung die Grundlage, die die Reue selbst als Leistung ansieht, aus der sich ein Anspruch auf Vergebung bzw. auf das Vergessen der Schuld ableiten lasse. Reue heißt das Eingeständnis, daß das monologische Verhältnis zu den Mitmenschen, zu sich selbst, zur eigenen Gruppe - und, religiös gesprochen, zu Gott - gescheitert ist. Durch dies Eingeständnis wird der Weg frei zur inneren, freiwilligen Anerkennung der anderen als Mitmenschen, denen die eigene Fürsorge gilt, auch wenn sie nicht zur eigenen Gruppe gehören, und die von der allgemeinen Gerechtigkeit nicht ausgenommen sind. Gleichzeitig wird dadurch der Weg frei zur Annahme des Anderen in sich selbst. Dies geschieht unbeabsichtigt, ja gerade in dem Maße, in dem die narzißtische Intention auf sich selbst aufgegeben werden kann.

Die Schwierigkeit, eine monologische Einstellung zu überwinden, ist umso größer, je weniger ein Mensch sich selbst einschließlich seiner Schuld annehmen kann. Indem Menschen sich an eigene Schuld konkret erinnern und sie als ihre eigene

---

50 vgl. den Erzählertraum von P.Levi S. 21f und die Reflexionen von R.Klüger, die einer Verständigung zwischen den getrennten Gruppen dienen sollen S. 18f. - Die Bibel kennt und nennt schon auf den ersten Seiten das menschliche Bestreben, die Schuld zu verbergen (z.B. Genesis 3,8; Psalm 32,3). An dem Beispiel von Adam läßt sich gut der Zusammenhang von Schuld und monologischer Haltung ablesen. Der schuldig gewordene Mensch versteckt sich, will nicht mit Gott zusammentreffen. Als dieser ihn ruft: "Wo bist du?" verpaßt er zweimal seine Chance, mit Gott ins Gespräch zu treten. (Zu dieser Deutung vgl. J.Magonet 1994, S.159). M.Buber bezeichnet die monologische Haltung des schuldig gewordenen Menschen als „Versteckapparat" und als Neigung, diesen Apparat immer weiter auszubauen (Der Weg des Menschen nach der chassidischen Lehre, S. 12). Der vorher selbstverständliche Dialog mit Gott ist gestört. Die Beziehung zwischen Mann und Frau, als Urbild der zwischenmenschlichen Beziehung, wird dadurch belastet, daß der eine versucht, der anderen die Schuld zuzuschieben. Die ironische Darstellung der Schwierigkeit des Menschen, der sein wollte wie Gott, sich zu seiner Schuld zu bekennen, zielt nicht darauf, die Haltung der trotzigen Selbstabschließung zu verstärken, sondern darauf, sie zu überwinden. Vergebung eröffnet einen Ausweg aus der Selbstabschließung, aus der Abspaltung von Teilen der eigenen Geschichte. In einem Leben nach der Vergebung braucht der Mensch seine Schuld vor sich, vor Gott, und vor den Mitmenschen, die sie angeht, nicht zu verbergen. Er braucht seine Geschichte nicht zu vergessen; er ist nicht gezwungen, sie unbewußt gegenwärtig und wirksam zu halten, sie zu wiederholen. Vergebung zeigt sich darin, daß wir eben von diesem Zwang zur Wiederholung befreit werden. Damit wird uns die Fähigkeit zum Dialog wiedergegeben.

annehmen, eröffnet sich ihnen die Möglichkeit tätiger Reue und damit wirksamer Vergebung. So kann der Wiederholungszwang der Schuld überwunden werden.

An dieser Stelle möchte ich noch einmal auf die Frage nach der verstehenden Einfühlung zurückkommen, auf deren Grenzen S.Friedländer hinweist.[51] Sind die Gefahren der hermeneutischen und der maieutischen Einfühlung unausweichlich? Das Argument, daß Perspektivenwechsel auch in bezug auf die schuldig gewordenen Menschen nötig sei, um ihnen heraus zu helfen, verlangt einfühlendes Verstehen, aber eben nicht in dem Sinn von *tout comprendre, c'est tout pardonner*, nicht im Sinn des Verzichtes auf moralische Verurteilung der bösen Taten. Ich stimme S.Friedländer darin zu, daß Einfühlung angesichts der nationalsozialistischen Verbrechen, besonders der Massenvernichtung ihre Grenzen hat und haben muß. Aber andererseits ist am Beispiel des Umgangs mit H.Zoller zu sehen, daß der Schaden sich vergrößern kann, wenn man den Tätern jegliche Einfühlung verweigert.

Eine historische Maieutik oder eine Didaktik der Erinnerung, die zwar nicht auf ein moralisches Urteil über Taten, Einstellungen und Wahrnehmungsweisen, aber über Menschen verzichtet, läßt einfühlendes Verstehen nicht zu, um den Tätern eine billige Entschuldigung oder Selbstrechtfertigung zu bieten, sondern um Anerkennung der eigenen Irrtümer und Reue zu ermöglichen. Ob diese Gratwanderung immer gelingt, ist eine andere Frage. Die Gefahren abzustürzen, heißen Selbstrechtfertigung und Pauschaldistanzierung bzw. pauschale Verurteilung der Menschen, die damals Hitler zujubelten. In beiden Fällen werden die Schuldigen gnadenlos an ihre Schuld gebunden. Aber widerlegen diese Gefahren den Weg der Gratwanderung? Gibt es eine gangbare Alternative zu ihr? Müssen der Erinnerung Schranken gesetzt werden, um die Gefahr einer Umwertung des Nationalsozialismus in der deutschen Geschichtserinnerung zu bannen? Müssen nicht vielmehr die Menschen, muß die Gesellschaft in Deutschland (und in allen Ländern, die es angeht) nicht in die Lage versetzt werden bzw. sich selbst in die Lage versetzen, mit diesen Erinnerungen so umzugehen, daß der Bann gebrochen werden kann?

2. Festhalten der Erinnerung, Förderung des Noch-Nicht-Bewußten

Wie L.Niethammer schreibt, ist "eine dauerhafte Verankerung einer historischen Grunderfahrung im Bewußtsein ... nur in der Verknüpfung von drei Dimensionen denkbar: der Individualerfahrung, der wissenschaftlichen Aufklärung und der medialen Repräsentation".[52] Vielleicht wird hier eine vierte Dimension als selbstverständlich vorausgesetzt: soziale Situationen oder Formen von Öffentlichkeit, in denen eine solche Verknüpfung überhaupt gelingen kann. Die Wichtigkeit dieser sozialen Situationen läßt sich an dem dargestellten Gesprächskreis ablesen. Dar-

---

51 vgl. S. 49, 95f, 99ff. Siehe auch S.Friedländers Aufweis der Gefahr historischer Einfühlung am Beispiel von A.Hillgruber, S.Friedländer 1987, S. 46.
52 L.Niethammer 1992, S.23

überhinaus legt die Erinnerungsarbeit in dem Gesprächskreis die Frage nahe, ob „eine dauerhafte Verankerung einer historischen Grunderfahrung im Bewußtsein" ohne die Arbeit am Noch-Nicht-Bewußten dieser Erfahrung möglich ist.

Gelingt es, unwillkürliche Erinnerung zuzulassen und sich in einem Bild der Vergangenheit als gemeint zu erkennen, dann wird dadurch die Chance zu einem Dialog zwischen Vergangenheit und Gegenwart sowie zu einem Dialog mit Menschen in der Gegenwart eröffnet, der durch die monologische Haltung bisher be- oder verhindert wurde. Menschen, die eine solche Chance zum Dialog wahrnehmen, denen kann es gelingen, das Unterdrückende von Bedingungen zu überwinden, die die Bewußtwerdung der unwillkürlichen Erinnerung bisher verhindert haben. Diese Überwindung ist - im Unterschied zu dem plötzlichen Auftauchen der Erinnerung - nur durch eine anhaltende Arbeit möglich. In der Psychoanalyse wird diese langwierige und oft schmerzhafte Arbeit als Durcharbeiten bezeichnet. Die Phase des Durcharbeitens ist von J.Reese treffend so beschrieben worden, daß er nach einer auf seine plötzliche Erkenntnis folgende "Dunkelphase" "langsam" wieder "sehend" wurde (S.130). Aufgrund seiner Erinnerungsarbeit ist er imstande, die Abwehrmechanismen beim Namen zu nennen, die er überwunden hat.[53]

Bei mehreren TeilnehmerInnen hat die konkrete Erinnerung an verdrängte Schuld eine Lähmung der Fähigkeit vermindert, das unterdrückte Menschliche in Vergangenheit und Gegenwart wahrzunehmen. Vor allem aber bewährt die Erinnerungsarbeit, besonders von I.Gartemann, die Einsicht von W.Benjamin, der an der Erinnerung als Erwachen gerade die Förderung eines „Noch-nicht-bewußten Wissens vom Gewesenen" betonte.[54] Nach dieser Einsicht ist es weniger das Verdrängte, als das Nicht-Mehr-Bewußte, sondern vielmehr das Noch-Nicht-Bewußte an ihrer Erinnerung, das nicht nur ihren eigenen Vorurteilen, sondern lange Zeit geltenden oder herrschenden sozialen Bezugsrahmen widersprach und sie zur Veränderung ihrer Gegenwart im persönlichen, sozialen und politischen Sinn bewegte (S.167f). Wenn dies schon für eine lebensgeschichtliche Erfahrung gilt, dann, denke ich, gilt es erst recht für historische Erfahrungen.[55]

---

53 Daß Abwehrmechanismen durch solches Benennen ihre Wirkung verlieren, läßt sich in Beziehung zu alten kulturellen und religiösen Überlieferungen bringen: Dämonen wie Rumpelstilzchen behalten ihre zerstörende Macht nur solange, wie ihr Name unbekannt ist. Jesus fragt Dämonen nach ihren Namen, um Menschen zu heilen, die unter ihnen leiden; z.B. Lukas 8,30 bei der Heilung eines Mannes, der in Gräbern wohnte, der also von Mächten der Vergangenheit und des Todes beherrscht wurde. Das griechische Wort für Grab, $\mu\nu\eta\mu\alpha$, hat die Grundbedeutung "Erinnerungszeichen für Verstorbene", siehe Bauer, Wörterbuch zum NT.
54 vgl. S. 68ff
55 Dafür spricht der Gedanke von N.Bolz: „Das Eingedenken verleiht so der Erfahrung von Geschichte einen Offenbarungsindex. Und zwar offenbart sich echte historische Erfahrung auf dem Schauplatz nicht des Erlebens, sondern der Erinnerung - wo sich das Kollektiv 'rückschauend' der 'Analogie bewußt' wird. (N.Bolz 1984, S. 160). Bolz nimmt Bezug auf W.Benjamin: „Die offenbarten Erlebnisse sind nicht da sie eintreten Offenbarung sondern vielmehr dem Erlebenden selbst verborgen. Sie werden Offenbarung erst da mehrere sich ihrer Analogie bewußt werden, rückschauend.

Wie kann die Fähigkeit methodisch geübt werden, unwillkürliche Erinnerung festzuhalten und zu einem Bild der eigenen Geschichte zu formen, das nicht nur das Erinnerungsgebot gelten läßt, sondern auch der Erinnerungsverantwortung Kraft gibt? Aufgrund der bisherigen Darstellung fasse ich zusammen: Diese Fähigkeit kann geübt werden
- dadurch, daß man sich immer wieder auf den Dialog mit dem neuen Bild der Vergangenheit einläßt, daß man lernt, diesen Dialog als Chance zu verstehen.
- durch Dialog mit Menschen, die bereit sind, an der Erinnerungsarbeit teilzunehmen; kritische Fragen gerade von Menschen der jüngeren Generationen können, auch wenn es zunächst anders erscheint, die Chance eröffnen, die eigene Lebenserfahrung in einem anderen Licht zu sehen. Ähnliches gilt nach meiner Erfahrung für den Dialog zwischen Tätern und Opfern bzw. ihren Nachkommen[56] und zwischen den Geschlechtern.
- dadurch, daß man lernt, seine Aufmerksamkeit nicht nur dem Verdrängten, sondern besonders dem Noch-Nicht-Bewußten zuzuwenden. Diese Aufmerksamkeit wird besonders durch das wiederholte Erzählen und Besprechen der Erinnerungen gestärkt.
- dadurch, daß man aufmerksam wird auf die Stimme der oder des Unterdrückten in den Erinnerungen als Quelle des Mutes zum aufrechten Gang. Mitteilungen von ZeitzeugInnen können zu einem Bestandteil der Tradition der Unterdrückten als Diskontinuum des Gewesenen werden. Sie können eine Chance eröffnen, mit dem Unterdrückenden in Vergangenheit und Gegenwart zu brechen. Mitteilungen von ZeitzeugInnen können vor allem dann als Tradition der Unterdrückten wirken, wenn sie Noch-Nicht-Bewußtes zutage fördern, etwas an den Erfahrungen, das herrschenden Bezugsrahmen widerspricht und sie infragestellt.
Dieses Noch-Nicht-Bewußte haftet an den konkreten und oft unscheinbaren Erfahrungen, weist aber über sie hinaus. Ist das, was uns in den Augenblicken unwillkürlicher Erinnerung "heimsucht", nur die moralische Forderung unseres Gewissens angesichts einer konkreten Schuld, nur Anklage? Wird in diesen Augenblicken nicht gerade die uralte Menschheitshoffnung auf Solidarität aller Menschen, auf Gerechtigkeit und Frieden wach, die am stärksten in den Zeugnissen der Bibel ausgesprochen ist? Und eröffnet und verlangt diese Hoffnung auf das "Eine, das nottut"[57] nicht gerade eine Konkretisierung der Erinnerung, so wie eine Konkretisierung der Hoffnung?

Hier liegt ein wichtiger Unterschied von der religiösen Offenbarung." (GS 2, S. 1021)) - Wenn „sich echte historische Erfahrung auf dem Schauplatz nicht des Erlebens, sondern der Erinnerung" offenbart, dann ist dies nicht möglich, ohne das Noch-Nicht-Bewußte zutage zu fördern."
56 vgl. z.B. das Angebot R.Klügers zum Dialog, s.o. S. 18f
57 E.Bloch, GA 13, S. 213 und öfter (nach Lukas 10,42)

3. „Aufhebung" von Träumen und Alpträumen

Wie bei jeder Trauer braucht der Abschied von Illusionen entsprechend der Bedeutung, die sie für das Leben eines Menschen hatten, Gelegenheiten, sich dem Verlorenen noch einmal, ja wiederholt, intensiv zuzuwenden.[58] Das bedeutet, ein Mensch, der vor der Aufgabe steht, sich von Illusionen zu verabschieden, braucht die Chance, sich zu seinen Träumen zu bekennen, ohne deswegen von anderen verurteilt zu werden. Dies gilt in besonderem Maß von dem illusionären Moment im Umgang mit Schuld, das an der Neigung zu erkennen ist, das Böse - als den Antrieb zum Bösen und den Erinnerer an Schuld - von sich abzuspalten. Vor allem J.Reeses Erinnerungsarbeit legt die Folgerung nahe, daß sein Abschied von der Illusion in dem Maße gelingt, in dem er sie sich und den GesprächspartnerInnen gegenwärtig macht und gleichzeitig selbst das Verfehlte an ihnen benennt und verurteilt (S.141). Diese Einsicht läßt sich auch auf die Erinnerungsarbeit anderer übertragen. Ich möchte hier besonders das einzigartige Beispiel von Salomon Perel anführen, der die Zeit des Nationalsozialismus unter anderem deswegen überleben konnte, weil er Hitlerjunge wurde - und zwar, wie er ausführt, auch sich ein Stück weit mit der Hitlerjugend identifizierte.[59] Nach dem Ende des Nationalsozialismus beschloß er, nur noch Jude zu sein und ging nach Israel. Dort hatte er vier Jahrzehnte den Hitlerjungen in sich vor den anderen verborgen, sogar vor seinen eigenen Kindern, hatte versucht, ihn vor sich selbst zu verbergen. Als er merkte, daß dies nicht mehr möglich war, schrieb er seine Geschichte auf, zunächst ohne die Absicht, sie zu veröffentlichen. Nach dem Erfolg der Verfilmung "Hitlerjunge Salomon" und seines Buches ist er bis in die Gegenwart hinein immer wieder nach Deutschland gekommen, wo er seine Geschichte frei erzählt und mit den Zuhörenden spricht. Seine Fähigkeit, Jugendliche anzusprechen und ihnen das Vergangene zu vergegenwärtigen, finde ich dabei besonders erstaunlich. Ich habe den Eindruck, daß Sally Perel insofern von dem Hitlerjungen in sich Abschied nehmen konnte oder kann, wie er dessen Geschichte einschließlich der Illusionen als seine Geschichte *erzählt*.

Als besonders schwierig erweist sich der Abschied von den Illusionen, wenn, wie bei H.Zoller, ein kollektiver Mythos an die Stelle lebendiger individueller Erinnerung tritt, diese in sich verschlingt und als illusionärer Ersatz für sie funktioniert. Die politisch-religiöse Instrumentalisierung individueller Erfahrungen und Erinnerungen, ihre Ersetzung durch einen kollektiven Mythos war Bestandteil nationalsozialistischer Politik und Mnemotechnik. Die Lösung von dem Illusionären

---

58 In der Sprache S.Freuds wird der Abschied - der Auftrag des Realitätsprinzips - "im einzelnen unter großem Aufwand von Zeit und Besetzungsenergie durchgeführt und unterdes die Existenz des verlorenen Objekts psychisch fortgesetzt." vgl. das Zitat S. 10
59 S.Perel: Ich war Hitlerjunge Salomon. - Ich beziehe mich nicht nur auf dies Buch, sondern auch auf eine Veranstaltung an der Olof-Palme-Gesamtschule in Hiddenhausen am 28.8.1997, auf der S.Perel einen Vortrag hielt und mit den ZuhörerInnen ins Gespräch kam.

solcher Mythen in der Erinnerungsarbeit kann nur in dem Maß gelingen, wie sie als nichtig eingesehen werden und in dem Maß, wie sie als Ersatz für eigene Erfahrung und Erinnerung wahrgenommen und erkannt werden.

Erinnerungsverantwortung kann den Alpdruck der Vergangenheit erleichtern

Das Beispiel von S.Perel kann auch dafür stehen, wie ein Abschied von Alpträumen gelingen kann. Das Traumatische in der Vergangenheit bewirkt, daß sie lange Zeit nicht oder nicht vollständig als Bild lesbar oder als Geschichte erzählbar ist, daß aber sie dennoch alptraumartig in der Gegenwart wirkt. Dies gilt - wenn auch mit sehr unterschiedlichem Inhalt und in sehr unterschiedlichen Formen - von den Traumata der unschuldig Verfolgten und den Traumata der Schuldigen. Wenn die "Solidarität zwischen allem, was Menschenantlitz trägt" in einer vor dem Holocaust ungekannten Tiefe verletzt wurde, so ist das Gewissen vieler Deutscher (und nicht nur Deutscher) in viel umfassenderer Weise verletzt als etwa das von I.Gartemann durch ihre Mitschuld an den Zwangsarbeitern. Das läßt die Intensität ahnen, in der Alpträume des verletzten Gewissens „uns heimsuchen ... bis ins dritte und vierte Glied." Die Gefahr, sich dem eigenen Alptraum zu stellen, ihn und anderen sich bewußt zu machen, wird im Sprachbild des Medusenhauptes deutlich: wer die Meduse anschaut, muß erstarren, erzählt der Mythos. W.Benjamin setzt dagegen den verweilenden Blick, der die Kraft entfaltet, die Züge der Meduse zu lockern.[60] Benjamin kannte die Gefahr der Erstarrung, der Melancholie; umso

---

60 Im Jahr 1930 schrieb Benjamin, Deutschland könne keine Zukunft erhoffen, bevor nicht das "medusische Gefüge dieser Züge" des Faschismus gesprengt oder gelockert sei. Dies könne nicht mit gütigem Zuspruch und Liebe, auch nicht mit Argumentation gelingen. „Wohl aber hat man alles Licht, das Sprache und Vernunft noch immer geben, auf jenes 'Urerlebnis' zu richten, aus dessen tauber Finsternis diese Mystik des Weltentods mit ihren tausend unansehnlichen Begriffsfüßchen hervorkrabbelt." (GS 3, S. 249) - Dieser Gedanke stellt den Mythos vom Sieg über die Meduse - Perseus schlug ihr, abgewandten Gesichtes, das Haupt ab - in den Horizont der Tradition der Unterdrückten; negiert wird dabei die Abwendung des Blicks und die Gewalt; im positiven Sinn aufgehoben wird die Rettung aus der tödlichen Gefahr. Benjamins Gedanken sehe ich in der Tradition Hegels, nach der der verweilende Blick des Geistes, der dem Negativen "ins Angesicht schaut", dieses in das Sein umkehrt (Phänomenologie des Geistes, Vorrede, a.a.O. S.30). - Abzulehnen ist der Totalitätsanspruch der Vernunft bei Hegel, aber nicht seine Anstrengung des Begriffs. In dieser Anstrengung sehe ich das Mittlere, das Vermittelnde zwischen der ursprünglichen Repräsentation der traumatischen Erfahrung in Sprache und als Wachwelt erfahrenem Gegenwart. Solche Begriffe können die verändernde Kraft der traumatischen Erfahrung entfalten, indem sie Brücken der Verständigung, der Bereitschaft zum Verstehen bauen. Wie notwendig solche Brücken sind, zeigt P.Levis Erzählertraum. Die Menschen, die Empfänger, Teilhaber der verändernden Erinnerung sein könnten, wenden sich ab, da sie das Grauen angesichts der „Meduse" spüren. Wenn sie wahrnehmen, daß die Erinnerungen derer, die Entmenschung an sich erlebt haben, sie selbst angehen, werden sie wach, werden sie bereit zuzuhören und hinzusehen. Das Negative „grausiger Erinnerungen" kann in das Sein eines lebendigen Samens umgekehrt werden. Damit ist aber nicht gesagt, daß damit das Böse in ähnlicher Weise umgekehrt wird; vielmehr wird es als nichtig aufgedeckt. Dies Aufdecken trägt dazu bei, daß die Menschen, die dem Vernichtungslager ausgeliefert waren, sich aus Erstarrung und Melancholie lösen können. Bei den Adressaten der Erzählungen trägt das Aufdecken des Bösen dazu bei, daß sie dessen Wirksamkeit in ihrem eigenen Leben weder unterschätzen noch

energischer kämpfte er gegen diese Gefahr.[61] Das Denkbild des Erwachens bezeichnet auch den Augenblick, in dem der Bann eines Alptraumes plötzlich durchbrochen wird. Dieser Augenblick eröffnet die Möglichkeit, den Blick auf die Meduse zu richten, was vorher nicht möglich war. Der verweilende Blick, in dem alle Kraft von Vernunft und Sprache sich gesammelt auf das traumatische Erlebnis richtet, erhellt einen - im jeweiligen geschichtlichen Augenblick erkennbaren - Teil dessen, was vorher im Dunkeln lag. Diesen Teil gilt es zu ergreifen, zu durchdringen, durchzuarbeiten, bis aus dem Grausigen, das unbewußt in der Gegenwart wirksam war, eine Kraft wird, die aus Erstarrungen der Gegenwart befreien kann. Indem das traumatische Erlebnis ausgesprochen wird, verwandelt es sich. Aber diese Verwandlung muß nicht eine Banalisierung, eine Anpassung des Abgespaltenen an die gewohnten Wahrnehmungs- und Deutungsmuster der Gegenwart bedeuten, sondern sie kann eine Wirksamkeit bedeuten, die die Gegenwart verändert. Die Kraft einer solchen Erinnerung, das Vergangene und die Gegenwart zu verwandeln, zeigt sich in P.Levis Buch über Auschwitz: das Grausige wurde zum Samen eines neuen Lebens. P.Levi hat seine Erfahrung beim Schreiben dieses Buches fast drei Jahrzehnte später so beschrieben: „Es war aufregend, nach dem richtigen, das heißt dem treffenden, kurzen und kräftigen Wort zu suchen, es zu finden oder auch zu erschaffen; die Dinge aus der Erinnerung hervorzuholen und mit größter Strenge und geringstem Ballast zu beschreiben. So paradox es klingen mag, meine Bürde grausiger Erinnerungen wurde zu einem Reichtum, zu einem Samen; mir schien, als wüchse ich beim Schreiben wie eine Pflanze."[62]

überschätzen. Wenn es Nachgeborenen gelingt, sich selbst in der Geschichte der Zeitzeugengenerationen, wiederzuerkennen, einschließlich des Bösen in dieser Geschichte, dann entsteht eine neue Synthesis: Die Aufhebung (Negation) des unheilvollen Wahnes ermöglicht es, die unabgegoltenen Ansprüche der Vorfahren, den Hoffnungsinhalt ihrer Träume wahrzunehmen und ihrer „mit Nachsicht" zu gedenken. Die Nachsicht gilt dabei, um Mißverständnissen entgegenzutreten, den Menschen, aber nicht dem Wahnhaften in ihren Träumen und den daraus folgenden bösen Taten.
61 C.Meier ruft den Mythos von der Meduse oder Gorgo in Erinnerung, aber eher beschwichtigend, als ob die Gefahr zu erstarren nicht so groß wäre (s.o. S.3). J.Habermas dagegen ruft eher dazu auf, die Melancholie zu ertragen; vgl. die Diskussion S. 35ff.
62 P.Levi: „Das periodische System", 1991, (italienisch 1975), S. 166. - Den Aspekt, daß das traumatische Erlebnis, indem es ausgesprochen wird, sich verwandelt, hat M.Roth in einem Vortrag in Bielefeld herausgearbeitet: Trauma, Representation and Historical Consiousness. Bielefeld, ZiF, 1995. Ob die Erinnerung an eine traumatische Vergangenheit als Befreiung erfahren wird und erfahren werden kann, ist umstritten: insofern durch das Erzählen die traumatische Vergangenheit in bestehende "mentale Schemata" integriert wird, könnte Erinnerung auch als Banalisierung erfahren werden. M.Roth macht die doppelte Gefahr im Umgang mit traumatischer Vergangenheit im seelischen wie im geschichtlichen Bereich deutlich. Der Verlust der traumatischen Qualität einer Erfahrung könne als Heilung empfunden werden, aber auch als Verrat, als Sakrileg oder als erneuter Gewaltakt. - I.Gartemann konnte die vergessene Erfahrung mit dem Fremden in ihr Gegenwartsbewußtsein und in ihr gegenwärtiges Leben integrieren. Das Auftauchen der Geschichte aus dem Unbewußten und die Erzählung der Geschichte bilden den Beginn dieser Integration. Damit wurde die vergessene Erfahrung aber nicht ihren bisherigen Denk- und Verhaltensweisen angepaßt, sondern entfaltete eine Kraft, diese zu verändern - in Richtung auf eine höhere Bereitschaft zur Verantwortung.

In dem Plädoyer für eine historische Repräsentation, die auf empathisches Verstehen zielt, ohne dabei unwiederbringliche Verluste zu übersehen,[63] spricht sich das Bewußtsein aus, daß in jedem geschichtlichen Augenblick nur Teile der traumatischen Vergangenheit zur Sprache kommen können. Im Verstehen solcher historischer oder biographischer Darstellungen kann sich ein Umschlag ereignen, so daß das Dargestellte in das Leben derer eintritt, die es empathisch verstehen. Mit diesem Umschlag des Verstandenen in die Gegenwart wird die Begrenztheit des Verstandenen angesichts unwiederbringlicher Verluste nicht geleugnet. Eher wird die Bereitschaft erhöht, diese Begrenztheit, diese Unwiederbringlichkeit als Teil der eigenen Geschichte anzunehmen.

Darin zeigt sich die Paradoxie, daß das Annehmen der nationalsozialistischen Vergangenheit als der eigenen Geschichte die Einsicht in seine Grenzen verstärkt.[64] Mit anderen Worten: Wer sich scheut, Verantwortung für den eigenen Anteil am Nationalsozialismus zu übernehmen, auch wenn er zu empathischem Verstehen bereit ist, wird nicht leicht ein diffuses, alptraumartiges Gefühl los, für einen allzugroßen Teil der Vergangenheit Verantwortung zu tragen oder schuldig zu sein. - Die vielfältigen Schwierigkeiten, die der Übernahme von Erinnerungsverantwortung entgegenstehen, lassen sich vielleicht zusammenfassen als Angst vor einem bösen Erwachen, vor einem Erschrecken darüber, zu einem Volk von Mördern zu gehören. Wie könnte diese Art des Erwachens, die z.B. von D.J.Goldhagens Buch nahegelegt wird, einen Ausweg aus der Lähmung der Gegenwart durch den Alptraum der Vergangenheit eröffnen? Blieben in dieser Sicht die Deutschen in der Gegenwart nicht gezwungen, um die Vergangenheit als ihren Mittelpunkt zu kreisen, blieben sie nicht gebunden an den Schuldzusammenhang, der sie an die Vergangenheit kettet?[65] Könnten sie so zu einem Bewußtsein ihrer selbst kommen, das aus dem Bann einer mythischen Geschichtsauffassung befreit wäre?

Auch die zweite und dritte Nachkriegsgeneration ist nicht frei von diesem Problem, um es sehr vorsichtig auszudrücken.[66] An solchen diffusen Schuldgefühlen ändert sich wenig, wenn sie durch eine zur Schau getragene moralische Gleichgültigkeit, vielleicht als Teil einer modischen Alltagsästhetik, oder durch einen trotzi-

---

63 Dafür plädieren u.a. D.LaCapra 1992, E.L.Santner 1992, und M.Roth 1995.
64 vgl. S. 89
65 vgl. die Ausführungen von J.Taubes, Anm. 231 auf S. 71
66 An der dritten Nachkriegsgeneration, zu der ich meine heranwachsenden Kinder und SchülerInnen zähle, kann ich täglich dies Problem wahrnehmen. In bezug auf die zweite Nachkriegsgeneration möchte ich ein weiteres Zitat von B.Rommelspacher anführen, die ihre Untersuchung über Schuldgefühl, Verantwortungsbewußtsein und Antisemitismus bei der 27-jährigen Lehrerin „B.S." zusammenfaßt: „ ... letztlich bleibt der Angelpunkt immer die Frage danach, wie Vergangenheit angeeignet wird. Solange sie einem fremd bleibt und im Unpersönlichen verharrt, solange bleibt auch der Begriff von Ver"antwort"ung leer, weil man nicht weiß, worauf er eigentlich antworten soll. Und ein diffuses Schuldgefühl schützt davor, genauer hinzuschauen. Ein solches Verdrängen ist genau das Gegenteil von einer Antwort, denn so wird die Geschichte zum Verstummen gebracht." a.a.O. S. 125

gen Stolz, Deutscher zu sein, verdeckt werden. Wer dagegen Erinnerungsverantwortung konkret übernimmt, kann dadurch eine Begrenzung des Anteils an der Vergangenheit erfahren, für den er sich schuldig fühlt. - Ich möchte als Beispiel dafür eine eigene Erfahrung anführen.[67] In den frühen achtziger Jahren konzentrierte ich meine Untersuchungen auf die Erinnerungen Bielefelder IndustriearbeiterInnen. Darin kamen teilweise auch Erinnerungen an Juden vor. Die Geschichte der Juden in Bielefeld und die Erinnerungen der wenigen Überlebenden hatte dagegen - anders und stärker als die Trümmerlandschaften der Bielefelder Industrie- und Arbeiterbewegungsgeschichte - etwas Schreckliches an sich, an das ich mich nicht herantraute. Ich sagte mir, ich müsse mein Untersuchungsgebiet begrenzen und über die Geschichte der Juden wisse ich schon genug. In dieser Zeit hatte ich viel mit diffusen Schuldgefühlen zu tun, die mich lähmten. Als ich begann, mich für jüdische Überlieferung und autobiographische Zeugnisse zu interessieren, jüdischen Menschen zu begegnen und Begegnungen mit ihnen zu suchen, wurde mir bewußt, daß ich bisher in meinem Gedächtnis einen Raum sorgfältig verschlossen hatte, der mein Wissen über den Holocaust und meine verworrenen Gefühle enthielt, die damit zusammenhingen. Diesen Raum hatte ich nur bei bestimmten Gelegenheiten betreten, aber nach Möglichkeit verhindern wollen, daß etwas aus ihm in Kontakt mit anderen Räumen trat, die z.B. den größten Teil meines Geschichtsbewußtseins, meines autobiographischen Gedächtnisses und meines Familiengedächtnisses enthielten. Vor allem Begegnungen mit jüdischen Menschen trugen dazu bei, daß ich zulassen konnte, die Tür zu jenem Raum ein Stück weit zu öffnen. Damit konnte ich meinen Anteil an der „zweiten Schuld"[68] einsehen und auch Erinnerungen zulassen, die die Beziehungen meiner Vorfahren zu Juden betreffen. Durch diese persönliche und historische Reue wurde aber das Schuldgefühl nicht lähmender, sondern die Lähmung ließ nach. Ein wichtiger Grund dafür liegt, denke ich, darin, daß meine autobiographische Erinnerung und meine Geschichtserinnerung konkreter wurde und ich ein Stück weit mehr Erinnerungsverantwortung übernommen habe. Im Bild von Traum und Erwachen ausgedrückt: das (alp)traumartige Schuldgefühl hatte gewissermaßen wie ein unscharf eingestellter Projektor gewirkt, der durch eine versteckte Öffnung in jenem verschlossenen Raum mir meine Schuld, d.h. meinen Anteil an der „zweiten Schuld" und meine Verantwortung für die historische Schuld meiner Vorfahren verschwommen, verzerrt und vergrößert hatte erscheinen lassen. Indem ich erwachte, wurde ich fähig, in reale Beziehungen zu dem einzutreten, das ich bisher von mir fernzuhalten gesucht und das mich dennoch in der Art von Alpträumen verfolgt hatte. Ich wurde im Durcharbeiten der Traumbilder auch fähig, die Mechanik des Öffnens und

---

67 Damit folge ich der Einsicht, daß das Böse letztlich nur aus der Innenperpektive wahrzunehmen ist, S. 101. - Ch.Maier schreibt, daß in der Beziehung zwischen ehemaligen Tätern und ihren Opfern „eine bekennende Erinnerung ... die einzig sinnvolle Form einer Wiedergutmachung" sei. A.a.O. S.196. Ich denke, daß dies auch für die Nachgeborenen gilt, und daß eine bekennende Erinnerung konkret sein muß, wenn sie wirksam sein soll.
68 R.Giordano 1990

Schließens der Gedächtnisräume und der Projektion einzusehen und teilweise auch zu handhaben. Dadurch lernte ich, das Illusionäre an den Traumbildern von dem realen Kern zu unterscheiden, das Illusionäre zu verabschieden und ihren im Vergleich zu dem Illusionären viel konkreteren und begrenzteren Kern als meinen Anteil an der nationalsozialistischen Vergangenheit anzunehmen. In die vorliegende Arbeit sind einige Schritte auf dem Weg der Erinnerungsarbeit eingegangen; dieser - nicht abgeschlossene - Weg liegt nun klarer vor mir. - Auf ein weiteres Beispiel der Begrenzung von Erinnerungsverantwortung durch Konkretion der Erinnerung möchte ich in Form einer Frage hinweisen: Könnte sich das Übermaß an Schuldgefühl bei E.Hilger und die entsprechende Verhärtung ihres moralischen Anspruchs dadurch verringern, daß sie sich konkreter - vor allem im Sinn der Trauer - an ihren Anteil an der nationalsozialistischen Vergangenheit erinnert?[69]

C. Ausblick: Historische Reue, negative Sinnbildung und Wahrheit als Anteil

Reue als Quelle historischer Sinnbildung

Der Streit um die Deutung des Nationalsozialismus und besonders des Holocaust in der Geschichtswissenschaft und die von diesem Streit ausgehende Grundlagenreflexion ist nicht der Hauptgegenstand meiner Untersuchung, gehört aber zu deren Bezugsrahmen. Ich möchte mit dem Begriff der historischen Reue thesenartig zu dieser Grundlagenreflexion beitragen. Unter historischer Reue verstehe ich eine Reue, die über das eigene Leben hinausgeht, analog zu dem von J.Rüsen vorgeschlagenen Begriff der historischen Trauer.[70] Trauer antwortet auf einen Verlust, Reue auf Schuld. Historische Trauer und historische Reue über den Nationalsozialismus und besonders den Holocaust hängen eng miteinander zusammen, sind aber nicht aufeinander zurückzuführen. Dies ergibt sich schon daraus, daß nicht jeder Verlust, der historisch zu betrauern ist, an die Schuld der eigenen Vorfahren erinnert. Die Gewichte von historischer Trauer und historischer Reue sind bei den Nachkommen von Opfern und Tätern des Nationalsozialismus ungleich verteilt. Die Deutschen, in ihrer Mehrheit Nachkommen von Menschen, die in der einen oder anderen Weise zu den für den Nationalsozialismus Verantwortlichen und somit zu den Tätern gehören, brauchen historische Trauer, aber vor allem historische Reue, um die nationalsozialistische Vergangenheit als ihre eigene Geschichte annehmen zu können, und um durch solches Annehmen Gegenwart und Zukunft verantwortlich gestalten zu können.

Ich verstehe historische Reue nicht nur als moralisch-politische Haltung, sondern als Quelle historischer Sinnbildung, die der Geschichtswissenschaft nicht ent-

---

69 vgl. dazu die Überlegungen auf S. 213 f , 222f, 244
70 J.Rüsen 1997, S. 140f

gegenzusetzen, sondern vielmehr in deren Grundlagen einzubeziehen ist.[71] Bisher fehlt allerdings ein wissenschaftlicher Begriff historischer Reue. Vielleicht ist gerade die Selbstbeschränkung der Wissenschaft auf das immanent zu Erkennende eine Ursache für dies Fehlen. Diese Selbstbeschränkung auf die Immanenz wurde erkennbar als eine Ursache der Schwierigkeiten von Wissenschaftlern wie J.Habermas und M.Broszat, mit der historischen Schuld umzugehen (S.35ff, S.44). Wer sagt, daß in diesem Bereich Begriffe, zumal wissenschaftliche Begriffe nicht möglich sind, überläßt autobiographische und historische Reue einer unbegriffenen Praxis und damit den Gefahren der Instrumentalisierung für Gruppeninteressen aller Art. Die derart verzerrte Praxis als unglaubwürdig oder irrational zu kritisieren, sehe ich im besten Fall als eine Vorstufe für die Aufgabe der denkenden Erhellung von historischer Reue. Politische Theologie kann, als Tradition der Unterdrückten verstanden und in Verbindung mit säkularem Denken angewendet, aus solchen Instrumentalisierungen herausführen und eine neue Dimension historischer Sinnbildung eröffnen, zu der historische Reue gehört.[72] Im Bereich der Geschichtswissenschaft wird eine solche Sicht durch gängige Auffassungen verstellt, von denen ich außer denen, die offen auf Selbstrechtfertigung der Deutschen hinauslaufen und insofern historischer Reue diametral entgegengesetzt sind, drei benennen möchte:

1. Ein Teil der historischen Deutungen des Nationalsozialismus ist gekennzeichnet durch das, was in der Debatte von S.Friedländer und M.Broszat Pauschaldistanzierung vom Nationalsozialismus genannt wurde. Dadurch wird nicht nur das historische Verstehen der Menschen erschwert, die während des Nationalsozialismus verantwortlich handelten, sondern auch historische Reue. Denn in solchen Darstellungen wird typischerweise der genealogische Zusammenhang ausgeblendet, in dem AutorInnen und ihr Publikum zu den Tätern stehen, die moralisch verurteilt werden.

2. Ein kleinerer Teil der historischen Deutungen versucht eine objektivierende Darstellung des Nationalsozialismus in übergreifenden Zusammenhängen, z.B. in dem der Modernisierung, und zwar ohne moralisches Urteil.[73] Dieser Versuch, die moralische Dimension aus einer historischen Darstellung des Nationalsozialismus herauszuhalten, erschwert historische Reue. Auch hier wird der genealogische Zusammenhang zu den Tätern ausgeblendet, ohne dessen Bewußtsein historische Reue - jedenfalls bei den Deutschen - nicht erwachen kann.

3. Reue ist - wie jede Erinnerung - an Subjektivität gebunden. Eine Auffassung von Geschichte, die Erinnerung der Objektivität der Wissenschaft entgegensetzt, führt zu der Konsequenz, historische Reue in den Bereich des Mythischen abzudrängen. - Diese Entgegensetzung von Erinnerung und Geschichte erscheint in mehreren Varianten. Bei M.Broszat zeigt sie ihr illusionäres Moment vor allem

---

71 vgl. die analoge Argumentation von J.Rüsen 1997
72 vgl. oben S. 72ff
73 So fassen U Backes, E.Jesse und R.Zitelmann die Historisierung des Nationalsozialismus als Verobjektivierung auf. Vgl. dies. (Hg) 1990

darin, daß die Blindheit der Zeitgenossen der Vergangenheit gegenüber der heutigen Gegenwart zur obersten Richtlinie des historischen Verstehens gemacht werden soll.[74] Historische Reue eröffnet dagegen die Möglichkeit, das Verstehen der Zeitgenossen des Nationalsozialismus ohne rechtfertigende Verklärung oder moralistische Verzerrung als Moment der *Erinnerung* zu vollziehen und zu begreifen.

In der Debatte mit M.Broszat hat S.Friedländer plausibel gemacht, daß der genealogische Zusammenhang zu den Tätern bzw. zu den Opfern konstitutiv für historische Sinnbildung, auch in der Geschichtswissenschaft ist. Dies Argument ist nicht nur gültig in bezug auf die Generationen der Zeitzeugen des Nationalsozialismus, sondern auch auf Wissenschaftler der Nachkriegsgenerationen.[75] Daher lassen sich Deutungen, die diesen genealogischen Zusammenhang ausblenden, als traumartig im Sinn des Benjaminschen Denkbildes bezeichnen. Insofern sie zur Identitätsbildung der Deutschen beitragen, beruhen sie auf Deutungsmustern, die letztlich eine Selbstrechtfertigung der eigenen Gruppe bewirken sollen, indem sie aus der kollektiven Identität das Negative ausschließen und dieses in der Konsequenz auf andere projizieren. Historische Reue dagegen erkennt die grauenhaften Auswirkungen solcher Deutungsmuster in der nationalsozialistischen Vergangenheit und entfaltet die Kraft, sich von ihrer fortwirkenden Macht in der Gegenwart zu lösen.

Der Begriff der historischen Reue wurzelt in der Tradition der Unterdrückten, oder, um mit J.B.Metz zu sprechen, in der anamnetischen Kultur des Geistes. „Nicht nur wurden die Juden mit technisch-industrieller Perfektion massenhaft ermordet, es sollte mit ihnen auch jener Geist ausgelöscht und endgültig zerstört werden, der uns befähigt, dieses unvorstellbare Grauen zu erinnern und erinnernd gegenwärtig zu halten: eben die anamnetische Kultur des Geistes."[76] In der deutschen Erinnerungskultur der letzten Jahrzehnte ist das Wirken dieses Geistes erkennbar,[77] jedoch heftig umstritten. Für den Streit in der politischen Öffentlichkeit nenne ich die Debatte um das Holocaust-Mahnmal als Beispiel, die nicht zuletzt darum geführt wird, ob und wie historische Reue im Zentrum der Berliner Republik repräsentiert werden soll. Für den Streit in der Geschichtswissenschaft nenne ich die Position von C.Meier als Beispiel, der einerseits viel für die Thematisierung der Geschichtserinnerung getan hat, andererseits wegen der Schwierigkeiten der „Erinnerung an Schlimmes" dafür eintritt, „der welthistorischen Regel im Verhältnis von Erinnern, Verdrängen, Vergessen zu folgen", die von den Griechen komme und nicht von den Juden.[78] Nach dieser Regel sei Frieden in dubio wichtiger als

---

74 vgl. J.Rüsen 1997, S. 129. - Siehe auch oben S. 50
75 Der sozialpsychologische Ansatz der Hannoveraner AutorInnen ist dafür ein eindrucksvoller Beleg. Diese weisen Muster von Tradierungen zwischen den Generationen der Zeitzeugen des Nationalsozialismus und deren Enkel empirisch an eigenen Erfahrungen und Selbstwahrnehmungen nach. Durch den Begriff der historischen Reue und des entsprechenden Tradierungstyps könnte dieser Forschungsansatz erweitert und vertieft werden. - Vgl. S. 106
76 J.B.Metz 1992, S. 36
77 vgl. L.Niethammer 1992, S. 32ff; in eher kritischer Absicht C.Meier 1996
78 C.Meier 1996, S. 952

Gerechtigkeit.[79] Demgegenüber bietet der Begriff der historischen Reue die Möglichkeit, Erinnerungen an Unrecht, und besonders auch an „staatlich legalisiertes Unrecht"[80] so aufzufassen und zu behandeln, daß von ihnen eine Kraft zur Verständigung zwischen Tätern und Opfern und ihren Nachkommen, zwischen den Generationen und Geschlechtern ausgeht, eine Kraft, die dazu führen kann, gesellschaftlich als „normal" angesehenes und staatlich legalisiertes Unrecht in der Gegenwart zu überwinden.

Negative Sinnbildung und Wahrheit als Anteil

Im 2. Teil habe ich in der Darstellung bewußt das Schwergewicht auf das Positive in der Erinnerungsarbeit gelegt. Es ging mir darum, die Aufmerksamkeit gerade auf die Augenblicke des Erwachens zu konzentrieren, in denen mit einem Teil der Vergangenheit gebrochen wird, so daß etwas von ihr „aufgehoben" werden kann. Damit soll nicht der Eindruck entstehen, als sei die Kontinuität weniger wichtig. Im Gegenteil: Von den extremen Augenblicken des Erwachens her fällt Licht in das gewöhnliche, ganz normale Grau, in das Dunkel und die schlammigen Abgründe der Kontinuitäten zwischen Nationalsozialismus und Gegenwart. Die Augenblicke des Erwachens und die mühevollen Schritte der Erinnerungsverantwortung, die auf sie folgen, erscheinen geringfügig im Hinblick auf das Ungeheure, das an dieser Vergangenheit noch dunkel, ungelöst und weiterhin bedrohlich bleibt. Ja, von diesen Augenblicken her läßt sich mehr von dem benennen und ahnen, was an der Geschichtserinnerung *noch nicht bewußt* ist, wo der Druck der nationalsozialistischen Vergangenheit auf Gegenwart und Zukunft ein Stück weit gelöst werden kann. Die größere Bereitschaft und Kraft, sich diesem Noch-Nicht-Bewußten zuzuwenden, wurzelt in dem Vertrauen, daß es - wenn auch in kleinen und kleinsten Schritten - als eigene Geschichte angenommen werden kann. Dies Vertrauen eröffnet gleichzeitig die Bereitschaft zu dem Verzicht darauf, den bei wachsender Bewußtheit schmerzhafter spürbaren Bereich des Sinnlosen für sinnvoll halten zu müssen.[81] Es würde sich lohnen, die Gedenkreden am 27.Januar, am 8.Mai, am 20.Juli, am 9.November daraufhin zu untersuchen, wie groß der Bereich des Sinnlosen ist, der darin ertragen wird, und wie und aus welchen Motiven versucht wird, dem unerträglichen Rest einen Sinn zu geben. Die wachsende Konfrontation mit dem Sinnlosen stellt das Vertrauen infrage, daß es möglich ist, die nationalsozialistische Vergangenheit als eigene Geschichte anzunehmen; sie muß jedoch nicht zur Resi-

---

79 a.a.O. S.945
80 ebda
81 Zu einem solchen Verzicht sind Hiobs Freunde, trotz wochenlanger schweigender Teilnahme an seiner Trauer nicht imstande. In dem Hiobbuch werden aber alle ihre Versuche zurückgewiesen, das Unabgegoltene in Hiobs Leiden einzuschränken oder zu leugnen. Gott selbst wird in dem Hiobbuch zwar nicht durch Hiobs Anklagen bezwungen. Er erweist seine Macht jedoch nicht darin, daß er seinem Leiden nachträglich einen Sinn gibt, sondern darin, daß er es beendet.

gnation führen, sondern kann vielmehr das Vertrauen zu einer wachen, nüchternen und bescheidenen Hoffnung läutern. Diese Hoffnung ermutigt zum aufrechten Gang, zu den kleinen Schritten, in denen ein Mensch seinen Anteil an der Vergangenheit und damit seinen Anteil an der Wahrheit annimmt. Dem Menschen wird, nach einem Gedanken Franz Rosenzweigs, nur ein - wie immer auch kleiner - Anteil zuteil; und *dieser Anteil* bewährt die ganze Wahrheit.[82] Damit ist ein Weg angedeutet, wie Erinnerung und Geschichte die Identität von Einzelnen und Gruppen erweitern können, ohne von deren Interessen vereinnahmt zu werden; ein Weg, der über die leichtgebauten und leicht zerstörbaren Brücken moralischer Beziehungen zwischen den Generationen, zwischen den Geschlechtern und zwischen den Gruppen von Opfern und Tätern des Nationalsozialismus und ihren Nachkommen führt.[83]

Die Gefahren der Zerstörung dieser Brücken wurzeln in den Egoismen der Individuen und Gruppen. Denn das Gruppengedächtnis, das die jeweilige Gruppenidentität stabilisiert, verzichtet von sich aus keinesfalls auf solche Instrumentalisierung des Gedenkens. Dies gilt erst recht für die politische Dimension des Gruppengedächtnisses, für Erinnerungspolitik und politische Mnemotechnik, da Politik an Gruppeninteressen und Kampf um Herrschaft gebunden ist. Zwar warnen Politiker fast aller Richtungen vor Instrumentalisierung des Gedenkens für Gruppeninteressen, gar für Parteipolitik und Wahlkampf; sie nehmen sie jedoch ganz überwiegend bei den anderen wahr bzw. benennen sie bei den anderen. Die Tradition der Unterdrückten als befreiendes Eingedenken kann jedoch den Partikularismus der Gruppengedächtnisse transzendieren. In biblischer Sprache heißt dies, nicht sich selbst oder die eigene Gruppe zu rühmen, sondern allein Gott als den Schöpfer aller Menschen und nicht nur einer Gruppe.[84] Damit wird eine Vergötzung oder religiöse Überhöhung des Gruppengedächtnisses nicht nur kritisiert, sondern der Weg zu ihrer Überwindung gewiesen. Indem der Platz des Unbedingten im Gruppengedächtnis offengehalten wird, entsteht Raum für eine Brücke zu anderen Gruppengedächtnissen, entsteht die Bereitschaft zum Dialog.

---

82 vgl. F.Rosenzweig 1976 (1921), Der Stern der Erlösung, S. 438
83 Damit erinnere ich an das Symbol der Brücke bei Hölderlin: „Voll Güt ist; keiner aber fasset / Allein Gott. / Wo aber Gefahr ist, wächst / Das Rettende auch. / Im Finstern wohnen / Die Adler, und furchtlos gehn / Im Tagewerk die Söhne der Alpen über den Abgrund weg / Auf leichtgebauten Brücken." („Patmos", Ansätze zur letzten Fassung)
84 Jeremia 9,22f; 1.Korinther 1,31

Literatur

Adorno, Theodor W. 1963: Was bedeutet: Aufarbeitung der Vergangenheit. In: Eingriffe. Neun kritische Modelle. Frankfurt/M, S.125-146
Adorno, Th. W. 1969: Erziehung nach Auschwitz. In: Stichworte. Frankfurt/M, S. 85 ff
Améry, Jean 1980 (1966): Jenseits von Schuld und Sühne. Bewältigungsversuche eines Überwältigten. Stuttgart
Arendt, Hannah 1993 (1950): Besuch in Deutschland. Berlin
Arendt, H. 1987 (1964): Eichmann in Jerusalem. Ein Bericht von der Banalität des Bösen. München
Arendt, H. 1989 : Nach Auschwitz. Berlin
Assmann, Aleida 1991: Zur Metaphorik der Erinnerung. In: A.Assmann / D.Harth (Hg) 1991, Frankfurt/M, S.13-35
Assmann, A. 1993: Arbeit am nationalen Gedächtnis. Frankfurt/M
Assmann, A. 1996: Zwischen Pflicht und Alibi. taz 20.3.96
Assmann, Aleida und Jan 1990: Kultur und Konflikt. In: Assmann, Jan und Harth, D.: Kultur und Konflikt. Frankfurt/M, S. 11-48
Assmann, A. und Harth, Dietrich (Hg) 1991: Mnemosyne. Formen und Funktionen der kulturellen Erinnerung. Frankfurt/M
Assmann, Jan 1991: Die Katastrophe des Vergessens. Das Deuteronomium als Paradigma kultureller Mnemotechnik. In: A.Assmann / D. Harth (Hg) 1991, Frankfurt/M, S. 337-355
Assmann, J. und Hölscher, Tonio (Hg) 1988: Kultur und Gedächtnis. Frankfurt/M
Backes, Uwe / Jesse, Eckhard / Zitelmann, Rainer 1990: Die Schatten der Vergangenheit. Impulse zur Historisierung des Nationalsozialismus. Frankfurt/M
Bar-On, Dan 1993: Die Last des Schweigens. Gespräche mit Kindern von Nazi-Tätern. Frankfurt/M / New York
Benjamin, Walter 1974 ff: Gesammelte Schriften. Herausgegeben von Rolf Tiedemann und Hermann Schweppenhäuser. Frankfurt/M
Benz, Wolfgang 1992: Etappen bundesdeutscher Geschichte am Leitfaden unerledigter deutscher Vergangenheit. In: Rauschenbach, B. (Hg) 1992 a, S.119-131
Bergmann, Werner / Erb, Rainer 1991: Antisemitismus in der Bundesrepublik Deutschland. Opladen
Bloch, Ernst 1977 (1934): Erbschaft dieser Zeit. Frankfurt/M
Bloch, Ernst 1977 (1959): Das Prinzip Hoffnung. Frankfurt/M
Bolz, Norbert / Faber, R. (Hg) 1985 (2.Aufl): Walter Benjamin: profane Erleuchtung und rettende Kritik.Würzburg
Bolz, N. / Witte, B. (Hg) 1984: Passagen. Walter Benjamins Urgeschichte des XIX. Jahrhunderts. München

Bolz, N. (1984) Bedingungen der Möglichkeit historischer Erfahrung. In: Bolz, N. / Witte, B. (Hg.) 1984, S.137-162
Braun, R. 1994: The Holocaust and Problems of Historical Representation. In: History and Theory (33), S.172-197
Broszat, Martin / Friedländer, Saul 1988: Um die "Historisierung des Nationalsozialismus". Vierteljahrshefte für Zeitgeschichte, S.339-372
Browning, Christopher R. 1993 (amerikanisch New York 1992): Ganz normale Männer. Das Reserve-Polizeibataillon 101 und die "Endlösung" in Polen. Reinbek
Brunner,O. / Conze,W. / Koselleck,R. (Hg) 1972-1992: Geschichtliche Grundbegriffe. Historisches Lexikon zur politisch-sozialen Sprache in Deutschland. Stuttgart
Buber, Martin 1949: Die Erzählungen der Chassidim. Zürich
Buber, M. 1960: Der Weg des Menschen nach der chassidischen Lehre. Gerlingen
Buber, M. 1963 (hebräisch 1943): Gog und Magog. Eine Chronik. In: Buber, M.: Werke III, S.999-1261, Heidelberg
Buber, M. 1962 (1952): Bilder von Gut und Böse. In: Buber, M. : Werke I, Heidelberg, S. 604-650
Buber,M. 1962 (1957): Schuld und Schuldgefühle. Werke I, Heidelberg, S.475-502
Diner, Dan 1987: Zwischen Aporie und Apologie. In: ders. (Hg): Ist der Nationalsozialismus Geschichte?, Frankfurt/M, S. 62-73
Diner, D. 1990: Perspektivenwahl und Geschichtserfahrung. Bedarf es einer besonderen Historik des Nationalsozialismus? In: Pehle, W.H. (Hg) 1990, Frankfurt/M, S. 94-113
Diner, D. (Hg) 1987: Ist der Nationalsozialismus Geschichte? zu Historisierung und Historikerstreit. Frankfurt
Diner, D. (Hg) 1988: Zivilisationsbruch. Denken nach Auschwitz. Frankfurt/M
Domansky, E. 1992: "Kristallnacht", the Holocaust und German Unity: The Meaning of November 9 as an Anniversary in Germany. History and Memory (1), S. 60-94
Dülmen, Richard van (Hg) 1990: Das Fischer-Lexikon Geschichte. Frankfurt/M
Erdheim, Mario 1988: Psychoanalyse und Unbewußtheit in der Kultur: Aufsätze 1980 - 1987. Frankfurt /M
Erdheim, M. 1995: Unbewußte Dimensionen des Geschichtsbewußtseins. Bielefeld, ZiF
Folkers, Horst 1991: Die gerettete Geschichte. Ein Hinweis auf Walter Benjamins Begriff der Erinnerung. In: A.Assmann / D. Harth (Hg) 1992, Frankfurt/M, S.363-377
Frankl, Viktor E. 1977: ... trotzdem Ja zum Leben sagen. München
Freud, Sigmund 1946ff: Gesammelte Werke. Herausgegeben von Anna Freud u.a.. London, Frankfurt/M

Freud, Sigmund 1917 (1915): Trauer und Melancholie. GW Bd. 10, S. 428-446
Freud, S.: Erinnern, Wiederholen und Durcharbeiten. In: GW Bd. 10, S. 126-136
Freud, S. 1917: Vorlesungen zur Einführung in die Psychoanalyse. GW Bd. 11
Freud, S.: Notiz über den "Wunderblock". GW Bd. 14, S.3-8
Friedländer, Saul 1984 (französisch 1982): Kitsch und Tod. Der Widerschein des Nazismus. München/Wien
Friedländer, S. 1987: Überlegungen zur Historisierung des Nationalsozialismus. In: Diner, Dan (Hg) 1987, Frankfurt/M S. 34-50
Friedländer, S. 1990: Die "Endlösung". Über das Unbehagen in der Geschichtsdeutung. In: Pehle, W.H. (Hg) 1990, Frankfurt/M, S. 81-93
Friedländer, S. 1991: Martin Broszat und die Historisierung des Nationalsozialismus. In: Henke, K.-D. (Hg): Mit dem Pathos der Nüchternheit. Frankfurt/M, S.155-172
Friedländer, S. 1992: Probing the limits of representation. Nazism and the "final solution". Cambridge, Mass.
Gadamer, Hans G. 1960: Wahrheit und Methode. Tübingen
Geppert, Alexander C.T. 1994: Forschungstechnik oder historische Disziplin? Methodische Probleme der Oral History. In: GWU (5), S.303-323
Giordano, Ralph 1990: Die zweite Schuld oder Von der Last ein Deutscher zu sein. München
Goldhagen, Daniel J. 1996: Hitlers willige Vollstrecker. Ganz gewöhnliche Deutsche und der Holocaust. Berlin
Gravenhorst, Lerke 1990: Nehmen wir Nationalsozialismus und Auschwitz ausreichend als unser negatives Eigentum in Anspruch? Zu Problemen im feministisch-sozialwissenschaftlichen Diskurs in der Bundesrepublik Deutschland. In: L.Gravenhorst und C.Tatschmurat (Hg) 1990, Freiburg i.Br., S.17-37
Gravenhorst, L. 1997: Moral und Geschlecht. Die Aneignung der NS-Erbschaft. Ein soziologischer Beitrag zu Selbstverständigungen vor allem in Deutschland. Freiburg i.Br.
Gravenhorst, L. und Tatschmurat, C. (Hg) 1990: TöchterFragen. NS-Frauengeschichte. Freiburg i.Br.
Habermas, Jürgen 1987a (Die Zeit, 11.7.1986): Eine Art Schadensabwicklung. In: "Historikerstreit". München, S. 62-76
Habermas, J. 1987b (Die Zeit, 7.11.1986): Vom öffentlichen Gebrauch der Historie. Das offizielle Selbstverständnis der Bundesrepublik bricht auf. In: "Historikerstreit". München, S. 243-255
Habermas, J. 1987c: Geschichtsbewußtsein und posttraditionale Identität. Die Westorientierung der Bundesrepublik. In: Habermas, J.: Eine Art Schadensabwicklung. Kleine politische Schriften VI., Frankfurt/M, 159-179
Halbwachs, Maurice 1966: Das Gedächtnis und seine sozialen Bedingungen. Berlin und Neuwied

Halbwachs, M. 1985: Das kollektive Gedächtnis. Frankfurt
Hardmeier, Christof 1992: Die Erinnerung an die Knechtschaft in Ägypten. In: Crüsemann, F. / Kessler, R. (Hg): Was ist der Mensch ...? Festschrift für H.W. Wolff, München
Hegel, G.W.F. 1952 (1807): Phänomenologie des Geistes. Hamburg
"Historikerstreit". Piper-Verlag 1987, München / Zürich
Jaspers, Karl 1967 (1946): Die Schuldfrage. München/Zürich
Kellner, Hans 1994: "Never Again" Is Now. In: History and Theory (33), S.127-144
Kierkegaard, Sören 1988 (1843): Entweder-Oder. München
Kierkegaard, S. 1962 (1849): Die Krankheit zum Tode. Reinbek
Kittsteiner, Heinz-Dieter 1984: Walter Benjamins Historismus. In: Bolz, N. / Witte, B. (Hg) 1984, München, S.137-162
Kleßmann, Christoph (Hg) 1989: Nicht nur Hitlers Krieg. Der Zweite Weltkrieg und die Deutschen. Düsseldorf
Klüger, Ruth 1994 (1992): weiter leben. Eine Jugend. München
Koselleck, Reinhart 1979a: "Erfahrungsraum" und "Erwartungshorizont" - zwei historische Kategorien. In: ders.: Vergangene Zukunft. Frankfurt/M, S. 349-375
Koselleck, R.1979 b: Geschichte, Geschichten und formale Zeitstrukturen. In: ders.: Vergangene Zukunft. Frankfurt/M, S.130-143
LaCapra, Dominick 1992: Representing the Holocaust. Reflections on the Historians' Debate. In: Friedländer, S. (Hg) 1992, Cambridge/Mass., S.108-127
Levi, Primo 1992 (italienisch 1958): Ist das ein Mensch? München
Levi, P. 1991 (italienisch 1975): Das periodische System. München
Loewy, Hanno (Hg) 1992: Holocaust: Die Grenzen des Verstehens. Reinbek
Magonet, Jonathan 1994: Wie ein Rabbiner seine Bibel liest. Gütersloh
Maier, Charles S. 1992 (amerikanisch 1988): Die Gegenwart der Vergangenheit. Geschichte und die nationale Identität der Deutschen. Frankfurt
Markovits, A.S. (1986) Was ist "deutsch" an den Grünen? In: Kallscheuer, O. (Hg): Die Grünen - Letzte Wahl.: Berlin, S. 146-163
Meier, Christian 2. Aufl.1990 (1. Aufl 1987): Vierzig Jahre nach Auschwitz. Deutsche Geschichtserinnerung heute. München
Meier, C. 1996: Erinnern - Verdrängen - Vergessen. In: Merkur (9/10), S. 937-952
Metz, Johann Baptist 1992: Für eine anamnetische Kultur. In: Hanno Loewy (Hg): Holocaust: Die Grenzen des Verstehens. Reinbek, S.35-41
Mitscherlich, Alexander und Margarete 1967, 11. Aufl. 1977: Die Unfähigkeit zu trauern. Grundlagen kollektiven Verhaltens. München
Mitscherlich, Margarete 1987: Erinnerungsarbeit. Frankfurt/M
Müller, K.E. und Rüsen, J. (Hg) 1997: Historische Sinnbildung - Problemstellungen, Zeitkonzepte, Wahrnehmungshorizonte, Darstellungsstrategien. Reinbek

Neumann, Franz 1977 (amerikanisch 1944): Behemoth. Struktur und Praxis des Nationalsozialismus 1933-44. Herausgegeben von G.Schäfer. Köln

Niethammer, Lutz (Hg) 1983 a: "Die Jahre weiß man nicht, wo man die heute hinsetzen soll". Faschismuserfahrungen im Ruhrgebiet. Berlin, Bonn

Niethammer, L. 1983 b: Einleitung des Herausgebers. In: ders. (Hg) 1983 a, Berlin/Bonn, S. 7-30

Niethammer, L. 1983 c: Heimat und Front. Versuch, zehn Kriegserinnerungen aus der Arbeiterklasse des Ruhrgebietes zu verstehen. In: ders. (Hg) 1983 a, Berlin / Bonn, S. 163-232

Niethammer, L. (Hg) 1985 (1980): Lebenserfahrung und kollektives Gedächtnis. Frankfurt/M

Niethammer, L. 1985: Fragen - Antworten - Fragen . In: ders. / A.v.Plato (Hg) 1985, S.392-445

Niethammer, L. 1989: Posthistoire. Ist die Geschichte zu Ende? Reinbek

Niethammer, L. 1990: Juden und Russen im Gedächtnis der Deutschen. In: Pehle, W.H. (Hg) 1990. Frankfurt/M, S. 114-134

Niethammer, L./ A.v.Plato (Hg) 1985: "Wir kriegen jetzt andere Zeiten". Auf der Suche nach der Erfahrung des Volkes in nachfaschistischen Ländern. Berlin, Bonn

Nietzsche, Friedrich: Werke Bd. 1-3, herausgegeben von Karl Schlechta, München 1966

Nora, Pierre 1990: Zwischen Geschichte und Gedächtnis. Berlin

Paul, Hinrich 1984: Zur Geschichte eines Bielefelder Industrieunternehmens während der Nazizeit: Das Beispiel Dürkopp. In: W.Emer, U.Horst, H.Jung (Hg): Provinz unterm Hakenkreuz. Diktatur und Widerstand in Ostwestfalen - Lippe, Bielefeld, S. 125 - 151.

Paul, H. 1985: Nationalsozialismus - eine bleibende Herausforderung für die Sozialgeschichtsforschung. In: Soziologische Revue, Jg. 8, S. 231 - 239.

Paul, H. und Pingel, Falk 1989: Arbeiter ohne Gewerkschaften. In: G.Brennecke, A.Klönne, H.Lienker, W.Vogt (Hg): „Es gilt, die Arbeit zu befreien". Geschichte der Bielefelder Gewerkschaftsbewegung, Köln, S. 287-341

Pehle, Walter H. (Hg) 1990: Der historische Ort des Nationalsozialismus. Annäherungen. Frankfurt /M

Perel, Sally 1992: Ich war Hitlerjunge Salomon. München

Peukert, Detlev J.K. 1982: Volksgenossen und Gemeinschaftsfremde. Köln

Peukert, D.J.K. 1989: Rassismus und "Endlösungs"-Utopie. Thesen zur Entwicklung und Struktur der nationalsozialistischen Vernichtungspolitik. In: Kleßmann, C. (Hg): Nicht nur Hitlers Krieg. Düsseldorf

Plato, Alexander von 1991a: Oral History als Erfahrungswissenschaft. Zum Stand der "mündlichen Geschichte" in Deutschland. In: BIOS (4), S.97-119

Plato, A. v. 1991 b: Notizen zu einer "Geschichte von unten" in Ost und West. In: Geschichtswerkstatt (24), S. 23-30
Rauschenbach, Brigitte (Hg) 1992 a: Erinnern, Wiederholen, Durcharbeiten. Zur Psycho-Analyse deutscher Wenden. Berlin
Rauschenbach, B. 1992 b: Erbschaft aus Vergessenheit - Zukunft aus Erinnerungsarbeit. In: dies. (Hg) 1992 a, Berlin, S.27-55
Ricoeur, Paul 1997: Gedächtnis - Vergessen - Geschichte. In: Müller, K.E. und Rüsen, J. (Hg) 1997, Reinbek
Rommelspacher, Birgit 1994: Schuldlos - schuldig? Wie sich junge Frauen mit dem Antisemitismus auseinandersetzen. Hamburg
Rosenthal, Gabriele (Hg) 1990: "Als der Krieg kam, hatte ich mit Hitler nichts mehr zu tun". Zur Gegenwärtigkeit des "Dritten Reiches" in Biographien. Opladen
Rosenzweig, Franz 1976 (1921): Der Stern der Erlösung. Frankfurt/M
Roth, Michael 1995: Trauma, Representation und Historical Consciousness. Bielefeld, ZiF
Rüsen, Jörn 1983: Historische Vernunft. Göttingen
Rüsen, J. 1986: Rekonstruktion der Vergangenheit. Göttingen
Rüsen, J. 1989: Lebendige Geschichte. Göttingen
Rüsen, J. 1990: Zeit und Sinn. Strategien historischen Denkens. Frankfurt/M
Rüsen, J. 1992: Geschichtskultur als Forschungsproblem. In: Jahrbuch für Geschichtsdidaktik Bd. 3, 1991/92, Pfaffenweiler, S. 39-50
Rüsen, J. 1994 a: Historische Sinnbildung. Interdisziplinäre Untersuchungen zur Struktur, Logik und Funktion des Geschichtsbewußtseins im interkulturellen Vergleich. Bielefeld, ZiF
Rüsen, J. 1997: The Logic of Historicization. Metahistorical Reflections on the Debate between Friedländer and Broszat. In: History and Memory (2), S.113-144
Rüsen, J./ Jaeger, F. 1990: Historische Methode. In: v.Dülmen 1990: Fischer Lexikon Geschichte, Frankfurt/M, S. 30 ff
Santner, E.L. 1992: History beyond the Pleasure Principle. Some Thoughts on the Representation of Trauma. In: Friedländer, S. (Hg) 1992, Cambridge/Mass., S.143-154
Schröter, Hartmut 1982: Historische Theorie und geschichtliches Handeln. Zur Wissenschaftskritik Nietzsches. Mittenwald
Schulz-Hageleit, Peter 1994: Leben in Deutschland. Pfaffenweiler
Sichrovsky, Peter 1987: Schuldig geboren. Kinder aus Nazifamilien. Köln

Stürmer, Michael 1987: Geschichte in geschichtslosem Land. In: "Historikerstreit", München, S. 36-38

Taubes, Joachim 1947: Abendländische Eschatologie. Bern

Taubes, J. 1983: Zur Konjunktur des Polytheismus. In: Bohrer, K.H. (Hg): Mythos und Moderne, Frankfurt/M., S.457-470

Theissen, Gerd 1988: Tradition und Entscheidung. Der Beitrag des biblischen Glaubens zum kulturellen Gedächtnis. In: J. Assmann und T. Hölscher (Hg) 1988, Frankfurt/M, S.170-196

Theweleit, Klaus 1980 (1977): Männerphantasien. Band 1: Frauen, Fluten, Körper, Geschichte. Reinbek

Theweleit, K. 1980 (1978): Männerphantasien. Band 2: Männerkörper - zur Psychoanalyse des weißen Terrors. Reinbek

Thompson, Paul 1978: The Voice of the Past. Oral History. Oxford

Thürmer-Rohr, Christina 1983: Aus der Täuschung in die Ent-Täuschung - Zur Mittäterschaft von Frauen. In: beiträge zur feministischen theorie und praxis (8), S.11-26

Thürmer-Rohr, C. u.a. (Hg) 1989: Mittäterschaft und Entdeckungslust. Berlin

Weber, Max 1968 (1919): Vom inneren Beruf zur Wissenschaft. In: ders.: Soziologie, Weltgeschichtliche Analysen, Politik. Herausgegeben von J.Winckel-mann, Stuttgart, S. 311-339

Welzer, Harald, Montau, R. und Plaß, C. 1997: „Was wir für böse Menschen sind!" Der Nationalsozialismus im Gespräch zwischen den Generationen. Tübingen

If you have any concerns about our products,
you can contact us on
ProductSafety@springernature.com

In case Publisher is established outside the EU,
the EU authorized representative is:
**Springer Nature Customer Service Center GmbH
Europaplatz 3, 69115 Heidelberg, Germany**

Printed by Libri Plureos GmbH
in Hamburg, Germany